Japans Eisernes Dreieck?

Holger Törkel

# *Japans Eisernes Dreieck?*

**Staat, Kapital und Arbeit im Prozeß der gesellschaftlichen Regulation**

PETER LANG
Frankfurt am Main · Berlin · Bern · New York · Paris · Wien

Die Deutsche Bibliothek - CIP-Einheitsaufnahme

Törkel, Holger:

Japans Eisernes Dreieck? : Staat, Kapital und Arbeit im Prozeß der gesellschaftlichen Regulation / Holger Törkel. - Frankfurt am Main ; Berlin ; Bern ; New York ; Paris ; Wien : Lang, 1998
Zugl.: Berlin, Freie Univ., Diss., 1995
ISBN 3-631-32517-7

D 188
ISBN 3-631-32517-7



Printed in Germany 1 2 4 5 6 7

„Things do not explode,
they fail, they fade...“

Derek Walcott, *Endings* (aus *Sea Grapes*)

# Vorwort

„Japans Eisernes Dreieck" bezeichnet üblicherweise das Beziehungsgeflecht von Wirtschaft, Regierungspartei und staatlicher Verwaltung in Japan. Die hier gewählte, abweichende Perspektive möchte weder einen Widerspruch formulieren, noch eine Revision dieser Charakterisierung vornehmen. Dies ist nicht das eigentliche Thema dieser Untersuchung. Vielmehr geht es um eine Ergänzung, ausgehend von der eher umfassenden Frage, wie sich Kapital, Staat und darüber hinaus Arbeit im Prozeß der gesellschaftlichen Regulation zueinander verhalten. Das Erkenntnisinteresse gilt also zum einen - konkret - dem Fall Japan, zum anderen - abstrakt - der Entwicklung der theoretischen Perspektive der Regulationstheorie im allgemeinen.

Das Thema entstammt der Beobachtung der aktuellen gesellschaftlichen Krise Japans. Auffallend an der gegenwärtigen Krise wie auch bereits der 80er Jahre scheint der weitgehend friktionslose Ablauf (nicht nur) der Tarif- und Arbeitspolitik, obwohl vielfältige Anlässe für Konflikte gegeben waren. Diesem Befund wollte ich auf den Grund gehen, indem ich den Verlauf früherer Krisen, insbesondere der der 70er Jahre, hinsichtlich des Verhältnisses von Stabilität und Instabilität analysierte. Die Regulationstheorie untersucht die Stabilitätsbedingungen von Gesellschaften, weshalb sich der Fall Japan recht gut für eine solche Studie eignet.

Dieses Buch ist eine überarbeitete Fassung meiner Dissertation am „Osi" (Otto-Suhr-Institut), dem Fachbereich Politische Wissenschaft der Freien Universität Berlin. Mein Dank für sein Zustandekommen gilt allen, die mich im theoretischen Produktionsprozeß unterstützt haben:

meinen Lehrern Sung-Jo Park und Ulrich Jürgens;

für ihre vielfältigen Anregungen insbesondere Bernd Habermann, Ursula und Walter Wöhlbier sowie Anette Metzger, Ursula Schmidt-Lellbach, Doris Simons und Ingo Söllner;

als Zuhörerin, Streiterin und Schwester in der Not Katja Bachelier;

allen StudentInnen der Seminare zu Politik und Ökonomie der Jahre 1994 bis 1996 am Japan-Zentrum der LMU München;

und natürlich Dir, Corinna!

Ein weiteres „Danke" für ihre Freundlichkeit, Geduld und Hilfsbereitschaft im Promotionsverfahren an Elmar Altvater, Ute Biegert, Martin Jänicke und Werner Pfennig!

Trotz aller Unterstützung bin ich für das Resultat natürlich alleine verantwortlich.

Holger Törkel München 1997

Inhaltsverzeichnis

# Verzeichnis der Tabellen und Schaubilder

# Abkürzungen

| | |
|---|---|
| BSP | Bruttosozialprodukt |
| CPI | Consumer Price Index |
| DSP | Demokratisch Soziale Partei (*Minshatô*) |
| EPA | Economic Planning Agency |
| EP | Expansionsphase |
| FEC | Far Eastern Commission |
| GHQ | General Headquarters |
| IBFG | Internationaler Bund Freier Gewerkschaften |
| IE | Industrial Engineering |
| IMF-JC | International Metalworkers Federation - Japan Council |
| JPZ | Japan Produktivitätszentrum (*Nihon seisanseihonbu*) |
| KMT | Kômeitô |
| KPJ | Kommunistische Partei Japans (*Kyôsantô*) |
| LDP | Liberaldemokratische Partei (*Jiyûminshutô*) |
| MITI | Ministerium für internationalen Handel und Industrie |
| NEP | New Economic Policy (Nixon) |
| NLC | Neoliberaler Club |
| SBKG | *Sanbetsu kaigi* (Congress of Industrial Organizations) |
| SCAP | Supreme Commander for the Allied Powers |
| SDP | = SPJ |
| SNA | System of National Accounts |
| SPJ | Sozialistische Partei Japans (*Shakaitô*) |
| ToT | Terms of Trade |
| TP | Transformationsphase |

# Einführung: Krisenbewältigung und Interessenvermittlung

Im Oktober 1981 zog das Finanzmagazin *Euromoney* die Bilanz des volkswirtschaftlichen Werdeganges der Länder dieser Erde während jener so kritischen Übergangsphase der Weltwirtschaft zwischen 1974 und 1981 (Euromoney, Oktober 1981). *Euromoney* betitelte das Ganze „The World's Best Economies". Japan belegte dabei zwar nur den 10. Rang. Aber, und das war die erste Pointe, es war das einzige Industrieland unter den 20 Bestplazierten, es lag 15 Plätze vor den USA und weiteren Konkurrenten auf den Weltmärkten für Industrieprodukte. Japan hatte die schwierigen 70er Jahre volkswirtschaftlich mithin hervorragend überstanden.

Überraschend kam das insofern, als in der Zeit der sog. Ersten Ölkrise, 1973/74, die Welt noch ganz anders ausgesehen hatte: Japans Volkswirtschaft schrumpfte erstmalig seit Kriegsende real, Löhne und Preise explodierten, das stabile Wirtschaftswunderland schien gesellschaftlich aus den Fugen zu geraten. Doch bald und viel schneller als viele Konkurrenzländer nahm die japanische Wirtschaft wieder Fahrt auf, obgleich nicht bzw. nie mehr mit jenem Tempo wie zuvor. Die Zweite Ölkrise Ende der 70er Jahre bewältigte Japan wesentlich erfolgreicher und flexibler als viele der ehemaligen Leitbilder im Westen und wechselte somit auf die Überholspur.

In den 80er Jahren konnte die Erfolgsstory *Japan* gerade auch vor diesem Hintergrund ihre Fortsetzung finden, allerdings in veränderter, globalisierter Form. Exportoffensiven, enorme Kapitalexporte mit stark anwachsenden Direktinvestitionen (1991 kam jeder vierte PKW „Made in USA" aus einem japanischen *transplant*; vergl. MVMA 1994), weiterhin überdurchschnittliche, wenn auch moderatere Wachstumsraten - und das alles trotz der *endaka*, der spektakulären Aufwertung des En infolge der Plaza-Konferenz 1985. Diese Entwicklung ließ erst seit dem Ende der spekulativen *bubble economy* seit 1990 nach.

In der folgenden Untersuchung steht nicht etwa jene wirtschaftliche Erfolgsgeschichte im Mittelpunkt, sondern die insbesondere in der Krise der 70er Jahre demonstrierte auffallende Belastbarkeit und Anpassungsfähigkeit der japanischen Gesellschaft. Aus politikwissenschaftlicher Sicht bemerkenswert an der Plazierung Japans auf der *Euromoney*-Liste ist nämlich, daß es sich im Gegensatz zu fast allen anderen gutplazierten Ländern um ein *demokratisches* Industrieland handelt - und dies ist die zweite Pointe. Japan ist eine repräsentative, parlamentarische Demokratie mit all jenen Institutionen, die wir auch in den westlichen Demokratien finden. Warum ist dieser Zusammenhang bemerkenswert?

Im Zuge der Analyse der Krisenerscheinungen war vornehmlich in all jenen Ländern, die weniger erfolgreich mit der Anpassungskrise umgegangen waren, bald vom Versagen der makroökonomischen Globalsteuerung im keynesianischen Sinne die Rede. Das Ende des keynesianischen Nachkriegskompromisses gesellschaftlich wie auch als prägendes ökonomisches Modell war da (vergl. dazu Dean 1984). In Japan wurde gerade von Politikern der liberaldemokratischen Regierungspartei (LDP) über diese Probleme diverser westlicher Staaten auch als die *senshinkokubyô*, frei übersetzt: die Fäulnis der Industrieländer, gespottet; damit waren natürlich die „anderen" gemeint und ganz besonders alle Anflüge von Wohlfahrtsstaatlichkeit.

Zur Unterstützung solcher Arten der Reflektion über die Ursachen der (vermeintlichen) Unflexibilität der westlichen Industrieländer bedurfte es gar nicht einmal des extremen Beispiels des britischen „winter of discontent" von 1978/79, der im Pendelumschwung des Thatcherismus endete. In der Bundesrepublik etwa begann das Lamento über die Handlungs- und Steuerungsprobleme des politischen Systems mit dem Schlagwort von der „Unregierbarkeit" (dazu Hennis et al. 1977). Eine zentrale Stoßrichtung dieser Diskussion war aufgrund der langen Vorgeschichte der Auseinandersetzungen um das Verhältnis Staat - Interessengruppen in Deutschland und die Frage des Primats der Politik klar (dazu von Beyme 1991:93ff). Die primär Schuldigen für die Steuerungsdefizite hießen Interessengruppen-Egoismus, überzogener Pluralismus des Verbändestaates oder allgemein die Ausweitung der Macht der Interessengruppen. Die rhetorische Frage, ob „eine Politik der Wirtschafts- und Konjunktursteuerung auch bei vorhandener parlamentarischer Mehrheit überhaupt noch ohne die zumindest stillschweigende Unterstützung durch die Gewerkschaften auf der einen, die großen Investoren auf der anderen Seite möglich ist" (Böckenförde 1976:468), spricht in puncto Interessengruppen eine deutliche Sprache. Deren unkontrollierbares, egoistisches Vorgehen endete demnach in der von Olson analysierten Kausalkette aus Interessenoligopolismus ⇒ reduzierter Wettbewerb ⇒ Marktversagen ⇒ reduzierte Innovationsfähigkeit ⇒ Staatsintervention ⇒ Marktversagen in mangelnder gesellschaftlicher Effizienz und mangelhafter Krisenbewältigung (Olson 1982).

Und Japan? Überlegungen zur Struktur der Interessenvermittlung oder allgemeiner zur Frage der Regulierung von Verteilungskonflikten in Japan gehören sicher nicht zu den gängigen Themen. Nicht selten werden Fragen der Industriellen Beziehungen vor die Klammer der Erklärung japanischer Erfolge gezogen (etwa in weiten Teilen der Management-Literatur), oder Konflikte werden generell geleugnet bzw. die Regulierung der Verteilungsfrage wird als konsensualer Musterfall dargestellt.[1]

---

1 Um unnötigen Konfrontationen aus dem Wege zu gehen, möchte ich diesbezüglich auf den Forschungsbericht Mouers und Sugimotos verweisen (1990: Kap. 2;21ff).

Stellvertretend hierfür möchte ich ein einschlägiges, einführendes Werk zur japanischen Wirtschaft zitieren, und zwar jene Auszüge, in denen sich die Autoren über den Erfolg der *Japanomics* äußern.

„Als wichtigster Grund dafür, daß sich die japanische Wirtschaft jedesmal mit den diversen Belastungsproben, denen sie ausgesetzt war, weiter vorwärts entwickeln konnte, läßt sich das exzellente Funktionieren der kooperativen Beziehungen zwischen den wirtschaftlichen Hauptakteuren Regierung, Unternehmen und Arbeitnehmer (sic!) nennen. (...) Im Falle Japans stehen sich Regierung, Unternehmen und Arbeitnehmer wechselseitig nicht als Kontrahenten, als Feinde gegenüber (wie im Westen), sondern sie unterhalten kooperative, partnerschaftliche Beziehungen. Genau in diesen herausragend funktionierenden kooperativen Beziehungen dieser Drei liegt das Antriebsmoment der wirtschaftlichen Entwicklung Japans." Der gemeinsame Nenner dieses Bündnisses sei ein umfassender entwicklungspolitischer Konsens der nachholenden Nation. (Nihon keizai shinbunsha 1992:7f)[2]

Diese nicht nur in Japan weit verbreitete Interpretation ist um so interessanter, als sie viele der gängigen Mystifikationen der japanischen Verhältnisse in Wirtschaft und Gesellschaft in geradezu exemplarischer Form enthält, die sich auf einer Stufenleiter von verschiedenen Abstraktionsebenen anordnen lassen:

I. Japan kontra Westen; allgemeiner Konsens

II. Industrieller Friede und Harmonie, Stabilität

III. Interessengruppen allgemein und Gewerkschaften im besonderen sind unbedeutend oder unjapanisch.

Eccleston spricht einleitend von dem Image, daß sich „die japanische Gesellschaft von der westlichen Gesellschaft wegen der größeren Bereitschaft der Japaner unterscheide, sich gegenüber dem Gruppenkonsens konform zu verhalten und unterzuordnen" (1989:1). Hinter diesen und ähnlichen Aussagen verbirgt sich letztendlich die Ideologie von organischer Staatlichkeit, eines Monismus ohne divergierende Interessen oder zumindest ohne Interessen*gruppen*. Bezeichnenderweise ist im obigen Beitrag von Gewerkschaften gar nicht die Rede, sondern nur von den „Arbeitnehmern".

Nun war es ja keineswegs etwa so, daß die japanischen Tarifparteien in der Zeit der Ersten Ölkrise Musterbeispiele stabilitätsfördernder Mäßigung gewesen sind. Unter dem Kriterium Stabilität hatten die japanischen Tarifpartner während der Jahre 1973/74 im Gegenteil ein Vorgehen an den Tag gelegt, das sich durchaus mit Interessengruppen-Egoismus charakterisieren läßt. Es zeigt sich vielmehr, daß der allgemeine Konsens und der besondere industrielle Friede keineswegs automatisch vorhanden sind, etwa im Sinne der „holistischen" Ja-

---

2 Übersetzungen sind, sofern nicht anders angegeben, von mir.

pan-Rezeption, die die japanische Gesellschaft als homogene, weitgehend konfliktlose Einheit mit ausgeprägter Gruppenkohäsion betrachtet (vergl. Mouer/Sugimoto 1990:21ff).

Der gesamte Zeitraum um die Erste Ölkrise, die Zeit der *Nixon-Shocks*, der Tanaka-Skandale, war für Japan politisch wie wirtschaftlich ein extremer Einschnitt. Doch stellte sich nach 1974/75 recht plötzlich gerade im sensiblen Bereich der Beziehungen von Kapital, Arbeit und Staat eine große Ruhe ein. Außerdem führten die verschiedenen Anzeichen von Unzufriedenheit mit der Regierungspartei und die diversen Skandale auf politischer Ebene trotz ihrer unfaßbaren Massivität lediglich zu einem erfolgreichen Mißtrauensvotum im Frühjahr 1980. Doch auch diese Gefahr wurde abgewandt. Es scheint in der Tat, als ob beim ersten wirklichen Krisenanzeichen die Interessengegensätze im Inneren der „Japan-AG" begraben wurden.

Japan war jedoch, wie differenziertere, empirische Studien zeigten, nicht das einzige Industrieland, das den krisenhaften Übergang zum post-keynesianischen oder post-fordistischen Zeitalter mit leidlich positiver Bilanz vollzogen hatte (vergl. etwa Schmidt 1983; Keman/van Dijk 1987; Katzenstein 1985). Die Analyse der Erfolge einiger, zumeist kleiner europäischer Staaten führte zum Hinterfragen des pluralistischen Paradigmas und zur Geburt der Neokorporatismus-Theorie. Dieser versuchte Paradigmenwechsel markiert in der politischen Verbändeforschung den Umbruch jener Periode.

Weil Japan bei den Erfolgsbilanzen Ähnlichkeiten mit jenen erfolgreichen Staaten aufwies (insbesondere hinsichtlich der Rolle der Einkommenspolitik), begann die Neokorporatismus-Theorie recht bald auch den Fall Japan zu entdecken, um Übereinstimmungen zur Erklärung der Erfolge zu konstruieren. Japan und die anderen Länder mit „neokorporatistischen Arrangements" der Interessenvermittlung waren insofern interessant, als sie die These von der Unregierbarkeit des nach funktionalen Gruppen ausdifferenzierten modernen Staates zu widerlegen schienen. Gerade Japan kommt in diesem Kontext die Funktion eines Anti-Olson-Falles zu. Lehner etwa verweist auf die Verknüpfung des wirtschaftlichen Interventionsstaates unter vielfältiger Umgehung des Marktes mit einer eindeutig monopolistischen Struktur der Interessenvermittlung ohne umfassende Verteilungskoalitionen, die kaum mit Olsons Thesen in Einklang zu bringen seien. Das japanische Muster der aktiven Interventionspolitik nämlich spräche in Olsons Sinne eher für einen Interessengruppen-Pluralismus. (Lehner 1987:76)

Interessanterweise entwickelte sich in Japan seither eine rege Pluralismus-Rezeption (dazu Muramatsu 1985:335ff; Tsujinaka 1986:224), in einem Moment also, als die Pluralismus-Theorie in Europa in die Kritik geraten war, mithin phasenverschoben zur westlichen Debatte (vergl. Tsujinaka 1988:44).

Allerdings erfolgte die Pluralismus-Debatte in Japan von vornherein mit gewissen Beschränkungen, die ihren analytischen Wert in der Hinsicht schmälern, daß die Gewerkschaften (u.a.) in der japanischen Form der Pluralismus-Theorie keine oder zumindest keine sehr bedeutende Rolle spielen (etwa Sone 1989: 286; auch Muramatsu). In der Regel betont sie die „stabilen, verfestigten Verflechtungen zwischen Regierung, Bürokratie und Interessenverbänden" (Foljanty-Jost 1991a:173), wobei mit letzteren aber die Wirtschaftsverbände gemeint sind. Die Organisationen der Arbeit tauchen am Rande auf: Muramatsus einflußreicher Ansatz eines *patterned pluralism* plaziert sie außerhalb des Kernbereichs des eigentlichen politischen Prozesses, der von LDP, Big Business, Verwaltung und Landwirtschaftsverbänden bestimmt wird. Die Gewerkschaften dagegen, als Teil der Opposition (neben den linken Parteien), gehören zum „ideologischen Prozeß", der von außen eher durch Verweigerung auf die Politik einwirkt (Muramatsu 1990:174; ähnlich 1993:51f).

Hier ist die Asymmetrie, die der Pluralismus-Theorie vorgeworfen wurde (vergl. Kap. 1), in der Tat struktureller Teil der Theorie geworden. Hinzukommt, daß wegen dieser Asymmetrie in der Regel Attribute wie *patterned* oder „bürokratisch-geführter Pluralismus" (Satô/Matsuzaki 1986) hinzugenommen werden, also Einschränkungen. Wenn Pluralismus im Kern ein relativ freies Spiel von Kräften als konstituierendes Element bedingt wie bei seinen klassischen Vertretern, also etwa Truman oder Fraenkel, so ähneln solche vorstrukturierten Muster von Pluralismus letztlich eher dem „begrenzten Pluralismus" der *formierten Gesellschaft* (dazu von Beyme 1984:218).

Gehörten die Gewerkschaften lediglich zu einem ideologischen Prozeß, ließe sich kaum erklären, wieso gerade die hochgradige Kooperation der Tarifparteien als ein Moment zur erfolgreichen Krisenbewältigung dargestellt wird. Gerade die japanische Neokorporatismus-Debatte wird zeigen, daß die Gewerkschaften in der angegebenen Phase - wenn auch auf eine charakteristische Art und Weise - eben nicht außerhalb des politischen Prozesses standen.

Des weiteren stellt sich die Frage, ob ein politisches System, in dem eine Partei ständig alleine regiert (und auf die Phase der Alleinherrschaft bezog sich die Debatte ja), pluralistisch genannt werden kann - auch wenn formal eine Pluralität von Parteien und Interessengruppen vorhanden ist? Kann man in diesem Falle überhaupt eine Etablierung einer pluralistischen Streitkultur auf der Ebene der Politik annehmen? Oder liegt nicht gerade ein Teil der Stärke Japans darin, daß eine formal „pluralistische" Struktur auf allen Ebenen und Arenen von verfestigten hegemonialen Strukturen geprägt wird? Dieser Frage wird nachzugehen sein.

Es kommt der Diskussion der Strukturen von Interessenvermittlung, dem Verhältnis Staat - gesellschaftliche Gruppen und der Form der Regulierung des Verteilungskonfliktes in Japan mithin eine gewisse Bedeutung zu.

Das rasche Umschalten in den Industriellen Beziehungen während der Krise verweist auf Mechanismen, die es dem japanischen Staat erleichtern, *trotz* existierender, aktiver Interessengruppen den Problemen, die auf viele westliche Industrieländer lähmend wirkten, flexibel zu begegnen. Bemerkenswert dabei ist die enorme Anpassungs- und Lernfähigkeit des japanischen Staates oder besser der politischen Ebene allgemein als Vermittler und Organisator von gesellschaftlichem Konsens. Welches sind die strukturellen Bedingungen, unter denen die Veränderungen in Wirtschaft und Gesellschaft ohne allzu hohe Transaktionskosten und Effizienzverluste gesellschaftlich integrierbar und politisch vermittelbar wurden?

## Der Plan dieser Untersuchung

Meine (hier noch relativ abstrakte) These ist, daß das Verhältnis von Staatsapparaten, Kapital und Arbeit (als globale Überbegriffe[3]) in der Zeit seit 1945 einem charakteristischen Wandel unterworfen war. Dieser Wandel läßt sich als säkularer Prozeß einer spezifischen Form positiver wie negativer Integration von gesellschaftlichen Kräften und insbesondere Widerständen im Zuge von Krisen deuten, und zwar als strategische Formierung und Segmentierung der Nachkriegsgesellschaft für ein hegemoniales Projekt mit dem Leitmotiv eines ökonomischen, nationalen Aufholens (und schließlich Überholens). Der Block der Träger dieses Projektes erfuhr dadurch eine allmähliche Erweiterung. Die hochgradige Flexibilität der Transformation der gesellschaftlichen Formen steht dabei im Kontext dieses Wandels der gesellschaftlichen Widersprüche, der Struktur der Interessenvermittlung wie der Beziehungen von Staat, Kapital und Arbeit.

Natürlich kann ich ein solch umfassendes Thema nur selektiv behandeln. Deshalb steht im Kern meiner Betrachtung eine *politische Ökonomie gesellschaftlicher Verteilungskonflikte und Interessenaustragung. Ausgangspunkt* der Untersuchung ist die theoretische Auseinandersetzung mit der Frage der Interessenvermittlung zwischen den relevanten gesellschaftlichen Akteuren in und seit der kritischen Übergangsphase der 70er Jahre. Vereinfacht gesagt behauptet die japanische Neokorporatismus-Debatte eine Integration dieser gesellschaftlichen Akteure in den politischen Prozeß in informeller Form und mit relativ untergeordneter Bedeutung der Gewerkschaften. Und dieser Konstellation soll nachgegangen werden.

---

3 Dieser Hinweis dient als Einschränkung, weil die von mir bevorzugten Termini und Kategorien erst im 2. Kapitel entwickelt werden.

Hinter diesen Problematiken steht natürlich auch die Frage nach den gesellschaftlichen Bedingungen, welche die Erfolgsbilanz der japanischen Volkswirtschaft ermöglicht haben, und konkreter danach, wie im japanischen Staat die Steuerungsproblematik hinsichtlich des Verhältnisses Staat und Ökonomie bewältigt wird. Politische Ökonomie der Regulierung der Verhältnisse von Staatsapparaten und funktionalen Gruppen zielt also in Richtung auf eine (zumindest teilweise) „systematische Analyse der Verbindungen zwischen der ökonomischen Basis einer Gesellschaft und ihrer politischen Institutionen und Prozesse" (Hirsch 1972:165).

Da sich hier das Interesse an (den gesellschaftlichen Bedingungen der Entwicklung) einer Theorie mit dem Interesse an ihrem Gegenstand, der Form der Regulation des Verteilungskonfliktes in Japan, verbindet, möchte ich in Kapitel 1 mit einer Erörterung der betreffenden westlichen Theoriedebatte beginnen. Dies geschieht zunächst, um den Begriff von Neokorporatismus einzugrenzen. Die Leitfrage dabei lautet, inwiefern denn angesichts der Erklärungsreichweite der Neokorporatismus-Theorie diese überhaupt eine Antwort auf die Problematik gesellschaftlicher Steuerung im Falle Japans sein kann. Daran wird folglich die Debatte um Japan im zweiten Teil des ersten Kapitels zu messen sein. Wie steht es um die Erklärungskraft der Neokorporatismus-Theorie für Japan? Deren Erkenntnisse über den Wandel in der Struktur der Interessenvermittlung - also sozusagen: das Besondere an den Beziehungen der relevanten Interessengruppen untereinander - sollen im Hauptteil auf die politisch-ökonomischen Zusammenhänge hin untersucht werden.

Der theoretische Rahmen dieser Untersuchung zur politischen Ökonomie der Verteilungsfrage und des Verhältnisses der drei gesellschaftlichen Hauptakteure wird im 2. Kapitel diskutiert. Im Mittelpunkt werden die Regulationstheorie und ihre Basisbegriffe Regulationsweise und Regulationsform stehen. Um der ausgedehnten Fragestellung überhaupt nachgehen zu können, werde ich die regulationstheoretische Basis um die Kategorien Widerspruch und Autonomie der Bereiche einer Gesellschaft, Staat, Klasse und Hegemonie präzisieren und erweitern. Der eigentliche Stellenwert von Staat und Ökonomie etwa würde in einer rein regulationstheoretischen Betrachtung unterbelichtet bleiben; beide nehmen jedoch thematisch einen nicht nur entscheidenden, sondern auch jeweils eigenen, gesonderten Raum ein, den es folglich theoretisch abzustecken gilt.

Die Regulationstheorie bildet also den Rahmen für den Hauptteil einer *strukturellen Analyse von Ökonomie und Politik sowie des Verhältnisses von Kapital und Arbeit, aufgeteilt in zwei große Entwicklungs- und Krisenphasen* (Kapitel 4 und 5). Die Kapitel beginnen jeweils mit den ökonomischen Formen und Bestandteilen der gesellschaftlichen Regulation. Diese werden hinsichtlich ihrer Herausbildung sowie ihrer Charakterisierung als ökonomischer Teil eines kohärenten Ensembles einer Regulationsweise untersucht. Dem folgt eine Analyse der politischen Ebene in Bezug auf ihre Organisations- und Vermittlungsfähigkeit der gesellschaftlichen Projekte. Den jeweils abschließenden dritten Teil der Betrachtung der Entwicklungsphasen bildet eine Untersuchung der *vermeintlichen* gesellschaftlichen Hauptakteure in einer Marktwirtschaft, von Kapital und Arbeit bzw. ihren Organisationen. Wie erfolgte die Regulation des Verteilungskonfliktes?

Die Einteilung und Abgrenzung dieser Phasen erfolgt zunächst in Kapitel 3 aufgrund einer makroorientierten Betrachtung des Wachstumsprozesses sowie der Faktoren Kapital und Arbeit.

Kapitel 4 dreht sich um die Regulationsweise der üblicherweise „Hochwachstumsphase“ genannten Epoche und der ihr vorangehenden Krise mit dem Jahr 1945 als Ausgangspunkt. Die Krisenjahre werden wegen ihrer prägenden Bedeutung für den nachfolgenden Wachstumsprozeß im Mittelpunkt stehen. Der Ausgangspunkt 1945 bietet sich insofern an, als die Kriegsniederlage und die Demokratisierungen einen außerordentlich großen Input an Veränderungen für die japanische Gesellschaft mit sich brachten und in vielerlei Hinsicht überhaupt erst eine Diskussion des Verhältnisses von Kapital, Staat und Arbeit mit den Organisationen der Arbeit als relevanter Kraft ermöglichten.

Grundlegende These ist dabei, daß in der Zeit zwischen 1945 und der Mitte der 50er Jahre eine Institutionalisierung des objektiv prägenden Konfliktes zwischen Gewerkschaften und Management in einer charakteristischen Weise erfolgte, der die Bezeichnung „kleiner Kompromiß“ gegeben werden soll. Dieser Kompromiß zwischen Großkapital und den Beschäftigten dieser Unternehmen wirkte gesellschaftlich integrierend - und sei es negativ.

Im Zentrum des 5. Kapitels steht die Krise der 70er Jahre, in der sich gewichtige Veränderungen vollzogen, allerdings ohne einen Wandel der ökonomischen Grundparameter. Sie wird hier in erster Linie als Produkt des vorangegangenen Wachstumsprozesses dargestellt, in dem sich die gesellschaftlichen, ökonomischen wie politischen Widersprüchlichkeiten bis zur gesellschaftlichen Krise verstärkten und verdichteten. Krise und Veränderungen betrafen die Wirtschaft genauso wie die Politik; beide Bereiche hingen zusammen, beide bewahrten allerdings auch ihre eigenen Gesetzmäßigkeiten. Während die ökonomischen Institutionen trotz der anfänglich profunden Krise bei weitgehend gleicher Gesamtorientierung und Intensität flexibel umstrukturiert werden konnten, blieb die Vorherrschaft der LDP und damit die Kohäsion im politischen Raum überraschenderweise erhalten. Die LDP war die einzige politische Partei in einem demokratischen Industrieland, die diese Jahre unbeschadet überstand - wenn auch mit Veränderungen in der Form der Machtausübung und der Organisation von politischer Hegemonie.

Der Weg der japanischen Gewerkschaften aus der Hochwachstumsphase in die Krise und darüberhinaus wird den dritten und abschließenden Teil des 5. Kapitels beinhalten. Im Vordergrund steht dabei die Neuorganisation der gewerkschaftlichen Dachverbände zu einer kooperativen Organisation sowie der Formwandel der Gewerkschaften allgemein. Jeweils abschließend wird der Wandel der ökonomischen und politischen Formen der Regulation in und seit der Transformationsphase der 70er Jahre diskutiert.

Kapitel 6 konkretisiert die Hauptthese des selektiven, positiven wie negativen Integrationsprozesses hinsichtlich der globalen Frage, was denn nun die gesellschaftlichen Bedingungen des erfolgreichen Krisenmanagements sind und was der Hauptteil über die Zusammenhänge und Bedingungen gesellschaftlicher Reproduktion sowie die Form der Verhältnisse zwischen Kapital, Staat und Arbeit gelehrt hat.

# 1. DAS PROBLEM: DIE NEOKORPORATISMUS-THEORIE ALS ERKLÄRUNGSANSATZ

## Pluralismus, Neokorporatismus und Krise

In den siebziger Jahren stieß die ökonomische Prosperitätsphase in den Industrieländern an ihre Grenzen und damit die Regulationsweise, die sich seit den fünfziger Jahren entfaltet hatte. Ob dieser Modus der Regulation nun als *Fordismus* (aus regulationstheoretischer Perspektive etwa Hirsch 1985, Lipietz 1991) oder als *keynesianischer Klassenkompromiß* (Schmidt 1983:1f) beschrieben wird - die Kompromißformel dieser Regulationsweise lautete: Stabilität gleich Rentabilität plus soziale Sicherheit plus Vollbeschäftigung plus Lohnsteigerungen. Mit wachsender Dauer der Stabilität schien sich die optimistische Einschätzung zu bestätigen, daß die zyklenhafte Krisenanfälligkeit der kapitalistischen Wirtschaft durch das „bisher erfolgreichste Regulations- und Wachstumsmodell" (Dauderstädt 1988:434) überwunden war.

Ein Bündel von Faktoren mit der sogenannten Ersten Ölkrise von 1973 als Brennpunkt erschütterte diesen Optimismus. Die Handelsbilanzungleichgewichte und die daraus resultierenden Belastungen für das Weltwährungssystem, die teils explosionsartige Steigerung der Rohstoffpreise, die sich abzeichnenden Grenzen der tayloristischen Arbeitsorganisation, die Veränderungen durch die Mikroelektronik in der Produktionsorganisation, die arbeitspolitischen Auseinandersetzungen mit Wilden Streiks, Fabrikkomitees u.ä., die Umweltverschmutzung und schließlich der Faktor Japan als einem neuen Konkurrenten auf den Weltmärkten waren zentrale Momente dieses Umbruchs und der Krise der späten 60er und vor allem der 70er Jahre. Die Wachstumsraten ließen stark nach, die Arbeitslosigkeit nahm zu, und hinzu traten inflationäre Tendenzen - an die Stelle des stabilen Wachstums trat die *Stagflation*. Die staatlichen Anpassungsleistungen und Zuständigkeiten zur Stabilisation der Gesellschaften wuchsen mit den Schwierigkeiten, damit wiederum auch die fiskalischen Probleme (Staatsverschuldung). Die Spielräume für ein erfolgreiches Wirtschaftsmanagement seitens des Staates durch fiskalische Mittel wurden zunehmend enger. Die Verteilungskonflikte verlagerten sich in die politische Arena. Die wachsende Staatszuständigkeit wiederum schien durch ihre Einwirkung auf die Märkte eine hochgradige Ineffizient zu unterstützen. (Dazu Keman/van Dijk 1987:127f; Lehner/Nordhause-Janz 1988:38f)

Wirtschaftliche Stagnation erschien in diesem Sinne als Resultat von Marktvermachtung bzw. einer Überlastung der Marktwirtschaft durch den redistributiven Wohlfahrtsstaat vor dem Hintergrund mächtiger Verteilungskoalitionen (Olson 1982). An dieser Stelle kommt das prekäre Problem des Verhältnisses von Markt und Staat und dadurch vermittelt auch die hier maßgebliche Frage der Interessengruppen ins Spiel.

Damit bin ich freilich einer bestimmten Interpretation gefolgt und am Punkt ihrer Kritik an der Form des Verhältnisses von Staat und Gesellschaft angelangt. Denn die Erklärung der volkswirtschaftlichen Stagnation erfolgte in der Regel mit Verweis auf die Staatsintervention im Kontext der wohlfahrtsstaatlichen Verteilungs- und Regulationspolitiken. Die mangelhafte Beherrschung der Krise wurde fast durchgängig (vergl. Jürgens 1989:8), wie zuvor angedeutet, nicht als primär sozioökonomisches Problem, sondern als Fall von „Staatsversagen", „Krise der Demokratie" und „Unregierbarkeit" der pluralistischen Demokratie gedeutet (dazu neben den erwähnten etwa Crozier et al. 1975; Hennis et al. 1979). „Der Sündenfall des verhandelnden Staates", wie Scharpf ironisch anmerkte (1993:36), rückte ins Zentrum der Diskussion und damit die Relevanz der Interessenvermittlung für die staatlichen Steuerungskapazitäten. Der Staat kann den mächtigen organisierten Partikularinteressen nicht ausweichen, eine pluralistische Demokratie wird nur dann Bestand haben, wenn die Beteiligten kooperationswillig sind - ansonsten „ist ein freiheitlich und rechtsstaatlich verfaßtes Gemeinwesen verhältnismäßig machtlos" (Kielmansegg 1979:176).

Der entscheidende Punkt hierbei ist nun, daß die pluralistische Form des politischen Prozesses keineswegs allen gesellschaftlichen Gruppen die gleichen Zugangschancen zu den *Machtarenen* einräumte, wie es etwa von Vertretern der amerikanischen Pluralismus-Theorie postuliert wurde (etwa Truman 1971; dazu die Kritik von Offe 1972). Der Einfluß auf den politischen Prozeß vollzog sich im Gegenteil stark asymmetrisch im Sinne der „special-interest groups" oder „distributional coalitions", so Olsons Bezeichnungen (1982:44). Die Politik orientierte sich bei der Beantwortung der gesellschaftlichen Schlüsselfrage der Verteilung aufgrund deren Marktmacht an Kapital und Arbeit oder an wechselnden Partikularinteressen aufgrund von Anspruchsstrukturen, die aus der Asymmetrie der Zugangschancen folgten. Die Staatsapparate verlieren angesichts dieser Konstellationen und Strukturen der gesellschaftlichen Kräfte womöglich effizientere Formen der Verteilung und Regulierung notwendigerweise aus den Augen zugunsten dieser kohäsiven Globalstabilisierung - als Folge der wachsenden (Über-)Beanspruchung geraten Staat und Politik zunehmend in eine Legitimationskrise.

Obwohl es sich um zwei Seiten einer Medaille handelt, steht im folgenden nicht so sehr das Problem der Souveränität des überforderten, allseits zuständigen Staates und der daraus resultierenden Unterspülung der Legitimationsfundamente im Blickfeld, sondern das Verhältnis von gesellschaftlichen Gruppen und Staat. Hier liegt schließlich in seltsamer Eintracht für die konservativen Kritiker, wie auch für Teile der Linken (dazu Piore/Sabel 1989:18), der Auslöser für den *political overload*, in Gruppenegoismus und Anspruchsdenken der

Verbände also, *gegen* die Politik so gut wie unmöglich schien (vergl. das Zitat von Böckenförde in der Einführung).

Aus der Logik dieser Interpretation ergibt sich folgendes Problem:

- Es gibt unterschiedliche und unterschiedlich starke Interessen in der modernen Gesellschaft und daher Organisationen mit tendenziell gegensätzlicher Interessenlage.
- Ein Gemeinwesen bedarf einer flexiblen, anpassungsfähigen Problemlösungskapazität zur ständigen Fortentwicklung.

Wie gelingt es in einem Gemeinwesen, Gruppenegoismus und Problemlösungskapazität zu vermitteln, demokratisch unbedenklich und effizient?[1] Durch die Herausarbeitung dieses Problems der Vermittlung umgehe ich im folgenden eine sinnlose Ausweitung der Diskussion, denn nur die im Kontext der Leistung gesamtgesellschaftlicher Stabilisierung wichtigen Antworten und Akteure sind noch Gegenstand der Betrachtung.

Denn - „Schlüsselfrage der gesellschaftlichen Verteilung" bedeutet eine Beschränkung der Darstellung auf die für eine gesamtgesellschaftliche Verteilungspolitik entscheidende Akteurskonstellation. Wenn ich die Frage *Wer bekommt was und warum?* als Grundfrage des Verteilungprozesses - wie bei Lenski formuliert (1977:18f) - akzeptiere, und weiterhin akzeptiere, daß die Kontrollmacht der Gewerkschaften und der Unternehmerorganisationen „über die Schlüsselressourcen Kapital und Arbeit" diese weit über alle anderen gesellschaftlichen Kräfte hervorhebt (so Goldthorpe 1984b:324), folgt daraus, daß mein Akzent auf diesem Dreieck aus Staat und funktionalen Gruppen von Kapital und Arbeit liegen muß, weil im Kontext einer Stabilisierung von Wirtschaft und Gesellschaft, um die es ja im Zuge der Bewältigung der Krise der Regulationsweise der Nachkriegsphase geht, allen anderen Sektoren eine eher „abgeleitete" Bedeutung zukommt.

Diese Beschränkung wird durch Untersuchungen zum unterschiedlichen Verlauf der Krise in verschiedenen Ländern unterstützt: In der Krise wurden nicht nur unterschiedlich erfolgreiche, sondern eben auch unterschiedliche Strategien verfolgt, die zwischen einem erfolglosen *muddling through* (Großbritannien) und erfolgreicher Steuerung (Norwegen, Österreich, Japan, Schweden) pendelten. Wie Keman/van Dijk zeigen, hing deren Durchsetzungsfähigkeit weniger von einer vermeintlichen ökonomischen Angemessenheit,

---

[1] Die Notwendigkeit der integrativen Behandlung von Verbänden im politischen Prozeß wird hier aus dem Sinn von Demokratie abgeleitet. Demokratischer politischer Prozeß bedeutet (auch) die Möglichkeit, den Lauf der Dinge durch kollektives Handeln zu beeinflussen und über Auswahlmöglichkeiten bei der Beeinflussung zu verfügen. (Vergl. auch Scharpf 1993:26ff) Staatliche Politik erfolgt als Ausgleich zwischen den divergierenden Interessen und der Effizienz im Erhalt und Management des Gemeinwesens.

sondern eher von ihrer politischen Machbarkeit ab, sind Entscheidungen keineswegs strategische Wahl einer autonomen Instanz, sondern Ergebnis von vielfachen, kollidierenden Interessen und Brechungen durch Institutionen, und hier kommt wieder die Frage der Produzentengruppen und der Interessenvermittlungsstruktur ins Spiel (Keman/van Dijk 1987). Dabei geben die Struktur der Interessenvermittlung und die Konstellation der Industriellen Beziehungen (etwa Cameron 1984) zumindest *eine* Antwort darauf, warum sich ein bestimmtes Politikmuster durchsetzte.

## Alternativen zum Pluralismus

Die Vorwürfe an die Pluralisten kreisten genau darum, daß der Spagat von Gruppenegoismus und effektiver Organisation eines Gemeinwesens in der konkreten Gesellschaft systematisch mißglückt und der Verbändepluralismus deshalb zum Auslöser der Krise mutiert sei. Die Diskussion um das vermeintliche Versagen des pluralistischen Modells der Vermittlung zwischen politischer Macht und gesellschaftlichen Interessen schlug, vereinfacht gesagt, zwei Richtungen ein[2]:

- Die eine, an konservativen Staatsauffassungen angelehnte, zielt in überkommener Denktradition vom übergeordneten Staat auf dessen Rückzug aus überzogenen Erwartungs- und Erfüllungshorizonten sowie auf eine Einschränkung der Macht der Verbände. Ihren Vertretern geht es um die Restauration der Entscheidungsfreiheit des Staates und den Schutz von Minderheitsinteressen gegenüber den etablierten Interessenoligopolen. Dieser letzte Punkt findet sich anschaulich in Forsthoffs Kritik der Konzertierten Aktion: „Denn der Demokratie würde es entsprechen, daß die Realisierungschance eines Interesses mit der Zahl der Interessenten wächst. Aber die Logik des pluralistischen Staates, undemokratisch und unsozial wie sie ist, besagt das Gegenteil" (Forsthoff 1971:121);
- Die auf die Erschließung von Selbststeuerungspotentialen der gesellschaftlichen Gruppen abzielende und auf einer differenzierten Leistungsbilanz der Industrieländer abhebende Theorie des Neokorporatismus. Der Grundtenor dieses Versuchs eines verbändetheoretischen Paradigmenwechsels - so der Anspruch beispielsweise von Alemann/Heinze in ihrer Einführung

2 Ich möchte den amerikanische Ansatz des *Back to the State* hier ausnehmen - seine Betonung der Bedeutung von politischen Institutionen und des autonomen Handeln des Staates im politischen Prozeß richtet sich zwar auch gegen die Pluralisten und deren vermeintliche Ausblendung des Staates als autonomen Akteur (dazu Almonds Verteidigung, 1988). Für unser Thema ist die Problematik jedoch erst einmal sekundär, denn die japanische Pluralismus-Theorie leidet nicht an einer Vernachlässigung des Staates und seiner Apparate. Die Rolle von Verwaltung und LDP wird im Gegenteil besonders hervorgehoben (etwa Satô/ Matsuzaki 1986).

(1979a:42) - lautete: Nach der Planungs- und Handlungseuphorie stehen wir nun vor Koordinations- und Steuerungsproblemen in vielfacher Form; zur Rationalisierung und Effektivierung von Politik gilt es, die potentiellen gesellschaftlichen Widerstandsnester kooperativ zu integrieren.

Modell Nr. 1 ist das von Fraenkel als „heteronom" bezeichnete, gegen das sich sein eigener Neopluralismus so entschieden gewendet hatte (Fraenkel 1991:297f). Es hebt auf konservative, monistische oder auch schlicht totalitäre Staatsauffassungen ab, die auf eine homogene, harmonistische Einheit von Interessen im Gemeinwesen setzen. Die Überlegung, die oftmals hinter diesen Staatsauffassungen steht, lautet, daß entweder gar keine Interessengegensätze vorhanden sind oder sich diese im Staat nicht niederschlagen (dürfen). Der Staat bewegt sich dann über den gesellschaftlichen „Sonder"interessen - verkörpert die Aufhebung der Gegensätze von Kapital und Arbeit. Nur er kann das Gemeinwohl erkennen.[3] Die Pluralisten jedenfalls sehen sich selbst als das entschiedene Gegenmodell zu solchen Ansätzen:

> „In developing a group interpretation of politics, therefore, we do not need to account for a totally inclusive interest [i.e. an interest of the nation as a whole (...) standing apart from and superior to those of the various groups included within it], because one does not exist" (Truman 1971:51[50]).

Die Vertreter der Neokorporatismus-Theorie teilten durchaus die Kritik der Konservativen an der Asymmetrie der Interessenrepräsentation, nicht jedoch deren Konsequenz. Sie behaupteten statt dessen einen Perspektivwechsel: Verbände übernehmen in institutionalisierten Gremien einen Teil der Steuerungsleistungen für den Staat, jedoch in Zusammenspiel mit den Staatsapparaten. Nach Lowis These - „*policies* structure *politics*" (1964:688) - neigt das moderne politische System in redistributiven Politikbereichen zu einer institutionellen Verflechtung zwischen Staat und (den beiden) Interessengruppen („crudely speaking, haves and have-nots"; ebd.:691). Die Neokorporatismus-Debatte behauptete eine Erweiterung des Geltungsbereiches solcher Verflechtungen um distributive und regulative Fragen. So gesehen ist die Neokorporatismus-Theorie also der Versuch der kreativen Rettung des integrativen Verhältnisses von Staat und Verbänden durch eine Erweiterung des Staatsbegriffes.

---

3 Fraenkel hatte formuliert: „Jede erzwungene Gemeinschaft bedeutet in der politischen Realität blutiges Eisen und in der politische Theorie hölzernes Blech" (1991:61). Wie ist - angesichts der holistischen Japan-Rezeption - eine Versöhnung bzw. Aufhebung des Interessenwiderspruches von Kapital und Arbeit denkbar, ohne dieses Diktum zu bestätigen?

## Zur Rekapitulation: Was ist Neokorporatismus?

In der Frage, was Neokorporatismus im Kern ist, läßt sich ein weitgehend einheitlicher Begriff erzielen. Neokorporatismus bezeichnet demnach einen Prozeß der freiwilligen Verflechtung von dominanten Interessengruppen untereinander und mit den Staatsapparaten. Es handelt sich mithin nicht um eine Form der *pressure* über den Input-Prozeß der Interessenaggregation oder -artikulation, sondern um eine formalisierte Installierung der Interessengruppen im politischen Entscheidungsprozeß selbst.[4] Grundlage ist ein „push-and-pull-Verhältnis, bei dem die für die Funktion des politisch-administrativen Systems relevanten Interessenverbände relativ fest im System selbst integriert sind" (von Alemann/Heinze 1979a:31).

Ziel eines solchen korporatistischen Arrangements ist es, Politiken zu entwickeln, dabei relevante, konfligierende Interessen direkt zu integrieren und gleichzeitig im Sinne eines Ausgleichs ihres latenten Konfliktes zu steuern, ferner diese Politiken umzusetzen, zu popularisieren und die von den organisatorischen Führungseliten repräsentierten gesellschaftlichen Gruppen für diese Maßnahmen zu mobilisieren oder zu formieren.

Es bilden sich also institutionalisierte Gremien unter Beteiligung der Vertretungseliten von Arbeit und Kapital sowie von staatlichen Repräsentanten. Entscheidend ist, daß es die jeweiligen Führungseliten sind, die die korporatistischen Arrangements betreiben, und daß den jeweils repräsentierten Gruppen eine Monopolstellung und damit Verbindlichkeit zukommt. Diese Führungseliten vertreten zwar mehr oder minder ausgeprägt gegensätzliche Interessen. Ihre Handlungsmaxime lautet jedoch: Kompromiß zwischen den Produzentengruppen, Mäßigung statt einseitiger Durchsetzung gruppenegoistischer Ziele.

Hinsichtlich der Erklärungsreichweite und Funktion des Ansatzes fehlt eine einheitliche Position, die jene Autoren, die die Debatte ursprünglich prägten, vorbehaltlos unterschrieben hätten. Doch sind diese Dimensionen insofern wichtig, weil sich erst über sie die vielfältigen Prämissen und die Grenzen des Ansatzes erschließen. In Schaubild 1 sind in Anlehnung an von Alemann/ Heinze (1979b:475) vier Vertreter bzw. Ansätze des „klassischen" Neokorporatismus nach den zwei Dimensionen angeordnet, und im folgenden möchte ich dies kurz ausführen.

---

4 Zu den Begriffen Interessenaggregation und -artikulation vergl. Almond 1958:274ff.

SCHAUBILD 1:

Dimensionen der Neokorporatismus-Debatte

| | | REICHWEITE | |
|---|---|---|---|
| | | System | Struktur |
| FUNKTION | soziopolitische Integration | Schmitter | Lehmbruch |
| | sozioökonomische Integration | Winkler | Panitch |

## Winkler: Korporatismus als neues Wirtschaftssystem

Winkler versteht unter Korporatismus ein neues, eigenständiges „Wirtschaftssystem, in welchem der Staat die überwiegend in Privatbesitz befindliche Wirtschaft nach den vier Prinzipien Einheit, Ordnung, Nationalismus und Erfolg dirigiert und kontrolliert" (Winkler 1976:103).[5]

Der Staat organisiert bzw. mobilisiert die gesellschaftlichen Kräfte für den nationalen *Erfolg*. Dabei weitet er schließlich als Folge eines *bargaining*-Prozesses zwischen den Akteuren seinen Aktionsradius zur gesellschaftlichen Stabilisierung auf institutionalisierte Investitionslenkung, Preis- und Lohnkontrollen etc. aus (vergl. Winkler 1977a:56f). Staatliche Kontrollmacht erstreckt sich damit auch auf die Gewerkschaften, in Form direkter Einflußnahme auf deren „Verhandlungsstrategien" (Winkler 1977b:82). Dafür erhalten die Gewerkschaften Kompensationen auf dem Feld der Sozialpolitik. Funktional ist diese Form von Korporatismus also ein Integrationsmechanismus für Abweichungen (*Einheit - Ordnung*) von der staatlichen (Wirtschafts-)Politik (*Nationalismus - Erfolg*).

---

[5] Wahrscheinlich dürfte es notwendig sein, die vier Prinzipien kurz zu erläutern, weil Winkler in der Japan-Debatte zitiert wird (Pempel/Tsunekawa 1979:244) - und in der Tat scheint hier auf den ersten Blick die Geschichte der modernen japanischen Entwicklung „erzählt". *Einheit* betont das Zusammenwirken der gesellschaftlichen Kräfte für die wirtschaftlichen Ziele; *Ordnung* richtet sich gegen die Markt-Anarchie und setzt Organisation und Selbstbeschränkung dagegen; *Nationalismus* umfaßt die Nation als Bezugsrahmen und als Abgrenzung gegenüber dem Rest der Welt; *Erfolg* meint effiziente, wirtschaftliche Ziel-Orientierung.

## Schmitter: Neokorporatismus als Form der Interessenvermittlung

Schmitter stellt die „Organisation konfligierender funktionaler Interessen" (Schmitter 1981a:66) durch deren Einbeziehung in die politische Form des Staates in den Mittelpunkt. Korporatismus entsteht voluntaristisch, inmitten stabiler, bürgerlicher Regime im Sinne von demokratischen Sozial- oder Wohlfahrtsstaaten. (Schmitter 1979b:113)

Korporatismus ist Ergebnis „politischen Tauschs" - er ist ein „Arrangement wechselseitiger Bequemlichkeit zwischen Repräsentanten der Interessengruppen und der Staatsmacht" vor dem Hintergrund relativ ausgeglichener gesellschaftlicher Machtpositionen zwischen den relevanten Interessen (Schmitter 1984:18). „In order to integrate their political systems, they (the national governments; d.V.) were relying more and more on deals with interest groups as distinct from electoral and parliamentary participation ..." (Streeck/Schmitter 1991:136). Die Organisationen verfügen über die zur Steuerung notwendigen Informationen und Formierungspotentiale gegenüber ihren Mitgliedern. Ihre Spitzen sind dazu in gewisser Weise unabhängig von der Basis. Der Staat wiederum ist ebenso autonom den Verbänden gegenüber, legitimiert die Verhandlungsprozesse und beeinflußt bzw. strukturiert die Organisationen. (Dazu Schmitter 1979a:13f)

In späteren Arbeiten prägt Schmitter zusammen mit Streeck den Begriff *private interest government*, allokative Selbstregulierung von Interessengruppen im öffentlichen Interesse verstanden als vierte Form der Regulierung sozialer Ordnung neben Gemeinschaft, Markt und Staat. Sie soll komplementär einen „Beitrag dazu leisten, daß das Verhalten der sozialen Akteure reziprok anpaßbar und vorausschaubar wird" (Streeck/Schmitter 1985:2). Hier ist also eindeutig der Anspruch formuliert, daß Verbände keineswegs dysfunktional sein müssen, sondern Ordnungshüter sein können. Die Form der Delegation „versucht das kollektive Eigeninteresse sozialer Gruppen an Schaffung und Aufrechterhaltung einer allgemein akzeptablen Ordnung auszunutzen" (Streeck/Schmitter 1985: 16).

## Lehmbruch: Neokorporatistische Konzertierung

Lehmbruch legt den Schwerpunkt auf „institutionalisierte Muster der Politikentwicklung (*policy formation*)" (1979a:150) - zumindest im Fall des ausgereiften „starken" Korporatismus.

Da „korporatistische Konzertierung" ein Lenkungsmechanismus von Verteilungskonflikten ist, sind es in erster Linie die für die Systemstabilität relevanten Interessen, sprich: Arbeit und Kapital, die inkorporiert werden. Dies geschieht in Form einer „tendenziellen Instrumentalisierung der Großorganisationen für staatliche Steuerungsleistungen" (Lehmbruch 1979c:51). Lehmbruch deutet korporatistische Arrangements als Ergebnis strategischen Kalküls. Sie unterliegen einer Austauschlogik. Die staatliche Verwaltung versucht, sich mittels der Verflechtung Steuerungsressourcen zu sichern, die Interessengruppen suchen Kompensation auf relevanten Politikfeldern für ihre konsensuale Mitarbeit. (Lehmbruch 1979b:304ff)

Korporatistische Politikentwicklung unterliegt einer doppelten Beschränkung: Die korporatistische Struktur füllt lediglich eine Lücke im gesellschaftlichen Konsensbildungsprozeß; es kommt zu einer „Abstützung der korporatistischen Politikentwicklung durch Parteien und Parlamente“ (Lehmbruch 1983: 417). Zudem ist neben der Konsensausrichtung der Führungseliten deren Position gegenüber der organisatorischen Basis entscheidend für die Funktionsfähigkeit des korporatistischen Arrangements. Ein politischer *overload* ist wegen des notwendig niedrigen Konfliktgrades nicht unwahrscheinlich. (Lehmbruch 1979a:180ff)

## Panitch: Korporatismus als Strategie zur Klassendominanz

Panitch interpretiert Korporatismus als eine „politische Struktur im fortgeschrittenen Kapitalismus, die die Gruppen der sozioökonomischen Produzenten durch ein System der Repräsentation und des kooperativen wechselseitigen Zusammenwirkens auf Führungsebene sowie der Mobilisierung und sozialen Kontrolle auf Massenebene integriert“ (Panitch 1986a:136).

Korporatismus ist abhängig vom parlamentarischen System, also begrenzte Parallelstruktur (vergl. Panitch 1986b:163). Er ist ein Integrationsmechanismus, der vor dem Hintergrund sich wandelnder politischer Kräfteverhältnisse sowie im Rahmen der expandierenden ökonomischen Intervention des Staates zu sehen ist. Integration bezieht sich in erster Linie auf die Gewerkschaften. Staatliche Interventionen bedeuten folglich keine Neutralisierung des Staates: Korporatistische Strukturen weisen einen „systematischen Bias zur Dominanz durch die Kapitalisten-Klasse“ auf (Panitch 1986a:137). Ihr Ziel ist die ideologische Subsumption von *labour* zum Erhalt der Klassendominanz als eine „spezifische Form staatsinduzierter Klassenkollaboration“ (Panitch 1986b:162).

Die Gewerkschaftsführer mobilisieren und kontrollieren „für“ den Staat, und darin liegt gleichzeitig der Keim der vehement beschworenen Instabilität und zweifelhaften Leistungsfähigkeit korporatistischer Arrangements (dazu Panitch 1986a:151ff). „Gerade die Legitimation, die die korporatistischen Strukturen staatlicher Politik geben sollen, wird durch die Delegitimation, die die Struktur mit der Zeit produziert, in Frage gestellt“ (Panitch 1981:34). Die organisationsinternen Konflikte zwischen Führung und Basis nämlich können im gewerkschaftlichen „exit“ resultieren.

## Die Prämissen von Neokorporatismus

Ich möchte im folgenden einige (nicht systematische) Zweifel an der Überzeugungskraft der neokorporatistischen Antwort als solcher formulieren, und zwar hinsichtlich der Reichweite, der Frage, *wo* solche neokorporatistischen Arrangements funktioniert haben (und ob Neokorporatismus in Japan also vom Ansatz her wahrscheinlich ist).

Bereits aus der Vielfalt der Positionen geht klar hervor, daß die Ansprüche an Neokorporatismus außerordentlich unterschiedlich waren. Bezüglich der Reichweite und damit des Leistungsvermögens unterteilen sich die Vertreter in die Skeptiker (Lehmbruch und Panitch) sowie die Optimisten (Schmitter und Winkler). Reichweite der Erklärung und die Frage der Instabilität stehen dabei im engen Zusammenhang mit der Frage nach dem grundsätzlichen Verhältnis von Staat und gesellschaftlichen Akteuren.

Dieses Verhältnis wird entsprechend unterschiedlich interpretiert. Der Staat der Neokorporatismus-Theorie ist keineswegs nur passiver Adressat für die Einflußnahme. In allen Ansätzen wird der Staat mit einem eigenen Stellenwert, einer Handlungsautonomie ausgestattet: stärker bei Winkler und Schmitter, schwächer bei Panitch und Lehmbruch. Einigkeit herrscht über den integrativen Charakter der Korporatisierung, ob die Integration jedoch aufgrund der funktionalen Notwendigkeiten der kapitalistischen Entwicklung durch einen strukturell autonomen Staat erfolgt (Winkler/Schmitter), oder ob sie Ergebnis einer Strategie „vermittelt“ durch einen relativ autonomen Staat ist (Panitch), mag zunächst als eine absurde Frage erscheinen, ist jedoch für die Reichweite und Stabilität des Arrangements von erheblicher Tragweite.

Verfügt der Staat über einen strukturell bedingten autonomen Spielraum, öffnet sich auch für die Gewerkschaften erheblicher Raum für Reformen, und die Konfliktschwelle wird nach oben verschoben. Bedeutet Integration hingegen, daß die gewachsene Macht der Gewerkschaften von der ökonomischen auf eine politische Schiene umgeleitet wird, so gerinnt das Ganze zur Ideologie. Für *labour* bedeutet dies, „seine ökonomische Macht abzutreten oder nicht auszuschöpfen“ (Goldthorpe 1984b:325). Organisatorische Konflikte sind vorprogrammiert. Die Konfliktschwelle wird niedriger.

Lehmbruch zieht deshalb den Betätigungsradius *korporatistischer Konzertierung* enger. Der Tausch aus strategischen Überlegungen ist beschränkt auf den Bereich der relevanten Großinteressen zur ergänzenden Entlastung des politischen Prozesses unter der Prämisse zentral organisierter Großorganisationen. Panitch betont das Ziel der systemkonformen Bündelung von Steuerungsressourcen, schließt daraus jedoch auf einen geringen Grenznutzen für die Gewerkschaften, für die es mittel- oder langfristig kaum etwas zu erreichen gibt - das bedeutet Instabilität. Der Unterschied zwischen den beiden „Skeptikern“

liegt darin begründet, daß die Belastbarkeit des Arrangements bei Lehmbruch eher eine Frage des Aufbaus der beteiligten Organisationen ist, während sie für Panitch aufgrund der ideologischen Ausrichtung der Konstruktion als solcher entschieden wird.

Schmitter hingegen geht diese Problematik optimistischer an. Der Tausch nimmt und gibt allen etwas und kann als wechselseitiges Arrangement zwischen ausgeglichen-machtvollen Interessen mit adäquater organisatorischer Beschaffenheit stabil funktionieren. Die beteiligten Interessengruppen werden ihren kurzfristigen Gruppenegoismus für ein übergeordnetes Interesse an einer akzeptablen Ordnung zurückstellen, weil die Verhaltensrichtschnur die Vermeidung der jeweils schlechtesten Lösung ist. Winkler scheint aus heutiger Sicht eher eine zeitbedingte, aber letztlich grundlose Vision, die zudem auf staatlicherseits uferlose Steuerungskapazitäten setzt, eine Deutung, die in der Folgezeit wohl kaum zu halten war.

Bei allen Autoren steht der Gedanke eines Tausches im Mittelpunkt, wenn auch im Falle Winklers aufgrund seines starken Staates und im Falle Panitchs aufgrund seines „class bias" weniger. Wenden wir uns dem Tausch-Gedanken und seiner Ratio zu.

Zunächst mag sich mir nicht wirklich erschließen, warum die Organisationen von Kapital und Arbeit in einem korporatistischen Arrangement auf die Externalisierung der Kosten *ohne* weitere Prämissen verzichten sollen. Die Gewerkschaften mögen über ihr Primärinteresse Lohn noch andere Ziele, sogenannte „Makro-Güter", haben und diese Makro-Güter für das kollektive Gut (Stabilität) tauschen. (Dazu Tarantelli 1986) Als Kompensation erhalten die Gewerkschaften die Aussicht auf preisliche, soziale oder fiskalische Leistungen. Doch ist dieser Tausch etwa kostenneutral in Hinblick auf Dritte? Lehner beantwortet diese Frage in Hinblick auf die Erfahrungen in Skandinavien: „Eine neo-korporatistische Politikgestaltung erlaubt es den beteiligten Verbänden, die Kosten der Einkommens- und Beschäftigungspolitik weitgehend zu verallgemeinern (...)" (1989:242). Gerade eben aufgrund ihres gesellschaftlichen Gewichtes bieten sich den Produzentengruppen außergewöhnliche Externalisierungschancen, zumal wenn die Staatsvertreter weder weitgehend autonom sind, noch staatlicher Zwang im Spiel ist. Die Repräsentanten von Kapital und Arbeit machen „gemeinsame" Sache und wälzen die Kosten auf ein weniger konfliktfähiges Interesse ab, der Staat wird zur gesellschaftlichen Stabilisation wenn nötig die Folgen ausgleichen.[6]

---

6 „Konfliktfähig" sind - so Offe - jene Interessen, die über die Fähigkeit der Androhung der Verweigerung bzw. die Fähigkeit zur Verweigerung systemrelevanter Leistungen verfügen (1972:146f).

Der Anreiz zur Verfolgung gemeinwohlorientierter Ziele eines solchen Kartells jedenfalls ist *zunächst* nicht nachvollziehbar. Dazu bedarf es einiger Prämissen. Diese betreffen zum einen die Merkmale der beteiligten Organisationen und zum anderen das Umfeld. So könnten Kapital und Arbeit natürlich aufgrund ihres Potentials den Status von *encompassing organizations* (Olson) einnehmen und die Folgekosten ihrer Aktionen aufgrund der heterogenen, umfassenden Klientel berücksichtigen. Doch wo und wann haben die Organisationen von Kapital und Arbeit diesen Status einer großen, umfassenden, zentralistischen Organisation? Auch Olson weist ihnen eher den Status von *distributional coalitions* zu, während „umfassende" Gewerkschaften allenfalls in einigen wenigen Ländern vorkommen (1982:47ff).

Außerdem bedingt der Tausch, daß die Führung der Organisationen Kompromisse eingeht, die zum Teil zumindest den Mitgliederinteressen zuwiderlaufen. Voraussetzung ist auch, daß die jeweilige Führung nicht an ideologischen Konfliktlinien ausgerichtet ist. Selbst wenn diese legitimatorische Schützenhilfe staatlicherseits erhält (etwa durch *closed shop*-Regulierungen, durch Gegenleistungen oder aber auch ideologisch), werden die Organisationsspitzen in einem korporatistischen Arrangement zwangsläufig in eine Zwitterstellung zwischen Interessenvertretung und halbstaatlicher Agentur geraten (vergl. Czada 1987: 35).[7]

Die Konstruktion bedarf also, damit sie reibungslos arbeitet, einer weiteren Prämisse und zwar hinsichtlich ihres Umfelds in Form indirekter Anreize, die eine Wagenburg-Mentalität erzeugen, so daß gut-organisierte, große Organisationen zur anhaltenden wirtschaftlichen Modernisierung ihres Landes die Primärinteressen ihrer Mitglieder ohne der Gefahr eines *exit* verletzen können. Hier gefordert ist eine Art chronisches Krisen- oder Gefährdungsgefühl im Binnenraum bzw. gegenüber dem Ausland, welches eine Einsozialisierung in einen kooperativen, konsensualen gesellschaftlichen Grundtenor mit sich bringt.

Katzenstein erklärte ein solches Gefährdungsgefühl wie folgt: Kleine, offene Märkte sind dem Wandel in der Weltwirtschaft direkter ausgesetzt und deshalb empfindlicher. Cameron prägte dazu - vereinfacht - folgende Formel: Starke Weltmarktabhängigkeit bewirkt eine binnenländische Orientierung an Konsens und Kooperation, die sich in hochgradiger Flexibilität bei ökonomischen Anpassungsprozessen niederschlägt (Cameron 1978). Daraufhin tendieren solche kleinen Märkte „notgedrungen" zur Verknüpfung wirtschaftlicher Flexibilität und politischer Stabilität. Diese Staaten sind aufgrund der geringen relativen

---

7 Der Hinweis Cawsons, daß Neokorporatismus „funktionalistisch-holistische" Züge aufweise, indem er ein übergeordnetes Interesse betone, „...with the health of the whole contingent upon the 'correct' functioning of the parts" (1978:179), ist bezüglich der Rolle der Verbandsspitzen nicht von der Hand zu weisen.

Marktposition passiv ausgerichtet, und im Binnenraum versuchen sie zu „verhindern, daß die Kosten des Wandels politische Eruptionen verursachen" (Katzenstein 1985:24). Organisiert wird diese Anpassungsstrategie über zwei Spielarten korporatistischer Konzertierung, liberal oder sozial. Katzenstein erklärt die Ratio mit einer Boots-Metapher: „They (the small markets, d.V.) emphasize that all members of society are in the same small boat, that the waves are high, and that everyone must help pull the oars" (1985:35).

Wenn wir uns die diversen empirischen Befunde der Neokorporatismus-Debatte anschauen, stellen wir fest, daß bereits Lehmbruch und Schmitter von diesen kleinen Marktwirtschaften gesprochen hatten, als Fälle von „starkem" oder „gesellschaftlichem" Korporatismus (Lehmbruch 1982; Schmitter 1981b). Später wird diese Tendenz dann zu einem Ausweichen auf Substrukturen in den größeren Ökonomien (Grant 1985). Nicht von ungefähr ziehen Czada/Schmidt eine direkte Linie von Lehmbruch zu Katzenstein und bezeichnen den ersteren als „ein(en) Begründer der komparativen Kleinstaatenforschung" (Czada/Schmidt 1993:8). Dort sind die Anreize so stark, daß die beteiligten Organisationen wahrscheinlich in der Tat „weiterrudern" werden. Fehlen diese jedoch weitestgehend, wächst die Wahrscheinlichkeit, daß die Interessenkohäsion zu gering ist.

## Neokorporatismus - eine Relativierung

Es müssen also einige Prämissen für neokorporatistische Arrangements zwischen den Produzentengruppen erfüllt sein. Waren es nicht gerade die sozialdemokratisch dominierten Wohlfahrtsstaaten, in denen diese mit Neokorporatismus assoziierten Politikmuster vorherrschten? Dort wurden jene selektiven Integrationsstrukturen herausgebildet, und zwar deshalb, weil es in der Logik der bisherigen Regulationsweise des Interventionsstaates lag. Die neokorporatistischen Arrangements werden zu einem institutionalisierten Austragungsmodus der Transformation der Regulationsformen.

Sind die Prämissen nur in Teilen erfüllt, kommt es zu Teilbereichslösungen wie an den unterschiedlichen Korporatismus-Graden etwa bei Lehner (1987:58) festgemacht. Einher damit geht die oft kritisierte Tendenz, jede Form von Verhandlung an der Schnittstelle von Staat und Gesellschaft als Korporatisierung zu bezeichnen (dazu etwa Cox 1988:34; von Beyme 1984). Hier fokussiert war jedoch ein Neokorporatismus, der die Produzentengruppen verknüpft, denn nur dann dürfte eine gesellschaftliche Stabilisierung im Sinne der Problematik der 70er Jahre Aussicht auf Erfolg haben.

Im *Regelfall* des Industriestaates X wird Neokorporatismus im sensiblen Bereich der Beziehungen von Arbeit, Kapital und Staat hingegen nur bedingt funktionieren, es sei denn, einer der Akteure vermag seine Kräfte strukturell gar nicht erst zu entfalten, oder er verfügt nur über bescheidene Kräfte. Dann handelte es sich allerdings wieder um einen Unterordnungsmechanismus mit fließenden Grenzen zum autoritären Korporatismus wie von Panitch beschrieben.

Gewisse grundsätzliche Einschränkungen zur Erklärungsreichweite von Neokorporatismus sind somit angebracht, es sei denn, ich zäume den Gaul von hinten auf, und definiere als korporatistisch, was ein bestimmtes Struktur- und Leistungsprofil aufweist: wenig Arbeitslosigkeit, gut-organisierte Gewerkschaften, stabiles Wachstum u.ä. „Yet scientific enquiry can hardly proceed by defining causal categories in relation to their presumed consequences (...)“ (Shalev 1990: 78).

## Und Japan?

Wie kann die Neokorporatismus-Debatte angesichts der Einschränkung, daß sie in erster Linie die Verhältnisse in exportabhängigen, wohlfahrtsstaatlichen Kleinstaaten Europas erklären hilft, sowie ihrer organisatorischen Prämissen ein taugliches Instrument sein, um den effizienten Ausgleich der Interessen bei der Bewältigung der Ölkrise(n) bzw. die Kooperation von Staat, Arbeit und Kapital in Japan allgemein neokorporatistisch zu erklären? Was macht das womöglich Spezielle am Fall Japan aus?

In Camerons Studie (1984) wird die günstige Leistungsbilanz in puncto Vollbeschäftigung, Lohn- und Preisentwicklung einiger kleiner Ökonomien und Japans in der kritischen Phase der Stagflation untersucht - und im Falle der ersteren mit dem Vorhandensein hochgradig organisierter Gewerkschaften in Verbindung mit „linken“ Regierungen erklärt. Die strukturellen Attribute dieser organisatorischen Basis wiederum ähneln jenen, die für korporatistische Systeme herangezogen werden (dazu Cameron 1984:168). Selbst wenn wir diese Indikatoren einer (Japan-) kritischen Überprüfung und Korrektur unterziehen, bleiben kaum strukturelle Voraussetzungen für eine Korporatisierung Japans in den 70er Jahren übrig (ebd.:165): Nach den Indikatoren Camerons (Organisationsgrad; gewerkschaftlicher Zentralismus nach organisatorischer Einheit, Rolle des Spitzenverbandes, Reichweite der Tarifverhandlungen; Vorhandensein kooperativer Institutionen) liegt Japan auf einem der unteren Plätze.

Japan ist in den 70er Jahren eine weder ausgesprochen „offene“, noch eine „kleine“ Marktwirtschaft gewesen, und dies sind für Cameron die ausschlaggebenden Faktoren für gesellschaftliche Kohäsion (Cameron 1978:1256f). Katzenstein bezeichnet Japan als etatistisches Modell, ein System, daß mit allen Möglichkeiten ausgestattet ist, den Kosten wirtschaftlichen Wandels präventiv zu begegnen, evtl. auch, indem die Kosten über die Gesellschaft verteilt werden (Katzenstein 1985:23).

Für die systematische Neokorporatisierung Japans scheinen die Voraussetzungen, insbesondere hinsichtlich der Industriellen Beziehungen, zu fehlen, es sei denn, es stellen sich funktionelle Äquivalente ein:

- organisatorischer Art, als Ersatz für die schwachen, dezentralen Gewerkschaften,
- ideologischer Art, als Ersatz für den *small market*.

Was kann die Debatte leisten, um den Erfolg Japans zu erklären, ohne dabei in einen neuerlichen Exotismus zu verfallen, der verbleibende Erklärungsreste dem Faktor „Japan“ zuschlägt?

## Neokorporatismus-Debatte und Japan

Die zuvor geäußerten Zweifel sollten nicht dazu verführen, die japanbezogene Debatte als Exotik abzutun. Auch dürfte ein inzwischen so umfangreicher Diskurs kaum auf die wissenschaftssoziologische Frage reduzierbar sein, ob sich nicht Wissenschaftler aus Karrieregründen in eine Modedebatte eingeklinkt haben (so Cox andeutungsweise für die europäische Debatte, 1988:30).

Wir stehen in diesem Kapitel vor ähnlichen Schwierigkeiten wie bei der Darstellung der westlichen Konzeption von Neokorporatismus: Auch die japanische Debatte ist zeitlich und thematisch recht ausgedehnt und vielfältig. Um sie zu erfassen, möchte ich eine methodische Mischform aus Systematisierung und Chronologie wählen. Dafür gibt es, wie sich zeigen wird, einen guten Grund: Mit der Zeit hat sich der Gegenstand und damit auch der Befund der Analysen gewandelt. An den Anfang werde ich Ansätze stellen, die einen genuin konzeptualistischen Beitrag beinhalten und untersuchen, welche Art von Korporatismus sich in Japan herausgebildet hat. Anschließend sollen - mit jenen Autoren, die sich theoretisch an das westliche oder das japanische Instrumentarium angehängt haben - die empirischen Befunde im Mittelpunkt stehen: Was bietet uns die Debatte als (Neo-) Korporatisierung an?

### Pempel/Tsunekawa: „corporatism without labor“

Es dürfte wohl nicht oft vorkommen, daß ein 39 Seiten langer Artikel große Teile einer Rezeption eines ganzen, zudem nicht mehr unbedeutenden Landes dominiert, wie es bei dem Aufsatz „Corporatism without Labor? The Japanese Anomaly“ der Fall ist (dies. 1979). Fast alle Beiträge zu Interessengruppen, in denen Japan in den folgenden Jahren eine Rolle spielt, rekurrieren auf diesen Aufsatz (beispielsweise Lehmbruch 1982,1983; Schmidt 1982; Katzenstein 1985).

Zum Inhalt! Japan erweist sich während des gesamten 20. Jahrhunderts als interessante Abfolge von Korporatismen:

- grundsätzlich als Beispielfall einer Konzeption von korporatistischer politischer Ökonomie jenseits von Markt und Staat wie bei Winkler;
- als autoritärer Staatskorporatismus in der Kriegswirtschaft;

- und schließlich als interessanter, weil abweichender Fall von liberalem Korporatismus mit hochgradiger Verflechtung zwischen Staat und Interessengruppen. (Dazu Pempel/Tsunekawa 1979:244)

Die Besonderheit besteht darin, daß Industrie und Landwirtschaft in den politischen Prozeß integriert sind, wohingegen die Organisationen der Beschäftigten von diesem Interessenverflechtungskonzert ausgeschlossen sind: „What is peculiar to Japan is that, more than any other single factor, organized labor's *virtually total exclusion* accounts for the consistently conservative coloring of policies“ (Pempel 1982:312; Hervorhebung von mir).

Wir haben es somit mit einer dominanten Koalition aus *Big Business*, Landwirtschaft und Staatsapparaten (mit den kleinen und mittelständischen Firmen als Juniorpartner) zu tun. Und dieser Koalition gelingt aus historischen Gründen, „einen Sektor durchweg zu ignorieren“ - die Gewerkschaften (Pempel/Tsunekawa 1979:269). Die historischen Verschiebungen der Struktur werden mit der wirtschaftlichen Entwicklung als unterliegender Folie an Hand der Akteure beschrieben (ebd.:257ff):

- Der *Big Business* bewegte sich zwischen Abhängigkeit vom starken Staat und wachsender Eigenständigkeit ab den 70ern;
- Die *Landwirtschaft* gerät je nach ökonomischem Stellenwert ab den 70er Jahren wieder in stärkere Abhängigkeit vom Staat.

Und diese Koalition, deren ideologische Basis im Konsens über die wirtschaftliche Ausrichtung an Kapitalismus und aufholender Entwicklung als „economic nationalism“ bestand (ebd.:257), war in ihrem interessenpolitischen Monopol nie in Frage gestellt.

Das Verhältnis von Staat, Kapital und Arbeit weist sich durch eine institutionalisierte Verflechtung von Staat und Kapital aus, der Faktor Arbeit wird bereits auf Mikroebene „inkorporiert“ (ebd.:264).[8] Auch die alljährlichen Lohnrunden im Frühjahr, der *shuntô*, werden als Instrument des Gegensteuerns kritisch gesehen (dazu 1982:103ff). Die Gewerkschaften sind schwach, fragmentiert und dezentralisiert. Immerhin deutet Pempel seit Mitte der 70er Jahre „Züge konsensualen Zusammenwirkens“ auch auf nationaler Ebene an, denen er jedoch für die Wirtschaftsplanungsmaschinerie eine geringe Rolle zuweist (ebd.:97).

Der Korporatismus in Japan braucht die Gewerkschaften nicht, und diese sind nur auf Ebene des Unternehmens zur Interessenartikulation in der Lage - so die Quintessenz. Die funktionale Äquivalenz dieses Korporatismus besteht darin, daß er ähnliches leistet wie andere korporatistische Arrangements, auch wenn er sich in anderer Form zeigt: eine Struktur ohne Gewerkschaften.

---

8 Hierbei knüpfen die Autoren an Dores einflußreichen „private“ oder „enterprise corporatism“ an, der die Gewerkschaften und ihre Mitglieder in den Großbetrieben durch eine hochgradige soziale Privilegierung integriert (1973:370).

Vieles von dem, was Pempel ausführt, dürfte nicht besonders überraschen; spektakulärer dagegen ist der analytische Teil. Ein Korporatismus auf nationaler Ebene ohne diejenigen, auf die sich die westliche Debatte in erster Linie bezogen hatte, ist eine enorme Abweichung. Die Frage drängt sich hier auf, ob ein Korporatismus ohne Gewerkschaften wirklich innerhalb des Konzeptes zu denken ist. Und mit den lapidaren Hinweisen von anderen „spezifisch-historischen Kontexten" und Klassenbeziehungen (Lehmbruch 1982:25), die aus Gründen internationaler Abhängigkeiten die Eliten zu korporatistischen Arrangements veranlassen, ist es nicht getan.

Wenn wir akzeptieren, daß die gesellschaftliche Entwicklung zu dieser Kräftekonstellation geführt hat, scheint mir die Kontinuität *dieses* Korporatismus das einzig auffallende. Es handelt sich dann um eine Form des Staatskorporatismus und keinesfalls etwa um Schmitters oder Lehmbruchs liberalere Form, eines Korporatismus, der durch die Demokratisierung aufgeweicht wurde, wobei es „den Eliten" bzw. einem sehr starken Staat im Sinne der von Winkler skizzierten Prinzipien gelang, die Verflechtung ohne die neu-organisierten Gewerkschaften aufrechtzuhalten. (Ähnlich zu Pempel: Yamaguchi 1989:263) Es geht stets um eine Umarmung durch den Staat, der sich Einflußressourcen sichert, oder aber die kleineren Akteure lehnen sich aus Schwäche an. Und auch Pempel selbst spricht von einer „staatsdominierten korporatistischen Struktur" (1979:268). Der Tauschgedanke, der die Neokorporatismus-Debatte charakterisiert, ist bei Pempel/Tsunekawa nicht zu erkennen.

Warum wird „corporatism without labor" im Kontext von *Neo*-Korporatismus diskutiert? Existiert in diesem Diskurs, nach all den Verweisen auf die Genese dieser Systeme oder Strukturen, ein Korporatismus ohne Gewerkschaften? Ist es korporatistisch, wenn Staat und Kapital in Ausschüssen etc. die Wirtschaftspolitik aushandeln; oder es zu einer eher *klientelistischen* Beziehung zwischen Landwirtschaft und Bürokratie und Partei kommt (dazu George 1991)? Und was heißt hier dann noch *liberaler* Korporatismus? Hier wird eine Aufweichung des Konzeptes betrieben oder akzeptiert.

Die Debatte um einen Neokorporatismus in Japan schlug in der Folgezeit zwei Richtungen ein:

- die einer Revision von Pempel, dahingehend, daß er die Bedeutung der Gewerkschaften unterschätze (dazu bereits gleichzeitig zu Pempel: Taira 1979; Inagami 1979);
- sowie die Umdeutung dieses Korporatismus ohne Gewerkschaften mit anderen, spezifischen Attributen und somit eigenen Konzepten. Dieser Richtung möchte ich als erstes nachgehen.

Shinohara: *rinchô*-Korporatismus

1981 wurde im Zuge der Bemühungen um die sogenannte „Verwaltungsreform" ein Ausschuß von Vertretern aus Wirtschaft, Wissenschaft, Verwaltung, Presse und auch Gewerkschaften gebildet: der „Zweite außerordentliche Untersuchungsausschuß zur Verwaltungsreform" (jap.: *Dainiji rinji gyôsei chôsakai*, kurz: *rinchô*). Unter dieser eher harmlos anmutenden Etikettierung als „Verwaltungsreform" verbarg sich die japanische Form des *small government*, in deren Namen und als Reaktion auf die fiskalische Manövrierunfähigkeit nach den 70er Jahren eine Entschlackung des japanischen Staates propagiert wurde. Der Anspruch an diesen Ausschuß war nicht unbescheiden: „The commission said it could be the last opportunity to make reforms (...) to enable Japan to survive as a '...vital society (...) to meet the requirements of the new age'" (Elliott 1992:374). Die *rinchô* diskutierte zwei Jahre lang umfassend die Lage der öffentlichen Hand und unterbreitete dem Premier (Nakasone, mit dem das Unterfangen denn auch assoziiert werden sollte) in fünf Kommuniqués ihre Vorschläge. Die konkreten Resultate waren vielfältig (dazu Muramatsu/Kume 1988:475): Spektakuläre Privatisierungen (Staatsbahn, Telekommunikation); Ausgabenkürzungen beim Staatshaushalt, Änderungen bei der Staatsanleihenfinanzierung, im Sozialstaat; Deregulierungen (etwa im Telekommunikationsbereich); eine allgemeine Reorganisation von Regierungsstellen (darunter die Schöpfung der sog. „Management and Coordination Agency" (*Sômuchô*) aus bestehenden Ämtern).

Die enorme Bedeutung der *rinchô* für die Veränderungen im politischen System Japans, insbesondere des politischen Prozesses, manifestiert sich für Shinohara in zweierlei Dimension: der Struktur des politischen Entscheidungs- und Formulierungsprozesses sowie der Herrschaftsstruktur. Erstere bezieht sich auf den Charakter der langfristigen Politik-Konzepte, letzteres auf die gewandelten Beziehungen zwischen Zentrale und Peripherie, Regierung und Bürgern. (Shinohara, H. 1986:18ff)

Demnach hatte die Forschung zu politischen Entscheidungsstrukturen versäumt, die besondere Rolle der *rinchô* und des qualitativ neuartigen post-*rinchô*-Prozesses im Bereich der politischen Strategie-Konzepte zu erkennen. Es waren „nicht Partei oder Bürokratie, sondern 'ein weiteres politisches Entscheidungsorgan', die Zweite *rinchô* nämlich", die diese Politiken jenseits der eigentlichen Kanäle des demokratischen parlamentarischen Systems prägte, und dessen waren sich die Beteiligten auch bewußt (ebd.:19). Aufgrund dieser spezifischen Rolle ist „die Zweite *rinchô* im Ergebnis so etwas wie die *japanische* Form des Neokorporatismus" - so Shinoharas Kernthese (ebd.:20; Hervorhebung von mir). Mit diesem Ausschuß ist ein Organ geschaffen worden, das das Parlament umgeht, womit es sich vom üblichen Ausschußwesen fundamental unterscheidet. In diesem Ausschuß operieren die Vertreter des neuen Politikstils aufgrund ihrer Position in bestimmten „Korporationen", ein Politikstil, der sich u.a. in der fehlenden demokratischen Legitimation ausdrückt. Sie operieren auf Basis des Neokonservativismus und trotz gewisser Differenzen im Detail tendenziell im Sinne eines „starken Staates" oder einer „starken Politik". Mit diesem Mechanismus wurde japanspezifisch „die neokonservative Richtung in der Form des Neokorporatismus durchgesetzt" (ebd.:24).

Mit dem Attribut „japanisch" ist schon angedeutet, daß sich diese Form von der westlichen unterscheidet, und zwar hinsichtlich der gewerkschaftlichen Beteiligung. „Im Falle Japans reagierten die Vertreter der Gewerkschaften, wie am Beratungsprozeß der Zweiten *rinchô* auszumachen, entweder konsensual, oder waren als völlige Minigruppe isoliert" (ebd.:20f). Ihnen fehlten zudem aufgrund der nie erfolgten Regierungswechsel „im außerordentlichen Maße die Kräfte" (Shinohara 1982:30).

Shinohara plädiert für die Kennzeichnung als Neokorporatismus, obwohl die Kräfteverhältnisse so ungleich waren, weil die für den politischen Prozeß des Landes einflußreichsten Gruppierungen in dieser Struktur vertreten waren, und das seien eben in Japan nicht Kapital und Arbeit, sondern *Big Business* und Bürokratie. Denn: Neokorporatismus bezieht sich nicht unabdingbar auf einen Mechanismus aus den Produzentengruppen. (1986:21) Zudem wurde mit dieser Form der Einbeziehung der Gewerkschaften in den politischen Prozeß als Moment durchaus auch ein qualitativ neuer Schritt bei der Krisenüberwindung durch die herrschenden Schichten versucht. (Dazu Shinohara, H. 1986; auch Yamaguchi 1986:178)

## Yamaguchi: Pseudo-Neokorporatismus oder Staatskorporatismus

Yamaguchis Beiträge setzen ursprünglich an den selben Fragen an wie zuvor Shinohara. Zudem vollzieht Yamaguchi eine hier sehr interessante Abkehr, die sich als Ausgangspunkt einer kritischen Bestandsaufnahme eignet.

Yamaguchi knüpft zunächst an den *rinchô*-Korporatismus an, wobei er allerdings grundsätzlich die begriffsdefinitorische Unordnung wie auch die mangelnde empirische Basis der japanischen Diskussion geißelt (Yamaguchi 1982:118;1989:259). Er kritisiert zudem die Vertreter der Pluralismus-Theorie, die den Wandel in Strategie und Stil unter Nakasone und damit die eigentliche Funktion und Bedeutung der *rinchô*-Politik weder in ihren theoretischen Rahmen zu integrieren vermocht, noch richtig wahrgenommen hätten: diese ziele ja gerade in ihrem Kern darauf, „die Stagnation des 'Interessengruppen-Liberalismus' = 'Pluralismus' zu überwinden" (Yamaguchi 1986:176). Interessengruppen-Pluralismus verortet er in den 70er Jahren - bis zur Etablierung der engmaschigen Beraternetzwerke zu Beginn der 80er Jahre.

Diese Netzwerke aus formellen und informellen Beratungsgremien markieren nicht nur das Ende pluralistischer Verbändepolitik, sondern auch die Grenzen bürokratietheoretischer Ansätze in den zentralen Politikfeldern. In diesen Netzwerken manifestiert sich nämlich, daß mittels der Bürokratie allein Politik nicht mehr umzusetzen ist (ebd.:179).

Diese Veränderungen im politischen Prozeß will Yamaguchi lediglich als ein Moment des sich im *rinchô*-Stil verbergenden Krisenüberwindungsmechanismus verstanden wissen, der einher geht mit je einem Schuß Neoetatismus und *small government*. Diese Drei sind die Transportvehikel einer „Strategie der Systemerneuerung und Krisenüberwindung im Stile des Neokonservativismus" (ebd.:179).

Natürlich war sich Yamaguchi darüber im klaren, daß dieses Modell von Neokorporatismus begrifflich unüblich ist, denn auch hier fehlt die wirkliche Integration oder Korporatisierung der Spitzenorganisationen der Arbeit in das Zentrum dieses neuartigen politischen Prozesses. Und tripartistische Konsultationen etwa auf Ebene des Arbeitsministeriums „reichen nicht als Attribut für den eigentlichen Neokorporatismus" (ebd.:179). Nun hatte er deshalb ursprünglich dafür den Begriff „Quasi-Neokorporatismus" eingeführt - diese Übersetzung entstammt einer deutschen Untersuchung zum Problem des Verhältnisses von Politik und Wirtschaft (Seifert 1989:167). Diese Bezeichnung scheint sich an die Arbeit von Kato anzuschließen, die eher staatstheoretisch, aber inhaltlich ähnlich argumentiert. Kato spricht ebenfalls und aufgrund der Tatsache, daß „die Gewerkschaften zu schwach sind, um für ihre minimalen Rechte in Opposition zu den kapitalistischen Kräften und dem Staat Druck auszuüben oder diese durchzusetzen", davon, daß es sich „um eine Art Neokorporatismus, der jedoch *quasi-corporatism* genannt werden müsse" handelt (Kato 1984:27).

Es geht aus den Arbeiten nicht hervor, ob die Begriffswahl übersetzungsbedingt (Kato) oder versehentlich gewählt (Yamaguchi) ist, aber ich denke, daß sich in dem bei Kato fehlenden Präfix „Neo" eine Ausrichtung andeutet, die weitgehend einem „starken" Korporatismus von oben entspricht - einmal abgesehen davon, daß eine solche Gleichsetzung von *quasi-corporatism* und Neokorporatismus außerordentlich fragwürdig ist.

Yamaguchi scheint sich Katos Interpretation wohl anzuschließen: Die korporatistischen Momente im politischen Projekt des Neokonservativismus erinnerten an Erhardts *Formierte Gesellschaft*, also einem konservativem Projekt, in diesem Sinne sei der *rinchô*-Korporatismus eher als „die Suche nach einem neuen Staatskorporatismus einzuordnen" (Yamaguchi 1989:264). Die nach wie vor gewichtige Funktion einer Politik durch Ausschüsse, die wiederum Erbe aus der Zeit des autoritären Korporatismus ist, läßt diesen Politikstil als Residuum eines autoritären Korporatismus erscheinen (ebd.:267). Abschließend wirft er dann noch - gleichsam um die Verwirrung zu komplettieren - folgenden Gedanken auf: Ob es sich nicht um einen in der obrigkeitsstaatlichen Tradition stehenden Neokorporatismus unter Führung der aufgeklärten Bürokratie handele (ebd.:267)? Dies käme dann einem etatistischen Neokorporatismus gleich - eine Formel, die der Präzision des Begriffes wenig hilfreich ist.

Es bleibt eine begriffliche Spannung bestehen, die sich so einfach auch nicht auflösen will. Deshalb spricht der kritische Unterton gegenüber der Form von Korporatisierung dafür, bei Yamaguchi statt von „Quasi“ besser von „Pseudo-Neokorporatismus“ zu sprechen. Er stellt damit viel nachdrücklicher auf die Kontinuität der Korporatisierung ab. Der Anschluß an die Neokorporatismus-Debatte bleibt damit auch ähnlich gebrochen wie bei Pempel, hier allerdings dann explizit durch das Attribut „Pseudo".

Was bleibt vom *rinchô*-(Neo-)Korporatismus? Im Vergleich zu den Arbeiten Pempels spielen die Gewerkschaften eine regere Rolle, der „völlige Ausschluß“ gilt nicht mehr. Andererseits scheint mir der Gegensatz zu den folgenden Ansätzen darin zu bestehen, daß der Funktionswandel der Gewerkschaften nicht der Auslöser war, die Neokorporatismus-Theorie als Analyse-Instrument einzusetzen. Beiden, Yamaguchi wie Shinohara, geht es vielmehr um die politische Form des Staates und konkret ihren Formwandel unter dem neokonservativen Projekt. Bei diesem Projekt spielen zwar die Gewerkschaften auch mit, aber nur am Rande.

Ist die Betonung der „japanischen“ Form von Neokorporatismus überzeugend? Wenn im Rahmen der Neokorporatismus-Theorie das *push and pull*-Verhältnis lediglich durch Bürokratie und Kapital gebildet wird (mit den Repräsentanten der Partei als Dritten im Bunde), käme der staatlichen Bürokratie entweder die Rolle einer autonomen Interessengruppe zu, die es zu inkorporieren gilt, oder es stellt sich die Frage, warum dieses Verhältnis korporatistisch genannt werden muß. Ersteres ist eine etwas abenteuerliche Vorstellung. Trifft dann nicht Yamaguchis Verdikt des „Pseudo“-Neokorporatismus zu, denn ansonsten weiten wir die ursprüngliche Theorie auf jede Form des Verhandelns aus? Der Verweis auf die Reste von Staatskorporatismus allerdings scheint beim *rinchô*-Korporatismus allenfalls in Hinblick auf die ideologischen Traditionen angebracht. Angesichts der Stärke des Kapitals in den 80er Jahren, auf das ja Pempel als Indiz für Kräfteverschiebungen hingewiesen hatte, kann es hier von Seiten des Kapitals allenfalls um eine freiwillige Aktion gehen.

Zudem beschränkt sich ein solches Arrangement eines *rinchô*-Korporatismus auf ein Nach-Krisenmanagement: Hier werden gesellschaftliche Gruppen und Politik zur Formierung für die krisenhaft empfundene oder inszenierte Zukunft (und Gegenwart) verschweißt. Allgemein betont wird zudem der vorherrschende Konsens in zentralen Fragen (siehe zuvor). Daß gesellschaftliche Veränderungen solchen Ausmaßes wie durch die *rinchô* vergleichsweise reibungslos vollzogen werden konnten, scheint für die einleitend vorgebrachten Erklärungsmuster einer harmonisch und konsensual orientierten Gesellschaft zu sprechen. Wirklich interessant jedoch ist vielmehr das Potential an gesellschaftlicher Homogenisierung in den 80er Jahren - und dem sollte nachgegangen werden.

Hierin liegen auch die für das weitere Vorgehen interessanten Hinweise: neokonservative Formierung, untergeordnete Einbeziehung von Gewerkschaften, Residuen eines Korporatismus von oben.

## Neokorporatismus mit Gewerkschaften

Während die bisherigen Ansätze also eine spezifisch japanische Form von Neokorporatismus diskutierten, kommen wir nun zur zweiten Strömung: der Revision des „corporatism without labor“ von Pempel. Ihren Vertretern gemeinsam ist die Tendenz, die Korporatisierung Japans aus den Veränderungen der Beziehungen von Kapital, Staat und Arbeit seit der ersten Ölkrise abzuleiten. Seither bildete sich ein Neokorporatismus mit gewerkschaftlicher Beteiligung heraus. „Der 'corporatism without labor' (...) als Charakterisierung Japans bedarf inzwischen einer angemessenen Revision“ (Inagami 1989:73f).

Demnach wurde von den Akteuren im Verhältnis zwischen Staat, Unternehmen und Gewerkschaften mit und seit der Ölkrise ein Schwenk vollzogen. Dieser Wandel in den Beziehungen gedieh zu einer „ziemlich organisierten, systematisierten“ Zusammenarbeit (Okamoto 1988:54). Eine Etablierung korporatistischer Konsultationssysteme brachte also eine Integration der Gewerkschaften in den politischen Prozeß. Dies alles geschah in Form eines gesellschaftlichen Dialogs ohne festgefügte Institutionen. Währenddessen orientierten sich die Gewerkschaften organisatorisch neu, und dies resultierte in einer Abfolge von immer neuen und zentraleren Verbänden bis zur Bildung einer Einheitsgewerkschaft 1987 (*Rengô*). Damit wurde *organisatorisch* nachgeholt, was sich in der Krise *funktional* (Shimada 1983) ergeben hatte: Partizipation und Kooperation. Dies ist der Tenor dieser Strömung.

So gesehen war diese Korporatisierung in doppelter Hinsicht *funktional*:

- Erstens, indem der Korporatismus auf bestehenden Institutionen aufbauen konnte. Die dezentral organisierten Industriellen Beziehungen in Japan erfüllten funktional gleich effektiv die Erreichung der Ziele (Lohnabschlüsse kompatibel mit den volkswirtschaftlichen Erfordernissen), nur sind die Formen der Interessenabgleichung unterschiedlich. Diese Formen waren die diversen Verhandlungsebenen im Rahmen der Frühjahrs-Lohnrunde (*shuntô*). Diese netzwerkartige Struktur erlaubte einen Informationsaustausch auf allen Ebenen ohne zentrale Verbände. Deshalb läßt sich dies nach den üblichen strukturellen Indikatoren der Debatte nicht als Neokorporatismus erkennen. Da aber „Intensität der Kommunikation oder das Ausmaß des Informationsaustausches“ den erforderlichen Grad an Zentralisation und Organisation ersetzten, kann man im Falle dieser „Japanischen Form der Einkommenspolitik“ 1975 und danach von „funktionalem Korporatismus“ sprechen (Shimada 1983:196ff).

- Zweitens, indem sich die gewerkschaftliche Organisation einem Wandel adäquat zu den Erfordernissen flexibler Einkommenspolitik unterzog. Als mit der Ölkrise der lohnpolitische Verteilungsspielraum kleiner geworden war, begannen insbesondere die Gewerkschaften der Privatwirtschaft ihren Betrachtungsfokus auf die makropolitische Ebene zu richten, um dort einkommenspolitische Kompensationen einzufordern. Die Korporatisierung ist also Teil eines *push's* der Gewerkschaften, die ihren Aktionsradius vergrößerten. (Dazu Inagami 1988:42)

Doch waren die Verbindungsmöglichkeiten zur politischen Sphäre, die sich den Gewerkschaften boten, schlecht: Das traditionelle Einflußmuster lief über die mit den Gewerkschaften verbundenen Oppositionsparteien (Ômi 1989:14ff). Deshalb mußten aus der Logik der gewerkschaftlichen Umorientierung parallel zur eigenen Konsolidierung zu einem zentralistischeren, einheitlichen Verband die Kontakte verbessert werden. Die Vereinigung der Dachverbände zu *Rengô* als Einheitsgewerkschaft ist der Schlußpunkt dieser organisatorischen und politischen Neuorientierung. (Dazu Shinoda 1991) Andererseits gab es staatlicherseits auch den entsprechenden *pull*, über dessen Logik noch zu sprechen sein wird.

Nun ist der lohnpolitisch-funktionale Effekt der Frühjahrsrunde keineswegs das einzige Argument für eine Integration der Gewerkschaften:

- Zu nennen ist die Bedeutung der Gewerkschaften in den formellen und informellen Beratungsauschüssen als Teil „eines Systems (...), daß u.a. zu einem institutionalisierten Mechanismus der Konfliktlösung und des Konfliktmanagements geworden ist“ (Harari 1990:156).[9] Tsujinaka und auch Harari kommen - entgegen der These Pempels - zu dem Schluß, daß die Gewerkschaften in den Beratungsgremien auf Staatsebene durchaus vertreten sind, und „jüngste Trends (...) auf eine langsam zunehmende Integration der Gewerkschaften in diesen Prozeß (der makroökonomischen Politikformulierung; d.V.) verweisen“ (Harari 1986:73). Allerdings ist ihr Grad an Repräsentation verglichen mit dem des *Big Business* relativ schwach. Zudem konzentriert sich ihre Beteiligung auf Gremien, die direkt mit Fragen der Arbeitswelt beschäftigt sind, etwa im Arbeitsministerium. Immerhin jedoch sind sie in den wichtigsten Ausschüssen präsent („Industriestruktur-Ausschuß“ beim MITI, „Wirtschaftssauschuß“ beim

---

9 Formelle Beratungsausschüsse (*shingikai*) sind gesetzlich oder per Kabinettsbeschluß verankerte Gremien, „informell“ meint die dem Premierminister, den Ministerien und Regierungsämtern beigeordneten „privaten“ Gremien (*shiteki shimonkikan*). Harari spricht von jeweils über 200 solchen Institutionen. (Harari 1990:139)

Wirtschaftsplanungsamt des Premiers[10]). Allerdings ist ihre Partizipation in solchen Gremien, die über den Bereich Arbeit hinausgehen, eher formell. (Dazu Harari 1986; Tsujinaka 1986:250ff)

- Ein weiteres Feld sind Konsultationen und ein Einwirken auf Regierung, Parteien und Bürokratie, inklusive regelmäßiger Kontakte zur LDP, zum Premierminister, dem Finanz-, Außen- sowie dem Industrie- und Handelsminister. Die Verbindungen zur Administration sind besser geworden, umfassen neben den Ausschüssen auch direkte Gespräche auf höherer und auf Spitzenebene, private Beratergremien der Minister und werden ergänzt durch ähnliche Vernetzungen auf unterer Ebene im sozialen Bereich (Inagami 1985:239). Die Kontakte zielen insbesondere auf die im Mai beginnenden Beratungen des Haushaltes in den Ministerien. Im Gegensatz zu den traditionellen Mustern wird nicht erst bei der parlamentarischen Beratung durch die Oppositionsparteien, sondern gleich zu Beginn des Entscheidungsprozesses in den Ministerien Einfluß zu nehmen versucht. Die politischen Kontakte beinhalten ausdrücklich die Liberaldemokratische Partei (LDP). (Ômi 1989:14ff; Inagami 1988:40; Tsujinaka 1986:252ff; 1987:53ff) Tsujinaka macht allerdings hier bereits eine interessante Einschränkung: die Kontakte zur LDP seien im Laufe der 80er Jahre unregelmäßiger geworden (1987:60;70).
- Es gibt regelmäßige Kontakte zum Arbeitgeberverband *Nikkeiren* oder auf Branchenebene, mit dem Ergebnis gemeinsamen Vorgehens im Falle von Übereinstimmung (etwa in der Frage der Wohnungsnot) (dazu Ômi 1989:14).
- Kernstück der Argumentation ist der „Gesprächskreis für Industrie- und Arbeitsfragen“ (*sanrôkon*). Dieser informelle Beratungsausschuß des Arbeitsministers wurde 1970 nach dem Modell der Konzertierten Aktion geformt, unterscheidet sich jedoch durch seinen informellen Status von entsprechenden Institutionen in Nordeuropa (dazu Tsujinaka 1986:256; Inagami 1979:173). In ihm diskutieren Spitzenvertreter von Arbeit und Kapital mit Regierungs- und Wissenschaftsvertretern Probleme der Arbeitswelt und Fragen der Industrie (vergl. Seifert 1989:160). Offiziell ist für die Zusammensetzung zwar die persönliche Qualifikation entscheidend, de facto aber werden automatisch die Spitzenvertreter der Verbände entsandt (dazu Tsujinaka 1986:257). Der Arbeitsminister berichtete über die Ergebnisse der Beratungen an das Kabinett, wodurch

---

[10] Einer der Väter der Vereinigung der Dachverbände, der Vorsitzende der Textilarbeiter-Branchengewerkschaft Usami, war Mitglied des *Maekawa-Ausschusses*. Dieses informelle Beratungsgremium beim Premier verfaßte den „Maekawa-Report“ von 1986, eine Grundlage für die Wirtschaftspolitik der Regierung mit dem Tenor der Betonung des Binnenmarktes, Verbesserung der Ungleichgewichte im Außenhandel und des Lebensstandards. (Dazu Ômi 1989:16)

der Gesprächskreis „auch gegenüber den Entscheidungen der Regierung einigen Einfluß bekam" (Inagami 1979:174).

Eine erste Bewährungsprobe bestand der Gesprächskreis im Rahmen der von Shimada erwähnten „Japanischen Form der Einkommenspolitik". Seither nahmen Spitzenrepräsentanten etwa des Wirtschaftsplanungsamtes, diverser Ministerien (Soziales, MITI) regelmäßig an den Sitzungen teil, und in wichtigen Phasen traten auch der Premierminister, zumindest aber sein Stellvertreter, auf. In der zweiten Hälfte der 70er Jahre forderten die Gewerkschaften mehr Beteiligung am politischen Prozeß, und den Ausbau der Rolle des Gesprächskreises. Die Berichterstattung an das Kabinett erfolgte fortan systematisch; mit den weiteren Forderungen nach einem formellen tripartistischen Gremium unter Beteiligung des Premierministers drang man nicht durch. (Dazu Tsujinaka 1986:258f) Zusammenfassend kommt der *sanrôkon* die Funktion eines Kommunikations- und Konsensbildungsorgans zur Vorklärung von Positionen zwischen Staat, Kapital und Arbeit zu.

Wie steht es um den Gehalt dieser Richtung der Neokorporatismus-Debatte? Auf die Relevanz der Integration verweist Okamoto: „Indem die Spitzen der wichtigsten Organisationen der Gewerkschaften und Unternehmer, seitens der Regierung die Spitzen der zuständigen Ministerien (...) sowie Wissenschaftler, also alles Mitglieder von Gewicht an einem bedeutenden Ausschuß teilnehmen, ist dessen latenter Einfluß relativ groß" - trotz des informellen Charakters (1988:54).

Ergebnis ist eine „(...) Korporatisierung auf dem gewerkschaftlichen Sektor, und es existieren komplizierte, engmaschige Kommunikationsnetzwerke zwischen Kapital und Arbeit" (Tsujinaka 1986:236; ähnlich 1987:48). Auch Tsujinaka weist hier auf eine funktionale Entsprechung hin, bei der „die Dichte der osmotischen Netzwerke die Zentralisation, die in korporatistischen Ländern durch Spitzenverbände erreicht wird, (...) funktional ersetzt" (1993:202). Es ist ein „lockerer Neokorporatismus" (Inagami, Okamoto, Ômi), ein gesellschaftlicher Dialog ohne festgefügte Form; ein „informeller Korporatismus" (Tsujinaka), der aufgrund der Entstehungszusammenhänge auf vorgelagerter Ebene steckenblieb.

Die Beispiele und Befunde sprechen dafür, daß die Gewerkschaften im Interessengruppen-Konzert ihren Part übernommen haben - also für eine Revision. Doch was ist ihr Part? Haben wir einen „echten" Fall von Neokorporatismus als Erklärung für die Leistungsbilanz, so sehr die Prämissen auch dagegen sprachen?

Diese Form der Integration der Gewerkschaften läßt die extremen Problemlösungskapazitäten der Industriellen Beziehungen, die hochgradige Flexibilität der japanischen Gesellschaft an dieser entscheidenden Schnittstelle nachvollziehbar werden, an der einige andere Länder und Systeme gescheitert oder ins Straucheln geraten waren. Wenn wir genau hinschauen, kommt im *funktionalen Korporatismus* Shimadas sogar ein Hauch von Überlegenheitsgefühl gegenüber den rein korporatistischen Strukturen zum Ausdruck. Diese dezentralen, informellen Netzwerke zur gesamtgesellschaftlichen Abgleichung von Interessen hätten aufgrund ihrer geringeren Starrheit und größeren Flexibilität überlegene Problemlösungskapazität. Die neokorporatistischen, verfestigten Interessenstrukturen und Akteurskonstellationen hingegen kranken im Vergleich an ihrer Herkunft entweder aus Klassenverhältnissen oder günstigstensfalls als Resultat des Tausches zweier mächtiger Großorganisationen bei eindeutiger Interessenlage. Die Gefahr eines *exit* stellt sich hingegen bei den japanischen Integrationsmechanismen weniger.

Die Fakten scheinen zunächst eine deutliche Sprache zu sprechen. Und die spezifische Form der Informalität wäre dann den Verhältnissen geschuldet: Die japanische Form des Neokorporatismus reproduziert die typisch japanische Informalität - eine solche Struktur mußte in Japan diese Form annehmen.

Wenn man so argumentiert, bleiben jedoch Kategorien wie Macht oder historische Zusammenhänge und Kräfteverhältnisse außen vor - es würde zudem ahistorisch argumentiert. Damit kommt man den harmonistischen Vorstellungen sehr weit entgegen, indem solche Fragen von vorneherein vor die Klammer der Betrachtung gezogen werden - Neokorporatismus als die japanische Form der Interessenvermittlung im holistischen Gewande.

Doch läßt sich auch anders argumentieren: Selbst wenn wir den eindeutigen Reduktionismus bei Shimada übersehen, der darin besteht, zeitlich einheitliche Lohnverhandlungen und damit verknüpfte Kontakte mit Neokorporatismus gleichzusetzen, und diesen *funktionalen Korporatismus* als Ausgangspunkt einer Entwicklung zur Korporatisierung nehmen: Wieso haben sich trotz der gewerkschaftlichen Forderungen die Umstrukturierungen der folgenden zwei Jahrzehnte nicht in einer weiteren Formalisierung niedergeschlagen, weder in der Lohnpolitik, noch hinsichtlich der sog. „politischen Partizipation“? Wieso blieben die Vertreter der Arbeit auf der Schwelle stehen wie etwa bei der *rinchô* oder den Privatisierungen, wo ihr Einfluß stark begrenzt war (dazu Mochizuki 1993:196)?

Tsujinaka wie auch die Vertreter der *rinchô*-Richtung weisen mit Recht auf eben die Problematik der Informalität sowie der Entstehungszusammenhänge hin. Der erwähnte *push* läßt sich als Überwindungsstrategie gegenüber der eigenen Schwäche interpretieren, und zwar den organisatorischen Schwächen der Form der Unternehmensgewerkschaft auf nationaler Ebene (etwa Tsujinaka 1986:236f). Dieser *push* traf mit einem *pull* seitens Staat und politischer Partei zusammen: Diese benötigten in der Krise die Gewerkschaften, und zwar jene der Privatwirtschaft, um damit die eigene geringere Verwurzelung in bestimmten gesellschaftlichen Gruppen auszugleichen (ebd.:236).

Existiert kein Zusammenhang zwischen jener Informalität und der Divergenz in den Strategien zwischen Regierung und Gewerkschaften? Die Korporatisierung ist Konsequenz einer strategischen Zusammenarbeit dieser beiden Lager: Staat und LDP einerseits, sowie Gewerkschaften andererseits. Dies wäre zwar ein Tausch, aber ein ungleicher Tausch. Tsujinaka bezeichnet die Kräfteverhältnisse zwischen den Verhandlungspartnern als prekär: Die Inkorporierung ist eindeutig Resultat zweier letztlich gegenläufiger Strategien, denn sie dient auf der einen Seite lediglich zur Überwindung einer momentanen Schwäche, auf der anderen Seite jedoch zur Überwindung struktureller Schwächen. Die Gewerkschaften gerieten zu „Mitfahrern bei der Strategie der konservativen politischen Macht" (Tsujinaka 1986:236). Die Interpretation des Kräfteverhältnisses beinhaltet - wenn auch etwas verschoben - die Frage nach den Gefahren des Umschlagens in einen reinen Kontrollmechanismus gegenüber den Gewerkschaften, die Panitch angesprochen hatte, als er von „staatsinduzierter Klassenkollaboration" sprach (1986b:162).

Aus diesen Zusammenhängen erklärt sich demnach die mangelnde Verfestigung und Verbindlichkeit dieses „informellen Korporatismus" zwangsläufig als strategische Integration seitens der Staatsvertreter und nicht als Tausch, zumindest keinesfalls als Äquivalententausch.

Übrig bleiben nun die spezifischen Formen der Verflechtung zwischen Staat, Kapital und Arbeit, die als Neokorporatismus bezeichnet wurden. Doch bringt uns der Neokorporatismus-Ansatz hier wirklich weiter: bei dieser informellen, ungleichen oder gar untergeordneten Integration in den politischen Prozeß, wenn das Erklärungsobjekt teils auf Lohnrunden reduziert wird, teils verschoben auf Konsultationen allgemeiner Art? Diese Verbiegungen und Spezialfall-Anwendungen führen tendenziell eher zu einer weiteren Aushöhlung des Konzeptes. Andererseits ähneln die Ergebnisse zum Teil jenen Erklärungsmustern, die - so Nakane - ein *plus alpha* übriglassen (dazu 1989:172): Soundsoviel Prozent sind damit erklärbar, und beim analytischen Rest wird das exotische oder feudale Japan als Erklärungsvariable bemüht. Worauf auch Shalev hinweist: Ist es nicht sinnvoller an den Bruchstellen anzusetzen, und von dort ausgehend die Verhältnisse zu untersuchen, als ein (hinsichtlich der Erklärungsreichweite eh schon fragwürdiges) Konzept wie Neokorporatismus weiter zu verbiegen und damit ins Beliebige auszuweiten? (Dazu Shalev 1990:87)

Die japanische Debatte wirft in puncto Neokorporatismus mehr Fragen auf, als sie erklärt: die asymmetrische Form des Tausches, die verschiedenen Attribute der Korporatismen, den informellen Charakter der Einbeziehung und die genaue Rolle der Gremien. Dennoch sind einige ihrer Erkenntnisse für die folgende Untersuchung von großem Interesse:

- der Formwandel im politischen Prozeß in den 80er Jahren;
- die gesellschaftliche Formierung durch den Staat;
- der informelle Charakter der Einbeziehung und die Frage nach der Kräftekonstellation;
- der Strukturwandel bei den Gewerkschaften.

Auf einen Nenner gebracht lautet der Befund der Neokorporatismus-Debatte zu Japan, daß die flexible Handhabung der Ölkrise(n) darauf zurückzuführen ist, daß schwache Gewerkschaften von momentan geschwächten, prinzipiell aber starken Kräften aus Politik und Wirtschaft in eine harmonisch ausgerichtete Substruktur integriert (oder subsumiert) wurden.

Um die Natur dieser asymmetrischen, informellen Integration und ihre Auswirkungen als Rohstoffe japanischer gesellschaftlicher Flexibilität und damit Wettbewerbskraft über den konkreten Fall der Ölkrise hinaus verstehen zu können, bedarf es einer genaueren Betrachtung und Analyse dieser „Pseudo-Korporatisierung", also einer politischen Ökonomie dieser Integration.

Die Fragen, die sich nunmehr stellen, lauten: Wie lassen sich die Beobachtungen der Neokorporatismus-Debatte in einen politisch-ökonomischen Gesamtkontext, der ihren Charakter verständlicher macht, einordnen? Nicht zuletzt um herauszufinden, wohin das alles führt, muß man wissen, woher es kommt!

Wann und unter welchen strukturellen Bedingungen setzte das Interesse des herrschenden Machtblocks an der Integration der Gewerkschaften ein? Wie steht es um die Akteurskonstellation bei dieser Integration? War die *labour quiescence* (Cameron 1984) eine Konsequenz der ökonomischen Schwierigkeiten und daraus folgender gewerkschaftlicher Defensive (Gegnerstärke, Uneinigkeit[11])?

---

[11] Shalev bezeichnet die ökonomischen Trends, vereinte Gegnerschaft und gewerkschaftliche Uneinigkeit als Ursachen für die kooperative Ruhe mit der Ölkrise (Shalev 1990:86).

# 2. VORBEMERKUNGEN ZUR UNTERSUCHUNG DER POLITISCHEN ÖKONOMIE DES SPEZIFISCHEN BEZIEHUNGSGEFLECHTES VON KAPITAL, ARBEIT UND STAAT

Wir wollen nunmehr also der Natur dieser informellen, asymmetrischen Form der Integration der Gewerkschaften nachgehen, und zwar als politische Ökonomie dieser Integration bzw. der Verteilungsfrage und den Rahmenbedingungen, in denen sie sich bewegte, allgemein. Warum kam es zu dieser Kräftekonstellation und welche Bedeutung hat sie für den Gesamtkontext der Verteilungsfrage und -flexibilität? Was lehrt uns eine regulationstheoretische Analyse Japans?

Der gedankliche Ausgangspunkt der folgenden Kapitel lautet wie bereits formuliert: Im Zuge von Krisen gestaltete sich der Verteilungsmodus ausgehend von den Demokratisierungen 1945/46 im Sinne einer allmählichen Formierung und Segmentierung der gesellschaftlichen Kräfte für hegemoniale Projekte um. Die Flexibilität der Transformation der gesellschaftlichen Formen hing von diesem spezifischen Wandel der gesellschaftlichen Kräfteverhältnisse bzw. Widersprüche ab.

Die Demokratisierung markierte einen entscheidenden Einschnitt in der modernen gesellschaftlichen Entwicklung Japans: Der bis dahin herrschende Block aus Staat, Großkapital und Großagrariern war erstmals systembedingt in seiner Position bedroht. Die Zukunftsfrage aus dieser Perspektive lautete: Wie können die gesellschaftlichen Kräfte für die Weiterführung der Modernisierung Japans als Nation kohäsiv gebündelt werden, ohne den Akkumulationsprozeß zu stören?

Im Verlauf dieser gesellschaftlichen Integrationsschübe stellte sich der gesellschaftliche Konsens jeweils wieder ein, und darüber hinaus wurde der Block der Träger des hegemonialen Projektes um neue Gruppen erweitert. Diese Erweiterung resultierte gleichzeitig darin, daß die gesellschaftliche Opposition sowohl aus diesen Gruppen, als auch gesellschaftlich an die Ränder verwiesen, negativ integriert wurde.

Um die Veränderungen in den Beziehungen von Produzentengruppen und Staat sowie die diskutierte spezifische Struktur der Interessenvermittlung analysieren zu können, werde ich also etwas weiter ausgreifen, um diesen säkularen Prozeß der Integration seit der Demokratisierung nach dem verlorenen Krieg zu verfolgen. „Säkular“ unterstellt hier, daß es nicht um eine singuläre Veränderung der Struktur der Interessenvermittlung in einer Krise, sondern um einen ausgedehnten Prozeß der Vereinnahmung von gesellschaftlichen Gruppen bei gleichzeitiger Herausfilterung von oppositionellen Resten geht.

## Der Prozeß der gesellschaftlichen Regulation: Methodologischc Vorbemerkungen zur folgenden Untersuchung

Im Mittelpunkt des folgenden Hauptteils (Kap. 3ff) steht die Frage nach den Bedingungen unter denen die Regulation und Transformation der gesellschaftlichen Formen in der japanischen Nachkriegsgesellschaft erfolgte. Diese Entwicklung erfolgte in Schüben, nicht linear, sondern als Abfolge von Phasen der Instabilität und der Stabilität. In den instabilen Phasen wandelten sich die Struktur der Gesellschaft, sowohl die ökonomischen als auch die politischen Formen und Beziehungen, und es verschoben sich die gesellschaftlichen Kräfte.

Gesellschaftliche Umbrüche sind einschneidende Weichenstellungen für die Reproduktionsbedingungen einer Gesellschaft wie auch der einzelnen Formen auf den jeweiligen Betrachtungsebenen (Politik und Ökonomie). Solche Phasen der Instabilität in der Entwicklung des Akkumulations- und Reproduktionsprozesses werde ich als „Transformationsphasen“ bezeichnen. Transformation bezeichnet eine Veränderung des herrschenden Modus der gesellschaftlichen Regulation, indem die Formen der Regulation unter gewandelten gesellschaftlichen Reproduktionsbedingungen einer Transformation unterzogen werden. Transformationsphase meint mehr als die Bewältigung eines einzelnen Phänomens wie etwa der Ölkrise.

Im Gegensatz zu Delorme möchte ich dem Begriff der Krise jedoch grundsätzlich den der Transformation vorziehen. Krise beinhaltet zwar sowohl Zerstörung als auch Innovation und damit den Prozeß der eigentlichen Umgestaltung, legt aber im herkömmlichen Sprachgebrauch das Schwergewicht auf das negative Element. Zudem könnte Krise in der Tat in diesen Zusammenhängen „verwirrend sein“ (Delorme 1992:167). Die naheliegende, aber unzutreffende Verwechslung mit zyklischen, ökonomischen Krisen soll deshalb durch den Begriff der Transformation umgangen werden. Die stabileren Zeiträume, die sozusagen mit dem in den Transformationsphasen vorbereiteten gesellschaftlichen Ressourcen arbeiten, bezeichne ich als „Expansionsphasen“. Sie ermöglichen eine ungestörte Akkumulation durch eine flexible Reproduktion der ökonomischen und politischen Institutionen bei stabilen Grundparametern. Transformations- und Expansionsphasen gehen fließend ineinander über, so daß Phaseneinteilungen nicht mehr als grob ausfallen können.

Ziel dieses Kapitels im engeren Sinne ist es, den analytischen Bezugsrahmen zu erläutern, auf den sich die Untersuchung im folgenden bezieht. Grundbegriffe sollen eingeführt und der Stellenwert der einzelnen Betrachtungsebenen als autonome Größen entwickelt werden, um ihren spezifischen Charakter als Teile eines Ganzen untersuchen zu können.

Da die Begriffe Transformations- und Expansionsphase an einen bestimmten Diskurs angelehnt sind, wird es als erstes notwendig sein, die hier verwendete

Terminologie einzuführen. Dieser Diskurs dient also als der analytische Bezugsrahmen, um den aufgeworfenen Fragen nachzugehen.

Hierbei dreht es sich um die (ursprünglich primär) französische Regulationstheorie[1]. Als Theorie der Verknüpfung von Politik und Ökonomie *sowie* von Krise und Stabilität einer Gesellschaftsformation eignet sie sich als begrifflicher Ausgangspunkt besonders gut. Die Regulationstheorie beinhaltet allerdings ähnlich der Neokorporatismus-Theorie eine gewisse Pluralität von Konzeptionen, was eine eindeutige und trotzdem leidlich umfassende Behandlung einigermaßen erschwert (vergl. die Kritik von Becker 1989:235ff). Im folgenden beschränke ich mich daher in erster Linie auf den von Jessop als „Pariser Schule" bezeichneten Ansatz (1990:156). Seinen Vertretern (insbesondere Aglietta, Boyer, Lipietz) gemeinsam ist die Verwendung der Kernkonzepte Akkumulationsregime, Regulationsweise und Regulationsform. Zunächst soll also entwickelt werden, was darunter verstanden wird (Stufe I: Grundzüge des Regulationsansatzes).

Dies bliebe jedoch unbefriedigend für den Zweck der Einordnung doch recht komplexer Zusammenhänge, Resultat der „mangelnden staatstheoretischen Substanz" (Jürgens 1989:21), der „sog. staatstheoretischen Lücke" der Regulationstheorie (Demirovic et al. 1992:5).[2] Wie stehen die Formen der Regulation zueinander im Kontext der komplexen Verhältnisse einer Gesellschaftsformation? Konkret mangelt es an Bestimmungen der Form des Staates und der Politik, der Stellung der Instanzen einer Gesellschaftsformation zueinander.[3] Deshalb werde ich die Regulationstheorie um mir notwendig erscheinende Begriffe und Konzepte erweitern. Dies geschieht mit dem Vorsatz, die Erklärungskraft der Regulationstheorie zu erhöhen.

Ich wähle hier bewußt nicht den Weg, den Teile der Regulationstheorie inzwischen eingeschlagen haben (etwa Boyer), sondern gehe einen Schritt zurück, zu einem umfassenden Reproduktionsbegriff, zu Althusser. Die Regulationsschule bezieht sich nicht direkt auf Althusser. Dennoch handelt es sich trotz diverser Unterschiede um die Fortschreibung eines Forschungsprogramms, wie Jessop (1990:156), Hurtienne (1988:Kap.2) und Lipietz (1987;1992a) zu Recht schreiben. Regulationsansatz und *Althusserianern* gemeinsam ist der Versuch, aller methodischen Vorgaben zum Trotz eine Offenheit der Verhältnisse inner-

---

[1] Der Frage nach deren Status möchte ich ausweichen und diesen Ausdruck in der Regel beibehalten.

[2] Demirovic et al. leisteten damit ihren Beitrag, diese Lücke zu schließen. Ich werde mich des öfteren darauf beziehen.

[3] Weil dieses Kapitel in erster Linie von einer Rekonstruktion von Begriffen handelt, läßt es sich nicht vermeiden, daß später revidierte aber gängige Termini zunächst weiterverwendet werden.

halb der gesellschaftlichen Entwicklung zu denken. Althussers Verdienst besteht dabei in der Verknüpfung aller „Instanzen" einer Gesellschaft zu einem umfassenden Begriff von Reproduktion, zu dem die politischen wie auch die ökonomischen Formen gehören und zwar als gleichberechtigte, selbständige, aber nicht wechselseitig äußerliche Einheiten. Ein solch umfassender Begriff von Reproduktion unter Einbeziehung der unvermeidlich widersprüchlichen und krisenhaften Natur der Formen in Gestalt des Prozesses der Regulation ist das abstrakte Ziel dieses Kapitels.

Anknüpfung meint also einen Versuch der Rekonstruktion der Möglichkeiten des Althusserschen Ansatzes. Dies betrifft einerseits den Bruch mit der dichotomischen und deterministischen Interpretation Marx' sowie die Rolle der „politischen Instanz" und des Staates. Außerdem berührt diese Rekonstruktion die Diktion, jenes anachronistische und oft auch reduktionistische Vokabular der Revolutionsromantik. Darauf wird zurückzukommen sein, nachdem das Konzept der Überdeterminierung eingeführt ist.

Der Althussersche Begriff des Widerspruches als Ausgangspunkt der Formen der Regulation sowie Politik und Staat im Rahmen von Staat als Klassenstaat und Hegemonie als dessen Vermittlungsform sollen als Anknüpfungspunkte integriert werden (Stufe II: Erweiterung der Konzepte).

Letztes Ziel ist es, mit den erarbeiteten, konkreteren Bestimmungen die Konzepte selbst weiterzuentwickeln, um sie dann in den folgenden Kapiteln auf die konkrete Gesellschaft Japans anzuwenden (Stufe 3: Weiterentwicklung der Konzepte und Stufe 4: Ausführung).

## Zur gesellschaftlichen Regulation

Die Regulationstheorie ist aus der Krise der 70er Jahre hervorgegangen, die zweierlei Probleme aufwarf:

- Die scheinbar hyperstabile *fordistische* Epoche und damit der grenzenlose Wachstumsoptimismus der Zeit seit 1950 gingen zu Ende, womit auch die Überbetonung der strukturellen Stabilität der späten Althusser-Schule problematisch wurde (Lipietz 1987:19f;1992a:11);
- Trotzdem hatten die verschiedenen kapitalistischen Gesellschaften immer wieder eine neuerliche Anpassungsfähigkeit bewiesen, die nach einer Phase der Transformation in einem erneuten, vergleichsweise stabilen Akkumulationsprozeß resultierte und nicht in einer elementaren Krise der Gesellschaft.

Agliettas Ausgangspunkt war nun die Frage nach den längerfristigen Stabilitätsbedingungen von Gesellschaftsformationen allgemein: „He (M.A.) began to ask not about the causes of crisis but why there was no crisis before" (Lipietz 1987:19). Die Regulationstheorie ist somit keine Krisentheorie, sondern es geht um die Vermittlung von Krisen und Stabilität. Im Mittelpunkt stehen die Bedingungen der langfristigen Kohäsion einer Gesellschaftsformation mit dem Augenmerk auf krisenhafte, aber zugleich sozial kreative Transformationsprozesse (vergl. Aglietta 1979:19): Wie regenerieren sich Gesellschaften sozusagen durch Krisen? In der „Dynamik des Transformationsprozesses" (Altvater 1988: 145), der Gestaltungs- und Vermittlungsfähigkeit des gesellschaftlichen Anpassungsprozesses bewährt sich die Überlebensfähigkeit einer Gesellschaft. Es geht also darum, Konflikte nicht als pathologisch aufzufassen - oder wie es bei Giddens heißt: „Konflikte sind (...) Ursache der kreativen wie der destruktiven Elemente der menschlichen Gesellschaft" (1979:351). Konflikte mit einer konstruktiven Rolle auszustatten ist keinesfalls eine neuartige Idee, sondern sie wurde - worauf Hirschman hinweist - durch die teilweise Fixierung auf Ordnung und Harmonie in der Debatte um Staats- und Steuerungsversagen überlagert (1994:296f) - wie im vorangegangenen Kapitel einleitend bereits erwähnt.

In einer stabilen historischen Entwicklungsphase existieren „strukturelle Formen" (Aglietta 1979:19), Institutionen, die vermitteln zwischen den abstrakten ökonomischen Basisstrukturen, den allgemeinen Gesetzen der Akkumulation sowie dem konkreten gesellschaftlichen Handeln, der „konkreten historischen Entwicklungsgeschichte" (dazu ähnlich Hurtienne 1988:186ff).

Diese Formen erklären konkreter - auf einer Zwischenstufe - die für die gesellschaftliche Reproduktion grundlegende Frage, wie längerfristig und systematisch Mehrwert akkumuliert werden kann. Das Muster der Erzeugung von Mehrwert wird in der Regulationstheorie als *Akkumulationsregime* definiert: „Das Akkumulationsregime ist ein Modus systematischer Verteilung und Reallokation des gesellschaftlichen Produktes" (Lipietz 1985:120). Systematisch meint hier die Kompatibilität zwischen den Proportionen der „macrostructure of production and the distribution of total income" (Aglietta 1979:355). Das Akkumulationsregime wird u.a. durch den Modus der systematischen Verteilung der gesellschaftlichen Nachfrage, der Verwendung des Sozialproduktes, definiert. Konkret steht hier die Verteilungsrelation zwischen Konsumausgaben und Investitionen im Mittelpunkt (sowie die Entwicklung des Außenbeitrages). Das Akkumulationsregime bezeichnet demnach den ökonomischen Pulsschlag der Gesellschaft.

Wie innerhalb einer Gesellschaftsformation akkumuliert wird, zeigt sich in den vermittelnden Formen. Deren regulative Rolle ist somit entscheidend und von zentralem Stellenwert für das ganze Konstrukt. Gelöst wiederum bedeutet zunächst einmal Kompatibilität und zwar zwischen *Grundproblem I*, der Akkumulation von Mehrwert, und gesellschaftlichen Verhältnissen. Altvater nennt die Regulationstheorie auch die Theorie der „vier K" (komplementär, kompatibel, kohäsiv, konsensual), weil diese Vier die Stabilitätsbedingungen der gesellschaftlichen Entwicklungsdynamik beschreiben (1988:150f). Ob die Formen der Regulation komplementär und damit kompatibel zum Akkumulations- und Reproduktionsprozeß sind, ist - wie wir noch erörtern werden - offen. Die Kohäsion der ausdifferenzierten Bereiche einer Gesellschaft und der Konsens der auseinanderstrebenden Kräfte hingegen werden politisch vermittelt bzw. erzeugt. Dazu bedarf es eines autonomen und dennoch am Erhalt der Verhältnisse orientierten politischen Raumes. Diesem Punkt wird im Abschnitt zu Staat und Politik nachgegangen werden.

Wenden wir uns den strukturellen Formen zu:

Für die umfassende Klärung der Frage nach dem „Wer bekommt was und warum?" als *Grundproblem II*, der Verteilungsfrage, benötigt jede Gesellschaftsformation ein ordnendes Leitmotiv, ein Motto (etwa: Soziale Marktwirtschaft). Ob dies autoritär vorgegeben wird oder aus einer Vielfalt von Positionen entspringt, spielt erst einmal keine Rolle - der Aspekt wird uns allerdings noch beschäftigen (Ähnlich Altvater 1991:88). Dieses, eine gesellschaftliche Kohäsion stiftende Leitmotiv bezeichnet eine gedachte Komplementarität der verschiedenen Institutionen, den Formen der Regulation. Diese sind „Orte" der Austragung von Prozessen, die ohne ihre Verknüpfung in Reibungsverlusten, erhöhten Transaktionskosten und Krisen resultieren. Diese Formen müssen also untereinander komplementär sein. Aus diesen relativ festen Charakteristika einer Gesellschaftsformation läßt sich ein Profil dieser Formation zeichnen, das die Bereiche der Gesellschaft der jeweiligen Art und Weise der Regulation gegenüberstellt. In der Regel werden als diese Bereiche die Geld-/Kreditbeziehungen, die Beziehungen zur internationalen Wirtschaft, die Art der Konkurrenzbeziehungen, das Verhältnis von Kapital und Arbeit sowie die Form der Staatsintervention bzw. das Verhältnis Staat - Wirtschaft genannt (etwa Boyer 1991:6; Delorme 1992:165; Hübner/Mahnkopf 1988:14).

Dieses Set von Formen ist die *Regulationsweise* oder der *Regulationsmodus*. Sie ist also eine spezifische und auf eine Gesellschaftsformation bezogene Blaupause, die widerspiegelt, wie die Verteilungsfrage im weitesten Sinne ausgetragen wird bzw. geregelt ist. Sie korrespondiert mit entsprechend strukturierten Verhaltensmustern der gesellschaftlichen Akteure.

## Formen und Widersprüche

Gehen wir diesen Formen der Regulation und ihrer Herausbildung nach. Was sind *Formen*? Formen werden mit Müller verstanden als „Resultat und Verhüllung eines vorangegangenen, von einem Ausgangswiderspruch vorangetriebenen Prozesses" (1977:27ff).[4] In den Formen ist demnach eine Lösung festgehalten, gleichzeitig jedoch wird der Blick auf einen gesellschaftlichen Prozeß darin verborgen. Ihn herauszuarbeiten oder dem „Vergessen" zu entreißen heißt, das Spezifische der Lösung zu analysieren - spezifisch für die jeweilige Gesellschaftsformation.

---

4 Den Hinweis auf dieses Zitat verdanke ich Altvater (1983:94).

Dieser gesellschaftliche Prozeß, der sich in der Form verbirgt, bezieht sein Moment aus der Existenz widersprüchlicher Kräfte. Deren Aufeinandertreffen in der Form von Widersprüchen geschieht als instabiler Transformationsprozeß, und erst dann gerinnt etwas zu vorübergehend stabilen Formen, wenn die Wirkungskraft der Widersprüche „aufgehoben" ist, der Widerspruch sich in der Form bewegen kann. Formen sind jedoch nicht starr, denn der Widerspruch verschwindet nicht.

Der Prozeß, welcher der Form vorangeht, ist also der Prozeß der Regulation und steht hier im Mittelpunkt des Interesses. Was bedeutet Ausgangswiderspruch? Welche Vorstellung wird hier evoziert: die eines Widerspruches, der die gesellschaftliche Entwicklung entscheidend vorantreibt; oder existieren mehrere Widersprüche und wie verhalten sich diese zueinander? Sind die Formen als Resultate offen in ihrer Ausprägung (Verhältnis Form - Struktur, Sediment)? Was bedeutet Verhüllung und wie vollzieht sie sich (Gesellschaftliche Kräfte, Klassen, Staat)? Was sind also die Bedingungen der Stabilität (Dynamik und Stabilität in einer Gesellschaftsformation)?

Um diesem Bündel von Fragen zu begegnen, werde ich den Begriff des „Widerspruches", wie er von Althusser entwickelt wurde, in meiner Leseart und einer angemessenen Ausführlichkeit einführen.[5] Im Mittelpunkt steht die Frage nach Hierarchie und Pluralismus der Widersprüche sowie nach Charakter und Anordnung der Instanzen.[6]

Ausgangspunkt ist, daß niemals ein einfacher Widerspruch mit dem komplexen Ganzen als Entwicklung oder Erscheinung desselben existiert. Sondern: „Die komplexen Prozesse sind also immer gegebene Komplexitäten..." (Althusser 1974:139). D.h. wir bewegen uns stets in einem komplexen gesellschaftlichen Ganzen. Marx führte dies wie folgt aus: Der Begriff Produktion bezeichne stets „Produktion auf einer bestimmten gesellschaftlichen Entwicklungsstufe" (1985:616). Deutlicher noch wird dies in der Auseinandersetzung Marx' mit Hegel, die auch von Althusser aufgegriffen wird, wonach die

---

5 Der Anknüpfung an die Althusserianer durch die Regulationsschule seitens Lipietz (1987;1992a) wie auch eine Rekonstruktion der Althusserschen Methodik durch Resnick/ Wolff (1993) verdanke ich diverse Hinweise und Erkenntnisse - allerdings unterscheiden sich die Argumentationsstränge.

6 „Instanzen" werden *vorläufig* als Hilfskonstrukte verstanden, die ein bestimmtes Bündel von Formen umfassen, mit dem jeweiligen Bezug auf eine begriffliche Dimension wie Politik, Ökonomie etc.. Balibar umreißt den Begriff so: Eine Gesellschaftsformation als komplexes Ganzes besteht aus Bausteinen, den Praxisformen oder Instanzen (Ökonomie, Politik, Ideologie etc.), die je nach Entwicklungsstufe zueinander im Verhältnis stehen. Mit diesen Verhältnissen läßt sich die Beschaffenheit einer Gesellschaftsformation charakterisieren. (In Althusser/Balibar 1975:201-205)

„Methode, vom Abstrakten zum Konkreten aufzusteigen, nur die Art für das Denken ist, sich das Konkrete anzueignen, es als ein geistig Konkretes zu reproduzieren. Keineswegs aber der Entstehungsprozeß des Konkreten selbst. Z.B. die einfachste ökonomische Kategorie, sage z.B. Tauschwert, unterstellt Bevölkerung, Bevölkerung, produzierend in bestimmten Verhältnissen; auch gewisse Sorte von Familien- oder Gemeinde- oder Staatswesen etc. Er kann nie existieren außer als abstrakte, *einseitige* Beziehung eines schon gegebnen konkreten, lebendigen Ganzen.“ (Marx 1985:632; Hervorhebung im Original).

Das „Einfache“ existiert nur im Kontext des Komplexen, dem Einfachen wird sogar durch die komplexe Struktur erst Sinn und Bedeutung gegeben: Es ist Produkt des komplexen, strukturierten Kontext der Totalität. Und auch die Erkenntnis dieser einfachen Form (des einfachen Verhältnisses, Widerspruches etc.) resultiert aus dem komplexen Ganzen, insofern als es (= das komplexe Ganze) die „Entwicklung der theoretischen Praxis, die seine Erkenntnis produziert“ „beherrscht“ (Althusser 1974:143).[7]

Althussers ganze Dramaturgie läuft auf einen bestimmten Punkt zu, der mir der Ausgangspunkt für die Rekonstruktion des Folgenden sein soll. Dieser Knotenpunkt der Argumentation ist die Frage der Verhältnisse zwischen den Widersprüchen und der Beschaffenheit der Instanzen. Verfolgt wird das Ziel, die sog. „letzte Instanz“ im Begriff der *Überdeterminierung* aufzuheben.

Die Pointe ist der Bruch mit der dichotomischen Leseart oder Interpretation der Verhältnisse bzw. Widersprüche innerhalb der Marxschen *problématique*. Dichotomisch bezeichnet eine Form von Entsprechungsverhältnis zwischen der Instanz Ökonomie, den Produktivkräften und den Instanzen Politik, Ideologie usw., archetypisch ausgedrückt als Basis-Überbau-Verhältnis. An dessen Stelle tritt ein komplex determiniertes Ganzes, in welchem schließlich die Räume eine eigene Materialität, eine spezifische Autonomie besitzen. Um diese Ableitung und ihr charakteristisches Ausmaß wird sich ein Großteil der weiteren Argumentation drehen.

---

7 Wenn ich hier den Begriff der „theoretischen Praxis“ zitiere, geschieht dies ausschließlich im angeführten Kontext und nicht in der Absicht, das von Althusser selbst später revidierte Konzept zu übernehmen. Die nahezu absolute Trennung (dazu 1974:128) zwischen den zwei Formen von Konkretem, dem Konkreten in der Erkenntnis, dem Resultat der „theoretischen Praxis“, sowie in der Wirklichkeit übersieht „the particular way in which this 'real' intervenes“ (Poulantzas 1976:66). Dieser Theoretizismus bleibt nicht ohne Folgen für Althussers eigenen Erkenntnisprozeß, solange er nämlich die spezifische Einwirkung des „Real-Konkreten“ negiert.

Nun ist es keineswegs etwa so, daß Marx und Engels das Verhältnis der Instanzen eindeutig deterministisch angelegt hatten.[8] Die Schwierigkeiten liegen vielmehr darin, daß das Bild des Gebäudes an sich, die Vorstellung von Basis und Überbau stets und unkorrigierbar einseitig deterministisch ist. Überbau ohne Basis kann nämlich nicht existieren. Insofern ist dieses Bild verheerend (vergl. Poulantzas 1978:14). Hier sind die Keime der vulgären Basis-Überbau-Modelle etwa Lenins gelegt, und damit beginnen die Probleme. Seine Überwindung ist ein hier verfolgtes Ziel, insbesondere von Poulantzas.

Wenden wir uns wieder Althusser zu! In dem strukturierten komplexen Ganzen gibt es 1. keinerlei Identitäten in den Verhältnissen, sondern „determinierende Instanzen im Komplex Struktur - Superstruktur" (Althusser 1974:79) und 2. einen Widerspruch, der die anderen dominiert; bezüglich des Verhältnisses zwischen Determinierung und Dominanz spricht Althusser von der „Determinierung in letzter Instanz". Es handelt sich hier um Herrschaftsverhältnisse. Doch sind dies besondere Herrschaftsverhältnisse, weil sie sich nur als komplexe Strukturierung innerhalb der Totalität der Verhältnisse zeigen. D.b., daß das komplex strukturierte Ganze, die Totalität durch die Ausprägung der Widersprüche den Instanzen im komplexen Ganzen ihren Raum zuweist. Das komplexe Ganze ist demnach eine gegliederte, strukturierte Einheit, in welchem eine Instanz aufgrund der komplexen, ungleichmäßigen Auswirkungen eines entscheidenden Widerspruches *dominiert*; dieser Hauptwiderspruch fungiert als „allgemeine Beleuchtung, worein alle übrigen Farben getaucht sind und (welche) sie in ihrer Besonderheit modifiziert", so Marx in einem etwas anderen Kontext (1974:27; ähnlich Lipietz 1992a:16). Darunter ist zunächst einmal zu verstehen, daß „Herrschaftsverhältnis" eine Dominanz dieses Widerspruches dergestalt bezeichnet, daß er in allen Widersprüchen erscheint bzw. enthalten ist.

Die Struktur und damit alle (oder auch die wesentlichen) ihrer Gliederungen mitsamt den Platzzuweisungen (Verhältnis zwischen den Instanzen) bilden das

---

[8] Engels etwa beschreibt das Verhältnis so: „Die ökonomische Lage ist die Basis, aber die verschiedenen Momente des Überbaus (...), und nun gar die Reflexe aller dieser wirklichen Kämpfe im Gehirn der Beteiligten (...) üben auch ihre Einwirkung auf den Verlauf der geschichtlichen Kämpfe aus und bestimmen in vielen Fällen vorwiegend deren *Form*. Es ist eine Wechselwirkung aller dieser Momente, worin schließlich durch alle die unendliche Menge von Zufälligkeiten (...) als Notwendiges die ökonomische Bewegung sich durchsetzt" (1967:463; Hervorhebung im Original). Zwar ist „in der Regel" ein Entsprechungsverhältnis zwischen ökonomischer und politischer Herrschaft (d.h. über den Staat) gegeben. Doch existieren auch Perioden, in denen sich der Staat aufgrund eines gesellschaftlichen Patts verselbständigt, autonom wird. Allerdings überwiegt Engels' Skepsis ggü. der Dauerhaftigkeit einer solchen Autonomisierung staatlichen Handelns: Sie ist - im Bonapartismus wie im Bismarckschen Kaiserreich - *momentan* (1962:166f).

Ganze; das komplexe Ganze ist also „eins“ in seinen *Existenzbedingungen* mit den komplexen Widerspruchsverhältnissen. (Althusser 1974:148ff) Alle Einheiten des komplex strukturierten Ganzen, der „Struktur mit Dominante“, werden durch die Prozesse der komplexen Determinierung durch die Widersprüche in ihren „Räumen“ (Poulantzas) abgesteckt oder, mit anderen Worten, in Existenz gesetzt und bedingen sich so wechselseitig. „The social totality is conceived then as a set of all social processes“ (Resnick/Wolff 1993:64). Und deren Wirken weist sie aus als „Struktur der Ungleichmäßigkeit“ (Althusser 1974: 166); d.h. die verschiedenartige Ausprägung der Widersprüche, also ihr ungleichmäßiges Wirken, resultiert wiederum in dem Ganzen als permanente Spannung, latente oder offene Verschiebung der Rollen zwischen den Widersprüchen und der Anordnung der Instanzen, oder besser: ein unstetes Abstecken von „Räumen“ aufgrund der Varianzen der Rollen der Widersprüche.

Die diversen Widersprüche reduzieren sich nicht auf einen „einfachen“ Widerspruch, etwa im Sinne von Kapital versus Arbeit, Produktivkräfte versus Produktionsverhältnisse, sondern haben alle ihre eigene Materialität. Und auch dieser „Hauptwiderspruch“ in seiner Rolle der Dominante ist *„niemals* einfach“ (ebd.:72, Hervorhebung von mir). Er wird von den Nebenwidersprüchen in einer Parallelwirkung beeinträchtigt oder bestärkt; beide Formen von Widersprüchen bedingen einander in ihrer Existenz, auch sind die Nebenwidersprüche eben nicht die Erscheinungen des Hauptwiderspruchs (obwohl dieser in den Nebenwidersprüchen präsent ist). Alle Widersprüche bzw. die Ausprägungen aller Widersprüche sind niemals Resultat einer *einfachen* Bewegung des Hauptwiderspruches, denn dieser wird „immer durch die Formen und die konkreten historischen Umstände spezifiziert (...), in denen er sich auswirkt“ (ebd.: 72). In jedem Widerspruch spiegelt sich das Ganze, ist die Totalität der Verhältnisse präsent.

Die Instanzen hängen alle zusammen - es gibt keine Produktion ohne Gesellschaft. Auch die Produktion im engen Sinne der Produktivkräfte ist gesellschaftlich[9]. Alle *determinieren* sich gegenseitig in einer Parallelbewegung - sind deshalb *überdeterminiert.* Es existiert deshalb kein reiner, einfacher, dichotomischer Fall von Determinierung: „Die einsame Stunde der 'letzten Instanz' schlägt *nie*, weder im ersten noch im letzten Augenblick“ (ebd.:81, Hervorhebung von mir).

Diese Stelle ist jener Knotenpunkt, in dessen Licht alles weitere betrachtet werden muß. Wenn alle Widersprüche sich wechselseitig bedingen, die Neben-

---

9 „(...) daß die Einheit, über die man unmöglich hinausgehen kann, die eines Ganzen ist, in dem, wenn die Produktionsverhältnisse tatsächlich als Existenzbedingung die Produktion haben, die Produktion selbst als Existenzbedingung ihre Form hat: die Produktionsverhältnisse“ (Althusser 1974:151f).

widersprüche mithin keine Erscheinungen des Hauptwiderspruches sind, sondern in einem Verhältnis der „Artikulation" zueinander stehen, *alle* Widersprüche also überdeterminiert sind, wenn die Instanzen des „Überbaus" nicht von den Bedingungen einer „Basis"-Instanz determiniert werden, sondern wechselseitig - und deshalb - überdeterminiert sind, heißt es Abschied nehmen von bestimmten Begriffen und Konzepten, den Diskurs von dichotomisch gekennzeichneten Begriffen zu befreien. Es existiert kein einfacher (= nicht-komplexer) Determinismus irgendwelcher Art, auch nicht in der krypto-komplexen Fassung der 'letzten Instanz'. Diese würde in der Tat das Problem von Autonomie der Instanzen lediglich verschieben, „im Nebel funktionalistischer Rückkopplungsschleifen (...) belassen" (Jürgens 1989:4). Die „letzte Instanz" ist eine Denkhilfe, eben und nochmals in Marx' Worten auch „nur eine Art für das Denken".

Gleichermaßen fragwürdig ist der Begriff der „Instanz" selbst, für den ich fortan in Anlehnung an Poulantzas einen präziseren Ersatz vorschlage (1978: Einführung:9ff): „Raum" oder Bereich, welche durch die jeweilige Ausdehnung relativ zu den anderen abgegrenzt werden, jedoch nicht als abgeschottete „Bereiche" gedacht sind, sondern vieldimensional aufeinander einwirkend, sprich überdeterminiert sind. Instanz wie Ebene kranken an der Äußerlichkeit der gedachten Beziehungen untereinander, die dem komplexen Charakter des Ganzen nicht entsprechen.

## Überdeterminierung und *relative* Autonomie in der Struktur mit Dominante

Bevor wir uns der konkreten Autonomie des politischen Raumes zuwenden, möchte ich die überdeterminierte, relative Autonomie und ihre Auswirkung hinsichtlich des Verhältnisses der Bestandteile einer Gesellschaftsformation zueinander noch präzisieren und der „absurden Frage" (Poulantzas 1976) nachgehen, wie relativ *relativ* denn ist.

Wenn die einsame Stunde der letzten Instanz nur (noch) eine Hilfskonstruktion für das Denken bleibt, ist der Weg zu einem Pluralismus der „Instanzen" und der Widersprüche nicht weit, zumindest *scheint* ihre Verselbständigung mitgedacht. Auch Poulantzas warf an anderer Stelle kurz vor seinem Selbstmord die Frage nach der „relativen Autonomie (des Staates, der politischen Instanz)" auf, und zwar zur Unterscheidung in marxistisch - nichtmarxistisch (fol-gendes 1979:198):

> „(...) and if one does (i.e. remain within a Marxist framework) one accepts the determinant role of the economic in the very complex sense; not the determination of forces of production but of relations of production and the social division of labour. (...) But if one is Marxist, the determinant role of relations of production, in the very complex sense, must mean something;

and if it does, one can only speak of 'relative autonomy' - this is the only solution".

Nun bietet Poulantzas allerdings auch die erweiterte Möglichkeit an, nämlich den Rubikon des *Marxist framework* zu überschreiten und die determinierende Rolle der Ökonomie zu übergehen, womit dann eine Aufhebung der Determinierung in letzter Instanz, der relativen Autonomie denkbar würde. In diesem Zusammenhang spricht er ironisierend von der determinierenden Rolle der Produktionsverhältnisse als „annoying thing".[10]

Selbstverständlich - und Poulantzas deutet dies bereits an - ist auch Althusser nicht von der (komplexen) „Determination in letzter Instanz" abgerückt. Und nicht nur das: Ein wie auch immer gearteter Pluralismus der „Instanzen" ist mit dem späten Althusser zunehmend undenkbar. Die Beschreibungen der „räumlichen Metapher" des Gebäudes Basis und Überbau werden wieder eindeutiger: „Die Metapher des Gebäudes hat also zum Ziel, vor allem die 'Determinierung in letzter Instanz' durch die ökonomische Basis zu zeigen" (1976:290f). Der Relativität der Autonomie wie auch der Rückwirkung der Überbauten auf die Basis werden recht enge Grenzen gesteckt - auch sprachlich enger als in „Für Marx". Althusser fällt hier hinter sich selbst zurück, wird dogmatischer.

Resnick/Wolff (1993) gehen zu weit: Es gibt keine Zurückweisung aller Determinismen, zumal Althusser schließlich auf sichereres Terrain zurückzukehren schien. Dafür jedoch gab es auch Gründe, auf die ich nun eingehen muß, die Konsequenzen der Überdeterminierung für den Erkenntnisprozeß nämlich, wie sie bereits bei Engels sowie der Problematik der „theoretischen Praxis" anklangen.[11]

---

[10] Was genau ist der „ökonomische Bereich" (Poulantzas 1975:23)? In jeder Produktionsweise werden die fixen Elemente der Produktion, ihre Produktionsfaktoren Arbeit, Produktionsmittel, Nicht-Arbeitende, auf eine spezifische Art und Weise in Verhältnisse untereinander gesetzt, als Verknüpfung von Produktivkräften und Produktionsverhältnissen (Eigentumsverhältnis, Aneignungsverhältnis). In den Produktionsverhältnissen sind die Marx'schen „Überbauten" allerdings konstitutiv enthalten. Die spezifische Ausprägung der obigen Verhältnisse enthält im Keim „die verborgene Grundlage der ganzen gesellschaftlichen Konstruktion" (Marx 1986:799), d.h. von hier aus läßt sich das Wirken des Hauptwiderspruches und der Determination hinein in die Bereiche ausmachen. Dieses Grundverhältnis determiniert die Dominanz innerhalb der Struktur einer Produktionsweise bzw. einer Gesellschaftsformation. Marx selbst spricht diesbezüglich von „Hauptrolle" (1984:96, Fußnote). Die Verbindung der beiden Verhältnisse weist den Bereichen ihre spezifische Stellung zu und zieht zugleich „jeder Teilbereichsstruktur die Grenzen ihres Eingriffs in eine andere" (Poulantzas 1975:125).

[11] Interessanterweise verweist Engels selbst auf die gesellschaftlichen Zwänge, denen der Produktionsprozeß von Theorie ausgesetzt ist, indem er einräumt, daß Marx und er die Überbetonung der ökonomischen Seite mitverschuldet hätten, um ihr Hauptprinzip zu verdeutlichen (Engels 1967:465).

Das Konzept der Überdeterminierung impliziert für den wissenschaftlichen Prozeß zweierlei: 1. jede Produktion von Erkenntnis selbst ist überdeterminiert, worauf Poulantzas mit seiner erwähnten Kritik am ursprünglichen „Theoretizismus“ abzielte (1976); 2. können notwendigerweise nur Teilbereiche untersucht werden, da eine Untersuchung des komplexen Ganzen unmöglich bleibt.

Poulantzas kritisierte Milibands Umgang mit den „bürgerlichen“ Theorien, insbesondere dessen Methode, sich mit der einfachen Gegenüberstellung von „konkreten Fakten“ und diesen Ansätzen auf falsches Terrain und eine unterschiedliche *problématique* einzulassen, wie folgt: „For concepts and notions are never innocent...“ (1969:70). Von dieser „Kontamination“ mit den Konzepten eines Gegners scheinen Teile der (neo-)marxistischen Arbeiten auch nicht frei, wenn auch auf ganz andere Art und Weise. Es stellt sich nämlich die Frage, wieso bestimmte Termini, Konzepte etc. in diesem Diskurs weiterhin verwendet werden. Dies betrifft beispielsweise reduktionistische oder verfälschende Begriffe wie Klassenkampf, Proletariat oder auch die Art und Weise, in der Gestalten wie Stalin, Lenin, Mao o.a. angefaßt werden (z.B. Althusser 1976), ohne deren folgenreiche und unterschiedliche Gedanken-Produkte auf die eigenen Ansätze zurückzubeziehen, und dem „process of knowledge“ überzeugend auszusetzen, den Laclau beschreibt mit „From the theoretical system to the theoretical problem and from them to a new theoretical system...“ (1975:95).

Mir scheint hier jene von Furet analysierte Faszination von Teilen der französischen Intelligenz (als Beispiel) mit der Sache der Sowjetunion oder Chinas vorzuliegen (1995:522ff), die um des *vermeintlichen* „Hauptwiderspruches“ Willen die Nebenwidersprüche (Leninismus, Stalinismus kontra Marxismus) hintenanstellt, wobei die Furcht, die ursprüngliche *problématique* in einem neuen „theoretical system“ *aufzuheben*, nur ein Teilaspekt scheint. Insofern deutet - so meine Überlegung - das Festhalten an dem kritisierten Vokabular, den Personen und den Konzepten auf eine „Überdetermination“ durch den vermeintlichen „Hauptwiderspruch“ KPF kontra bürgerliches Lager hin![12]

Ein „dogmatisches“ Festhalten an einer strukturellen Dominanz in einem vorgegebenen Muster der komplexen Determiniertheiten *mit* der Betonung der Determinierung in letzter Instanz durch die Ökonomie kann also auch primär ideologische Gründe haben. Doch würde uns der Verzicht auf diese Struktur mit Dominante und die daraus resultierende spezifische relative Autonomie weiterbringen?

Nein, denn er würde einem Verzicht auf die komplexe, wechselseitige Bedingtheit aller Verhältnisse, Räume und Widersprüche als einem „inneren“ Be-

---

[12] Über Althussers Schwierigkeiten mit dem Verbleib im „KPF-Diskurs“ (so meine Bezeichnung) berichteten Peter Körte (FR 15.10.1988) und Horst Brühmann (FR 25.10.1990) aus Anlaß von Althussers 70. Geburtstag sowie seinem Tode anschaulich.

ziehungsgeflecht bedeuten - also ohne äußerliche Verhältnisse, und wir werden am Beispiel des Staates sehen, welche zentrale Rolle diese Internalität spielt. Auch für den Pluralismus der komplexen Widersprüche und relativ autonomen Räume gilt Schattschneiders ironischer Befund: „The flaw in the pluralist heaven is that the heavenly chorus sings with a strong upper-class accent" (1960:34f). Diese Kritik bezog sich auf die klassisch-pluralistische Gruppentheorie, die signifikante Aspekte des politischen Prozesses ausblende - Schattschneider sprach diesbezüglich von einem „class bias of associational activity" (ebd.:34). Diese strukturelle Ungleichheit folgt aus den komplexen Bedingungen der Akkumulation.

Wenn wir an der Aussage festhalten, daß aufgrund der Überdeterminierung das Problem der Pluralisierung der Ordnung in der Struktur bereits aufgehoben ist, wir andererseits an einem strukturellen Ungleichgewicht festhalten wollen, bedarf es der spezifischen Form der überdeterminierten Autonomie zur Vermittlung.

Im Verzicht auf die „letzte Instanz" liegt bereits die Antwort - präzisieren wir diese noch einmal, bevor wir sie am Staat konkretisieren! Existiert also ein „Hauptwiderspruch" wegen Althussers dogmatischen Resten oder bedeutet Struktur mit Dominante auch einen Erkenntnisgewinn? Die wechselseitige Bedingtheit der Widersprüche ist Resultat oder Teil der Struktur mit Dominante.[13] In allen Widersprüchen, in allen Bereichen und Formen muß der Hauptwiderspruch enthalten sein, denn dies ist ja gerade die Pointe der Struktur mit Dominante. Diese Dominante konstituiert eine prinzipielle Spannung, ist die allgemeine Beleuchtung. Darin besteht die *strukturelle* Dominanz - aber welche Folge hat dies für unseren konkreten Untersuchungsgegenstand? Jeder Widerspruch wird von jener Beleuchtung in Szene gesetzt, d.b. in Form eines Spannungsverhältnisses angeordnet. Diese Anordnung ist insofern spannungsgeladen, als sie nicht eindeutig ist, kein Entsprechungsverhältnis.[14] Es liegt in der Qualität aller Widersprüche im einzelnen, wie sie dieses Licht aufnehmen *und* reflektieren.

---

[13] Nochmals zur Erinnerung Althusser: „Anders gesagt: jeder Widerspruch, jede wesentliche Gliederung in der Struktur und das allgemeine Gliederungsverhältnis in der Struktur mit Dominante bilden ebenso viele Existenzbedingungen des komplexen Ganzen selbst. (...) Denn sie (diese Behauptung) bedeutet, daß die Struktur des Ganzen, also der 'Unterschied' der wesentlichen Widersprüche und ihre Struktur mit Dominante die Existenz des Ganzen selbst ist, daß der 'Unterschied' der Widersprüche (daß es einen Hauptunterschied gibt und daß jeder Widerspruch einen Hauptaspekt hat) eins ist mit den Existenzbedingungen des komplexen Ganzen" (1974:151).

[14] Die Spannung bezieht sich auf die Ungleichheit der Verhältnisse zwischen den Widersprüchen und/oder ihren Aspekten (Althusser 1974:154).

Die Verhältnisse zwischen den Widersprüchen im komplexen Ganzen sind aufgrund der Überdeterminierung situativ (= nicht fix, sondern konfligierend zwischen faktischer und potentieller Stellung) (dazu Althusser 1974:156). Die entsprechende, situationsbedingte oder konkrete *Rolle* der Widersprüche und damit die Ausdehnung und Beschaffenheit der Räume ist variabel und offen, was nicht mit beliebig gleichzusetzen ist, denn alles bewegt sich im Rahmen des strukturierten Ganzen.

Diese Nicht-Entsprechung oder Heterologie ist die relative (in der Bedeutung von: spezifische) Offenheit der „Rollen": Sie sind eben nicht festgeschrieben. Diese Heterologie betrifft sowohl die Produktionsweise als auch die Beziehung von Produktionsweise als abstrakter Schablone und Gesellschaftsformation als vielfältig gebrochene, konkrete „Artikulation" von (dominanter) Produktionsweise. Diese Beziehung wird durch die Anhäufungen von interdependenten Widersprüchen und damit wirksamen Bestimmungen hergestellt.[15]

Struktur mit Dominante bedeutet demnach nicht die Vorherrschaft *des* Hauptwiderspruches oder des ökonomischen Bereiches in einer konkreten Gesellschaftsformation, sondern aufgrund der Spannungsverhältnisse eine bestimmte Widerspruchs- oder Bereichsmatrix mit Widerspruch X und Bereich Y in der spezifischen Hauptrolle. Dies resultiert aus den im komplexen Ganzen eingeschriebenen (Existenz-)Bedingungen. Struktur mit Dominante bedeutet,

---

[15] Die *Produktionsweise* als eine abstrakt-formale Kategorie ist eine Verknüpfung von politischem, ideologischem, ökonomischem etc. Bereich, verknüpft in der Form einer Struktur mit Dominante. Die Verknüpfung geschieht auf eine jeweils spezifische Art und Weise, mit dem Bereich des Ökonomischen als Determinierender *in letzter Instanz* (=Dominanz) (Poulantzas 1973:32ff;1975:11f). Letzteres resultiert in einem komplexen Ganzen von Verhältnissen, deren Beschaffenheit durch die Dominierende beeinflußt wird, jedoch in einem Prozeß des strukturierten wechselseitigen Beeinflussens, der Überdetermination.

Die *Gesellschaftsformation* gehört als „real-konkretes Objekt" zur historisch-konkreten Geschichte. In einer Gesellschaftsformation dominiert eine Produktionsweise, deren Grundstruktur der „gesamten Gesellschaftsformation ihren Stempel aufdrückt" (ebd.:13). Diese spezifische Ausformung einer Gesellschaftsformation ist demnach gleich dem Reflex des Hauptwiderspruches in den Widersprüchen.

Zum Verhältnis von Produktionsweise und Gesellschaftsformation gilt es nun den Weg in den Formalismus/Strukturalismus zu vermeiden und Gesellschaftsformationen nicht etwa als einfache Konkretisierung der (dominanten) Produktionsweise zu verstehen (vergl. Poulantzas 1976:80). Die konkrete Ausformung einer Gesellschaft reproduziert nicht als Entsprechungsverhältnis die Struktur der Produktionsweise(n), sondern das Konkrete ist die Einheit einer Vielfalt von Bestimmungen (Poulantzas im Rückgriff auf Marx, 1976:67). Da sich in der Gesellschaftsformation die Konflikte zwischen den beteiligten gesellschaftlichen Kräften ereignen, wird die konkrete Ausformung als gesellschaftliches Verhältnis, als Widerspruchsresultat oder -resultante begriffen, ein Modus, der reproduziert oder transformiert wird. Die Form(en), in denen sich diese Reproduktion oder Transformation vollzieht(en), sind die Formen der Regulation.

daß diese von den Widersprüchen strukturierte Matrix automatisch einen dominanten Bereich bestimmt. Es ist schließlich eine Frage des konkreten Reproduktionsprozesses in seinen gesellschaftlichen Formen der Regulation, welcher Widerspruch in der konkreten Formation die Rolle des Hauptwiderspruches ausfüllt; und dies wird determiniert durch die Rolle des Hauptwiderspruches der vorherrschenden Produktionsweise. Auch der vermeintliche Hauptwiderspruch (Kapital - Arbeit) selbst muß folglich sein Potential erst realisieren. Dies ist stets eine Frage des komplexen Ganzen, und damit wird klar, daß auch „Hauptwiderspruch“ lediglich eine „Art für das Denken“ ist.

Die Ausprägung der Widersprüche und somit die Struktur einer Gesellschaftsformation erheben sich auf den Sedimenten, die sich im Entwicklungsprozeß dieser Gesellschaft abgelagert haben; außerdem existieren innerhalb einer kapitalistischen Gesellschaftsformation eben *strukturelle*, marktbedingte Ungleichgewichte und Chancenausprägungen (Giddens). Es muß also folglich darum gehen, diese Ungleichheit und damit die faktische, konkrete Wirksamkeit der Widersprüche innerhalb einer bestehenden Gesellschaftsformation auszumachen. Und es mag also so sein, daß - als Auswirkung der Struktur mit Dominante der vorherrschenden Produktionsweise - der Hauptwiderspruch soweit zurücktritt oder in anderen Worten: überdeterminiert ist, daß seine „Invirulenz“ die anderen Widersprüche in die Position versetzt, ihn partiell überlagern zu können. Die Beschaffenheit der Räume, d.h. ihre jeweilige Anordnung und Ausdehnung, die sich also aus diesen Verhältnissen in und aus der Struktur ergibt, muß jeweils bestimmt werden.

Kommen wir wieder auf die Regulationsweise als Set von Formen zurück: Auf dieser Stufe der Argumentation ist die Regulationsweise also eine komplexe Einheit von zu Form geronnenen Widersprüchen bzw. Verhältnissen zwischen den Bereichen einer Gesellschaftsformation. Dabei kommt es zu einer Anhäufung von Determinierenden und Determinierten, stets als eine gleichzeitige Bewegung und mit einem dominanten (=allseits präsenten) Widerspruch. Die Formen der Regulation sind allesamt durch das Ganze überdeterminiert, niemals *nur* ökonomisch oder *nur* politisch (ähnlich Hirsch 1992:222).

Regulation zielt auf erfolgreiche Reproduktion. Eine Regulationsweise klärt also die Frage, *wie* eine Gesellschaftsformation die Bedingungen ihrer Produktion reproduziert. Die materiellen Produktivkräfte als der untere Sockel oder innere Kern der „Basis“, denen Produktionsverhältnisse *entsprechen,* werden zu einem überdeterminierten Bestandteil einer Totalität von Einwirkungen. „Entsprechung“ beinhaltet Nicht-Entsprechung und meint „die Determination der Wirkungen im Innern der Struktur und die verschiedene Weise dieser Determination, aber nicht eine Ausdrucksbeziehung“ (Althusser/Balibar 1972: 409f). Somit werden die Produktivkräfte ver„gesellschaftlicht“, sie haben sozialen

Charakter, werden von den Produktionsverhältnissen dominiert, indem die „Einheit" von Produktivkräften und Produktionsverhältnissen im „Primat" der Produktionsverhältnisse verwirklicht wird (Poulantzas 1978:24). Lipietz beschreibt diese Beziehung so: „the growth of productive forces (...) is nothing but the expression of a definite set of social relations in the workplace, in the family, in the fields" (Lipietz 1987:21). Um den Prozeß der Regulation zu verstehen, müssen wir also der Frage nachgehen, wie Produktionsverhältnisse reproduziert *werden*. Und aufgrund obiger Zusammenhänge reicht dazu kein Blick auf die technisch-ökonomischen Verhältnisse. „Die letztliche Bedingung der Produktion ist also die Reproduktion der Produktionsbedingungen" (Althusser 1976:286). Dies ist im komplexen Sinne der Überdetermination zu verstehen. Darin enthalten ist also die Frage nach den politischen etc. Formen, die ebenso mitgedacht werden müssen, mit ihren eigenen, relativ autonomen Bedingungen und Gesetzmäßigkeiten.

## Wer regelt die Regulation? Klasse - und Klassenmacht

Beginnen wir bei der Suche nach den Umständen der Regulation bei den treibenden Kräften, die im Prozeß der Regulation aufeinandertreffen, den Basiseinheiten der gesellschaftlichen Widersprüche, den Klassen.

„Klasse" hat hier lediglich den Stellenwert eines Zwischenschrittes, um einen operationalisierbaren Begriff für die weitere Argumentation zu schaffen.[16] Operationalisierbarkeit setzt voraus, daß angesichts der Auflösung dichotomischer Argumentationsmuster jede Sichtweise, die von einer Aufsplittung der Gesellschaft - und sei es in letzter Instanz - in zwei rivalisierende Hauptlager ausgeht (etwa Kapital und Arbeit), zurückgewiesen werden muß. Eine Gesellschaftsformation ist facettenreicher, nicht nur wegen „Relikten" anderer oder früherer Produktionsweisen - und dies mit Folgen für ihre Regulation.

Außerdem ist das Thema ja explizit nicht eine Analyse der „Klassengesellschaft Japan". Es werden uns hingegen die Auswirkungen einer bestimmten Art und Weise der Abstufung in der Strukturierung von Klassen beschäftigen. Der Begriff Klasse wird gerade in bezug auf Japan oftmals gemieden. Dies dürfte wohl neben dem belasteten Begriff selbst auf die vermeintlich nivellierte, nicht nur klassen-, sondern auch sozial weitgehend unterschiedslose Gesellschaft zurückzuführen sein. Seine Beweiskraft leitet dieser Mythos u.a. aus den regelmäßigen Umfragen des Amtes des Premierministers ab, nach denen über 90 % der „Mittel"schicht angehören wollen (vergl. etwa Asahi nenkan).

Auf dieser Betrachtungsebene möchte ich mich jedoch Giddens anschließen, dessen Klassenbegriff der Komplexität der Verhältnisse angemessen scheint:

---

[16] Im folgenden beziehe ich mich wie auch durch die Zitate ausgewiesen in erster Linie auf die Arbeiten von Giddens und Poulantzas.

„Der Kapitalismus ist (...) seinem Wesen nach eine Klassengesellschaft, und das gilt für die Vereinigten Staaten wie für andere Gesellschaften auch; das ändert aber nichts an der Tatsache, daß die Stufen der Klassenstrukturierung in Amerika weniger ausgeprägt sind (...) als in den meisten anderen kapitalistischen Ländern“ (1979:21).

Die Klassenabstufungen sind dabei variabler, fließender, verschleierter sowie unterschiedlich je nach konkreter Gesellschaft. Gerade aus dem offenen Charakter einer kapitalistischen Gesellschaft heraus kann es niemals um distinkte Gruppen gehen wie etwa „Stände“ (sagen wir das *shinôkôshô*-System der Tokugawa). Diese Offenheit allerdings ist nur eine Seite der Klassengesellschaft, wenn auch eine wichtige, denn „(...) der formell 'offene' Charakter der ökonomischen Chancen in der kapitalistischen Wirtschaft steht früher wie heute im Gegensatz zu den unterschiedlichen Lebenschancen, die sie tatsächlich hervorbringt - *und das genau ist die Grundlage für die Existenz von Klassen*“ (Giddens 1979:339; Hervorhebungen im Original). Wir werden diesem Widerspruch im Zusammenhang des sog. „Vereinzelungseffektes“ (Poulantzas) erneut begegnen. Festzuhalten bleibt: Die Ausprägung der Klassen, das Ausmaß ihrer Strukturierung mag schwer auszumachen sein, aber sie ist zunächst ein grundsätzliches Charakteristikum einer kapitalistischen Gesellschaft, also auch der Japanischen.

Nicht zuletzt wegen des Gegensatzes zur Selbst- und auch oftmaligen Fremdsicht möchte ich hier einige Sätze hinzufügen. Auch in Japan existieren *haves* und *have nots*. Dies festzustellen, bedarf es nur eines kurzen Blickes auf die offiziellen Tabellen zur Einkommensverteilung nach Steuerklassen. Die „Unsichtbarkeit der Oberklasse in der kapitalistischen Gesellschaft“ (Giddens 1979:218) reflektiert gerade den spezifischen Charakter der Strukturierung von Klassen und nicht etwa ihr Nichtvorhandensein, solange nämlich die Fiktion von Chancengleichheit Norm ist. Ihre Position erhält die Oberklasse *objektiv*, konkret jedoch indirekt oder vermittelt etwa in Form spezifisch zugeschnittener Zugangskanäle. Doch darum geht es gar nicht, sondern lediglich darum, das Klassenverhalten zu verfolgen oder zu benennen, und insbesondere seine Folgen zu analysieren, und nicht um die Frage, ob es sich um mystifizierte Verhältnisse handelt oder wie die geringere Ausprägung der Klassenstrukturierung konkret beschaffen oder zu erklären ist. Sehr wohl wird es aber darum gehen, wie sich diese als objektive Auswirkung zu verstehende strukturell determinierte Klassenstrukturierung in den Widersprüchen auswirkt hinsichtlich der spezifischen Gestalt der gesellschaftlichen Bereiche und auch der Formen der gesellschaftlichen Regulation.

Der Markt ist ein Ensemble von ökonomischen Beziehungen unterschiedlich mit Ressourcen ausgestatteter Marktteilnehmer. Er ist dies systembedingt, ohne daß die rechtlichen Formen jene Ungleichheit sanktionieren. Die Rechte sind jedoch Chancen (Giddens 1979:124). Auch wenn die strukturellen Ungleichheiten „ökonomisch" bedingt sein mögen, so sind bereits in der Ökonomie, in den Produktionsverhältnissen, die anderen Bereiche (Recht, Staat etc.) enthalten, mitzudenken (vergl. Poulantzas 1978:23ff). Eigentum (begrenzt auf das Kapital, auf Produktionsmittel) bezeichnet also einen strukturellen Vorteil als eine spezifische Form von Chance. Die Subjekte als Träger der Verhältnisse bringen ihre Chancen in den Markt ein, die *Marktchance.*

Aus der Vielfalt von Marktchancen müssen wir nun den Übergang zu strukturierten Formen schaffen - wie oder wodurch werden Klassen strukturiert? Klassenstrukturierung bezeichnet, wie ökonomische Beziehungen in Soziale transformiert werden: „Die Klassenstrukturierung repräsentiert die Weise, auf die Disparitäten in der Marktchance 'gesellschaftliche Tatsachen' werden und also das soziale Verhalten des Individuums bestimmen oder beeinflussen" (Giddens 1979:164). Mittelbar vollzieht sich diese durch die sozialen Mobilitätschancen, die wiederum von bestimmten Marktchancen beeinflußt werden (Eigentum, Verfügung über Ausbildungsressourcen, Verfügung über manuelle Arbeitskraft). Hinzu müssen unmittelbare Faktoren treten, weil die mittelbare Form von Strukturierung rechtlich im Sinne einer Mobilitätsbarriere zwischen den Klassen keineswegs bindend und somit lediglich die Voraussetzung für die Strukturierung ist (Arbeitsteilung und Herrschaftsverhältnisse im Betrieb, Einfluß distributiver Gruppen). Die Überlappung von solchen Faktoren bedingt das Ausmaß der Klassenstrukturierung und damit die Klassenausprägung. (ebd.:120ff)

Die institutionelle Trennung von Politik und Ökonomie ist wesentlich: Dadurch erhält der ökonomische Raum jene Spielräume, in denen die Marktmechanismen herrschen können. Markt bedeutet unterschiedliche Marktchancen. Die Trennung Produzent - Produkt führt zu Ausbeutung in Form unterschiedlicher *Lebenschancen.* Macht wird deshalb vermittelt, und zwar institutionell - und dies sind die Prämissen von „Klassengesellschaft". (ebd.:164).

Jede Gesellschaftsform enthält Ausbeutungsbeziehungen[17] - Klassenausbeutung ist lediglich eine Art der Organisation derselben. „In Klassenstrukturen reproduziert sich das Ausbeutungssystem über Unterschiede in der Marktchance" (ebd.:160). Marktchancen werden via Klassenstrukturierung zu gesellschaftlichen Tatsachen, Lebenschancen. Klassen erscheinen als gesellschaftlicher Reflex auf die Disparitäten in den mittelbaren und unmittelbaren Marktchancen, ohne ein Entsprechungsverhältnis zu konstituieren. Eine Klassengesellschaft beweist sich nach Giddens darin, daß die Klassenverhältnisse prägend für das gesellschaftliche Verhalten der Akteure sind (ebd.:162). Prä-

[17] Ausbeutung meint hier eine „gesellschaftlich bedingte Form asymmetrischer Produktion von Lebenschancen" (Giddens 1979:159).

misse dabei ist allerdings die „Sichtbarkeit" von Klasse in Form von Klassenbewußtheit oder -bewußtsein. Darauf werde ich im folgenden Kapitel zurückkommen.

Poulantzas faßt diesen „gesellschaftlichen Reflex" auf die Marktchancen als objektive Auswirkung der Produktionsweise auf. Klasse ist der strukturierte, gesellschaftliche Ausdruck der Verhältnisse in der Struktur mit Dominante in Form der Einsortierung der Träger dieser Verhältnisse in der Gesellschaft und d.b. mit einer entsprechenden Determiniertheit durch die ökonomische Klassenorganisation (analog zu der Stellung der „Instanzen" in der Produktionsweise) (Poulantzas 1973). Sie tritt als „*globale Auswirkung* der Struktur im Bereich der gesellschaftlichen Verhältnisse" auf (Poulantzas 1975:62; Hervorhebung von mir). Es liegt aber kein einfaches Ableitungs- oder Entsprechungsverhältnis zwischen der ökonomischen Quelle von Klassenstrukturierung und der gesellschaftlichen Erscheinung vor.

Innerhalb der Strukturen einer Gesellschaftsformation führen „die Auswirkungen der konkreten Verbindung der jeweiligen Instanzen der Produktionsweisen (...) zu einer ganzen Reihe von Erscheinungen der Klassenspaltung, -auflösung und -verschmelzung..." (ebd.:71), d.h. eine Gesellschaftsformation besteht nicht aus der Zahl der Klassen der vertretenen „reinen" Produktionsweisen innerhalb der Gesellschaftsformation, sondern es kommt zu speziellen Formen, zur „Überdeterminierung der Klassen der dominierten Produktionsweisen in einer Gesellschaftsformation durch die Klassen der dominanten Produktionsweise" (ebd.:81).

Das bisher Ausgeführte möchte ich soweit konkretisieren und interpretieren, daß in einer *kapitalistischen* Gesellschaft fordistischer o.ä. Prägung dem Lohnverhältnis, damit dem Preis der Ware Arbeitskraft, zwar eine zentrale Bedeutung zukommt. Die Tatsache, daß eine Gruppe von Produzierenden „Löhne" erhält, nivelliert diese Gruppe jedoch niemals automatisch zu *einer* Klasse, die sich fortan als ein Aspekt des Hauptwiderspruchs begreift.

Der Rekurs auf die beiden gesellschaftlichen Hauptklassen ist also nicht mehr als eine Denkhilfe - die konkrete Ausformung der Klassen und ihrer Verhältnisse, die Struktur einer Klassengesellschaft läßt sich demnach auch keineswegs unmittelbar auf das Verhältnis dieser beiden Hauptklassen als Träger des Hauptwiderspruches zurückführen. Gesellschaftliche Klassen sind zwar objektiv bestimmt (die „strukturelle Klassendeterminierung"), aber nicht als „ontologische und nominalistische Einheiten", sondern, wie sie sich in der Praxis ihres Handelns als Klassen auswirken ist eine Frage ihrer konkreten Position unter den gegebenen Umständen der Gesellschaftsformation (Poulantzas 1976:82; ähnlich Giddens 1979:163f).

In den Verhältnissen zwischen den Klassen drückt sich Macht aus. Macht resultiert aus den Auswirkungen der Strukturen und Räume in ihrer Gesamtheit auf die Verhältnisse zwischen den Klassen einer Gesellschaft, und zwar als Kräfte*verhältnisse*. (Poulantzas 1975:97) Praxis bezeichnet ein *Wirken* innerhalb der Begrenzungen, die von den Strukturen der Produktionsweisen gezogen werden. Interessen wiederum stecken diese Begrenzungen konkret ab, als Interessen der diversen Klassen einer Gesellschaft, die gegeneinander stehen und sich in ihrer Macht wechselseitig begrenzen. Dies geschieht in den jeweiligen Bereichen. „Relativ autonome Klasseninteressen" existieren in allen Bereichen; es gibt also ökonomische, politische und ideologische Klasseninteressen, was aufgrund der „relativen Autonomie der Strukturebenen und Praxisformen" (ebd.:111) auch wenig verwunderlich ist (vergl. die Definition von „Instanz" in Fußnote 6). Macht existiert folglich im jeweiligen Raum der Praxisformen als politische usw. Macht. „Machtverhältnisse (sind) (...) komplexe und ungleichzeitige Verhältnisse" (ebd.:112). Macht, Praxisformen und Interessen entsprechen sich nicht einfach zwischen den Bereichen, ihre Transformation ist komplex. Ökonomische Macht und Interessen beispielsweise übersetzen sich nicht direkt in politische. Die Interessen und Praxisformen entsprechen nicht einfach allesamt einem ökonomischen Interesse - wohl aber sind sie in einem bestimmten Sinne darauf zurückführbar. Auf diese Beziehung (Klassenmacht - politische Macht) wird noch ausführlicher einzugehen sein.

Wie übertragen sich diese Machtverhältnisse nun als Klassenpraxis in die Formen und Ensembles der Regulation?

## Der Prozeß der Regulation und die Krise

Aus der bisherigen Betrachtung von Form, Widerspruch und Klasse dürfte klar geworden sein, daß sich der Prozeß der Regulation aufgrund von Kräfteverhältnissen (ausgedrückt in Widerspruchsausprägungen) im komplex strukturierten Ganzen vollzieht, und diese Kräfteverhältnisse sind auf Klassenverhältnisse *zurückführbar*. Deren Hervortreten ist allerdings an Bedingungen geknüpft: Klassenbewußtsein bei Giddens, die jeweilige konkrete Klassenposition bei Poulantzas.

Für den Prozeß der Regulation gilt damit: Der Regulationsmodus *wird* nicht geregelt. Es handelt sich hier um Prozesse ohne Subjekt (vergl. Hirsch 1985: 163). Bereits der Begriff von Regulation als Prozeß beinhaltet dies, „Prozeß, durch den sich ein gegebener Typ von Ordnung oder Konsistenz in einem komplexen Gebilde (...) erhält" (Delorme 1992:163). Aber die erfolgreiche Reproduktion einer Gesellschaftsformation ist auch nicht die *Funktion* der Regulationsweise. Die Formen der Regulation folgen niemals ihrer Funktion. Niemand hat sie errichtet, weil die Regulationsweise als Stabilisator wirken wird. Funktional ist sie „erst ex post für ein Akkumulationsregime (analysierbar)" (Hurtienne 1988:190; auch Lipietz 1985:113f;1992b:195). Sie ist sozusagen „zufälliges", überdeterminiertes Produkt von gesellschaftlichen trial and error-Prozessen. Sie reproduziert sich nicht selbst, sondern die Prozesse der Regulation gebären Lösungen, die sich ständig beweisen müssen.[18]

Regulationsweisen sind *muddling through*-Prozesse, wobei der Regulationsprozeß dem pluralistischen *mutual adjustment* Lindbloms nahezukommen scheint. Diesen charakterisiert Lindblom als „process of successive approximation to some desired objectives in which what is desired itself continues to change under reconsideration" - so Lindblom in Bezug auf den politischen Prozeß (1959:86). Boyer beschreibt dies so: Regulation meint keine bewußte Transformation, sondern „the process of fitting production and social demand in a given set of structures and institutions is always an uneven, unbalanced and usually contradictory consequence of very partial rationalities and strategies (1988:68). Dieses regulierende *mutual adjustment* vollzieht sich zwischen den beteiligten gesellschaftlichen Kräften, die gegebenenfalls als Interessen von gesellschaftlichen Klassen(-fraktionen) interpretierbar sind, dann nämlich, wenn die im folgenden angeführten Bedingungen erfüllt sind.

Jedenfalls beziehen diese *muddling through*-Prozesse einer Regulationsweise ihre Vitalität aus der kreativen Kraft der kleinen Konflikte und Krisen, in denen sich die Ausprägung der Regulationsweise in ihren einzelnen Formen weiterentwickelt. In diesen Konflikten überwiegen die *teilbaren* Momente[19]. Die Widersprüche verbleiben wechselseitig blockiert, aber prinzipiell sind alle potentiellen Typen und Varianten von Widersprüchen, von Konflikten gleichzeitig vorhanden, nur eben latent.

Allerdings stellt sich angesichts der Zufälligkeit dieser Prozesse die Frage nach dem Verhältnis von Stabilität und Konflikt - dem Topos der Regulationstheorie. Damit kommen wir zu jenen Momenten, an denen der Modus der Regulation zur Disposition steht. Die Regulationsweise vermittelt bis zu diesem Punkt der Argumentation eine relativ störungsfreie Entwicklung einer Gesellschaftsformation. Geraten diese bestehenden Arrangements an ihre Grenzen, vermag die bestehende Regulationsweise also den ökonomischen Verwertungsprozeß nicht mehr länger mit der Vergesellschaftungsform störungsfrei zu vermitteln, geraten beispielsweise die politischen Formen mit bestimmten ökonomischen Bedingungen und Erfordernissen in Widerspruch, kommt es zu Transformationskrisen.

---

[18] Diese Sicht schließt wie wir sehen werden die Möglichkeit aus, daß die gesellschaftliche Lösung, also die Regulationsweise, *rational choice* einer Fraktion oder einer (Interessen-) Gruppe ist, selbst wenn es dieser gelungen ist, der Regulationsweise ihren *hegemonialen* Stempel aufzudrücken.

[19] Diese Unterscheidung stammt von Hirschman. Sie bezeichnet teilbare und kategorische Konfliktformen, also jene die sozial integrativ und sozial desintegrierend wirken (1994: 301).

Die Krise ist der Regulationsweise jedoch nichts äußerliches, wesensfremdes, sondern in ihr ja immer schon enthalten, da die einzelnen Regulationsformen oder die stabilen Regulationsweise-Akkumulationsregime-Konjunktionen als Momentaufnahme eines Kräfteverhältnisses verstanden werden.

Unter der Voraussetzung von Klassenbewußtsein kommt es aufgrund der Disparitäten der Marktchancen zu Formen offenen oder verdeckten Klassenkonfliktes.[20] Das Klassenbewußtsein häutet sich durch einen Klärungsprozeß, der ausgeht von der Wahrnehmung von Klassenidentität und -differenzierung und endet in der Erkenntnis von Interessengegensätzen. Mit dieser Entwicklung von der latenten Wahrnehmung zur Erkenntnis bildet sich die Möglichkeit des Konfliktes heraus: Konfliktbewußtsein ist die Erkenntnis eines solchen Klassengegensatzes. (Giddens 1979:137f) Das Umschlagen von der Latenz zur Bewußtwerdung setzt jedoch die Transparenz von Klassenstrukturierung voraus. Giddens unterscheidet hier Klassenkonflikt aus dem Erkennen eines Interessenkonfliktes einerseits und Klassenkonflikt aus dem Bewußtsein um einen Widerspruch zwischen Klassen (ebd. und 264). Dieses Bewußtsein beinhaltet die Erkenntnis der Möglichkeit einer umfassenden Reorganisation in der institutionellen Machtvermittlung durch Klassenhandeln, entwickelt aus der Relativität von Erfahrung im gegebenen Produktionssystem also, unter der Prämisse einer - und sei es auch vagen - Alternative der „Form industrieller Kontrolle" (ebd.: 139ff). Um Mißverständnisse zu vermeiden werde ich diese Form von Gegensatz als Klassenwiderspruch bezeichnen.

Da es mir im folgenden um eine kritische Verknüpfung dieser Formen von Klassenkonflikt mit den Arten von Krise geht, möchte ich letztere ebenfalls zunächst definieren.

Die bestehenden Formen geraten aufgrund von technologischen, international bedingten, politischen oder ökonomischen Veränderungen, die den Akkumulationsprozeß stören, in eine Krise. Entscheidend ist nun das Ausmaß der Störungen. Die Regulationstheorie unterscheidet üblicherweise zwei Arten von Krise:

- Sind nur einzelne *strukturelle Formen* in Frage gestellt, vermag das Gleichgewicht aber durch *graduelle* Anpassung oder die Macht der vorherrschenden gesellschaftlichen Kräfte wiederhergestellt zu werden, ist es eine kleine Krise, nachgerade die „Verkörperung von Regulation" (Boyer 1991:45); hier beweist sich die Anpassungsfähigkeit einer Gesellschaft.

---

[20] Giddens bezeichnet mit „Klassenbewußtsein" die und sei es vage Erkenntnis von Klassenzugehörigkeit inklusive der Anerkennung der Existenz anderer Klassen. „Klassenbewußtheit" hingegen bedingt zwar gemeinsame Einstellungen und Überzeugungen, nicht aber die Erkenntnis einer bestimmten Klassenzugehörigkeit; sie kann sogar die Leugnung von Klassen als Realität annehmen. (Giddens 1979:134f)

- Wird der Akkumulationsprozeß durch die Disfunktionalität der Verhaltensweisen der sozialen Akteure im großen Stile, somit die Regulationsweise *strukturell* in Frage gestellt, reichen also die kleineren Anpassungen nicht mehr aus, um die Widerspruchsblockaden abzuschmelzen, ist es eine große Krise (Hübner 1988:46)(oder „Krise der Regulation", Lipietz 1985:113). Die gesellschaftlichen oder systemischen Puffer in einer Regulationsweise-Akkumulationsregime-Konjunktion erweisen sich dann als nicht mehr ausreichend.

Ich hatte zuvor von einer kritischen Verknüpfung gesprochen - dies bezieht sich darauf, daß die Begriffe von Klassenkonflikt und Krise in der angeführten Form zu schematisch und starr sind. Es stellt sich zunächst die Frage, in welchen Phasen einer gesellschaftlichen Entwicklung die Bewußtseinsformen und die Krisenpotentiale auftreten. Wenn wir „revolutionäres Bewußtsein" mit Giddens als Ausdruck des Bewußtseins einer widersprüchlichen Kluft zwischen existierender und neuartiger Ordnung begreifen, spricht einiges dafür, dieses umfassende Bewußtsein nicht direkt, wohl aber potentiell als Begleiterscheinung einer großen Krise zu definieren. Giddens selbst verlegt revolutionäres Konfliktbewußtsein inklusive des Auftretens adäquater ideologischer Lösungen aus den Phasen der Reifung des Kapitalismus in die Umbruchphasen, in denen Alt auf Neu trifft.[21] [22]

Revolutionärer Klassenwiderspruch wäre also keine Begleiterscheinung der Reife, er ist für Giddens auch nicht die „einfache Steigerung des Konfliktbewußtseins" (1979:143). Welchen Stellenwert kann „revolutionär" hier überhaupt haben? Im Moment der Krise mögen die Widersprüche zu einer Einheit verschmelzen und so eine revolutionäre Veränderung hervorrufen, aber sie behalten ihre eigene Wirksamkeit, ihre eigene Materialität, in denen auch nach der Umwälzung also „Reste" der alten Gesellschaftsformation erhalten bleiben (dazu insb. Althusser 1974:84). Wären die Widersprüche Erscheinungen des Hauptwiderspruchs (als Bestimmung durch das Ökonomische), blieben solche „Reaktivierungen" - oder besser: Sedimente - unverständlich. Im strengen Sinne des hier verfolgten Ansatzes ist eine revolutionäre Veränderung mithin *allenfalls* denkbar an eben jenem Übergang von Alt zu Neu, also im Zeitpunkt des

---

21 Der Prozeß der Formierung der „Arbeiterklasse" in England in den Untersuchungen von E.P. Thompson wäre ein Beispiel dafür: Relativität von Erfahrungen und (teils verzweifelte, gewaltsame, aber bewußte) Bemühungen um alternative Ordnungen und Formen (1987).

22 Die Reifung der kapitalistischen Gesellschaft umfaßt die stabilisierende Einwirkung der entfalteten allgemeinen, politischen und ökonomischen Bürgerrechte. Damit einher geht die These, daß die Institutionalisierung des Klassenkonfliktes zwischen Kapital und Arbeit, also die Trennung von politischem und industriellem Konflikt, „die Normalform der Strukturierung von Klassenkonflikt in der kapitalistischen Gesellschaft ist" (Giddens 1979: 251). Ähnlich argumentiert auch Lipietz (1992b:insb. Kap. 3, 190ff).

Wechsels zwischen dominanten Produktionsweisen. Die Ausprägungen der Widersprüche, die Anordnung der Räume, ihre Formen der gesellschaftlichen Regulation in der Verfestigung der Regulationsweise schreiben einen Teil der alten *Inhalte* fort. So gesehen besteht die Krise nicht (so sehr) „darin, daß das Alte stirbt und das Neue nicht entstehen kann" (Gramsci, zit. n. Altvater 1992: 51), sondern darin, daß die Keime des Neuen sich gebildet haben, jedoch nur soweit in die Formen eingehen können, wie das „Alte" zuläßt, wohingegen nach der Transformationskrise die Verhältnisse umgekehrt sein mögen.

„Revolutionär" scheint insofern ebenfalls eine untaugliche Kategorie, zumal für diese Untersuchung. Außerdem leugnet mir nicht ein, warum gerade ein „Bewußtsein" um ein alternatives Modell von industrieller Ordnung völlig aus dem Fadenkreuz der beteiligten Kräfte verschwinden soll.

Wann stellt sich nun aber die „große" Krise ein? Wenn wir an der bisherigen Unterscheidung (nicht Trennung!) von objektiven Verhältnissen in der Struktur mit Dominante sowie gesellschaftlichen Verhältnissen festhalten, so müssen wir zwei Artikulationsformen von Widerspruch unterscheiden: den Widerspruch in der Struktur sowie seine Realisation in den gesellschaftlichen Verhältnissen, der real-konkreten Wirkungsgeschichte. Die Realisation des Widerspruches Kapital - Arbeit oder gar seine Explosion ist an mannigfaltige Prämissen geknüpft, die sowohl mit der Klassenbildung zusammenhängen als auch mit der Frage der Transformation von Klassenmacht in politische Macht, worauf in den nächsten Kapiteln einzugehen ist. Das Ausmaß, in welchem diese Prämissen erfüllt sind, entscheidet über die konkrete Ausprägung dieses Widerspruches, so daß die Wahrscheinlichkeit einer großen Krise sinken kann, obwohl die objektiven Widerspruchsverhältnisse in eine andere Richtung deuten.

Das bedeutet, daß wir uns „Klassenkonflikt" im umfassenden Sinne auf einem Kontinuum von Potentialen angeordnet vorstellen müssen. Der Unterschied zwischen den Konfliktgrößen ist insofern nicht qualitativ, als „Klassenwiderspruch" im Sinne einer Orientierung an einer alternativen Ordnung das Extrem auf diesem Kontinuum ist. Er ist „objektiv" vorhanden, allerdings in einer sehr viel komplexeren Form als der von Kapital gegen Arbeit - aufgrund der Struktur der Gesellschaft. Und die Dynamik der Krisen hängt ab von der Art der Ausprägung der Klassenstrukturierung, -transparenz und -bewußtseinsform.

Die „große" Krise ist das Resultat der Verschmelzung bzw. der Explosion von Widersprüchen, wobei sich in diesen Prozessen die Widersprüche nicht mehr in der Form bewegen können. Die Klassenverhältnisse tendieren zum Klassenkonflikt oder darüber hinaus zum Klassenwiderspruch, der durch seine „Schatten" (ideologisch etwa) prägend sein kann. Diese „große" Krise zeigt sich in offenen oder verdeckten gesellschaftlichen Konflikten, in deren Verlauf sich ein neues Set von Institutionen, strukturellen Formen, und mithin auch ein neues Akkumulationsregime vermittelt über ein neues Leitmotiv herausbildet, entsprechend den gewandelten Bedingungen und angestauten Widersprüchen. Krisen bewirken, daß „die hypertrophierten Widersprüche redimensioniert werden" (Altvater 1983:84).

Wichtig ist, daß es sich bei *beiden* Formen der Krise um Transformationsprozesse handelt, im Falle der kleinen Krise im Rahmen der existierenden Regulationsweise, im Falle der großen Krise über diese Formen hinaus, aber dennoch auf ihrer Grundlage. Das Verhältnis zwischen beiden läßt sich wiederum in der Form eines Kontinuums anordnen. „Transformationsphase" meint im Extrem eine große Krise, sie kann, muß aber nicht in eine große Krise im definierten Sinne umschlagen, sondern bewegt sich auf dem Kontinuum, ist also ein Überbegriff für Krisen, die über kleine Krisen der Regulation oder der Anpassung hinausgehen.

Fokussiert wird die Fragilität des Reproduktionsprozesses aufgrund des krisenhaften Grundtenors als Resultat von Widersprüchen, den die Regulationsweise und ihre Formen bedeuten. Wenn die in der Regulationsweise vermittelten Formen Ausdruck sozialer Verhältnisse, Ausdruck von Kompromissen zwischen widersprüchlichen gesellschaftlichen Kräften sind (Aglietta 1979:16), so ist nun gerade diese „Gesellschaftlichkeit", die Überdeterminierung, der Bedingungsrahmen einer längerfristigen Stabilität. Geronnene Formen bedeuten aufgehobene, wenn auch blockierte Widersprüchlichkeit, aber eben auch Kompromiß oder Konsens. Darin liegt der Kern der Stabilität. Die Bedingung stabiler Reproduktion ist die konsensuale und kohäsive gesellschaftliche Vermittlung des Ganzen. Wie wird sie hergestellt und wo vermittelt? Oder anders herum gefragt: Wie stellen sich in der komplexen Einheit von Widersprüchen mit der spezifischen Autonomie der Bereiche für eine Expansionsphase stabile Reproduktionsbedingungen als Regulationsweise ein?

## Der doppelt bestimmte Staat als besonderer Raum

Es wird in den folgenden Abschnitten darum gehen, den Staat im Kontext von Überdeterminierung und Autonomie als jene Form zu bestimmen, welche die Einheit der Ebenen der Regulation und der Bereiche entscheidend (=nicht ausschließlich) bewirkt und widerspiegelt bzw. verkörpert. Staat ist dabei weder „Werkzeug" noch von der Gesellschaft in der Form entfremdet, daß er - als externes Einflußverhältnis gedacht - zur Black Box im Sinne simplifizierender Einflußmuster wird. Aufgrund der Spezifik der überdeterminierten Autonomie gilt das Interesse dem „Staat als dominante institutionelle Form der Hegemonie" (Lipietz 1992b:182). Staat ist folglich sowohl autonomer Akteur als auch Re-Akteur, und beides ist er (objektiv) *für* ein hegemoniales Projekt von Klassen oder Klassenfraktionen einer Gesellschaft. Er ist dies nicht als „Produkt der Unversöhnlichkeit der Klassengegensätze" (Lenin). Hegemonie nämlich ist nachdrücklich zu unterscheiden von exklusiver Herrschaft oder *capture* der staatlichen Institutionen durch herrschende Klassen. Denn die Formen der Regulation sind überdeterminiert - und doch strukturell dominiert. Dies gilt auch für die Form des Staates selbst als einer Form der Regulation, allerdings einer besonderen Form. Diese Besonderheit des Staates besteht darin, daß sich in ihm alle Widersprüche bündeln. Er wirkt dabei in den stabilen Phasen als Prozessor von gesellschaftlichem Konsens und Kohäsion.

Wir haben zuvor die charakteristische Autonomie der Bereiche im Kontext der Struktur mit Dominante abstrakt durch das Konzept des Althusserschen Widerspruchs zu etablieren versucht. Kommen wir nunmehr auf die Konsequenzen, konkret für Staat und politischen Raum sowie die spezifische *Rolle* von Staat und Politik im Rahmen des Notwendigen und Möglichen zu sprechen.[23]

Die Prämissen des besonderen Raumes Staat (und damit auch in einem bestimmten Sinne von Politik) skizzierte Clarke in seiner kritischen Auseinandersetzung mit Poulantzas:

> „Any adequate theory of the capitalist state must embrace these critical points (i.e. the limits of state interventionism inherent in the character of the state as a capitalist state; the specific autonomy relative to the economy and the dominant class) which are of great political as well as theoretical importance" (1977:2).

Hier haben wir also die Forderung nach spezifischer Autonomie sowie Begrenzung der Eingriffsmöglichkeiten, wenn man so will zwei Seiten einer Medaille. Doch ist dies alles bzw. was macht der Staat in erster Linie mit seiner Autonomie? Im politischen Raum soll zwischen den divergierenden gesellschaftlichen Interessen der notwendige Ausgleich erfolgen, auf daß es nicht zu einem offenen Konflikt kommt, sondern zu einem konsensualen Ausgleich, der den Akkumulationsprozeß nicht dauerhaft gefährdet. Im Rahmen einer Gesellschaftsformation ist der politische Prozeß ein „2 K"-Prozeß: Er erzeugt Konsens und Kohäsion und dies im Kontext von Staat. Hier werden also für eine Reproduktion die Formen der Regulation verschweißt, die Einheit konstituiert, die Einheit der Räume mit ihrem ungleichzeitigen Rhythmus der Entwicklung, dies alles jedoch für ein Projekt von Klassen(fraktionen) in Form der Hegemonie, deshalb von herrschenden Klassen. Dieses Projekt ist nicht gleichbedeutend mit einer Formierung der Gesellschaft im Sinne einer einseitigen Formulierung.

---

[23] Die Einschränkung scheint notwendig, weil es hier nicht etwa um die von Althusser geforderte „Theorie der spezifischen Wirksamkeit der Überbauten" gehen kann (1974:82), wohl aber darum, diese Spezifik soweit auszuarbeiten, daß der Stellenwert von „Politik" und „Staat" klarer wird.

Hegemonie ist Resultat des politischen Prozesses, also der Transformation von Widersprüchen und Interessen.

Die Ausprägung der politischen Form des Staates, und dies ist im eigentlichen Sinne die politische Form der Regulation, nicht etwa der kapitalistische Staat in seiner globalen Rolle, ist infolgedessen nicht etwa gleichgültig für den Akkumulationsprozeß, sondern bedingt durch die Überdeterminierung einen Teil der Reproduktion. Mehr noch - als Ort der gesellschaftlichen Vermittlung ist sie eine entscheidende Form für die Verhältnisse im strukturierten Ganzen. Der Staat organisiert und vermittelt für das hegemoniale Projekt und ist gleichzeitig Teil davon; und dennoch ist er dies nicht als monolithischer Block, da sich in ihm die Widersprüche bündeln und auswirken als Fragmentierung seiner Bestandteile, seiner Apparate. Die Antwort auf die Frage nach dem Verhältnis zur Klassenmacht liegt also in der besonderen Form dieses Staates als Verdichtung von Kräfteverhältnissen und im Begriff der Hegemonie.

Diese beiden Momente, Kohäsionsfaktor und Verdichtung, sind als doppelte Bestimmung oder Funktionen des Staates aufeinander bezogen. Veränderungen dieses Knotenpunktes Staat führen zu einem Umbau der gesamten Einheit einer Gesellschaftsformation.

Jede Produktionsweise besitzt eine sie kennzeichnende Matrix der Anordnung der Räume, und diese Matrix ist durch das komplexe Einwirken der Widersprüche und die Ausprägung der Räume überdeterminiert. Die Räume haben also eine „relative und *spezifische Autonomie*“ (Poulantzas 1975:27), die im Falle der kapitalistischen Produktionsweise auf die besondere Ausprägung der ökonomischen Verhältnisse zurückgeht. Die Produktionsweise bezeichnet die Einheit einer Gesamtheit von ökonomischen, politischen und ideologischen (etc.) Bestimmungen und wird in ihrer Ausprägung durch die Produktionsverhältnisse bestimmt (ebd.:11ff). Bestimmt wird sie jedoch im Gesamtkontext der Einheit, aus der besonderen Struktur der Produktionsverhältnisse, in denen der Staat, der politische, ideologische Raum wiederum *konstitutiv* präsent sind (Poulantzas 1978:15). Mit anderen Worten und inzwischen selbstverständlich: Kein Raum in einer Produktionsweise ist geschlossen oder völlig eigengesetzlich regiert, sondern die Räume sind Teil der komplexen Einheit oder Totalität, alle haben jedoch auch ihren eigenen Entwicklungsrhythmus[24].

Die Struktur der Produktionsverhältnisse bewirkt die für den kapitalistischen Staat charakteristische Trennung von Staat und ökonomischem Raum (ebd.:

---

24 Zwischen den Räumen herrscht kein Gleichstand, sie entwickeln sich ungleichzeitig, haben einen „eigenen zeitlichen Rhythmus“ (1975:39), worin sich ebenfalls ihre relative Autonomie ausgedrückt.

16).[25] Der zweite Aspekt dieser Trennung liegt folglich in den Rollen der Klassen und ihren Konflikten in der Klassenpraxis, die sich in den Räumen unterschiedlich artikulieren.

Die Trennung Staat - Ökonomie resultiert in der Form des Staates als Kohäsionsfaktor, und darin liegt sein Spezifikum. Der Staat ist jener Ort, der die phasenverschoben sich entwickelnden Bereiche kohäsiv verschweißt: Er ordnet und organisiert als Regulativ. Staat ist die eigentliche politische Einheit der Konkurrenz der gesellschaftlichen Kräfte und Bereiche, über den Widersprüchen stehend, und gerade dadurch verschleiert er seinen Klassencharakter, denn Staat erscheint als die Zusammenfassung der Vereinzelung der ökonomischen gesellschaftlichen Verhältnisse. Der „politische Überbau (ist) die überdeterminierende Ebene unter den Strukturebenen, indem er ihre Widersprüche verdichtet und ihr Verhältnis zueinander widerspiegelt..." (Poulantzas 1975:75). Staat meint einen Kohäsionsfaktor gegenüber der spezifischen Ausprägung der Autonomie der Bereiche, der nicht die Strukturanordnung zwischen ihnen „determiniert", denn dies tut im komplexen Ganzen und in bekannter Art und Weise der ökonomische Bereich.

Der Gleichgewichtszustand einer Gesellschaftsformation wird „(...) niemals als solcher durch das Ökonomische vorgegeben, sondern wird immer vom Staat gewährleistet" (ebd.:43) - oder die politische Praxis resultiert in Veränderungen, und diese haben sodann Rückwirkungen auf das komplette Ensemble. Diese Organisation der gesellschaftlichen Kohäsion ist die „globale Rolle des Staates" und in dieser Hinsicht eine politische Rolle (ebd.:49). Nun wird der Staat auch auf anderen Ebenen aktiv (ökonomisch, ideologisch, politisch (im engeren Sinne). Diese Aktivitäten werden jedoch überlagert oder besser überdeterminiert durch seine globale Rolle. Poulantzas bezeichnet diese, auf die unter-

---

25 Aus der objektiven Struktur des Arbeitsprozesses mit ihrem charakteristischen Widerspruch von Privateigentum und Vergesellschaftung der Produktivkraft folgt, daß die Produzierenden im rechtlich-politischen Bereich Subjekte sind; objektiv jedoch sind sie „Agenten" (Produktionsagenten), „Träger der Struktur des Arbeitsprozesses" (Poulantzas 1975:127). Dieser Gegensatz ist kein ideologisches Produkt, das sich zur „objektiven" Seite hin auflösen läßt. Wie bereits zuvor ausgeführt, besteht hier in den Rechtsverhältnissen eine Chance (vgl. Giddens zuvor). Die Struktur des Arbeitsprozesses ist also politisch-rechtlich überdeterminiert: Die Ausformung des Arbeitsprozesses „widerspiegelt" sich im rechtlich-politischen Raum und wirkt in dieser gleichzeitigen Bewegung auf das Ökonomische ein *oder* zurück. Der „Vereinzelungseffekt" besteht nun in dieser Rückwirkung der diversen Räume auf die ökonomischen Gesellschaftverhältnisse, wodurch dort das „Subjekt" an Stelle des objektiven Klassenverhältnisses konstituiert wird. Vereinzelung hat auch eine konkrete Form: Konkurrenz zwischen den verschiedenen Fraktionen der Produktionsagenten (etwa von Kapital und Arbeit). (Poulantzas 1975:128f)

schiedlichen Bereiche abzielenden, überdeterminierten Rollen des Staates als *Modalitäten*[26].

Dieser Zusammenhang der Rollen ist eminent wichtig: Die verschiedenen Rollen hängen zusammen, sie sind eben Modalitäten der Globalfunktion des Staates. Es gibt den Staat also unmittelbar, in seiner ökonomischen, politischen Rolle im engeren Sinne, sowie in seiner globalen Rolle, welche die anderen Rollen überdeterminiert. Der politische Raum mit dem Staat als seiner institutionalisierten Form ist somit auch die überdeterminierende Strukturebene, da sie durch ihre Globalfunktion den Zusammenhang des gesellschaftlichen Ganzen herstellt.

Das Ausmaß der Kohäsionsfunktionen des Staates steckt den Raum des Politischen im engeren Sinne ab. Andersherum betrachtet ist die globale, kohäsionsstiftende Rolle innerhalb einer Gesellschaftsformation insofern politisch, als sie eine Einheit erhält, die letztlich auf Klassenherrschaft beruht. Ihr „politischer" Charakter - in diesem Sinne einer Überdeterminiertheit - definiert sie als „Entsprechung" zu den Interessen der herrschenden Klasse. Diese Entsprechung allerdings bezieht sich auf die Einheit der Gesamtstruktur, auf die Einheit einer bestimmten Gesellschaftsformation, und keineswegs etwa auf jeden einzelnen Eingriff, auf die modalen Aktionen des Staates.[27] Die Beziehung zwischen Staat und (hegemonialer) Klasse ist ein „objektives Verhältnis", d.h. „if the *function* of the state in a determinate social formation and the *interests* of the dominant class in this formation *coincide*, it is by reason of the system itself..." (Poulantzas 1969:73; Hervorhebungen im Original). Und weiter: der Staat ist „the factor of cohesion of a social formation and the factor of reproduction of the conditions of production of a system that itself determines the domination of one class over the others" (ebd.).[28]

---

[26] „Genaugenommen gibt es keine technisch-ökonomische, keine ideologische und keine politische Funktion des Staats, sondern es gibt nur eine globale Kohäsionsfunktion, (...) und Modalitäten dieser Funktion, die durch die spezifisch politische Modalität überdeterminiert sind" (1975:49).

[27] „Diese Funktionen (i.e. ökonomische, rechtliche, ideologische) sind insofern politisch, als sie *in erster Linie* darauf abzielen, die Einheit einer Gesellschaftsformation zu erhalten, die *letztlich* auf der Klassenherrschaft beruht" (1975:52; Hervorhebungen von mir).

[28] Miliband hatte nun jedoch genau in diesem Punkt - der Verbindung von objektivem Verhältnis und Autonomie - kritisiert, daß sich von keinerlei Autonomie, auch keiner relativen mehr sprechen lasse (1973:87f). Dieser Widerspruch ist jedoch nur scheinbar, worauf bereits Laclau hingewiesen hatte: „This relative autonomy would be in turn a structural element" (1975:98). Sie wäre demnach ein weiterer, objektiv determinierter Faktor aufgrund der spezifischen Artikulation der „Instanzen". -
In einem komplex strukturierten Ganzen ist alle Autonomie relativ. Es existieren keine absoluten, sondern lediglich relative Trennungen, also auch keine wirklich äußerlichen Ver-

Der Staat ist bei der Organisation eines hegemonialen Projektes relativ autonom, wobei er entsprechend der Kräfteverhältnisse in Apparate zerfällt. Er ist folglich eine amorphe Struktur, was sich (zeitgemäß) charakterisieren läßt durch „zentrifugale Prozesse und eine Dispersion von Kompetenzen und Ordnungsbefugnissen" (Offe 1987:313). Dennoch herrschen zwischen diesen Apparaten (außer in der politischen Krise) spezifische Beziehungsmuster, die eine „specific internal unity" aufweisen (Poulantzas 1969:75). Die Formation dieser Beziehungen, ihre Stellungen weisen den jeweiligen Staat als eine bestimmte Form von Staat aus (etwa „liberal"). Doch muß diese Form im Prinzip stets als Ganzes auf die Produktionsverhältnisse, die gesellschaftlichen Konflikte und deren Verschiebungen zurückbezogen werden, nicht etwa in ihren Einzelapparaten[29].

Clarkes *Kritik* an Poulantzas bringt diese Position auf den Punkt: „The state is a class state only in the rhetorical sense that it is the state of a structure in which a class or classes are supposedly dominant, and so a state which reproduces that dominance" (1977:19).[30] In der Struktur ist die Dominanz spezifischer Kräfte systematisch eingraviert, indem es sich aufgrund des Kapitalverhältnisses um eine Ordnung *primär* im Interesse derjenigen handelt, die aufgrund der Akkumulationsbedingungen über systematische Vorteile verfügen. Die Dominanz als Hegemonie in den gesellschaftlichen Verhältnissen kommt letztendlich im Erhalt der Struktur zum Ausdruck. Allerdings vollzieht sich dieser Erhalt nicht durch „spezielle Einheiten bewaffneter Menschen" (Lenin), sondern als Integrationsprozeß, der die gesellschaftlichen Kräfte widerspiegelt, vereint und transformiert - als Konsens und Kohäsion. Je nach Ausprägung der Widersprüche, damit der Formen und Bereiche verschiebt sich das Verhältnis zwi-

hältnisse. „Relativ" bedeutet hier keine Reduktion gegenüber einem Maßstab wie etwa Freiheit, denn hier geht es qua definition nicht um Subjekte. Relativ bezeichnet vielmehr die Zugehörigkeit zu einer „Welt struktureller Determination" (ebd.:98), eine Beschreibung derselben. Wie der Staat seine modalen Rollen ausfüllt, reflektiert die Konjunktion der Kräfteverhältnisse, denn er ist ja deren Verdichtung (nicht deren Entsprechung!). Darauf wird einzugehen sein.

29 Beispiel: Japans Reispolitik ist folglich in diesem Zusammenhang keine Frage des Klientelismus zwischen dem Interessenverband *Nôkyô* und einem Teil der Staatsapparate, sondern im Gesamtkontext der Kohäsion des gesellschaftlichen Ganzen zu analysieren.

30 Wann und wo sind dabei Veränderungen denkbar? Daß die Struktur „funktioniert", und das bedeutet: erfolgreich reproduziert wird, bedeutet nicht, daß alles am richtigen Ort war und zur Funktion beigetragen hat, sondern es hat lediglich eine erfolgreiche Vermittlung der auseinanderdriftenden Kräfte gegeben. Und die Staatsapparate haben den Prozeß zu organisieren vermocht. Die Ausbruchsmöglichkeiten aus der Struktur im nicht-reproduzierenden Sinne müssen klar sein: Nicht alles führt zur Reproduktion der Struktur, vielmehr ist ihre Reproduktion Zufall inklusive der Leistungen des Staates. „Praxis" darf nicht zur Reproduktion verdammt sein (so der Vorwurf Clarkes, 1977:18).

schen globaler und modaler politischer Rolle jedoch. Dominanz kann sich dann auch sehr direkt zeigen. Aber im überdeterminierten Ganzen wird es sich *niemals* um eine exklusive Formulierungs- und Durchsetzungsmacht handeln. Denn und weiter Clarkes Kritik: „Hence in order to preserve the structure it is necessary for the state to express not the power of the dominant class, but the power relations of all classes in the conjuncture“ (1977:19). Dem müssen wir im folgenden Kapitel zur Hegemonie nachgehen.

Staat, und das kommt in seiner inneren Zerfaserung zum Ausdruck, ist gleichzeitig eine Struktur, in der sich die gesellschaftlichen Widersprüche verdichten, somit umfaßt „the capitalist state a precise rôle as political organizer and unifier, and as a factor for the establishment of the 'unstable equilibrium of compromises', which rôle is constitutively connected with its relative autonomy“ (Poulantzas 1976:71).

Nun stellt sich das Problem des Verhältnisses Klasse - Staat, denn Staat gilt in seinem zweiten Bestimmungsmoment als Verdichtung eines Kräfteverhältnisses oder -widerspruchs. Staat bzw. Staatsmacht sowie die politische Herrschaft der herrschenden Klasse sind verschiedene Dinge, auch wenn diese „konstitutiv“ für die Aktionen des Staates ist (1978:12), eingeschrieben in die Institution als Relation.

Die Trennung von Staat und Staatsmacht beraubt den Staat verstanden als „seine“ Apparate zwar einer eigenen Macht, ohne jedoch die Möglichkeit deren autonomen Handelns aufzugeben. Im Gegenteil ist die Autonomie staatlichen Handelns und in diesem Sinne die Macht „a 'resultant' (sic!) of the relations of power between the different social classes within a capitalist formation“ (Poulantzas 1976:73). Der Unterschied der Resultanten zu pluralistischen Konzeptionen (Truman, Lasswell) liegt in der Ablehnung einer eigenen Materialität des Staates als Äußerlichkeit, indem Staat gedacht wird in Form der Verdichtung als globaler Ausdruck wie auch Bewahrer der Hegemonie.[31] Und das bedeutet: Als Verdichtung eines Kräfteverhältnisses drücken sich im Staat selbst diese im Prinzip konfliktiven Beziehungen, Widersprüche aus. Der Staat ist doppelt bestimmt „shot through and constituted with and by these class contradictions“ (Poulantzas 1976:74f).

Bevor wir uns dem Problem von Klassenmacht und der Form ihrer Durchsetzung in der Klassenpraxis zuwenden, müssen wir diese Doppelbestimmtheit noch einmal explizit aus einer Perspektive präziser beleuchten, der des Spielraums politischen Handelns des Staates, der immerhin letztlich auf Klassenherrschaft zurückgeführt wird. Wo gibt es eine eigene Materialität des Staates?

---

[31] Hier scheint mir auch der Unterschied zur „Interdetermination“ Lasswells und Kaplans zu liegen, die als äußeres Einwirkungsverhältnis gedacht ist (1950:XVII).

Ich möchte hier der von Lipietz in Anlehnung an Delorme aufgeworfenen Frage, ob die Konzeptualisierung von Staat als „Verdichtung eines Kräfteverhältnisses“ besonders glücklich gewählt ist, nicht ausweichen (1992b:187). Warum allerdings der Ausdruck „institutionalisierter Kompromiß“ überzeugender sein soll, leuchtet mir nicht ein. Entscheidend scheint hier das Problem der „Verselbständigung“ von Staatsapparaten zu sein.

Der Gedanke der Verdichtung ist deshalb wichtig, weil damit dem Vorwurf des Strukturalismus begegnet wird, Strukturalismus verstanden als eine Konzeption, die „Bedeutung und Gewichtung des Klassenkampfes in der Geschichte, d.h. in der Produktion, Reproduktion und Transformation von 'Formen' vernachlässigt“ (Poulantzas 1976:71). Eine strukturalistische Konzeption legt ihren Schwerpunkt auf Entsprechungsverhältnisse, auf Formationen als Ensembles sich reproduzierender Strukturen.

Die Staatsapparate als verselbständigte Einheiten hingegen kommen im zweiten Moment des doppelt bestimmten Staates zum Ausdruck. Dispositive an Macht besitzen die Teilstrukturen des Staates als verselbständigte Apparate einer Verdichtung und eines Kohäsionsfaktors. Verdichtung meint eben mehr als die darin enthaltenen Kräfte. Diese neue Beschaffenheit zeigt sich in der Bezeichnung als Struktur *in* welcher sich etwas verdichtet. Die Bezeichnung „Staat gleich Verdichtung“ ist dagegen mißverständlich. Kräfteverschiebungen bewirken denn auch keine automatische Wandlung des Staates.

Diese relative oder überdeterminierte Eigenständigkeit räumt dem Staat zur Aufrechterhaltung der Globalfunktion weitgehende Spielräume ein, die der ökonomisch herrschenden Klasse bzw. den ökonomischen Klasseninteressen herrschender Klassen durchaus zuwiderlaufen können. Poulantzas unterscheidet hier ganz ausdrücklich, wie im Kontext von Klasse bereits erwähnt, mehrere Ebenen: die Strukturebenen (Politik, Ökonomie etc.) und die gesellschaftlichen Verhältnisse, die Ebenen der Klassenpraxis. Beide bewegen sich mit eigenem Rhythmus und ungleichzeitig, also nicht entsprechend (1975:88). Folglich herrscht innerhalb dieser beiden Systeme keine Entsprechung: Die politische und die ökonomische Klassenpraxis sind asynchron. Hier existieren Gestaltungsspielräume. Staatlich autonomes Handeln resultiert aus der Dualität der Rolle der Aufrechterhaltung oder Organisation der Einheit und der politischen Rolle im engeren Sinne bzw. der modalen Rollen, d.h. „innerhalb der politischen Klassenauseinandersetzungen“, es bewegt sich also in jenem Raum zwischen globaler Rolle und politischer usw. Rolle im engeren Sinne.

Wenn Poulantzas also die Kohäsionsfunktion „letztlich“ auf Klassenherrschaft zurückführt, so tut er dies in folgendem Sinne: Sie wirkt als globale Rolle überdeterminierend und „*somit* den politischen Interessen der herrschenden Klasse entsprechend“ (Poulantzas 1975:52; Hervorhebung im Original). Die Stabilität der Einheit dieser verfestigten Gesellschaftsformation ist im Sinne der herrschenden Klasse(n) - der Staat fungiert als Regulativ zwischen den Bereichen entsprechend der Ausprägung der gesellschaftlichen Widersprüche, eben als Verdichtung von Widersprüchen oder Kräfteverhältnissen. Staat meint also weder Subjekt noch Objekt im strengen Sinne. Das heißt: Staat ist nur im globalen Sinne eine monolithische Einheit, er ist multimodal, multifunktional aufgrund seiner Struktur.[32] Er ist relativ autonom und damit in seinen Aktion entsprechend begrenzt - und dies für ein Projekt. Daher und aufgrund von Clarkes Kritik an einem Begriff von Staat als Reproduzenten der gesellschaftlichen Kräfteverhältnisse müssen wir nun der Frage der Hegemonie nachgehen.

## Hegemonie und Integration

Zur Rekapitulation: „Relative Autonomie" bedingt Trennung und Zusammenhang von Klassenmacht und Staatsmacht in der Form der Verdichtung von Kräfteverhältnissen in der Gesellschaftsformation sowie als Organisations- und Vermittlungsinstanz für ein hegemoniales Projekt gleichermaßen. Nun muß das Interesse dem Problem der Transformierung ökonomischer Macht von Klasse(n) in politische Macht gelten, dem Verhältnis zwischen den Klassen sowie dem Staat, und zwar unter dem entscheidenden Aspekt von Staat und hegemonialem Projekt als Ausdruck von Klassenmacht.

Gehen wir noch einmal von den Funktionen des Staates aus! Seine Rolle ist die der Aufrechterhaltung der Gesellschaftsformation in seiner doppelten Bestimmtheit. Im rechtlich-politischen Raum spiegeln sich die Produktionsverhältnisse in der Figur des vereinzelten Subjektes im Recht. Staat in seiner Rolle als Rechtssystem wirft diese im Vereinzelungseffekt in die ökonomisch-gesellschaftlichen Verhältnisse zurück. (Poulantzas 1975:128) Der Staat versammelt diese vereinzelten Kräfte wieder zu einer Einheit, indem er sich *auch* über komplexe ideologische Mechanismen als Sachverwalter eines Allgemeininteresses darstellt. Er versammelt, was er zuvor (mit) vereinzelt hat. Warum dieses „mit"? Ideologie spielt zwar eine Rolle, doch können die Strukturen des (kapitalistischen) Staates deshalb keineswegs auf das Ideologische reduziert werden. Die komplexen Verhältnisse bedingen Rechte und Chancen - und dies keineswegs als Fiktion.

Wie funktioniert diese Verschleierung der doppelten Rolle des Staates, der als Institution des Allgemeininteresses Neutralität wahrt und dies gleichzeitig primär im Interesse einer gesellschaftlichen Gruppe, Fraktion? Die in Phasen der Expansion vorherrschende und vom Staat verkörperte Ordnung einer Regulationsweise ist gleichermaßen Form eines gesellschaftlichen Konsenses im

32 Eine Konsequenz davon betrifft die Träger der Staatsmacht, die Bürokratie. Sie stehen nicht „über, außerhalb oder auf einer Seite der Klassen" (Poulantzas 1976:75). Sie ist Teil der Funktionen/Rollen des Staates.

Sinne eines Allgemeininteresses als auch Form der Vorherrschaft oder Hegemonie einer Gruppe (vergl. Lipietz 1992b:186). Deren Dominanz verweist darauf, daß die einzelnen Regulationsmodi hegemoniale Projekte bezeichnen.

*Hegemonie* wird verstanden als eine Form der Durchsetzungsfähigkeit: „Die Fähigkeit einer herrschenden Gruppe, die Spielregeln durchzusetzen, von denen sie profitieren, wird als Hegemonie bezeichnet (...)" (Lipietz 1985:111). Es spiegeln sich im Regulationsmodus die Interessen derjenigen entscheidend wieder, die Standort- oder Strukturvorteile genießen. Diejenigen, welche die hegemonialen Projekte *prägen*, werden in der Regel als Machtblock bezeichnet (etwa Poulantzas) - sie werden hier jedoch unterschieden von den *Trägern* des hegemonialen Projektes. Der Machtblock setzt sich aus mehreren Klassen (-fraktionen) zusammen, herrschende Fraktionen der vorherrschenden Klassen der diversen Produktionsweisen. (Poulantzas 1975:139; 1978:117f) Stabilität der Entwicklung in den Expansionsphasen bedeutet Stabilität primär im Sinne hegemonialer Interessen, die auch in der Krise die Transformationsdynamik als Formwandel zu kanalisieren trachten werden.

Hegemonie bedeutet aber eben nicht „exklusive Herrschaft" (Lipietz 1992b: 190), das sollte nochmals ausdrücklich betont werden. Wenn also Hegemonie bedeutet, daß es bestimmten Gruppen gelungen ist, der Gesellschaftsformation und deren politischer Ausformung ihren Stempel aufzudrücken, ihre Interessen in die Spielregeln einzuschreiben als die Spielregeln, die im Interesse aller sind, wie steht es dann um den politischen Konsens, nachdem wir den Regulationsprozeß als „4 K-Prozeß" verstanden hatten?

Der zweite Aspekt des „Vereinzelungseffektes" (dazu Poulantzas 1975:128) besteht darin, daß den Subjekten als Produktionsagenten in den ökonomischen Gesellschaftsverhältnissen die Klassenbezogenheit ihrer Position bzw. das Klassenverhältnis verschleiert ist, und zwar auf eine spezifische Art und Weise. Dieser „Verlust" macht sie zu vereinzelten Subjekten, die zueinander in Konkurrenz treten, als Teil der Kapitalisten- oder Arbeiterfraktion, vereinzelt durch die Widerspiegelung der Struktur des Arbeitsprozesses in den Bereichen Recht und Ideologie.

„Verschleiern" beinhaltet jedoch, daß ein Interesse als Allgemeininteresse durchgesetzt wird, ohne daß der hegemonialen Klasse oder den Klassen allgemein die Klassenbezogenheit, Eingeschränktheit ihrer Sicht der Spielregeln durchgängig bewußt ist. Hegemoniale Projekte sind außerordentlich komplexe Formulierungsprozesse unter außerordentlich diffusen Verhältnissen. Sie sind - so Hirsch - nicht bewußt geschaffen, von klar umrissenen Akteuren (1992:228), sondern ebenfalls Verdichtungsprozesse, im „politischen Prozeß" überdeterminiert bzw. gebrochen.[33] Sie sind hingegen *niemals* Resultat in Form eines einfachen Entsprechungsverhältnisses, sondern Resultante.

Im Prozeß zur Etablierung eines hegemonialen Projektes richtet sich die politische Praxis 1. auf die Bündelung der vereinzelten Subjekte und 2. auf die Etablierung der Interessen einer Gruppe als vorherrschend. In der *politischen* Praxis der „herrschenden" Klassen existieren zwei Ziele bzw. Funktionen (dazu Poulantzas 1975:135ff): Es bedarf der Herstellung der relativen Einheit der herrschenden Klasse(n) aus der Konkurrenz sowie der Darstellung der politischen Interessen dieser Klasse(n) als repräsentativ. In der Organisation des herrschenden Blocks wirken die Apparate des Staates reflexiv *und* eigenständig mit.

Wie stellt sich die Hegemonie in der politischen Auseinandersetzung des Prozesses der Regulation innerhalb einer Gesellschaftsformation ein? „Hegemoniale Klasse" ist diejenige, die im politischen Raum in den beiden obigen Funktionen „eine spezifische Dominanz (ausübt)" (ebd.:139). Um so schwächer diese Dominanz ausfällt, je größer also der Ausgleich zwischen den Trägern des hegemonialen Projektes, desto stärker wird die organisatorisch autonome Rolle der jeweiligen Staatsapparate.

Hegemonie bedeutet dabei entsprechend zweierlei:

- eine hegemoniale Stellung im Machtblock aus mehreren politisch „herrschenden" Klassen bzw. Klassenfraktionen.
- und damit eine hegemoniale Stellung in der Gesellschaftsformation, von Gramsci wie folgt umrissen:

> „Ein drittes Moment ist das Bewußtsein, daß die eigenen korporativen Interessen in ihrer gegenwärtigen und zukünftigen Entwicklung den korporativen Rahmen der rein ökonomischen Gruppen sprengen und zu Interessen anderer, untergeordneter Klassen werden können und müssen. Dies ist die ausgesprochen politische Phase; sie bezeichnet den glatten Übergang von der Basis zur Sphäre des komplexen Überbaus. In dieser Phase werden die aufkeimenden Ideologien 'Partei', sie konfrontieren einander und bekämpfen sich, bis eine einzige Partei oder Parteienkombination die Vorherrschaft auf dem gesamten gesellschaftlichen Gebiet anstrebt. Diese Partei bestimmt außer der Einzigartigkeit der ökonomischen und politischen Ziele auch die geistige und moralische Einheit, indem sie alle Fragen, um die der Kampf entbrannt ist, nicht auf korporativer, sondern auf 'universaler' Ebene stellt, und begründet dergestalt die Hegemonie einer fundamentalen gesellschaftlichen Klasse über die anderen Klassen. Der Staat wird als der einer Gruppe zugehörige Organismus konzipiert. Seine

33 Ich möchte an das Zitat von Boyer erinnern, der Regulation als „unbalanced and usually contradictory consequence of very partial rationalities and strategies" begreift (1988:68).

Bestimmung liegt darin, günstige Bedingungen für die größtmögliche Ausdehnung eben dieser Gruppen zu schaffen. Diese Entwicklung wird jedoch als Antriebskraft einer universellen Expansion begriffen und als solche dargestellt, als Entwicklung aller 'nationalen' Energien. Das heißt, die herrschende Klasse wird mit den allgemeinen Interessen der untergeordneten Klassen konkret koordiniert, und das staatliche Leben wird begriffen als ständiges sich Bilden und Überwinden unstabiler Gleichgewichtsverhältnisse (im Bereich des Gesetzes) zwischen den Interessen der Hauptklasse und denen der untergeordneten Klassen. Überwiegen die Interessen der herrschenden Klasse - so doch nur bis zu einem gewissen Punkt, ohne den Grad des grob ökonomisch-korporativen Interesses zu erreichen" (Gramsci, Note sul Machiavelli, zit. n. Poulantzas 1975:139).

Mein Interesse gilt hier dem gebrochenen Charakter von Hegemonie als komplexer Resultante. Qualitativ geht es um etwa anderes als die „rein (oder) grob ökonomischen Interessen", nämlich um Konsens und Kohäsion unter (wenn auch primär) ideologischer Einbeziehung der unteren Klassen.

Hegemonie bezeichnet also die strukturimmanente Dominanz einer bestimmten Gruppe aus dem Wert-/Kapitalverhältnis heraus, dies jedoch als eine Form des Doppelkompromisses, geschlossen innerhalb des eigenen Lagers und mit weiteren gesellschaftlichen Kräften; dieser Kompromiß manifestiert sich in den Institutionen oder Apparaten des Staates[34]. Relevant ist der „pluralistische" Charakter von Hegemonie. Das Gramsci-Zitat läßt sich durchaus so deuten; und auch bei Poulantzas (so ja auch Clarkes Kritik) ist zwar der „Machtblock" eindeutig besetzt, der Output vermag allerdings diverse Interessen widerzuspiegeln (bei Grundinteresse des Erhalts der Dominanz).

Dieser spezielle „Pluralismus" - freilich eine pervertierte Form aus der Perspektive einer reinen Lehre - kommt in den Konzepten des *trasformismo* (Gramsci) sowie der „negativen Integration" (dazu Altvater 1991:89) zum Ausdruck.

---

[34] Die Diskussion, inwiefern oder welche dieser Institutionen nun dem Staat zugeschlagen werden können (Gramscis Staat als zivile und politische Gesellschaft) können wir hier übergehen, mit Ausnahme vielleicht des Hinweises, daß die im Rahmen der Neokorporatismus-Theorie eingeführten Institutionen bis hin zum *Private Interest Government* (Schmitter/Streeck) sehr wohl in dieser hegemonialen etc. Funktion die Rolle von Staatsapparaten spielen können, damit - konträr zu Laclau (1975:99ff) - diese Führungspersonen sehr wohl funktional staatliche Arbeiten der Regulation verrichten.
In diesen Zuordnungsproblemen, der Begrenzung des Staates zeigt sich eben die Natur desselben aufgrund der spezifischen Ausprägung der Struktur, die den konkreten Anordnungen und Räumen eben variierende Maße und Ausmaße zuweist: In einem autoritären Staat sind womöglich einige dieser Funktionen aus der zivilen in die politische Gesellschaft verlagert, dies entlang gewandelter Kräfteverhältnisse.

Das Konzept des *trasformismo* wurde von Gramsci als Mechanismus der Integration von Opposition entwickelt, der auf ein sich wandelndes Kräfteverhältnis zurückzuführen ist und gesellschaftlich integriert, ohne strukturelle Änderungen zuzugeben (dazu Boggs 1984:176f). Boggs definiert wie folgt:

> „*Trasformismo* involved the formation of elite alliances between contending political groups which agreed to subordinate their differences out of a common desire for stability; the dominant group normally extended concessions in exchange for support" (ebd.:52).

Was bedeuten *trasformismo* und negative Integration für den Begriff der Hegemonie? Der zentrale Gedanke ist: Im Sinne der angestrebten gesellschaftlichen Kohäsion wirken die Anpassungsprozesse (re-)integrierend und sei es negativ. In der Krise formieren sich hegemoniale Kräfte als Träger eines Projektes. Die bislang als „Machtblock" bezeichnete primäre Triebfeder eines solchen Projektes wird (gezwungenermaßen) erweitert um Gruppen, Klassenfraktionen, die in das Projekt integrierbar sind: die Geburt des „Konsensblockes"! Übrig bleiben solche Gruppen, die den Akkumulationsprozeß lediglich latent zu stören vermögen; sie sind negativ integriert.

Wie funktioniert dann das so erweiterte hegemoniale Projekt? In einer bestimmten Konstellation der Widerspruchsausprägungen in der Situation einer Vielfalt von Klassenkonflikten, welche die Herausbildung einer hegemonialen Klasse erschwert bzw. blockiert, sei es etwa im Zuge von Anpassungsprozessen mit weitgehend unübersichtlicher Klassenlage, werden die faktischen, aber noch potentiellen hegemonialen Kräfte Verbündete in den weiteren Klassen suchen und deren objektiv abweichende Interessen zu transformieren versuchen - ohne substanzielle Zugeständnisse. Die Staatsapparate vermögen bei ihrer Organisation des Projektes diese „objektiv" konfligierenden Klassen(fraktionen) zu integrieren. Die negative Integration betrifft die Klassenfraktionen, die zersplittert und ausmanövriert übrig bleiben - und nunmehr an der Formulierung des hegemonialen Projektes keinen Anteil haben, außer dem, es negativ zu stabilisieren. Auch negative Integration ist Teil des (inversen) Konsenses: Sie ist ein (wenn auch prekärer) Bestandteil der stabilen Entfaltung des Akkumulationsprozesses als 4 K-Prozeß[35].

Angesichts der mannigfaltigen Einschränkungen (Unsichtbarkeit der Oberklasse, Charakter der hegemonialen Vorherrschaft als gebrochener, integrierender Prozeß) ist der Begriff „herrschende Klasse" also mehr als unglücklich. Politisch herrschen können etwa bestimmte Gruppen von Angehörigen des politischen Raumes, die ein Projekt *für* die hegemoniale(n) Klasse(n) organisieren. Die hegemoniale Klasse ist nicht die politisch herrschende (Poulantzas 1973:

---

35 Ein Beispiel hierfür wäre die Kommunistische Partei Japans als Kanal der Unzufriedenen des Wachstumsprozesses.

45). Im überdeterminierten Ganzen und seinen komplexen Prozessen der Herrschaft bevorzuge ich deshalb den Begriff der hegemonialen Klasse bzw. des hegemonialen Blocks.

Der Erhalt der Hegemonie und damit die Aufrechterhaltung des Konsenses über das hegemoniale Projekt ist kein ausschließlich politischer Prozeß bzw. bezieht sich nicht nur auf den politischen Raum. Dies wäre im Sinne des komplex strukturierten Ganzen reduktionistisch und verkennt zudem die Bedeutung der „ökonomischen Dynamiken" für die Hegemonie (Altvater 1983:82). Reduktionistisch ist dies, weil somit sich im ökonomischen Bereich bewegende Krise(nerscheinungen) *scheinbar* nicht für die Legitimation des hegemonialen Projektes von Bedeutung sind und deshalb als Krise entweder ignoriert oder in ihrer Bedeutung unterschätzt werden.

## Zum Abschluß: Regulation und gesellschaftliche Entwicklung

Regulationsweisen sind Ausdruck gesellschaftlicher Kräfteverhältnisse. Ihre konkrete Gestalt vermittelt diese Interessen als Artikulation des objektiv und komplex strukturierten Ganzen und seinen spezifischen Reproduktionsbedingungen. Organisiert wird dieser Prozeß der Regulation vom besonderen Raum Staat mit seiner überdeterminierten Autonomie in Form hegemonialer Projekte für hegemoniale Klassen(fraktionen), deren Interessen in diesen Projekten in erster Linie artikuliert sind. Diese Projekte spiegeln sich im Akkumulationsregime. Gesellschaftlicher Konsens und damit Kohäsion bedeuten nicht so sehr Zustimmung zum Inhalt, sondern eher zur Form bzw. zum erreichten Status Quo zwischen jenen Kräften, die Träger einer Regulationsweise sind, dem Konsensblock, *und* jenen, die negativ integriert sind. Demzufolge ist eine Regulationsweise eine Momentaufnahme einer Konjunktion von Widersprüchen, die dem Ganzen unterliegt, also geronnene, zu Form gewordene Widersprüche. Sie ist hervorgegangen aus gesellschaftlichen Prozessen, in denen sich die objektiv widersprüchlichen Interessen der beteiligten Klassen unter den gegebenen Prämissen von Klassenbewußtsein bzw. -strukturierung in ihrer Klassenpraxis wandeln und schließlich als Projekte und Kompromiß transformiert sind. Sie ist damit eben auch Form eines gesellschaftlichen Konsenses über - in diesem Sinne - gemeinsame Interessen, unabhängig davon, auf welche Art und Weise die Formulierung derselben sich vollzog. Formen und Prozesse im komplex strukturierten Ganzen sind „vorgeformt" aufgrund der Ausprägung der Struktur sowie abgelagerter Sedimente - mit anderen Worten überdeterminiert. In den Transformationsphasen heben sich die Widerspruchsblockaden auf, weil die Verhältnisse und Interessen nicht mehr vermittelbar sind - der „4 K-Prozeß" ist gestört. Diese größeren Krisen sind Widerspruchsverdichtungen, die bereichsübergreifend sind. Ihre Dynamik hängt vom Ausmaß der Klassenstrukturierung etc. ab.

Die Entwicklung einer Gesellschaft wird hier also als eine sich in Transformationsphasen wandelnde Abfolge von Regulationsweisen verstanden, durch deren ständige Transformation den langfristigen Erfordernissen der gesellschaftlichen Reproduktion Rechnung getragen wird. Und letzteres findet seinen Niederschlag in entsprechenden Strukturwandeln in den diversen Bereichen der Gesellschaft.

Ich hatte zuvor von den Regulationsformen als quasi-zufälligem Produkt gesprochen. Diese Formen beziehen sich in ihrer Entwicklungsdynamik auf das eine Gesellschaftsprojekt, auf „historisch-spezifische Formationen innerhalb einer kapitalistischen Grundformation" (Hübner 1988:35). Die Entwicklung ist nicht eindeutig determiniert - Bewegungsgesetze dominieren lediglich eine Konjunktion Akkumulationsregime - Regulationsweise. „There is no economic or technological determinism in the strictest sense" (Boyer 1991:46). Determinismen existieren lediglich im beschriebenen, komplexen Sinne, also in aufgehobener Form.

Regulation als solche beinhaltet Veränderlichkeit. Es ist eine doppelte Veränderlichkeit: zum einen in der „Großen" Krise, in der das „Korrespondenzverhältnis zwischen Akkumulationsregime und Regulationsweise" aufgehoben wird (Hurtienne 1988:190); zum anderen in eingeschränktem Maße im Reproduktionsprozeß, in den kleinen Krisen.

Es mag sich im Falle dieser Rezeption der Regulationstheorie, wie sie hier verstanden wird, durchaus um eine „Vulgarisierung" von Agliettas Ursprungsentwurf handeln, weil es mir hier nicht um den Nachweis einer *bestimmten* Abfolge von Phasen im Sinne einer deterministischen Krisen-Theorie des Kapitalismus geht (dazu die Kritik von Clarke 1988). Allenfalls im engeren Sinne determinierend ist der Zwang zur Wiederingangsetzung des Akkumulationsprozesses, wie vom Regulationsmodus nicht mehr gewährleistet. Darüber hinaus scheint mir der Hinweis angebracht, daß - und damit möchte ich Giddens folgen - Interpretationen, welche die konkrete, historische Entwicklung einer Gesellschaft an abstrakten, „ehernen" Strukturmustern ausrichten, ein gefährlicher Fehler sind (1979:42f). Im Gegenteil bedarf ein Strukturmuster der Entwicklung an konkreten Formen bzw. der „(Modifikation) in seiner Verwirklichung durch mannigfaltige Umstände" - so Marx selbst (1984:674); oder, nochmals Althusser, durch Poulantzas Kritik am Theoretizismus angereichert: Es bedarf der Produktion der „Allgemeinheit III", auf die das „Real-Konkrete" einwirkt (dazu 1974:127ff).

Diese *relative* Offenheit der konkreten historischen Entwicklung richtet sich nicht zuletzt gegen Stadien- und Stufentheorien, insbesondere wenn diese das

Wort vom „Höhepunkt", „letztes Stadium" u.ä.m. in sich führen[36]. Bereits die Deutung der britischen kapitalistischen Gesellschaft etwa durch Marx in diesem Sinne wäre (und ist) ein Irrtum (Giddens 1979:23f), zudem ein folgenschwerer: England wird der deutschen, französischen oder eben auch japanischen konkreten historischen Entwicklung eben genau *nicht berichten*, eben nicht „das Bild der eignen Zukunft (zeigen)" (Marx 1984:12). Die kapitalistische Gesellschaft wird ihren „Höhepunkt" demnach erst dann erreichen, wenn sie vollständig entwickelt ist, und das heißt m.E. im Sinne der Regulationstheorie, wenn sie keine neuen Formen mehr ausbrütet, um die „allgemeine" Krise zu verhindern.

Im Zentrum der folgenden Untersuchung stehen also das Verhältnis von Expansion und Transformation sowie Transformationsphasen, in denen der Akkumulationsprozeß gestört war und die Krisendynamik weite Bereiche der japanischen Gesellschaft erfaßte. Dadurch wurde das hegemoniale Projekt eines herrschenden Blocks zwar in Frage gestellt, jedoch augenscheinlich höchst erfolgreich weiterentwickelt oder transformiert. Dies geschah, indem der Konsensblock eine Erweiterung, die Struktur der gesellschaftlichen Kräfte eine schärfere Segmentierung in die Träger und die negativ Integrierten erfuhr. Diese Flexibilität der Erweiterbarkeit dürfte nicht zuletzt mit der Form der Klassenstrukturierung zusammenhängen, mit der Ausprägung des relevanten Widerspruches Arbeit - Kapital.

---

36 Womit Lenin ausnahmsweise an dieser Stelle *nicht* gemeint ist, denn bei ihm war ursprünglich lediglich vom „jüngsten" Stadium die Rede (dazu Hobsbawm 1989:22).

# 3. DIE ENTWICKLUNG DER ÖKONOMIE IN JAPAN: TRANSFORMATION UND EXPANSION

Die folgenden Kapitel haben keine längsschnittartige Beschreibung der politischen und wirtschaftlichen Entwicklung Japans seit 1945 zum Inhalt, dies soll einleitend noch einmal betont werden. Im Mittelpunkt stehen das Verhältnis zwischen Phasen der Transformation und der Expansion sowie die Charakterisierung des ökonomischen und politischen Bereiches. Die angeführten Inhalte sind bekannt; ich beanspruche nicht, der Wirtschaftsgeschichtsschreibung im einzelnen Neues hinzuzufügen. Die Fakten entstammen in der Regel einschlägigen volkswirtschaftlichen Überblicksdarstellungen[1].

Als erstes werde ich anhand einiger Makrodaten zum Sozialprodukt und zu den Faktoren Kapital und Arbeit eine Einteilung der Entwicklung vornehmen.

## Sozialprodukt

In der wirtschaftlichen Entwicklung Japans gab es im Zeitraum zwischen den 50er und den frühen 90er Jahren zwei unterschiedlich ausgeprägte Wachstumsphasen ohne ausgedehntere Stagnations- oder gar Einbruchsphasen. Die erste dauerte bis ungefähr 1973. Die zweite begann nach 1974 und endete mit der Rezession zu Beginn der neunziger Jahre.

Betrachten wir im folgenden Schaubild die entsprechenden jährlichen preisbereinigten Wachstumsraten, so wird die grobe Zweiteilung deutlich (Schaubild 2). Auf eine Phase mit verhältnismäßig hohem relativem Wachstum folgt eine eindeutig gemäßigte Phase, wobei allerdings im Unterschied zur BRD die Veränderungsraten keinem säkularen Abwärtstrend folgen, sondern eher phasen- oder blockförmig absteigen. Neben dieser Zweiteilung in Wachstumsblöcke fällt außerdem auf, daß auch die Amplituden nach dem Einschnitt von 1974 gleichmäßiger ausschlagen, zumindest bis zum erneuten Abstieg nach dem Platzen der *bubble economy*. Außerdem unterscheidet sich das Strukturmuster der Zyklen von dem der BRD, wo jeder Zyklus in der Regel eine geringere Expansion und einen stärkeren Abschwung des wirtschaftlichen Wachstums im Vergleich zum Vorgänger ausweist. Im Falle Japans fällt das Strukturmuster regelmäßiger aus. Zudem steigern sich die Wachstumsraten zum Ende der Blöcke hin zu einer intensiven Boomphase. Den jeweiligen Blockenden (Mitte der 70er und Anfang der 90er Jahre) geht also der Höhepunkt des Wachstumszyklus voraus - entsprechend tief fallen die rezessiven Abstürze aus.

---

[1] Dies sind primär: Nakamura 1981,1986; Kôsai 1986; Itoh 1990; Shinohara, M. 1986; Tsuru 1993.

SCHAUBILD 2:

Wachstumsraten des BSP/BIP: Japan und die BRD im Vergleich*

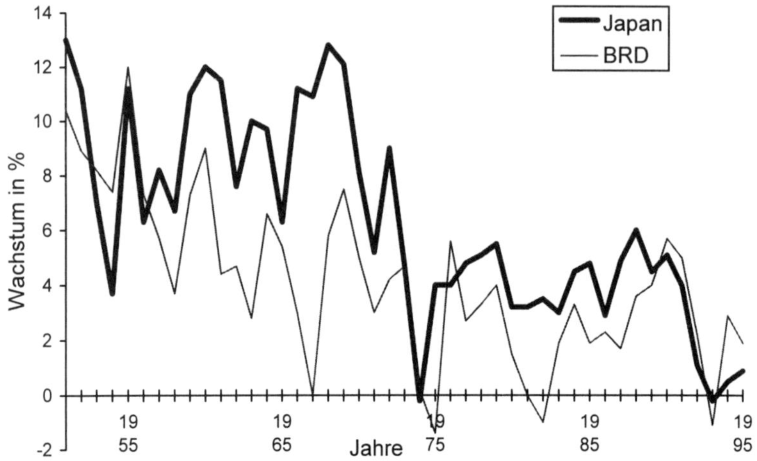


* BRD: 1950-1960 ohne Saarland und Berlin, in Preisen von 1962; ab 1960 in Preisen von 1980, seit 1990 BIP
Japan: bis 1955 Alter *(Kyû) SNA* (Preise von 1934-36) in Relation zum Fiskaljahr; ab 1956 BIP in Preisen von 1985, Present *(Shin) SNA*
Quellen: Keizai kikakuchô 1993:62; Ôkawa et al. 1974; Statistisches Bundesamt, Statistisches Jahrbuch der BRD, diverse Jge.; OECD Economic Outlook, diverse Jge.

Untersuchen wir zunächst die Entwicklung des Sozialproduktes noch einmal genauer, so bestätigt sich das gewonnene Bild (Tabelle 1): Im Zeitraum zwischen 1955 und 1975 verdoppelt sich das nominale Sozialprodukt ungefähr alle fünf Jahre, im folgenden Zeitraum sinkt die Zuwachsrate auf einen Faktor von 1,5. In konstanten Preisen gerechnet beginnt der Bruch schon etwas früher. Bereits die Zunahmerate von 1975 zu 1970 ist deutlich verlangsamt: einem Faktor von >1,5 steht seither eine durchschnittliche Zunahme um den Faktor 1,25 gegenüber. Die nominalen Zuwächse zwischen 1970 und '75 werden demnach zu einem Großteil von der Preisentwicklung verursacht.

TABELLE 1:

Entwicklung von nominalem und realem Sozialprodukt
1950 - 1990

| Jahr | nominal in $10^9$ En | zu Marktpreisen 1955=100 | in Preisen von 1985 in $10^9$ En | zu konstanten Preisen 1955=100 |
|---|---|---|---|---|
| 1950 | 3.946,0 | 45.8 | - | - |
| 1955 | 8.627,8 | - | 42.942,7 | - |
| 1960 | 16.662,0 | 193.2 | 65.145,4 | 151.7 |
| 1965 | 33.673,0 | 390.3 | 100.821,0 | 234.7 |
| 1970 | 75.152,0 | 871.1 | 171.292,6 | 398.9 |
| 1975 | 152.209,4 | 1764.2 | 212.876,5 | 495.7 |
| 1980 | 245.360,0 | 2843.8 | 266.633,5 | 620.9 |
| 1985 | 325.370,5 | 3771.2 | 321.532,6 | 748.8 |
| 1990 | 435.254,3 | 5044.8 | 401.812,3 | 935.7 |

Quelle: Berechnet nach Keizai kikakuchô 1993:62; Nihon tôkei nenkan 1993/94

In Tabelle 2 habe ich diesen Wachstumspfad in Fünf-Jahres-Abschnitte zerlegt und ferner noch Indikatoren zur Preis- und Investitionsentwicklung hinzugezogen. Es zeigt sich, daß die bislang vorgenommene grobe Zweiteilung nicht wirklich zutrifft: Die Phase zwischen 1945 und 1970 zeichnet zwar ein einheitlich hohes Durchschnittswachstum des realen BSP aus, doch gehen damit ganz unterschiedliche Wachstumsmuster einher, ausgedrückt in divergierenden Inflations- und Investitionsschüben, Außenbeitragsentwicklung sowie im Kapitalkoeffizienten. Zwischen 1945 und ca. 1950 wächst die japanische Volkswirtschaft zwar ebenfalls stattlich an, begleitet wird dies jedoch von einer Hyperinflation und einer vergleichsweise sehr geringen Investitionstätigkeit. Im zweiten Jahrfünft verändert sich lediglich die Inflation - der niedrige Kapitalkoeffizient bleibt auffällig. Ab der zweiten Hälfte der 50er Jahre zeigt sich ein verändertes Wachstumsmuster: die sogenannte Hochwachstumsphase (*kôdoseichôki*) mit hohen Investitionsquoten bei immer noch niedrigem Kapitalkoeffizienten und relativ beruhigter, nach und nach jedoch wieder anziehender Konsumentenpreisentwicklung.

Mit Eintritt in die 70er Jahre ändert sich das Bild erneut: Trotz gleichbleibend hoher Investitionsquote schrumpfen die Wachstumsraten, der Kapitalkoeffizient vervielfacht sich entsprechend; die Verbraucherpreise steigen erneut stark an. Die Folgezeit kennzeichnet eine ausnehmend beruhigte Preisentwicklung, ein für Japan außergewöhnlich bescheidenes Wachstum, leicht nachgebende Investitionen und ein extrem hoher Kapitalkoeffizient. Die zuvor herrschende Kluft zwischen nominalem und realem Wachstum wird entsprechend geringer. Der Außenbeitrag war in der Phase des hohen Wachstums - nehmen wir die Ausnahmezeit der frühen 50er Jahre aus - niedrig oder sogar negativ, erst in den letzten zehn, fünfzehn Jahren wird er immer deutlicher positiv. Die Zeit nach 1990 fällt durch ihren ungewöhnlich hohen Kapitalkoeffizienten auf, eine erneute stagnative Phase hat begonnen.

TABELLE 2:

Wachstumsprofil der japanischen Volkswirtschaft in 5-Jahres-Perioden*

| | 1945-50 | 1950-55 | 1955-60 | 1960-65 | 1965-70 | 1970-75 | 1975-80 | 1980-85 | 1985-90 | 1990-95 |
|---|---|---|---|---|---|---|---|---|---|---|
| Wachstum real | 9,4 | 10,9 | 8,7 | 9,7 | 12,2 | 5,1 | 5,6 | 3,5 | 4,6 | 2 |
| CPI | 44,4 | 6,3 | 1,5 | 6,1 | 5,4 | 11,5 | 6,4 | 3,7 | 1,2 | 1,7 |
| Investitionsquote | 9,3 | 7,9 | 11,4 | 14,8 | 18,1 | 18,2 | 17,1 | 14,9 | 18,3 | 17,8 |
| Kapitalkoeffizient | 1.0 | 0.7 | 1.3 | 1.5 | 1.5 | 3.6 | 3.1 | 4.3 | 3.7 | 8.9 |
| Außenbeitrag | | 1.2 | 0.2 | -0.6 | 0.9 | 1 | 0.7 | 1.1 | 2.9 | 2.4 |

* Wachstum = Durchschnitt der jährlichen Wachstumsraten des BSP (ab 1990 BIP)
Investitionsquote = Private Anlageinvestitionen zu BSP in konstanten Preisen
Kapitalkoeffizient = Investitionsquote zu BSP-Wachstum (ab 1990 zu BIP)
CPI = Consumer Price Index
Außenbeitrag: Leistungsbilanz zu BSP in % (ab 1990 zu BIP)
Konstante Preise: Basisjahr 1970; ab 1980 Basisjahr 1985
Quellen: Kôsai 1986:4f; ab 1980 und Außenbeitrag eigene Berechnung nach Keizai kikakuchô 1993: Anhang; Nihon tôkei nenkan 1993/94: key statistics; OECD Economic Surveys und National Accounts

## Produktionsfaktor Kapital

Im folgenden Abschnitt soll das Investitionsverhalten von Staat und privaten Akteuren im Mittelpunkt stehen. Dieser Indikator ist insofern von Bedeutung, als das japanische Wirtschaftswachstum oftmals als „investment led" (dazu Shinohara, M. 1986:18f) beschrieben wird. Neben dem konstant wachsenden Außenbeitrag rückt nun die Verteilungsrelation zwischen den Konsumausgaben und den Investitionen in den Mittelpunkt des Interesses.

Tabelle 3 zeigt, daß die Bruttoinvestitionen nicht nur beständig angewachsen sind, sondern ihr in der zweiten Hälfte der 50er Jahre erreichtes vergleichsweise sehr hohes Niveau (Bruttoinvestitionsquote) auch unter Schwankungen nach oben (Ende der Hochwachstumsphase) oder nach unten (Anfang der 80er Jahre) beibehalten werden konnte. Nichtsdestotrotz werden die Höchstwerte des sechsten Jahrzehnts später nicht mehr erreicht. Beeindruckend bleiben die Werte dennoch: Die Relation bei den Anlageinvestitionen zu den USA und Großbritannien beträgt gerade in dieser Periode ca. 2:1, die anderen G 7-Staaten bilden das Mittelfeld. Die Bruttoinvestitionsquoten belaufen sich in den USA und Großbritannien auf 18-19%, in Italien und Canada auf 20-22% und in der BRD und Frankreich auf 24-26% (OECD Economic Outlook, Anhänge).

TABELLE 3:

Investitionsentwicklung*

| Jahr | BSP | $I^b$ | $I^n$ | $I^n$ zu $I^b$ (%) | $I^b$ zu BSP (%) | $I^g$ zu BSP (%) | $C^p$ zu BSP (%) |
|---|---|---|---|---|---|---|---|
| 1950 | 3.946 | 1.007 | 800 | 79,4 | 25,5 | 6,2 | 60,7 |
| 1955 | 8.624 | 2.126 | 1.335 | 62,8 | 24,7 | 6,5 | 65,5 |
| 1960 | 15.499 | 5.233 | 3.643 | 69,6 | 33,8 | 7,5 | 58,7 |
| 1965 | 31.787 | 10.543 | 6.519 | 61,8 | 33,2 | 9,1 | 58,7 |
| 1967 | 43.545 | 16.261 | 10.755 | 66,2 | 37,3 | 8,7 | 56,9 |
| 1970 | 73.188 | 28.616 | 18.978 | 66,3 | 39,1 | 8,1 | 52,4 |
| 1975 | 148.170 | 48.613 | 28.998 | 59,7 | 32,8 | 9,1 | 57,2 |
| 1980 | 240.099 | 77.434 | 46.507 | 60,1 | 32,2 | 9,6 | 58,9 |
| 1985 | 321.556 | 90.198 | 46.422 | 51,5 | 28,1 | 6,8 | 58,7 |
| 1990 | 427.469 | 139.055 | 78.257 | 56,3 | 32,5 | 6,6 | 57,0 |

* absolute Zahlen jeweils Milliarden En, jeweilige Preise; I = Investitionen; $I^b$ = brutto (privat und staatlich, Anlagen und Lager); $I^n$ = netto (ohne Abschreibungen); $I^g$ = staatlich; $C^p$ = Privater Verbrauch
Quelle: berechnet nach Ôkawa et al. 1974 (1950-1969); Nihon tôkei nenkan 1993/94 (1970-1990)

Ziehen wir die Konsumquote zum Vergleich hinzu, zeigt sich nicht nur ein beständiges Schrumpfen bis zur Wendemarke der 70er Jahre, sondern, nach ihrem radikalen, nicht nur konjunkturbedingten Umschlagen zwischen 1970 und 1975 auch eine weitgehend stagnierende Quote für die 80er Jahre. Neben dieser Wendemarke Anfang der 70er Jahre springt der Wert von 1960 ins Auge, ein Minus von 6,8% innerhalb von fünf Jahren. Diese zweite Trendwende markiert in Verbindung mit der entsprechenden Zunahme der Investitionen die spektakuläre Anfangsphase des Hochwachstums.

Japan zeigt sich also als unreiner Fall eines intensiven Akkumulationsregimes: Eine von Aglietta unterstellte harmonische „integration of the two departments of production", die ein intensives Akkumulationsregime ausmachen (1979:72; auch Clarke 1988:63), existierte in dieser Form zunächst einmal nicht. Japan war - worauf Brenner/Glick (1991:94) wie auch Itoh (1990:150+156) hinweisen - im engeren Sinne keineswegs ein Model *fordistischer* Entwicklung. Betrachtet man die Phase der rapiden Kapitalakkumulation etwa in den 50er und 60er Jahren von der gesellschaftlichen Nachfrageseite aus, zeigt sich, daß sich die Reallohnzuwächse und damit die Konsumtion nicht proportional zu den Investitionen ausdehnten. Das Nachfrage-Gap wurde durch die regen Anlageinvestitionen geschlossen. Zwischen *Abteilung I* und *Abteilung II* der Gebrauchswertproduktion herrscht ein offenkundiges Ungleichgewicht. Es handelt sich somit um ein industrielles oder investives Wirtschaftswunder, weder um ein Konsumenten-, noch um ein Wohlfahrtswunder (zögen wir noch die Werte für den Staatsverbrauch hinzu).

Nun haben sich zwar die Investitionen beständig und auf hohem Niveau vermehrt, verändert haben sich jedoch zum Teil die Verhältnisse zwischen den abgebildeten Größen. Beinahe proportional zur Investitionsquote (brutto) entwikkelte sich nämlich der Anteil des staatlichen Beitrags zur Kapitalbildung über weite Strecken ($I^g$ zu BSP in Relation zu $I^b$): Er ist niedrig zu Beginn der Entwicklung wie auch die Investitionsquote, nimmt vergleichsweise stark im Hochwachstum zu (wobei die Ausnahme von 1965 noch zu erklären sein wird); mit der Krise der 70er Jahre bis 1980 verlaufen Investitionsquote und die Rolle des Staates als Investor quasi komplementär und in den 80er Jahren folgt ein ebenso deutliches Nachlassen der staatlichen Aktivitäten. Der Staat scheint demnach 1965 und in den 70er Jahren eine investive Komplementärrolle zum Privatsektor gespielt zu haben.

Betrachten wir nun noch, wie die Investitionen zusammengesetzt waren. In welchem Umfange erweiterten die Investitionen den Kapitalbestand? Der Anteil der Nettoinvestitionen an den Bruttoinvestitionen (Spalte $I^n$ zu $I^b$) nahm bis 1960 zu, nehmen wir den irregulär hohen Wert von 1950 aus. Nach dem Zwischentief von 1965 wuchs er erneut bis 1970, wenn auch nicht mehr ganz so stark und fiel danach tendenziell. Das bedeutet, daß der ganz große Schub an Kapitalstockerweiterung in die Zeit um 1960 fällt, die erste Hälfte des Hochwachstums. Es heißt aber auch, daß immer mehr der wachsenden Investitionen dem Ersatz alter Anlagen dienten, immer weniger Investitionen der Bestandserweiterung. Die Akkumulationsrate begann sich somit mit den 60ern bereits langsam, ab den 70er Jahren zunehmend stetiger abzuschwächen.

Betrachten wir abschließend noch die Profitentwicklung des Verarbeitenden Gewerbes: Die Entwicklung von Profiten und Rentabilität in Japan in der Industrie (brutto) läuft zwar weitgehend mit dem internationalen Trend der anderen großen Industrieländer. Auch in anderen Staaten sinken beide Größen in der Periode zwischen 1960 und 1985/90 (Frankreich und die BRD) oder bleiben wie in den USA, Kanada, Italien und Großbritannien relativ stabil. Und die Rentabilität zeigt in beinahe allen großen Industriestaaten einen Abwärtstrend[2]. Doch ein solcher Unterschied zwischen den Perioden wie in Japan existiert nir-

2 Zur Entwicklung von Profiten und Rentabilität international: Chan-Lee/Sutch 1985:143; OECD Economic Outlook, Historical Statistics:78.

gendwo. Die Netto-Profitrate zeigt sich ebenso rückläufig (Armstrong et al. 1991: Tab. A1, S. 344ff). Sie ist zudem seit der Mitte der 70er Jahre relativ konstant niedrig geblieben. Für die dennoch seither vergleichsweise am besten „erholte" Akkumulationsrate (vergl. ebd.:249ff) ist die Erklärung wohl im Bereich des Produktionsfaktors Arbeit zu suchen. Die hohe Akkumulationsrate Ende der 80er Jahre inmitten des spekulativen Umfeldes der sog. *bubble economy* und der Internationalisierung dürfte sich in diesem Kontext wohl als ein „Rüsten für die Zukunft" interpretieren lassen (etwa die neuen Automobilwerke in Kyûshû).

## Produktionsfaktor Arbeit

In diesem Abschnitt möchte ich mich auf drei wesentliche Indikatoren zum Thema *Arbeit* beschränken: das Angebot an Arbeitskräften, die Produktivität und die Löhne. Den Faktor Arbeitslosigkeit werde ich dabei wegen seiner letztlich geringen Aussagekraft aufgrund der statistischen Probleme bei der Erfassung im Vergleich zu anderen Ländern übergehen.[3]

Wegen der angesprochenen Schwierigkeiten mit der Erhebung von Arbeitslosigkeit erscheint mir der hier gewählte Indikator Relation von offenen Stellen zu Bewerbern für das Verhältnis von Angebot und Nachfrage auf dem Arbeitsmarkt aussagekräftiger.

Im Zuge der Industrialisierung war das reichhaltige Angebot an unorganisierten, vergleichsweise gebildeten Arbeitskräften ein *asset* der japanischen Wirtschaft gewesen. Nach dem Zweiten Weltkrieg resultierten die Repatriierungen, die Demobilisierung sowie die Brache der Industrie in einem Überangebot an Arbeitskräften, wovon ein nicht geringer Teil in die Landwirtschaft „auswich". Japan verfügte - wie aus Schaubild 3 zu ersehen - in den ersten ca. zwanzig Jahren der Nachkriegsentwicklung durchgängig über ein Überangebot an Arbeitskräften. Der scheinbare Mangel zu Beginn der 60er Jahre resultiert zu einem gewissen Teil aus unterschiedlichen Berechnungsmodi. Deshalb habe ich für die erste Periode eine weitere Zahlenreihe hinzugenommen, die sich zudem nahtlos an die späteren Zahlen des Statistischen Jahrbuchs anschließt.

---

3 Statistisch erfaßt wird nur, wer weniger als eine Stunde pro Woche beschäftigt war (dazu Komiya 1990:339). Taira führt dazu in einer Studie zur Situation in den 70er Jahren folgendes aus: „The underutilization of Japan's labor force after 1973 has been extensive. One might roundly put it at 10% or so for the late 1970's". Diese 10% setzten sich zu 6% aus redundanten Beschäftigten und zu 4% aus einer erfassungstechnisch erweiterten Arbeitslosenquote (offizielle Arbeitslosigkeit x 2 - so Tairas Faustregel) zusammen. Damit sei die „Arbeitslosigkeit" quantitativ durchaus vergleichbar gewesen mit Staaten Westeuropas, in der Praxis machte sie sich jedoch wegen der innerbetrieblichen Überbeschäftigung eben doch anders bemerkbar. (1983:9f)

Damit behielt also das tradierte Muster mit dem Faktor Arbeit als Entwicklungsvorteil bis in jene Phase des extrem hohen Wachstums in der zweiten Hälfte der 60er Jahre seine Gültigkeit. Gespeist wurde dieses Reservoir aus der wachsenden Erwerbstätigkeit allgemein und aus den intersektoralen Verschiebungen: dem extremen Bedeutungsverlust des Primärsektors zum einen, der nachlassenden Rolle von Familienarbeit zum anderen. Wie wir noch sehen werden, war der Faktor Arbeit in der unmittelbaren Nachkriegszeit jedoch lediglich quantitativ ein *asset* - qualitativ hingegen wurde er erst zum Ende der konfliktreichen späten 40er und frühen 50er Jahre zu einer Quelle des Wirtschaftswunders. Gegen Ende der Hochwachstumsphase wurde aus dem Überangebot an Arbeitskräften ein Mangel, der für die kommende Phase der Transformation bestimmend blieb. Erst mit der Überwindung der Hochzeit der Krise hat sich wieder ein Arbeitskräftereservoir gebildet. Dies verknappte erneut mit der Hochkonjunktur der späten 80er Jahre.

SCHAUBILD 3:

Entwicklung der Relation von Angebot und Nachfrage nach Arbeitskräften

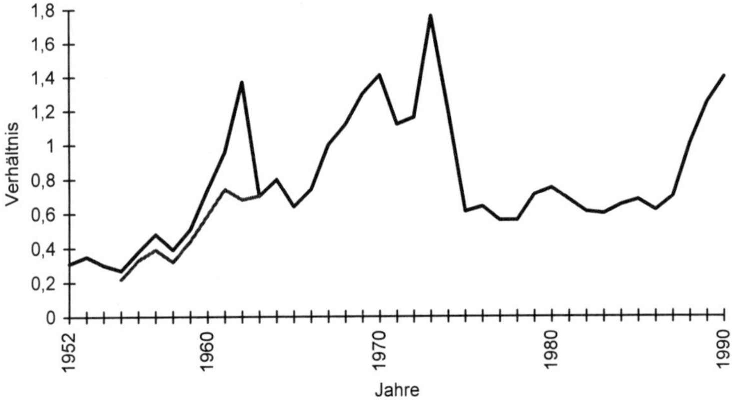


Quellen: Nihon tôkei nenkan 1993/94: key statistics; unterer Graph bis 1963: Nakamura 1981:157

Es läßt sich somit eine Korrelation von tiefer Rezession und Unterangebot an Arbeitskräften attestieren: Die Verknappung der Ware Arbeitskraft geht den Krisen voran. In diesem Sinne läßt sich der Verlauf der Transformationskrise zu Beginn der 70er Jahre durchaus auch als Ausdruck der Überakkumulation deuten (etwa Itoh 1990:164). Die Akkumulationsrate überstieg den Beschäftigungszuwachs und irgendwann stieß die Wachstumsdynamik hier an eine (neuartige) Grenze.

Wie verhielten sich die beiden anderen angesprochenen Faktoren, Löhne und Produktivität, nicht zuletzt angesichts dieser Arbeitsmarkt-Tendenzen? Tabelle 4 enthüllt hierbei ein allerdings noch unvollständiges Bild: Die nominalen Löhne stiegen mit der Expansion der Wirtschaft steil und beständig an. Während sie in den 50ern noch hinter der Produktivitätsentwicklung zurückgeblieben waren, schlug dies mit den 60ern um, schließlich in der Krise extrem deutlich zugunsten der Nominallöhne. Seit der Mitte der 70er Jahre verläuft die Entwicklung wieder umgekehrt. Indexiert heißt das, daß es bis 1970 zu einer ungefähren Parallelentwicklung von Produktivität und Nominallöhnen kommt. Der Drift zwischen beiden Größen beginnt mit der Verknappung der Arbeitskraft und verbreitert sich gerade in den frühen 70er Jahren erheblich. In den 80er Jahren bzw. genauer eigentlich bereits mit dem Ende der inflationären Periode zwischen 1970 und 1975 zeigt sich die Nominallohnentwicklung stark gezähmt.

TABELLE 4:

Globale Entwicklung von Löhnen und Produktivität
im Verarbeitenden Gewerbe*

| | 1955-60 | 1960-65 | 1965-70 | 1970-75 | 1975-80 | 1980-85 | 1985-90 |
|---|---|---|---|---|---|---|---|
| Produktivität | 9,7 | 6,8 | 12,5 | 5,1 | 9,2 | 6,9 | 4,8 |
| dito, indexiert | 100 | 159 | 221 | 399 | 512 | 796 | 1112 |
| Nominallöhne | 6,2 | 10,1 | 14,7 | 18 | 8,3 | 4,6 | 3,8 |
| dito, indexiert | 100 | 135 | 218 | 432 | 988 | 1471 | 1840 |
| Reallöhne | 4,6 | 3,7 | 8,8 | 5,8 | 1,7 | 1,8 | 2,4 |
| CPI | 1,6 | 6,1 | 5,4 | 11,5 | 6,4 | 2,8 | 1,4 |

* jeweilige durchschnittliche Steigerungsraten in %; Indizes jeweils für das 1. Jahr
Quelle: bis 1985 + Indizes Itoh 1990:149; ab 1985: Nihon tôkei nenkan 1993/94: key statistics + Tab. 3-43

Anders sieht es dagegen bei den Reallöhnen aus. In der ersten Hälfte der 60er Jahre wurden die stark steigenden Nominallöhne über die Konsumentenpreise weitergegeben. Doch gelang dies nicht mehr in der zweiten Hälfte: In der Relation zur Produktivität holten die Reallöhne stark auf, um sie sodann in der Krisenphase sogar kurzfristig zu überholen. Um so steiler fällt der Einbruch ab der Mitte der 70er Jahre aus - gegenüber den Produktivitätszuwächsen stehen die Reallöhne fortan eindeutig zurück. (Vergl. Nihon Keizai Shinbunsha 1992:8) Interessanterweise setzt sich dies über die ganzen 80er Jahre fort. Die Reallohnentwicklung bleibt trotz der Produktivitätszuwächse ähnlich den Nominallöhnen stagnant. Bis auf jene Phase zum Ende des Hochwachstums, in der ein echtes Unterangebot an Arbeitskraft herrschte, erweisen sich die Reallöhne also als ziemlich flexibel.

Die Produktivitätsentwicklung fiel in der moderaten Wachstumsphase sichtbar ungünstiger aus als in der Hochwachstumsphase. Doch verläuft Japans Entwicklung ungleich günstiger als die der wesentlichen Konkurrenten. Die gleichbleibend hohen Investitionsquoten resultierten in den 80er Jahren zwar in geringeren Produktivitätszuwächsen, aber im Unterschied zu vergleichbaren Industrieländern war in den 80er Jahren im Verarbeitenden Gewerbe das Produktivitätswachstum größer als die Zunahme der Kapitalintensität (vergl. für den Vergleichszeitraum 1979-87 Armstrong et al. 1991:242). Damit ließe sich auch verstehen, warum trotz der relativ stagnierenden Profitrate im Verarbeitenden Gewerbe das Investitionstempo weiter anhielt. Wäre hingegen der Kapitaleinsatz pro Beschäftigtem schneller als die Arbeitsproduktivität gewachsen und dies noch dazu bei relativ schlechten Profitbedingungen im Verarbeitenden Gewerbe, sollte die Kapitalakkumulation wohl zurückgegangen sein.

Ich möchte den Vergleich von Produktivitäts- und Lohnentwicklung abschließend noch ergänzen, um das Problem zu pointieren (Tabelle 5).

TABELLE 5:

Lohn- und Produktivitätsentwicklung im Vergleich*

| | 1955-65 | 1965-75 | 1975-85 | 1985-90 |
|---|---|---|---|---|
| Löhne | 2.19 | 4.56 | 1.81 | 1.2 |
| Produktivität | 2.25 | 2.45 | 1.84 | 1.32 |

* = jeweilige Index-Zunahme mal angegebener Faktor x; beide Werte jeweils für Verarbeitendes Gewerbe

Quelle: berechnet nach Nihon tôkei nenkan 1993/4: key statistics

Bis 1965 verlief die Entwicklung der beiden Indikatoren demnach zugunsten der Produktivität, deren Index schneller anstieg als der Lohnindex. Dem folgte ein Jahrzehnt zugunsten der Löhne; seit Mitte der 70er Jahre und insbesondere in den 80er Jahren wuchs der Produktivitätsindex durchgängig und zunehmend stärker an als der Lohnindex.

Zur Lohnentwicklung möchte ich eine weitere, detailliertere Zahlenreihe anführen, die den Vorteil hat, daß sie alle normalen Bestandteile des Entgeltes in Japan (Regulärer Lohn + Mehrarbeit + Bonus) enthält. Tabelle 6 bestätigt noch einmal im Detail, daß trotz Wachstum und Produktivitätsfortschritten die Nominallohn-Zuwächse mäßig und die Reallohn-Zuwächse extrem bescheiden ausfielen. In eigener Währung gemessen unterbot Japan alle Konkurrenten sowie den OECD-Durchschnitt darin eindeutig, auch während der Hochkonjunktur Ende der 80er Jahre (vergl. Kmitch et al. 1995:8). Selbst für die Zeit der späten 80er Jahre, als der Arbeitsmarkt „leer gefegt" ist, gibt es also keine wirkliche Abweichung vom Muster. Denn in der *bubble economy* kommt es trotz dieser Situation zu keinen auffallend hohen Lohnsteigerungen. Die erfolgten Lohnerhöhungen werden zudem eher den informellen Bemühungen seitens der Wirtschaftspolitik zugeschrieben, die im Zusammenhang mit den Handelsreibereien mit den USA und den Bemühungen um die Entwicklung des Binnenmarktes ein Nachfragegap konstatierte (vergl. Tabata 1991:268f).

TABELLE 6:

Entgeltentwicklung seit 1975*

| Jahr | nominal | real |
|---|---|---|
| 1975-79 | 9,7 | 2,2 |
| 1980-84 | 4,8 | 0,8 |
| 1985 | 2,8 | 0,7 |
| 1986 | 2,7 | 2,3 |
| 1987 | 1,9 | 2,2 |
| 1988 | 3,5 | 3,0 |
| 1989 | 4,2 | 1,9 |
| 1990 | 4,7 | 1,5 |
| 1991 | 3,5 | 0,8 |
| 1992 | 1,7 | 0,0 |
| 1993 | 0,7 | 0,1 |
| 1994 | 2,1 | 1,8 |

* jährliche Steigerungen bzw. für 1975-84 jeweils durchschnittliche jährliche Steigerungen pro Zyklus; bezogen auf das Monatsdurchschnitts-Entgelt in Unternehmen mit mehr als 30 Beschäftigten; real: deflationiert mit dem CPI
Quelle: OECD Economic Surveys, Japan, div. Jge.

Hinsichtlich des Verhältnisses Produktivität zu Löhnen bleibt festzuhalten, daß die Transformationsphase der 70er Jahre als Krise der Überakkumulation einzuschätzen ist. Rückläufige Zuwachsraten der Produktivität ab ca. 1970 fallen mit weiter steigenden Lohnzuwächsen (nominal) zusammen, auch real liegt die Lohnentwicklung über der Produktivitätsentwicklung. Die Lohnstückkosten steigen in dieser Übergangsphase extrem. Ihre weitere Entwicklung bietet allerdings ein interessantes Bild: Zwischen 1968 und 1973 stiegen die Lohnstückkosten im Schnitt um 6,8% an, 1973-79 um 7,4%, zwischen 1979 und 1990 hingegen noch um ganze 0,3% (Verarbeitendes Gewerbe; OECD Economic Outlook, Historical Statistics:97)[4]. Kein zweites Industrieland weist eine derart günstige

4 Die entsprechenden Vergleichswerte für die BRD: +7,1%, +5%, +3,3%. (Quelle wie oben)

Konstellation auf (vergl. Greiner et al. 1995:30). Diese Zahlen spiegeln allerdings die Verhältnisse in En wieder. Die Hochlohnproblematik des vergangenen Jahrzehnts hingegen und damit auch die Aushöhlung des Industriestandortes Japan ist in erster Linie eine Folge der En-Stärke seit der Plaza-Konferenz 1985. Die neuerliche Krise hat demnach also eine andere Ursache als die der 70er Jahre.

Aus den Tabellen geht nicht die Entwicklung unmittelbar nach dem Kriege hervor. In den ersten Nachkriegsjahren kam es trotz des Überangebots an Arbeitskräften zu einem rapiden Lohnwachstum, verbunden allerdings mit extremen Verbraucherpreisschüben. Nach Itoh stiegen die Nominallöhne zwischen 1947 und 1951 um das achtfache, real um das dreifache (1990:147; auch Higuchi 1990:297). Ob dies, wie die Autoren angeben, auf die Militanz der Gewerkschaften und die politischen Umstände im allgemeinen zurückzuführen ist, bleibt hier sekundär.

Fassen wir die Beobachtungen erst einmal zusammen! Die Marktmacht der Anbieter auf dem Arbeitsmarkt durchläuft einen sehr interessanten Wandlungsprozeß, d.h., trotz der prinzipiell ungünstigen Situation der unmittelbaren Nachkriegszeit vermochten die Gewerkschaften hohe Reallohnzuwächse durchzusetzen. In der Zeit des Hochwachstums wird ein geringer Teil dieses Wachstums an die Beschäftigten als Lohnerhöhung verteilt. Als die Verhältnisse sich dann zugunsten der Anbieter entwickeln, ändert sich das Vorgehen der Gewerkschaften: Von der Marktmacht wird nun Gebrauch gemacht. Nach der Krise hingegen üben sich die Gewerkschaften in Bescheidenheit. Die Lohnabschlüsse folgen der Produktivitätsentwicklung nach, zum Arbeitsmarkt scheint die Verbindung abgerissen. Der Preis als Vermittlungsmechanismus ist seit der Ölkrise für die Ware Arbeitskraft augenscheinlich gestört. Die Marktmacht wird nicht mehr ausgenützt. Es kommt zu einer relativen Loslösung der Lohn-/Entgeltentwicklung von den anderen volkswirtschaftlichen Größen.

Um dieses Verhalten der Anbieter auf dem Arbeitsmarkt aus einer weiteren Perspektive zu beleuchten, möchte ich im folgenden Schaubild das Streikverhalten der japanischen Gewerkschaften darstellen (Schaubild 4). Nach dem wilden ersten Nachkriegsjahrzehnt folgte ein eindeutiges Nachlassen der Aktivitäten (der Wert für 1959/60 ist durch den fast einjährigen *Miike*-Streik verzerrt). In dieser Phase stellte sich im Kontext des Wirtschaftswachstums und der Produktivitätsfortschritte ein Lohnzuwachs leichter her; dies galt solange, wie der Arbeitsmarkt sich zugunsten der Anbieter entwickelte. Marktmacht = Streikmacht - diese Formel kommt Ende der 60er Jahre, mehr noch nach 1970 zum Ausdruck. Im schroffen Kontrast dazu verebbten die industriellen Dispute nach 1975. Von einem Jahr auf das nächste änderte sich das industrielle Klima völlig. Arbeitskämpfe konnten de facto in Japan nicht mehr beobachtet werden.

Diese globalen Zahlen sagen nun jedoch noch nichts über die sektorale Verteilung der Streikaktivitäten aus. Waren es vielleicht die unbotsamen Gewerkschaften des öffentlichen Sektors, die Beschäftigten bei den quasi-staatlichen Unternehmen, die für Unfrieden sorgten (obwohl ihnen dieses rechtlich versagt ist)? Dem ist in absoluten Zahlen keineswegs so: In der prekären Phase zwischen 1970 und '75 stieg die Zahl der konfliktbedingt ausgefallenen Arbeitstage zwar in beinahe allen Branchen sprunghaft an, doch weit über 60% davon entfielen allein auf das Verarbeitende Gewerbe (vergl. Rôdô tôkei yôran 1994: 200f).

SCHAUBILD 4:

Ausgefallene Arbeitstage indexiert*
(1970 = 100)

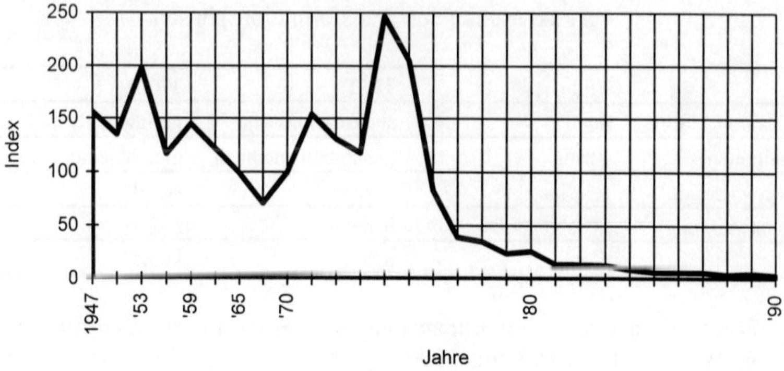


* Berechnungsgrundlage sind streikbedingt ausgefallene Arbeitstage bei Arbeitsniederlegungen, die länger als einen halben Tag dauerten
Quelle: berechnet nach Higuchi 1990; ILO Year book of Labour Statistics, diverse Jge.
Werte für 1947-1967: Drei-Jahres-Mittel

Der hochgradige Arbeitsfriede, für den Japan so häufig gelobt wird, ist eindeutig ein Kind der Zeit nach dem Umbruch Anfang der 70er Jahre. Die Pointe ist nun jedoch, daß dieser Friede überhaupt nicht mehr in Frage gestellt wird. Zwischen der Höhe der Lohnabschlüsse und dem Streikverhalten scheint eine hochgradige Korrelation zu bestehen, ohne die Lohnzuwächse in der Hochwachstumsphase wirklich den Gewerkschaften allein zuschreiben zu wollen. Gerade zum Ende der 60er Jahre hin spricht wohl einiges dafür, daß eine Mischung aus wieder anwachsenden Streikaktivitäten und vorausschauender Wahrnehmung der Nachfrage nach Arbeit seitens der Unternehmen die Löhne ansteigen ließen. Mit dieser Beobachtung stehen wir nun erneut vor der zentralen Frage, warum sich auf dem Gebiet der Industriellen Beziehungen seit ungefähr 1975 in Japan ein so radikaler Wandel vollzog - und dies war ja der Ausgangspunkt dieser Untersuchung.

## Zwischenschritt

Im Anschluß an diese sicherlich noch sehr oberflächliche Betrachtung und Analyse des Wachstumspfades sowie der Produktionsfaktoren Kapital und Arbeit läßt sich eine Zerlegung der knapp fünfzigjährigen Nachkriegsgeschichte vornehmen:

- Drei krisenhafte Transformationsphasen: Transformationsphase I von ca. 1945 bis 1955, II 1970 bis 1975/76 und III seit 1990.

TABELLE 7:

Charakteristika der Transformationsphasen

| | TP I | TP II | TP III |
|---|---|---|---|
| Wachstum | hoch | stark nachlassend | gering |
| Investitionen | gering | gleichbleibend hoch | gleichbleibend hoch |
| Preisentwicklung | sehr instabil | instabil | stabil |
| Lohnentwicklung | instabil | instabil | stabil |
| Streiks | häufig | häufig | keine |

- Dazwischen zwei stabile Expansions- oder Wachstumsphasen: EP I ab ca. 1955 bis 1970 und EP II 1975 bis 1990.

TABELLE 8:

Charakteristika der Expansionsphasen

| | EP I | EP II |
|---|---|---|
| Wachstum | sehr hoch | gemäßigt |
| Investitionen | hoch | hoch |
| Preisentwicklung | leicht inflationär | stabil |
| Lohnentwicklung | instabil | stabil |
| Streiks | häufig | keine |

Auf einen Nenner gebracht läßt sich für Japan von einer vergleichsweise kontinuierlichen ökonomischen Expansion mit einer außergewöhnlich hochgradigen Kapitalakkumulation sprechen. Die jeweiligen Entwicklungsprofile deuten jedoch auch auf sich hinter diesen oberflächlichen Indikatoren verbergende

Veränderungen auf der ökonomischen Ebene hin. Auf der Suche nach den Veränderungen der gesellschaftlichen Regulation wende ich mich nun der wirtschaftlichen Entwicklung als „Strukturgeschichte" von kreativen Krisen und stabiler Expansion zu. Es gilt, das Zusammenwirken der gesellschaftlichen Bereiche und Kräfte für die verschiedenen Phasen zu demonstrieren; beginnen möchte ich mit der Ökonomie.

# 4. DIE REGULATIONSWEISE DER NACHKRIEGSZEIT

Wir wissen nun, wann sich in der wirtschaftlichen Entwicklung Störungen des Expansionsprozesses eingestellt haben. Im weiteren gilt es nun, nach dem institutionellen Rahmen dieses intensiven Akkumulationsprozesses in den Formen der Regulation zu fragen, um jeweils aus den Verhältnissen heraus die aufgeworfenen gesellschaftlichen „Fragen" und die Prozesse ihrer „Lösung" in den Bereichen Ökonomie und Politik zu verfolgen. Zunächst möchte ich also die Formen der Regulation in der Ökonomie herausarbeiten, um die Regulationsweise und den Akkumulationsprozeß konkret charakterisieren zu können.

## Die *Herausbildung* der ökonomischen Institutionen in Transformationsphase I (TP I)

Diese Phase ist insofern keine „selbstregulative" Krise, als die Besatzungsreformen in erster Linie von Außen herbeigeführt wurden. Das Vorhaben der Siegermächte, das autoritär-militaristische Japan zu demokratisieren, betraf natürlich auch das Wirtschaftsleben, vom Ansatz her vielleicht sogar radikaler als manch anderen Bereich. Es sollte eine demokratisierte, marktwirtschaftliche Wirtschaftsverfassung geschaffen werden (zu den Reformen vergl. Nakamura 1986:160ff; Tsuru 1993:18ff). Die entscheidenden Bausteine im Rahmen dieser Zielsetzung waren:

- Die Landreform als das wohl erfolgreichste Reformvorhaben; ihren Erfolg verdankt sie der Tatsache, daß auch seitens der japanischen Administration ihre Notwendigkeit gesehen wurde (Tsuru 1993:22). Sie ist wohl *das* Beispiel für wirkliche Redistribution und deshalb von herausragender Bedeutung. „Für die Landbesitzer war sie ein großer Schlag, die Kleinpächter wurden nach einer langen Zeit der Leiden befreit" (Nakamura 1986:171).
- Die Schaffung eines funktionsfähigen Wettbewerbs, d.h. in den Augen der „New Deal"-geschulten Amerikaner eine Zerlegung der Finanz- und Unternehmenskonglomerate (*zaibatsu*) sowie großer Unternehmenskonzentrationen an Marktmacht[1]. Eine solche Entflechtung läßt sich als direkter Eingriff in die Verfügungsrechte der bestehenden Wirtschaftseliten interpretieren. Zugleich war

[1] Bezüglich der Anti-Monopolpolitik der Besatzungsmacht hieß es in der *Basis Post-Surrender Directive* vom 29.8.45: „Policies shall be favored which permit a wide distribution of income and of the ownership of the means of production and trade." (Zit. nach Livingston et al. 1973:79)

keineswegs klar, welche weitergehenden Ziele damit verfolgt wurden: Die erste Zeit der Besatzung, bis Japan als Verbündeter interessant wurde, läßt sich durchaus auch als Versuch der Schwächung der Wirtschaftskraft deuten. Gerade die Großkonzerne in den Konglomeraten hatten maßgeblichen Anteil an der Kapitalakkumulation im Verlaufe der Industrialisierung bis 1945 gehabt; eine Zerschlagung dieser Einheiten hätte den Verlauf der weiteren wirtschaftlichen Entwicklung auch hinsichtlich der internationalen Konkurrenzfähigkeit der Industrie in einer sich entwickelnden Massenproduktionsgesellschaft nachhaltig beeinträchtigt - unabhängig davon, ob positiv oder negativ.

- Die Demokratisierung der Arbeitswelt, die im Mittelpunkt des abschließenden dritten Teils dieses Kapitels stehen wird.

Die Konflikte um die Wirtschaftsordnung der Nachkriegszeit, die diese und viele andere Reformen, die mit dem Import von Demokratie westlichen Zuschnitts zusammenhingen, zeitlich begleiteten, sind das, was die Transformationsphase bedeutet. Transformation umfaßt zweierlei, zum einen nämlich die Reaktionen auf die Reformen und deren Folgen in Wirtschaft und Gesellschaft und zum anderen die Umstellung auf eine Friedenswirtschaft. Die von außen erzwungenen, im Inneren nur bedingt unterstützten Reformen, waren also zusammen mit der „normalen" Umstellung auf eine Friedenswirtschaft der *Input* oder der Impuls, den diese Phase verarbeiten mußte.

## Zur ökonomischen Ausgangssituation

Das für die Nachkriegszeit singuläre Wachstumsprofil in dieser Phase (hohes reales Wachstum, niedriger Kapitalkoeffizient, bei erst enormer, dann durchschnittlicher Preissteigerung) wird durch den ererbten Kapitalstock ermöglicht, der den nicht selten gepflegten Mythos von 1945 als dem Jahre Null Lügen straft. Die Situation Japans war der Deutschlands gar nicht so unähnlich. Die Veränderungen durch den Krieg, durch Umstrukturierungen und Zerstörungen also, waren zwar groß. Eine Analyse der verfügbaren Produktionskapazitäten in der Schwerindustrie Japans zeigt jedoch, daß diese in der Regel während des Krieges zugenommen hatten, während die Konsumgüterindustrie geopfert worden war (vergl. Kôsai 1986:37ff; Mariya 1971:60). Japan war zu einer „huge military supply unit" geworden (Hein 1993:104). Damit war auch der weitere Entwicklungspfad über die Schwerindustrie vorgezeichnet. Der schöne Satz aus dem ersten Wirtschaftsweißbuch, daß „Land, Unternehmen und Haushalte in den roten Zahlen waren" (zitiert nach Kanamori/Kôsai 1994:6) mag zwar die Situation unmittelbar nach Kriegsende beschreiben, doch war dies eben nur die halbe Wahrheit. Die Brache der Volkswirtschaft war in erster Linie eine Folge der außenwirtschaftlichen Blockade und der Struktur(veränderungen) unter der Kriegswirtschaft. Die vergleichsweise geringen Reparaturinvestitionen erlaubten Hochwachstum bei niedriger, teils negativer Sparquote (Kôsai 1986:35), konträr zur Expansionsphase I. Die ökonomisch entscheidende Frage für die Wiederaufnahme der Produktion war also die Frage nach der Liquidität, der Mittelbeschaffung - auch im weiteren Sinne von Ressourcen.

Die erste Inflationswelle war eine Folge des angestauten Geldüberhanges, entstanden durch die Kriegsfinanzierung durch Schuldverschreibungen und andere Wertpapiertypen, verstärkt durch die zwangsläufige Unterkonsumption im Krieg, die in eine Überliquidität des privaten Sektors mündete. Hinzu trat der fiskalpolitisch expansive Kurs der Regierung, insbesondere von Finanzminister Ishibashi. (Siehe Tabelle 9) Dieser Welle wurde bereits im Februar 1946 durch eine kleine Währungsreform Einhalt zu gebieten versucht, als die Einlagen bis auf Minimalbeträge eingefroren, der Bargeldumlauf beschnitten und wenig später auch die Rückzahlung der Kriegsschuldverschreibungen auf Anweisung des General Headquarters (GHQ) gestoppt wurde (dazu Nakamura 1986: 180ff).[2]

TABELLE 9:

Entwicklung von Mengen- und Preisgrößen im Nachkriegs-Japan*

| | BSP | Inflationsrate | Staatsausgaben | Bargeldumlauf indexiert |
|---|---|---|---|---|
| 1945 | - | 51,1 | 8,2 | 11.1 |
| 1946 | - | 364,5 | 436 | 18.6 |
| 1947 | 8,4 | 195,9 | 78,7 | 43.3 |
| 1948 | 13 | 165,6 | 124,5 | 70 |
| 1949 | 2,2 | 63,3 | 51,4 | 70.2 |
| 1950 | 11 | 18,2 | -9,5 | 83.4 |
| 1951 | 13 | 38,8 | 18,4 | 100 |

* jeweilige jährliche Steigerung in % oder indexiert
Quelle: Emi et al. 1966; Emi et al. 1988

Das Ende der Bedienung der öffentlichen Kriegsschulden führte zum Verzicht auf die Einführung zweier Vermögenssteuern, die auf Vermögenszuwächse in der Kriegswirtschaft abzielten, zugunsten einer einzigen persönlichen Vermögenssteuer. Deren Belastungen konnten Teile des Kapitals im Zuge der galoppierenden Inflation vermeiden. Auch liefen diverse Maßnahmen seitens der japanischen Regierung in der Frage der Schuldverschreibungen auf eine Linderung der Belastungen für die Unternehmen hinaus. (Dazu Kato 1974:9f)

2 Zu den Begriffen GHQ und SCAP vergl. Fußnote 12.

Dennoch - und hier von Interesse - blieben die Auswirkungen dieser Maßnahmen beschränkt und zweischneidig: Die Industrie sah sich letztlich eines nicht geringen Teils ihrer finanziellen Ressourcen beraubt. Im genauen Gegensatz zu den Auswirkungen der deutschen Währungsreform (dazu Altvater 1991: 96) bedeuteten diese Maßnahmen also keine Entschuldung der Unternehmen, sondern eine Reduzierung der Vermögen. Dadurch spielte die Eigenfinanzierung fortan als Quelle von Kapitalbildung in Umkehrung der Situation vor dem Kriege in Relation zur Fremdfinanzierung eine geringere Rolle (dazu Nakamura 1986:231; Shibagaki 1974:103). Damit einher geht der Aufstieg der Banken als struktureller Quelle von Liquidität.

## Das Primat der Politik in der Ökonomie

Wie konnte in einem weitgehend abgeschlossenen Markt die Produktion belebt werden, nachdem die noch vorhandenen Ressourcen bzw. Lager Anfang '46 abgebaut waren? Von japanischer Seite, insbesondere vom damaligen Finanzminister (und späteren Premier) Ishibashi wurde die Situation als Unterauslastung von verfügbarem Kapitalstock und Überschuß an Arbeitskraft keynesianisch gedeutet. Ein persönlicher Beratungsausschuß des Premierministers unter Leitung von Arisawa Hiromi schlug folgendes vor[3]: In Zeiten außenwirtschaftlicher Isolation galt es, auf Vorhandenes zu setzen, Kohle als primäre Energiequelle und Stahl. Diese priorisierten Bereiche sollten zu einer sich wechselseitig nachfragemäßig anregenden Produktionsausweitung mit direkter und indirekter finanzieller Unterstützung angeschoben werden. Diese Prioritätsproduktion (*keisha seisan*) wurde durch die Bank für Wiederaufbau (*fukkin*) (vor allem für Kohle) und die Preis-Differenz-Subventionen (*kakakuchôsei hokyûkin*) (vor allem für die Stahlindustrie) öffentlich bzw. staatlicherseits mitfinanziert. (Dazu Iwamoto 1985:97f) Die Prioritätsproduktion war - dies sei am Rande bemerkt - bereits eine Reaktion auf das wirtschaftspolitische Scheitern der ersten Wiederaufbauphase, die unter *liberalen* Vorzeichen gestanden hatte. Und eben das liberal-geführte Kabinett Yoshida I dachte nun um, leitete die direkte Verknüp-

---

3 Die wissenschaftliche Unterstützung des Regierungskurses wurde im bereits zitierten Weißbuch unter der Herausgeberschaft von Tsuru formuliert, worin öffentlichkeitswirksam auch der Interventionskurs der Regierung begründet wurde (vergl. Sheridan 1994:128). Dies war nicht unwesentlich, weil fortlaufende Interventionen nach den Jahren der Kriegswirtschaft zumindest hätten strittig sein können (wie etwa in Deutschland nach dem 1. Weltkrieg). Hein deutete das Nachkriegsverhältnis zwischen Markt und Staat als eine doppelte Reaktion: wider zuviel Laissez-faire aufgrund der Vorkriegserfahrungen und außerdem wider zuviel zentralstaatliche Einflußnahme aufgrund der Erfahrungen mit der Kriegswirtschaft (1993:104). Über das wirtschaftspolitische Vorgehen kam es zu diversen lebhaften Debatten innerhalb der Wissenschaft und zwischen Wissenschaft und Politik (vergl. Hein 1994).

fung von Politik und Ökonomie ein, nicht als Kontrollform mit direkten Verfügungsmechanismen, die über das liberale Projekt hinausgehen sollten, sondern als Institution, die durch „Bereitstellung finanzieller Mittel (...) das Ziel der Produktionsbelebung zu erreichen versucht" (Yamamoto 1974:230f). Es war also in erster Linie die öffentliche Hand, die nun die Mittel bereitstellte, um die Produktion in Gang zu bringen.

Diese öffentliche Versorgung mit Liquidität wurde zum Hauptgrund für die zweite Inflationswelle bis 1949. Die Fiskalpolitik blieb auch nach dem Verbot der Defizitfinanzierung durch Anleihen infolge des *zaiseihô* (Fiskalgesetz) von 1947 eine direkte Ursache der inflationären Entwicklung, obwohl auf der Einnahmenseite der öffentlichen Haushalte der Punkt Schuldenaufnahme verschwand. Die stark aufgeblähten Sonderhaushalte übernahmen diese Rolle, und diese Sonderrolle blieb fortan ein Merkmal des investiven japanischen Staates (dazu Kato 1974:11). Die enorm wachsenden Gesamtausgaben der Zentralregierung sowie die Anleihenfinanzierung der *fukkin*, die zum überwiegenden Teil durch die Bank von Japan erfolgte, führten zusammen zu einem enormen Geldmengenwachstum bzw. insgesamt zu einem Geldüberhang (Tabelle 9). (Dazu Kôsai 1988:43)

## *Dodge line* und Take-off: Das Primat der Wirtschaft

Der spartanische Austeritätskurs der sogenannten *Dodge line* unter Führung der Besatzungsmacht ab 1949 bedeutete den Bruch mit dem (keynesianisch inspirierten) Primat der Politik in der Ökonomie in Form eines liberalen Kurswechsels. Den argumentativen Hintergrund dafür habe ich bereits im vorangegangenen Abschnitt angedeutet: Als die Ursache der unbefriedigenden ökonomischen Situation galt die Überliquidität. Die *Dodge line* war somit der Übergang von einer primär nachfrage- zu einer primär angebotsorientierten Phase.[4]

Primat der Wirtschaft meint nun jedoch keinen Rückzug des Staates in die Nachtwächter-Rolle, sondern eine Entpolitisierung im Sinne einer Verlagerung der gesellschaftlichen Kräfte auf die wirtschaftliche Entfaltung, unterstützt im ideologischen Bereich. Dieser Wechsel hing sehr stark mit den chaotischen politischen Umständen der TP I zusammen, allerdings gelang es, diesen Hintergrund ökonomisch zu verbrämen. Diese Entpolitisierung war ein doppelter Verdrängungsprozeß, zum einen nämlich hinsichtlich der Bedrohung der Stellung der wirtschaftlichen und politischen Eliten, und zum anderen ließe sich wohl auch für Japan folgendes Zitat übernehmen: „Statt dessen stürzte sich das besiegte Volk mit wütendem Eifer auf den Wiederaufbau" (Volker Ullrich in *Die Zeit*, 21.4.95).

---

4 Die Bezeichnung leitet sich von dem amerikanischen Wirtschaftssonderberater und Bankier Dodge ab.

Mit der *Dodge line* wurde Japan wieder ein Außenhandel ermöglicht, um eine Integration in den Weltmarkt zu erreichen. Die kontrollierte Volkswirtschaft mit Preiskontrollen u.ä. sollte in eine freie Marktwirtschaft überführt werden. Die Verschuldungs- und Subventionspolitik der vergangenen Jahre wurde aufgegeben. Der über-balancierte Dodge-Staatshaushalt von 1949 (vergl. Tabelle 9) strebte einen insgesamt ausgeglichenen Haushalt an, der also Schlupflöcher und Sonderhaushalte mit berücksichtigte. (Zur *Dodge line* auch Fujii/Ôe 1970: 130ff) Er führte schließlich zu einem Einnahmeüberschuß bzw. zu einer kurzfristigen Umkehr der finanziellen Ströme zwischen dem Staat auf der einen und den Privathaushalten und Unternehmen auf der anderen Seite zugunsten des Staates (dazu Nakamura 1986:197; Tsuru 1993:54). Die japanische Seite versuchte zwar indirekt die deflationären Auswirkungen für die Wirtschaft zu umgehen, indem sie die Bank von Japan bei der Kreditvergabe zur Großzügigkeit ermunterte, woraus die Praxis der Überbeleihung (*overloan*) resultierte (Nakamura 1986:200). Dennoch setzte als Konsequenz der extremen Liquiditätsverknappung zunächst ein Stagnieren der Produktionsentwicklung und ein Rückgang der Beschäftigung ein (Tabelle 10).

TABELLE 10:

Entwicklung von Wirtschaftsindikatoren nach der *Dodge line* (in Millionen $)

| | Beiträge zur Entwicklung der Leistungsbilanz | | | | | Produktions-index in Bergbau und Industrie* | Beschäftigungs-index im Verarbeitenden Gewerbe* |
|---|---|---|---|---|---|---|---|
| | Exporte | Importe | Handels-bilanz | Hilfs-gelder | *Special Procure-ments* | | |
| 1949 | 536 | 728 | -198 | 534 | - | 18.2 | 50.7 |
| 1950 | 924 | 886 | 38 | 361 | 149 | 22.3 | 48.3 |
| 1951 | 1358 | 1645 | -287 | 157 | 592 | 30.8 | 51.9 |
| 1952 | 1295 | 1701 | -407 | 5 | 824 | 33.0 | 53.1 |
| 1953 | 1261 | 2050 | -790 | - | 809 | 40.3 | 55.6 |
| 1954 | 1614 | 2041 | -426 | - | 597 | 43.7 | 58.7 |
| 1955 | 2001 | 2060 | -53 | - | 557 | 47.0 | 60.4 |

* Indizes: 1960=100
Quelle: Nakamura 1981:42; Kôsai 1986:72

Mit dem Ausbruch des Korea-Krieges im Juni 1950 erfuhr Japan - wie auch die Bundesrepublik - einen Nachfragesog nach Investitions- und Produktionsgütern, Japan als direkte Nachschubbasis. Die angehäuften Lager verschwanden, die Produktion wurde ausgeweitet, und die Deviseneinnahmen durch die *Special Procurements* seitens der amerikanischen Streitkräfte sorgten für Leistungsbilanzüberschüsse. Verbesserte Profitbedingungen veränderten das Investitionsverhalten in der Privatwirtschaft. Die Anlageinvestitionen nahmen zu. Die wachsende Produktivität in den Schlüsselindustrien und -sektoren ging mit Entlassungen im Zuge der Produktionsausweitung einher. Außerdem sanken die Reallöhne.

Der konjunkturelle Einbruch nach der *Dodge line* wurde überwunden. Dieser indirekte Anschub der japanischen Volkswirtschaft hing vom Kriegsgeschehen in Korea ab, war also keineswegs als endogenes Wachstum zu interpretieren. Insofern ist es unzutreffend, die TP I als die erste Periode zu charakterisieren, in „der Japan seine industriellen Entwicklungsbemühungen ohne de facto-Verwicklung (...) in militärische Aggression unternahm" (so nämlich Sheridan 1994:121). Der „Take-off" ins Wirtschaftswunder vollzog sich „durch einen neuen Krieg (...) gestützt" (so Altvater/Hübner zur parallelen Entwicklung in der Bundesrepublik Deutschland, 1988:12) - wenn auch ohne direkte japanische Beteiligung. Bereits hier finden sich Elemente des neuen Leitmotivs: Bereicherung des Landes ohne militärische Abenteuer.

Die *Special Procurements* waren mehr als ein Zuschuß zur effektiven Nachfrage, wie allein ihr Umfang in Relation zu den Exporten zeigt. Sie waren die vorübergehende Lösung des zentralen Problems dieser Transformationsphase wie auch der folgenden Expansionsphase: der Devisenmangel bzw. der Zwang zur ausgeglichenen Leistungsbilanz als Grenze des Wachstums. Der Devisenmangel verhinderte dringend benötigte Rohstoff- und Technologieimporte. Durch die *Special Procurements* kam es zu Devisenzuflüssen *und* einer Nachfragesteigerung, so daß die japanische Industrie ihren Output in den Jahren 1950-53 verdoppelte. Ihre Bedeutung für den Wachstums- bzw. Anschubprozeß ist somit nicht zu unterschätzen. (Vergl. Itoh 1990:246). Beschäftigung und noch mehr die Produktion zogen in den beiden kleineren Aufschwüngen entsprechend an (1951 zu 1950, 1953 zu 1952).

Dieser erste der Wachstumszyklen der Nachkriegszeit wurde über den Peak des *Special Procurement*-Booms im engeren Sinne (1951) hinaus nach einer kurzen Abschwungphase verlängert durch verstärkte private wie öffentliche Investitionen und einen Nachfragesog durch wachsende Konsumausgaben der Privathaushalte, deren Bedürfnisse nach 1945 auf das Überlebensnotwendige beschränkt gewesen waren. Insofern bewältigte dieser zweite, sog. *Investitions- und Konsumboom* auch den Übergang zum Nachkriegs-Take-off. Nachdem die Produktionsausweitung im *Korea-Boom* noch kapital- und arbeitsintensiv gewesen war, gingen die Anlageinvestitionen nun vom Muster der Kapitalstock-Reparatur bzw. Erhaltung zur Kapitalstock-Erneuerung und Rationalisierung über, was in erster Linie die Schwerindustrie (inklusive Chemie), aber auch bereits die späteren Exportschlager Auto und Elektro betraf. (Kôsai 1986:80f)

Nicht nur für die Exportmärkte galt die Wettbewerbsfähigkeit des industriellen Sektors als Sorgenkind: Die Produktionskosten lagen zu hoch, die Produktivität war zu niedrig. Im *Economic Survey of Japan* von 1952 lautete die Bestandsaufnahme: „(The) equipment is often old-fashioned, decrepit and inefficient and will not easily permit standardization and mass production" (zit. n. Armstrong et al. 1991:129). Die in diesem Kontext entstandenen Expansions- und Rationalisierungspläne und ähnliche Maßnahmenpakete sind in vielerlei Hinsicht signifikant.

Die Erklärung für diese Unterstützung der Schlüsselindustrien ist natürlich eben in der Leistungsbilanzproblematik zu suchen. Die Exporte hingen von der noch lange nicht erreichten Wettbewerbsfähigkeit der verarbeitenden Industrien auf den internationalen Märkten ab - deshalb ja die schwache Handelsbilanz, verursacht durch nachlassende oder verhalten anwachsende Exporte in der ersten Hälfte der 50er Jahre. Hier galt es den Hebel anzusetzen, um langfristig erfolgreich zu sein: Technologie-Importe plus allmähliches *upgrading* der Produkte.[5] Dieser Kurs drängte sich aufgrund der Erfahrungen der ersten Wachstumszyklen auf. Denn auch der Investitions- und Konsumgüterboom stieß bald an eine, wenn auch durch die *Special Procurements* zunächst überwindbare Mauer (siehe Tabelle 10, zuvor). Die *Special Procurement*-Zahlungen gingen mit dem Waffenstillstand zurück, während gleichzeitig die Importe aufgrund der Erneuerung bzw. Erweiterung des Kapitalstocks und der Konsumenten-Nachfrage überproportional anschwollen.

Das (drohende) Leistungsbilanzdefizit ab 1953 bewegt die Verantwortlichen in Regierung und Zentralbank zu Konjunkturdämpfungsmaßnahmen - damit nahm die Stop and Go-Politik der 50er und 60er Jahre ihren Anfang. Sie gehorchte im Prinzip folgendem Muster: Die Binnennachfrage wuchs mit der konjunkturellen Bergfahrt, wobei die Importe stärker zunahmen als die Exporte. Die Handelsbilanz wurde negativ, so daß die Regierung mittels geld-, kredit- oder fiskalpolitischer Restriktionen die Konjunktur bremste.

Mitte der 50er Jahre trat Japan mit dem sogenannten *Jimmu-Boom*, dessen Aufschwungphase um die Jahreswende 1954/55 ihren Ausgang nimmt (vergl. Nihon keizai shinbunsha 1992:405), in die „Hochwachstumsphase" ein. Die

[5] Im selben Kontext stehen etwa die gleichzeitigen Experteneinladungen zur Verbesserung der Qualität der Produkte und Prozesse, wie auch die amerikanische Entwicklungshilfe durch Trainingsprogramme im Bereich der Qualitätskontrolle. Für 1952 wird die Zahl der japanischen Beschäftigten, die das *Training Within Industries*-Programm durchliefen, auf mehr als eine Million geschätzt (dazu: Schroeder/Robinson 1991:71ff).

wirtschaftlichen Ausgangsprobleme waren volkswirtschaftlich überwunden, wie Tabelle 11 zeigt.

TABELLE 11:

Zur Einschätzung und Abgrenzung der Transformationsphase I*

| | Vorkriegslevel übertroffen | Vorkriegs- und Kriegsmaximum übertroffen |
|---|---|---|
| Industrieproduktion | 1951 | 1955 |
| BSP, real | 1951 | 1954 |
| BSP pro Kopf, real | 1953 | 1957 |
| Anlageinvestitionen, real | 1951 | 1957 |
| Privatverbrauch, real | 1951 | 1952 |
| Exporte, real | 1957 | 1960 |
| Importe, real | 1956 | 1959 |

* Preise von 1934-36
Quelle: Angaben nach Nakamura 1986:212

## Zum Regulationsmodus der Hochwachstumsphase

Mit der Konsolidierung der ökonomischen Verhältnisse Mitte der 50er Jahre also nahm die erste Expansionsphase (EP I) ihren Anfang. Im ökonomischen Raum wurde das intensive Akkumulationsregime von einer Reihe von Institutionen vermittelt, die ich nun in ihren Grundzügen charakterisieren will. Diese lassen sich z.T. aus der skizzierten wirtschaftlichen Entwicklung heraus verstehen - als „Sachzwänge". Unklar bleiben dann allerdings die Umstände der konkreten Ausprägungen der Elemente der Regulationsweise, ihr Charakter als „Formen". Deshalb bedarf es der weiterführenden Untersuchung des politischen Raumes und des Verhältnisses von Kapital und Arbeit.

Die ökonomischen Kennzeichen der Regulationsweise waren:

- Das Projekt einer Aufholjagd gegenüber den Industrieländern des Westens, wie sie seit *Meiji* verfolgt worden war, mit soviel Wachstum wie es die Zahlungsbilanz erlaubt und dem Entwicklungsziel, diese Schallmauer nach oben zu verschieben. Die Leistungsbilanz bildete eine Art Wachstumsgrenze (vergl. auch Ackley/Ishi 1976:169f). Verschuldung bzw. Kapitalabflüsse sollten verhindert, der En-Kurs von 360 En pro US-Dollar im Rahmen von *Bretton Woods* sollte verteidigt werden - so die weit geteilte Meinung (dazu Kôsai 1988:36). Wenn die über einen Zyklus ausgeglichene Leistungsbilanz nationale Unabhängigkeit bedeutete, so war die industrielle Rationalisierung der Weg dahin, über die Verbesserung der Exportmöglichkeiten. Dieses Ziel zu erreichen wurde in der folgenden Blütezeit des Welthandels insofern erleichtert, als das Volumen des Welthandels außergewöhnlich stark zunahm, stärker noch als die durchschnittlichen BSP-Wachstumsraten. Die japanischen Exporte konnten vor diesem Hintergrund soweit ausgedehnt werden, daß die Importe finanzierbar wurden (dazu Itoh 1990:142). Das geld- und fiskalpolitische Stop and Go war lediglich bis in die Schlußphase der EP I wirksam. Im überbordenden *Izanagi*-Zyklus (1965-71) schließlich kam es weder zu einer eindeutigen „Rötung" der Handelsbilanz noch zu einem Nachlassen der Konjunktur, trotz entsprechender antizyklischer Maßnahmen. Das Zyklen-Muster war gesprengt, Japan international etabliert.

• Nach der weitgehenden Abgeschlossenheit in den Jahren nach 1945 folgte die Reintegration in den Weltmarkt, aber aufgrund der Zahlungsbilanzproblematik im Vergleich zur EP II relativ binnenmarktzentriert (siehe Tabelle 2, Shinohara, M. 1986:287). Die konstant niedrige Exportabhängigkeit ging Hand in Hand mit einem wachsenden Anteil Japans am Weltmarkt.

• Grundlage des Wachstumsprozesses war vor dem Hintergrund des Zwanges zur internationalen Konkurrenzfähigkeit eine im internationalen Vergleich hochgradige Kapitalakkumulation mit Technologieimporten. Nachdem in der TP I die Nachfrage noch in erster Linie vom privaten Verbrauch getragen worden war, zogen die Investitionen zum Ende dieser Phase hin an (Investitionsboom). In der EP I lag die Investionsquote gleichbleibend ungefähr doppelt so hoch wie das BSP-Wachstum (beides real) - deshalb der niedrige Kapitalkoeffizient. Die Investitionen stimulierten (zusammen mit der relativ konstant wachsenden Privatnachfrage) den außerordentlichen Wachstumsprozeß (Itoh 1990: 157), weshalb die Charakterisierung als „investitionsgeleitetes" Wachstum für die EP I zutreffend ist (vergl. etwa Shinohara, M. 1986:18).

• Die Pointe des Systems der Finanzierung dieses Wachstums war, daß die skizzierten Investitionsschübe, die der Hauptfaktor des Wachstums waren, von einem „basically illiquid system of indirect financing" getragen wurden (Schmiegelow 1985:261f). Dies verhielt sich wie folgt:

Die Unternehmen, die ja im Unterschied zur Vorkriegszeit nur noch über eine geringe Eigenkapitaldecke verfügten, finanzierten sich über die Banken aus den gesparten verfügbaren Einkommen - ausgedrückt in der vergleichsweise hohen Sparquote. Die Banken wiederum wurden durch die extrem umfangreiche Kreditvergabe ausnahmslos zu Schuldnern der Bank von Japan, bei der sie sich über ihre Einlagen- und Eigenkapitalgrenze hinaus verschuldeten (*overborrowing*) (dazu Schaede 1989:51). Dadurch besaß der Staat durch die Zentralbank eine relativ starke Position bei der Steuerung von Krediten. Die Regulation der Finanzmärkte reichte bis zur völligen Kontrolle des Zinsgefüges jenseits der

Marktkräfte, und war auf das Primärziel ausgerichtet, die Unternehmen mit Liquidität zu versorgen (ebd.:31).

Die interessante Frage, warum sich der Finanzsektor diesen Kontrollen überhaupt unterworfen hat, dürfte sich aus der Problematik des *overborrowing* sowie der Profitabilität des ganzen Systems für die Banken erklären. Diese indirekte Finanzierung war laut Calder eine Folge des regulierten Finanzsystems und nicht Ausdruck von Marktkräften - eine direkte Finanzierung wäre womöglich sogar günstiger gewesen. Zudem standen dem Schuldner durch die Devisenkontrollmechanismen keine internationalen Alternativen zur Verfügung. Diese Struktur sicherte den Banken während der EP I wesentlich höhere Profite als der Industrie, trotz der regulativen Niedrigzinz-Politik (1993:139).

Die Banken sollten strukturell aus dem Nachkriegschaos somit eher gestärkt hervorgehen. Speziell die alten *zaibatsu*-Banken „sammelten (zudem) durch die Kreditvergabe im Rahmen der Unternehmensgruppen die verschuldeten Unternehmen der gleichen Gruppen direkt ein" (Shibagaki 1974:96), womit sie einen wesentlichen Beitrag zur (Re-)Konstruktion der Unternehmensgruppen leisteten.

Den Finanzinstituten kam also eine durchweg bedeutsame Stellung zu, übrigens auch in den *zaikai*-Verbänden oder der LDP (Calder 1993:141). So gesehen lassen sich die beiden folgenden Expansionsphasen auch als Ausdruck von Kräfteverschiebungen zwischen den Fraktionen des Industrie- und Finanzkapitals deuten. Das *zaiteku* der 80er Jahre war somit eine Form der Befreiung des Industriekapitals, das mit der wachsenden Unabhängigkeit von der Bankenfinanzierung mit der TP II seinen Ausgangspunkt nahm.

Interessant ist das völlig unterschiedliche gesellschaftliche Verschuldungsmuster im Vergleich zu den USA: Während in Japan die Unternehmen die mit Abstand größten Schuldner sind, sind es in den USA die Privathaushalte. In Japan waren die Privathaushalte in der EP I weitgehend systematisch von den Kreditmärkten ausgeschlossen, worauf Wallich/Wallich hinweisen (1976: 275ff). Die hohe Sparquote scheint so zumindest teils durch die quasi nicht vorhandenen Konsumentenkredite induziert. Es war also die Absicht der Finanzpolitik, daß es nicht zu einem *crowding out* kam, dafür spricht auch die zeitliche Koinzidenz, daß nämlich die Sparquote mit dem Übergang zum expansiven Gebrauch der indirekten Finanzierung seitens der Unternehmen zu steigen begann, also in der zweiten Hälfte der TP I, präziser nach dem Konsumboom 1952/53. Die Investitionen „schließen" im folgenden das Nachfragegap (dazu Ackley/Ishi 1976:173; Sakakibara/Feldman 1983:4).

Die Sparquote wird nicht selten mit der unterentwickelten sozialen Infrastruktur erklärt (z.B. Itoh 1990:158). Die Gegenposition verweist auf die Reallohn-Zuwächse und die wachsende Bedeutung der Bonuszahlungen (vergl. Nakamura 1981:98f). Die hochgradige Sparneigung verhielt sich allerdings zinsunabhängig bzw. es gab aufgrund der Niedrigzinsen kaum Anreize zum Sparen, wodurch eine Erklärung, die alleine vom rational handelnden Wirtschaftssubjekt ausgeht, kaum ausreichen dürfte. Auch die schleichende Inflation der 60er Jahre vermochte die Sparneigung nicht zu beeinflussen (dazu Wallich/ Wallich 1976:261). Die von Schaede zitierte gesamtgesellschaftliche „Wachstumsstimmung" (Murakami, zitiert nach Schaede 1989:43) dürfte deshalb ideologisch eine nicht unbedeutende Rolle gespielt haben.

- Die entscheidenden Einheiten dieses Investitionsprozesses waren die großen *Unternehmensgruppen*, deren „Herausbildung" durch
- die Eigenkapital-Schwächung,
- die Ermunterung zu Überschuldung und
- die halbherzige Dekonzentralisierung erleichtert, wenn nicht entschieden wurde.

Herausbildung meint hier einen Formwandel komplexerer Art, der die abstrakte Grundstruktur und nicht etwa die konkrete Ausformung betrifft: An Stelle der *zaibatsu* mit ihrer hierarchischen Struktur (Familie-Holding-Konzerne) traten die Unternehmensgruppen (*kigyô shûdan*), horizontale Verflechtungen um eine Hausbank und ohne den Überbau einer Holding. Hier kam es zu direkten Fortschreibungen wie bei Mitsui oder Sumitomo oder auch zu Brüchen wie im Falle der Fuyô-Gruppe, welche die alte Yasuda-Gruppe umfaßt.

Zu den Momenten dieses Formwandels! Die beiden ersten Punkte, also die der Probleme der Finanzen, wurden bereits angesprochen. Shimura beziffert die umgekehrten Relationen zwischen Eigenkapital und Fremdfinanzierung wie folgt: Gegenüber einer Eigenkapitalquote von ca. 60% bei Großunternehmen um 1935 waren es in den späten 50er Jahren noch durchschnittlich 26,5% (1975:148). Die Struktur verfestigte sich weiter durch die deflationäre Seite der *Dodge line*, die Versuche der Regierung, durch die Ermunterung zur Verschuldung den befürchteten rezessiven Folgen zu begegnen.

Das entscheidende Moment, das den eigentlichen Formwandel von *zaibatsu* zur Unternehmensgruppe ausmacht, waren die halbherzigen Entflechtungen und die darauf folgenden netzwerkartigen Umgruppierungen, die das Fehlen der Holding-Familien-Bande aus der Zeit der *zaibatsu* (über-) kompensieren sollten. Weder waren die wechselseitigen Aktienanteile wirklich entflochten, noch war die Rolle der Hausbanken berührt worden. Im Gegenteil, letztere wurden in ihrer Position gestärkt (bezeichnenderweise werden die „neueren" bzw. gebrochenen Formen der Unternehmensgruppen wie etwa Fuyô auch als „bankzentrierte Gruppen" definiert (etwa Gerlach 1989:144).

Nachdem sich das weltpolitische Klima Richtung *Kalter Krieg* verändert hatte, richtete die Besatzungsmacht ihren Kurs auf eine wirtschaftliche Eigenständigkeit Japans aus, nicht zuletzt, um die amerikanischen Hilfszahlungen einstellen zu können (Tabelle 10). Dies bedeutete auch ein Ende des Reformeifers in der Frage der Konzentration an Marktmacht. Die Entflechtungsvorhaben wurden in lediglich bescheidenem Umfange durchgeführt. Die sog. *Holding Company Liquidation Commission*[6], deren Aufgabe es war, die exzessive ökonomische Konzentration zu reorganisieren, hatte noch im Februar 1948 325 Firmen zur Entflechtung vorgesehen (Tsuru 1993:19). Ein Ergänzungsschreiben des GHQ vom April 1948 nahm die Banken bereits völlig von der Entflechtung aus (Shibagaki 1974:58). Inzwischen wandelte sich die Stimmung weiter - eine solche Schwächung der ökonomischen Substanz schien nicht mehr zeitgemäß. Bereits im Juli '48 wurde die Liste auf 100 Firmen zusammengestrichen, im Dezember '48 die entsprechende Order der *Far Eastern Commission* formell zurückgezogen. Zu diesem Zeitpunkt waren lediglich neun Firmen betroffen (Tsuru 1993:41), die Angaben diesbezüglich schwanken allerdings, die Tendenz bleibt jedoch gleich.

Zudem war eine Entflechtung keineswegs gleichbedeutend mit einer wirklichen Auflösung eines Unternehmens. Die - wie noch zu zeigen sein wird - politisch bedingten Reformen des Antimonopolgesetzes (*dokkin*) von 1947 hoben weitere gewichtige Teile der Dekonzentrations- und Entflechtungsvorhaben auf. Diese Revisionen von 1949 und 1953 erleichterten den wechselseitigen Aktienbesitz und damit die Re-Formierung der Gruppen (dazu Okumura 1992:48). Shibagaki spricht von 1951-53 als dem Zeitraum, in welchem sich jene Unternehmensgruppen herauszubilden begannen, die auf den alten *zaibatsu* basierten (1974:97). Die zweite Revision des *dokkin* bildete einen weiteren Meilenstein: Nunmehr folgten die Unternehmensgruppen, die sich um Großbanken scharten. Verflechtungen von Anteilen und Posten wurden gestattet, bei Finanzinstitutionen wurde der erlaubte Beteiligungsumfang von 5 auf 10% erhöht. Diese Lokkerungen der Regulierung des Aktienbesitzes von körperschaftlichen Unternehmen beschleunigte die Kapitalverflechtung, so daß die Beteiligungsstruktur Mitte der 50er Jahre bereits dem geläufigen Bild der Unternehmensgruppen entsprach (zur Revision im Detail: ebd.:89ff; auch Okumura 1992:188f).

Bereits mit der ersten Revision hatte die Wiederformierung der alten Handelshäuser eingesetzt. Die *shôsha* waren in 139 (Mitsubishi) bzw. ca. 200 (Mitsui) Gesellschaften zerlegt worden. Mitsubishi kam in der Folgezeit allerdings wesentlich schneller aus den Startlöchern: Bereits 1953/54 ist Mitsubishi Shôji wieder weitgehend komplett rekonstruiert. Bei Mitsui dauerte dieser Prozeß hingegen noch bis zum Ende der 50er Jahre. Darin dürfte auch ein Grund für die Umkehrung des ökonomischen Kräfteverhältnisses zwischen den beiden Giganten ggü. der Vorkriegszeit zu sehen sein. (Shibagaki 1974:94ff)

Diese Unternehmensgruppen sind unübersichtlicher, anonymer. Die Eigentumsstruktur zeigt sich natürlich verändert, obwohl es alte *zaibatsu*-Familien

---

6 Jap.: *Jikabugaisha seiri iinkai.*

mit Anteilen und Management-Posten auch im Nachkriegsjapan gegeben hat (dazu Okumura 1992:49). Die *Holding Company Liquidation Commission* war für die Verbreitung des von ihr eingesammelten Aktienbesitzes der Familien und der Holdinggesellschaften zuständig. Ziel war eine breite Streuung, die einer echten Umverteilung im japanischen Kapitalismus gleichgekommen wäre. Allerdings setzte bereits mit der *Dodge line* ein Rückzug der kleinen bzw. privaten Investoren und Anleger von der Börse und korrespondierend dazu ein rapider Konzentrationsprozeß in den Händen der Finanzinstitute ein (dazu Okumura 1992:188ff; Shimura 1974:363). Es vollzog sich also ein Prozeß des Ersetzens individueller durch institutionelle Anleger (Gerlach 1992:58ff). Eine wirkliche Streuung der Aktien „hätte wohl einen Massenkapitalismus in Japan hervorgebracht“ (Okumura 1992:189) - doch lagen die Dinge zeitbedingt anders.

Die *zaibatsu*-Auflösung durchlief einen Prozeß der Veränderung, welcher der Charakterisierung eines Formwandels im Sinne von „damit alles beim alten bleibt, muß sich alles ändern“ recht nahe kommt.

Die Kehrseite der Fixierung auf die Großunternehmen ist die sog. *Duale Struktur*, die strukturelle Unterscheidung zwischen Groß- und Kleinbetrieben, an der sich kaum etwas ändern sollte. Ihre Bedeutung als gesellschaftlicher Flexibilitätspuffer (bezogen auf das Lohn- wie auch das Beschäftigungsniveau) darf nicht unterschätzt werden. Folgen wir der Analyse von Anasz et al. (1986), die sich noch dazu auf die Verhältnisse in zentralen Industriesektoren wie Auto und Elektro bezieht, so läßt sich in den Klein- und Mittelbetrieben selbst in der zweiten Expansionsphase kaum von Industriellen Beziehungen sprechen[7]. Es geht mir hier nicht um eine Pauschalisierung im Sinne der These von der „Dualen Struktur“ als „Ausbeutungsstruktur“, Ausbeutung als Divergenz von Profiten und Löhnen gegenüber den Großen sowie der Funktion als Konjunkturpuffer gedacht, denn diesbezüglich bleiben diverse Fragen offen (zu dieser Diskussion: Nakamura, K. 1991). Hier geht es lediglich um die Feststellung, das es diesen Dualismus gab und noch gibt, und das ihm eine große Bedeutung für den makroökonomischen Erfolg Japans zukommt. Der vielleicht springende Punkt scheint mir in der „Dialektik“ dieser unterschiedlichen Unternehmenseinheiten zu liegen, d.h. darin, daß sie in der Regel miteinander verknüpft sind, wobei die Frage nach der Form dieser Verknüpfung hier nicht zu interessieren braucht. Diese Verknüpfung jedenfalls beinhaltet gesellschaftlich funktional unterschiedliche Sektoren: hier die (internationale) Erfolgsgeschichte - dort die zunächst unsichtbaren anderen Teile der Struktur.

• Geringer Staatsverbrauch mit ebenso geringem Umfang der Anleihen-Emittierung, d.b. eine quantitativ geringe Rolle des Staates im Finanzierungs-

---

7 Zur Definition dieses Terminus vergl. den 3. Teil dieses Kapitels.

komplex; *crowding out*-Effekte sollten vermieden werden. Prinzipiell sollten die öffentlichen Ausgaben seit der *Dodge line* nicht durch Verschuldung finanziert werden. Die Emission von Staatsanleihen blieb dem Umfange nach lange Zeit außerordentlich gering; die staatlichen Gesamtausgaben konnten dennoch, trotz der zwischen Dodge und dem Konjunktureinbruch von 1965 beharrlich verfolgten Nicht-Verschuldungspolitik beständig wachsen, weil das Steueraufkommen stets stärker anstieg als das BSP (bei Hochwachstum und einem Steuersystem, das primär auf direkten, progressiven Personen- und Körperschaftssteuern aufbaute). Zum anderen war die Regierung jedoch bis 1965 bestrebt, die öffentlichen Ausgaben nur relativ unwesentlich zu erhöhen, um mit jährlichen Steuerreduktionen die Wähler zu erfreuen. (Dazu Pechman/Kaizuka 1976: 323ff) Diese fiskalpolitische Zurückhaltung sollte sich ab 1965 jedoch ändern.

Dieser niedrige Staatsverbrauch resultierte in erster Linie aus den geringen Verteidigungsausgaben und den in der Tat relativ wenigen Staatsbediensteten (Sakakibara/Feldman 1983:4f). Anders sieht es jedoch bei dem Anteil der öffentlichen Investitionen am BIP aus: Die direkte Rolle des Staates bei der Kapitalbildung wurde bereits angesprochen, und sie war vergleichsweise ausgeprägt. Weitere Momente werden im folgenden Abschnitt genannt. Japans öffentliche Hand ist somit kein Verbrauchs-, sondern eher ein Investitionsstaat.

• Der quantitativ ambivalente Staat hat jedoch noch einen weiteren Aspekt, die Verflechtung von Kapital und entsprechenden Staatsapparaten. Das Verhältnis von Staat und Großindustrie ist in - wenn auch unterschiedlichem Grade - integrativ zu deuten. Bestimmte Apparate in den zentralen Ministerien wie insbesondere die wichtigen Beratungsausschüsse (s. zuvor) sind in der Tat „durchschossen“. Zum einen finden wir diese Integration von den Anfängen der Prioritätsproduktion bis hin zur selektiven Konzentration auf bevorzugte Wachstums- und Exportindustrien in der Industriepolitik. Zum anderen spielt der Staat bei der Versorgung mit Liquidität eine nicht unbedeutende Rolle.

Die relativ große Bedeutung industriepolitischer Begleitung für die heranwachsenden Industrien in der ersten Periode der Hochwachstumsphase hing eng mit der Priorisierung in folgenden Bereichen zusammen, so wie in der TP I begonnen: Devisenzuteilung, Importrestriktionen, Steuererleichterungen, Technologieimporte mit Substitutionsauflagen etc.. (Dazu Trezise/Suzuki 1976:792f) Bis zum Ende der EP I sollten diese Optionen mit dem Erlangen der Export- und Wettbewerbsfähigkeit sowie mit den internationalen Verpflichtungen nach und nach an Bedeutung verlieren.

Bedeutsam sind hier die Rationalisierungspläne von 1952 und 1955 als Ausdrucksformen der Integration oder Verflechtung sowie durch ihren Zeitpunkt. Ihre Signifikanz beziehen sie aus folgenden Momenten:

Sie entstanden in Zusammenarbeit von Industrie und MITI und stehen zum einen für Industriepolitik, zum anderen für den Staat-Industrie-Komplex. Nur am Rande sei hier erwähnt, daß die ersten Bestechungsskandale in diesem Zusammenhang bereits 1954 bekannt wurden, als im Prozeß der Gesetzgebung zur Strukturanpassung in der Werftenindustrie im Anschluß an den Korea-Krieg Bestechungsgelder an Verwaltung und Abgeordnete flossen - eine Affäre, die u.a. ein Ende der Ära Yoshida mit sich brachte (dazu Shibagaki 1989:103);

Sie legten den Grundstein für den erfolgreichen Werdegang diverser Industriesektoren zu mittelfristig wettbewerbsfähigen Anbietern, teils auch als nachträgliche Anerkennung von autonomen Anstrengungen (etwa Toyota) und zwar durch gezielte Technologieimporte (beispielsweise bezüglich der günstigen Entwicklung der Konkurrenzfähigkeit der Stahlerzeuger in der Folge der Umstellung auf das Linz-Donawitz-Verfahren, dazu Hart 1992:275ff); Ausnahme unter den damaligen Schlüsselbereichen ist der Bergbau, dessen Niedergang angesichts der kostenungünstigen Gruben nicht überraschend kommt. Der entwicklungspolitische Schwerpunkt war eindeutig auf die Großbetriebe ausgerichtet, gegen den anfänglichen Widerstand der Interessenvertreter des Klein- und Mittelsektors (vergl. dazu die Studie von Garon/Mochizuki 1993: insb. 150f).

Sie bewirkten in jener Zeit eine erneute Verfestigung der Dualen Arbeitsmarkt-Struktur. Dadurch, daß die Zunahme an Beschäftigung auch in der Boomphase fast ausschließlich von den Klein- und Mittelbetrieben und zwar in Form instabiler Beschäftigungsverhältnisse absorbiert wurde, vergrößerten sich die Lohndifferenzen zwischen Groß- und Mittelbetrieben damals wieder (dazu Kôsai 1986:77).

Durch ihre politische Relevanz. Sie trafen auf den teils erbitterten Widerstand der Gewerkschaften, der sich gegen den Personalabbau in den verschiedenen Modernisierungsbereichen richtete. Darauf soll noch eingegangen werden. Im Zusammenhang mit den arbeits- und produktionsorganisatorischen Veränderungen (z.B. Qualitätsverbesserungen) rückte die Integration der Beschäftigten hinsichtlich einer Kooperation bei Qualität, Produktivitätssteigerung etc. ins Zentrum der arbeitspolitischen Diskussion.

Schmiegelow bezeichnet den im Rahmen der OECD-Länder neuen Stil der Industriepolitik, der in seinem antizipatorischen Charakter über übliche Begriffe von „Ordnungspolitik" hinausgeht, mit dem Begriff „positive adjustment", ein Begriff, der ursprünglich von der OECD geprägt wurde (Schmiegelow 1985:290). Es geht hierbei eben sowohl um „system change" wie auch um „system maintenance". Das Verhältnis Markt - Staat verhält sich demnach wie folgt: „The strategy is aimed at strengthening the ability of market participation to plan ahead while leaving the evaluation of market opportunities and investment decisions in the hands of private entrepreneurs" (ebd.:293).

So ideal wie sich das anhören mag, verläuft die japanische Industriepolitik nicht: Auch in Japan werden, wo es politisch opportun ist, gewaltige Subventionsmechanismen in Gang gesetzt, obwohl es nur in einem ganz spezifischen Sinne um „system maintenance“ geht (Landwirtschaft etwa), und sowohl „change“ als auch „maintenance“ werden in wachstums- bzw. industrie-nicht-konformen Bereichen wie den Folgekosten der rapiden Kapitalakkumulation bis zum Ende der EP I völlig ausgeblendet.

Behauptet wird hier mithin keine unmittelbare Verzahnung von Staat und Industrie mit Erfolgsgarantie - dazu sind die Interventionen bzw. ihre Erfolgsbilanzen zu strittig (dazu Friedman 1988 für den Maschinenbau: insb. Kapitel 3). „Grenzen“ der Erfolge zeigen sich natürlich auch in den Krisenerscheinungen, welche die TP II auslösen, bei Marktversagen etwa in Umweltfragen, Krisenbranchen usw. Damit ging auch „die Rolle des japanischen Staates als Faktor ökonomischen Wachstums (...) zurück“ (Itoh 1990:162).

Die zweite Form der Integration ist die des Staates als „intermediator“ im Finanzsystem, als „Einlagensammler“ und Verteiler (Sakakibara/Feldman 1983: 20f).

Von Regierungsseite wurden die Rationalisierungsmaßnahmen zunächst durch beschleunigte Abschreibungsmöglichkeiten, Steuer, Zoll- und Rückstellungsvorteile gefördert (Kanamori/Kôsai 1994:8). Zum anderen sollte die mit der *Dodge line* aufgetretene Praxis der Überbeleihung durch die Staatsbank mittels neuer, alternativer Finanzierungsmöglichkeiten für die Industrie ergänzt werden, um so die Kapitalakkumulation zu erleichtern.

Die Diversifizierungen der Finanzkanäle resultierten in den Gründungen der Export-Import-Bank, der Entwicklungsbank und der Lang-Zeit-Kredit-Bank.[8] Die Mittel der *Chôki shinyô*-Bank (u.a.) flossen aus den Postspar- und Postversicherungsfonds, mit dem Staat als Schaltstation (dazu Hamada/Horiuchi 1987: 231f). Etwa ein Viertel der Kredite an die Industrie kam in der zweiten Hälfte der TP I aus diesen öffentlichen Quellen (dazu Kôsai 1988:35), womit den öffentlichen Finanzinstitutionen Mitte der 50er Jahre eine nicht unwesentliche Rolle bei der Liquiditätsversorgung von Schlüsselsektoren zufiel. Die Kernunternehmen der drei großen Unternehmensgruppen (Mitsubishi, Mitsui, Sumitomo) verschuldeten sich in dieser Take-off-Phase zu einem weitaus größeren Umfange bei der *Nihon kaihatsu ginkô* oder der Export-Import-Bank als bei ihrer Hausbank aus der Unternehmensgruppe: Zwischen einem Drittel und der Hälfte des Kreditvolumens entstammten 1955 öffentlichen Fonds der Entwicklungs- und Export-Importbank, wohingegen sich der Anteil der Hausbanken zwischen 10 und 25% bewegte (dazu Shibagaki 1974:98f).

Die öffentlichen Finanzinstitutionen mögen zwar über die ganze Phase betrachtet absolut nicht so bedeutsam gewesen sein, doch sie waren strategisch auf

8 Jap. in obiger Reihenfolge: *Nihon yushutsunyû ginkô* (1950), der *Nihon kaihatsu ginkô* und *Chôki shinyô ginkô* (1951).

Schwerpunktprojekte konzentriert, und sie waren mit Sicherheit bedeutsam in Relation etwa zu vergleichbaren Instituten in den USA. Zudem kamen diese Finanzierungskanäle „einer de facto-Regierungsgarantie für Projekte, in denen diese partizipierten, gleich“ (Sakakibara/Feldman 1983:11). Als Risikosozialisierung sind solche Formen der Verknüpfung nicht zu unterschätzen.

Ein weiteres Feld öffentlicher Aktivitäten im Finanzsystem, das die obige Rolle wie auch die der direkten Kapitalbildung verknüpft, hebt deutlicher noch auf die Funktion als Sammler und Verteiler ab. Neben den Sozialversicherungsfonds ist hier vor allem das umfangreiche Postbanksystem angesprochen, wobei die Postbank durch höhere Einlagenzinsen und die bis in die EP II gewährte Quellensteuerfreiheit auf nicht zu hohe Summen regulativ privilegiert wurde. Diese Fonds werden staatlicherseits durch das *shikin unyobu* (Trust Fund Bureau; TFB) beim MoF investiv verteilt.

An dieser Stelle kommt das *Fiscal Investment and Loan Program* (FILP) ins Spiel, dessen Mittel u.a. an die öffentlichen Finanzinstitutionen fließen (s.ob.). Der „Zweite reguläre Haushalt“ wird eben durch das TFB mit Kapital versorgt und umfaßt nicht selten mehr als 50% des regulären Haushaltes. Die Mittel des FILP flossen als zinsgünstige, langfristige Kredite während der EP I zunächst global der investitionsbedürftigen Industrie, in den späten 60er Jahren den Nachzüglern der Entwicklung zu. (Dazu Matsuoka/Rose 1994: Kap. 34 und 46; Noguchi 1995:269ff)

Diese Möglichkeiten der Nutzung öffentlicher Finanzinstitutionen durch Banken und Industrie traten sozusagen an die Stelle der direkten Staatsinterventionen der ersten fünf Jahre. Zudem sprechen sie Bände über den Geist der Bündelung der Kräfte für die nationale Aufholjagd. Dieses Ineinandergreifen von Staat und Geschäftswelt war „der Ausgangspunkt des neuen Regierungs-Industrie-Komplexes“ (Kôsai 1986:90).

• Als Leitmotiv der nationalen Aufholjagd diente ein gesamtgesellschaftlich weitgehend konsensualer Imperativ: *fukoku*, nun jedoch ohne *kyôhei* [9](vergl. Nakamura 1986:211f).

Dieses *fukoku* ließe sich mit Ludwig Erhards Leitmotiv der deutschen Regulationsweise („Wohlstand für alle“ - so Altvater (1991:87)) fassen, daß es nämlich - so die übertragene Erkenntnis in Japan nach der Erfahrung der noch zu entwickelnden gesellschaftlichen Verteilungskämpfe in der TP I -

> „ungleich sinnvoller (...) ist, alle einer Volkswirtschaft zur Verfügung stehenden Energien auf die Mehrung des Ertrages der Volkswirtschaft zu richten als sich in Kämpfen um die Distribution des Ertrages zu zermürben

---

9 *Fukoku kyôhei* (Bereichert das Land - Stärkt die Armee!) war das ideologische Motto der ersten Industrialisierungs-Aufholjagd ab der 2. Hälfte des 19. Jahrhunderts.

und sich dadurch von dem allein fruchtbaren Weg der Steigerung des Sozialproduktes abdrängen zu lassen“ (Erhard 1957:10).

Bereits 1946 hatte Yoshida eine ähnliche Orientierung an maximalem Wachstum bekundet (Hein 1993:108). Dies war eindeutig aus der Erfahrung der laufenden gesellschaftlichen Konflikte geschehen, und in diesem Licht ist wohl bereits auch die Prioritätsproduktion zu sehen.

„Wachstum als Statussymbol“ (Galbraith) wurde zum Maßstab. Der „Ethos“ dieser Aufholjagd - so Taira - gehorchte letztlich den eigentlich gleichen Imperativen wie gehabt: Opferbereitschaft für den Zivilkrieg (Taira 1993:170). Allerdings sollte diese Kontinuität nicht überbetont werden. Die militärisch-expansive Entwicklungslinie war diskreditiert und zu Ende.

Die Betonung der BSP-Zahlen folgte dieser Logik eines wertfreien, entpolitisierten Wachstumsfetisches. Die Kosten des Wachstums bzw. die Opfer dafür müssen sich buchstäblich „negativ“ bemerkbar machen, indem sie die Sozialproduktgröße schrumpfen lassen. Die gesellschaftlichen Belastungen reduzieren zumindest erst einmal nicht das Wachstum, während die Frage der Wohlfahrtsgewinne verdunkelt wird. Die lange Zeit mögliche nahezu völlige Externalisierung der Kosten durch die Produzenten bestätigt das *fukoku* als primäres Ziel - es geht um die Nation, nicht um die Individuen, kein *fu kokumin*[10]! Die Gleichung Wachstum = Wohlstand im Sinne von „Bereichert das Land!“ entpolitisierte für die Folgezeit bis in den Übergang zur Krise des ökonomischen Raumes dahingehend, daß Wachstum zu einem rein technischen Problem umgedeutet werden konnte.

Die mit der Landreform bereits kurz gestreifte Frage von gesellschaftlicher Redistribution war mit der TP I beantwortet: „redistribution occured *before* economic growth began“ (Hein 1993:101). Wohlstand stellte sich somit in der Tat distributiv ein, ein Zusammenhang von Wachstum und egalitären Veränderungen war hingegen weniger direkt auszumachen. Japans Aufstieg ist somit ein Wachstums- oder Entwicklungswunder, nicht jedoch ein Wohlfahrtswunder. Diese Verhältnisse begannen sich im ideologischen und politischen Raum erst aufzulösen, als ihnen durch das plötzlich nachgebende Wachstum und das längerfristig gewachsene Bewußtsein um die sozialen Kosten von zwei Seiten zugesetzt wurde - in der TP II.

- Ein weiteres Kennzeichen der japanischen Regulationsweise soll hier nicht unerwähnt bleiben, auch wenn es trotz seiner unzweifelhaften Bedeutung auf den folgenden Seiten keine weitere Rolle mehr spielen wird.

Dieses Kennzeichen ist die Verdrängung der Frauen in die instabilen Arbeitsmärkte bzw. in die Rolle einer doppelt belasteten Rekreations- und Reproduktions-Bediensteten zur Abfederung der „Rundum-Nutzung“ (Deutschmann)

---

10 *Kokumin* heißt: das Volk, die Bürger.

der männlichen Arbeitskraft einerseits, und ebenso gewichtig in der Rolle eines Surplusarbeiter-Reservoirs andererseits. Diese Reservoirrolle hat - wie Shimada et al. gezeigt haben - sehr effektiv, gerade auch in Bezug auf die Arbeitslosigkeit funktioniert. Die weibliche Beschäftigung ging in Boomphasen demnach in die Höhe, wohingegen in rezessiven Phasen und ganz besonders deutlich in der hier als TP II bezeichneten Frauen im gewissen Umfange nicht nur als Beschäftigte, sondern auch als Erwerbspersonen überhaupt, statistisch also, verschwanden (dazu Komiya 1990:336ff).

Die Regulationsweise war entwicklungszentriert auf den Wohlstand der Nation, und zwar primär durch den Wohlstand der Industrie. Die Regulationsweise vermittelte somit ein weitgehend einseitig auf die *Abteilung I* abstellendes investives Konsumieren, ein intensives Akkumulationsregime mit eingeschränktem Privatkonsum, unter einer extrem hochgradigen Bündelung der Kräfte, ob wir den Geldfluß (Sparer - Staat/Banken - Industrie) oder die Staatsrolle (wirtschaftlich aktiv, sozial passiv) nehmen. Unternehmen bedürfen einer bestimmten Rentabilität auf das eingesetzte Kapital, um den Akkumulationsprozeß in Gang zu halten: Die vorliegenden Formen dieser Regulationsweise waren für die Kapitalbildung extrem günstig. Es gab kein *crowding out*, der Konsument wurde sogar behindert. Die Sparquote war hoch. Der Staat vermittelte Kapital und regulierte die Finanzinstitutionen. Von dieser Kräftebündelung waren auch die Demokratisierungsbemühungen betroffen, was sich in einem entsprechenden Formwandel der Unternehmensstrukturen etwa niederschlug.

Im Gegensatz zur westdeutschen Regulationsweise der Wirtschaftswunderjahre konnte diese einseitig auf Wachstum abzielende Form der intensiven Akkumulation in einem Reproduktionsprozeß vollzogen werden, der Fragen der Redistribution augenscheinlich auszublenden vermochte. Wie sah die politische Form des Staates aus, die dieses intensive, industrieorientierte Akkumulationsregime massenintegrativ und demokratisch legitimierte?

## Der politische Raum in Transformationsphase I

Der politische Raum sah sich in seinen verschiedenen Modalitäten nach und seit 1945 durch drei große Fragen herausgefordert:

- Die soziale Frage, einerseits auf der Ebene des mit der „radikalen Durchkapitalisierung" (Hirsch) der Gesellschaft zusammenhängenden sozialen Wandels, wobei allerdings aufgrund des Entwicklungslags durchaus noch auf vor- und frühkapitalistische Entwicklungspotentiale zurückgegriffen werden konnte (etwa die Landbevölkerung als Arbeitskräftereservoir, die Familie als soziale Absicherungsinstanz u.ä.), andererseits auf der Ebene der Verteilungsfrage(n) und der sozialen Infrastruktur;
- Die demokratische Frage, die durch die nach dem „verlorenen" Krieg verordnete Demokratisierung von Oben in Form der demokratischen *polity* gelöst wurde, deren konkrete Ausformung in den *politics* in diesem Kapitel im Mittelpunkt steht;
- Die ökonomische Frage, und zwar hier hinsichtlich der globalen Modalität der gesellschaftlichen Vermittlung und Organisation des (ökonomischen) Entwicklungszieles der nationalen Aufholjagd.

Der soziale Wandel, den die japanische Gesellschaft in ihrer Nachkriegsentwicklung durchlief, läßt sich auf wenige soziale Nenner gebracht wie folgt charakterisieren: In den 50er Jahren gab es einen hohen Anteil von Beschäftigten im Primärsektor (1955: 41,1%), davon fast die Hälfte Vollerwerbslandwirte; relativ viele Selbständige und „mithelfende Familienangehörige" (23,9 bzw. 30,3% der Erwerbstätigen); einen vergleichsweise geringen Anteil der Stadtbevölkerung (1950: 37,3%) bei großem Stadt-Land-Kontrast. Im achten Jahrzehnt hingegen war der Primärsektoranteil auf ca. 8% geschrumpft, davon nur mehr 14,4% im Vollerwerb; fast 80% der Erwerbstätigen waren nun abhängig beschäftigt, zum größten Teil im Tertiären Sektor (1992: 59,1%); 77,4% der Bevölkerung lebten in Orten mit mehr als 10.000 Einwohnern bzw. Japanisch „*shi*". Die Relationen zeigten sich also in der Regel völlig umgedreht. (Quelle: Asahi nenkan[11], diverse Jge.)

Betrachten und analysieren wir also im folgenden die Leistungs- und Vermittlungsfähigkeit des politischen Raums im Sinne der kohäsiven und konsensualen Funktion des Staates vor dem Hintergrund dieses gesellschaftlichen wie auch des ökonomischen Wandels: Wie reagierte der politische Raum auf die drei gesellschaftlichen Fragen?

---

11 Fortan zitiert als AN.

## Demokratisierung und Formierung

Die entscheidende Frage, welche die Veränderungen der politischen Formen dieser ersten Phase determinierte, ist die Demokratisierung durch die Besatzungsmacht (-mächte).[12] Deshalb werden bei der Analyse des politischen Bereiches auch jene Institutionen im Fokus der Betrachtung stehen, die *neu*, Konsequenzen der demokratischen Verfassung, sind. Die Verarbeitung der Demokratisierung und damit die permanente Legitimierung der hegemonialen Projekte erfolgte schließlich primär über die parlamentarisch-repräsentativen Institutionen, d.h., ich beschränke mich in der Betrachtung auf Parlament und Parteien als Ort der demokratisch vermittelten Legitimation. Damit wird der Bürokratie als weder direkt demokratisch vermitteltem noch primär massenintegrativem Teil der Staatsapparate hier kein oder ein allenfalls komplementärer Raum eingeräumt.

Ich möchte dies hier anführen, weil die Konzentration einer Analyse des politischen Bereiches auf die demokratisch gewählten Institutionen gerade im Falle Japans obskur bis fragwürdig erscheinen wird. Recht häufig wird der Bürokratie nämlich eine Rolle zugeschrieben, die sie de facto als Ersatz für die schwache, seltsame etc. Funktion oder besser Nicht-Funktion des Parteien- und Parlamentssubsystems erscheinen läßt. Unabhängig davon, ob sie diese Funktion wirklich ausfüllte: Sie ist hier nicht relevant, genausowenig wie die Frage danach, ob der japanische Staat „stark“ ist (dazu etwa McKean 1993). Die Staatsapparate haben jene zuvor entwickelte Rollen oder Funktionen - Stärke ist insofern an dieser Stelle eine verfehlte Kategorie, weil es gar nicht um Nullsummenspiele geht. Entscheidend ist hier die organisatorisch-vermittelnde, konsensual-kohäsive Globalfunktion des Staates mit den Indikatoren Regierungszusammensetzung und Wahlen.

Zudem ist die Bedeutung der Bürokratie, ihre Zentralität im Rahmen der Staatsapparate inzwischen durchaus umstritten - dies sei hier hinzugefügt. Gegenüber den traditionellen, oftmals überbetonenden Sichtweisen von der übermächtigen Bürokratie (die Interpretation des MITI seitens Johnsons etwa; 1982) erfolgte inzwischen eine Relativierung, u.a. ja auch durch die Pluralismus- und Neokorporatismus-Forschung wie auch durch die Beiträge zum Verhältnis von LDP und Bürokratie in der EP II (vergl. den Forschungsbericht von Foljanty-Jost 1991a). Ebenso können Sichtweisen zurückgewiesen werden, welche die

---

[12] Formell wurde diese Demokratisierung unter der Kontrolle der Alliierten mittels der *Far Eastern Commission* vollzogen, de facto jedoch waren es die Amerikaner allein, die den Prozeß dirigierten. An der Spitze der amerikanischen Besatzungsorganisation stand das *General Headquarters of the Supreme Commander for the Allied Powers* (GHQ/SCAP) (dazu Kanda 1989:72/77). In dieser Bezeichnung schlug sich auch der Anspruch nieder, *für* die anderen zu agieren.

japanische Bürokratie als überpolitisch erscheinen lassen (vergl. die Resultate einer Studie von Aberbach et al. 1990) - sie ist ein Teil der hegemonialen Projekte, aber ein nicht durch Wahlen legitimierter und erst im Verlauf des hier betrachteten Zeitraumes unmittelbar vergesellschafteter Teil.

## Demokratie im politischen Prozeß

Stockwin bezeichnete die sechseinhalb Besatzungsjahre als ein „Experiment" quasi-naturwissenschaftlichen Charakters, das den Politikwissenschaftlern endlich ein wirkliches Experiment in die Hände gegeben habe (1982:41). Dieses Experiment erstreckte sich im Grunde allerdings auf die gesamte Zeitspanne bis heute, nur, daß 1952 mit dem Ende der Besatzung die externen „Wissenschaftler" nicht mehr per Besatzungs*macht* experimentieren konnten. Das Experiment lautete „Demokratie in Ostasien", und davon handeln ja auch die Debatten der 90er Jahre zwischen *Clash of Civilizations* und dem *Ende der Geschichte*.

Am Anfang der politischen Demokratisierungen steht die *SCAP*-Order vom 29. August 1945, eine Grundlagen-Direktive zur gesellschaftlichen Umorientierung Japans. In ihr hieß es, daß die japanische Bevölkerung „shall be encouraged to form democratic and representative organizations" (zit. nach Livingston et al. 1973:8). Wesentlich daran ist die systematische Zulassung von Opposition in den politischen Kernbereich - ein Element, das der japanischen Gesellschaft vor der Kapitulation abgegangen war.

Viele, um nicht zu sagen die meisten männlichen Japaner, von den Frauen ganz zu schweigen, waren bis 1945 der Möglichkeit zur politischen Partizipation allgemein sowie oppositioneller Art im besonderen beraubt. Selbst die sog. *Taishô-Demokratie* der 20er Jahre entsprach einem allerdings soziologisch sehr eng gefaßten Elitenaustausch. *Taishô-Demokratie* bezog sich denn auch bezeichnenderweise auf die Etablierung von Parteienkabinetten, gebildet von den Mehrheitsführern der zwei staatstragenden Parteien *Seiyûkai* und *Kenseikai/Minseitô*. Beide waren konservativ, aber immerhin Unterstützer einer parlamentarischen Beschneidung des herrschenden Establishments. Selbst ein Verschwörungstheorien unverdächtiger Autor wie Hall weist daraufhin, daß sie Interessenvertreter der beiden großen *zaibatsu*, *Mitsui* und *Mitsubishi*, waren - und dies scheint wohl auch ihr größter Unterschied (1968:309).

Zugangsmöglichkeiten zu dieser *Elitenzirkulation* hatten aufgrund des (zudem geschlechterdiskriminierenden) Zensuswahlrechts bis zur Wahlrechtsreform von 1925 nur Bruchteile der männlichen Bevölkerung, nach Aussagen von Innenminister Wakatsuki 6% der Bevölkerung ggü. 25% nach der Reform (dazu Shinobu 1952:1231). Gleichzeitig mit dieser Lockerung des Wahlrechts zu einem allgemeinen Männerwahlrecht jedoch wurde das „Gesetz zum Schutz der öffentlichen Sicherheit" (*chianijihô*) erlassen und 1928 weiter verschärft. Jeder individuelle wie kollektive Versuch der Veränderung der Staatsform (*kokutai*) sowie des Privatbesitzes wurde darin unter Strafe gestellt. Damit wurde die libertäre Form dieser Zeit durch ihren repressiven Inhalt ad absurdum geführt. Somit sollte auch in den folgenden beiden Jahrzehnten ein Aufkommen bzw. Eindringen gesellschaftlicher Opposition in die Kernbereiche des Staates und von Politik erfolgreich verhindert werden.

Normativ bedeutete die 1946 eingeleitete Demokratisierung:

- einen liberalen, demokratischen Rechtsstaat mit entsprechenden Grundrechten unter besonderer Betonung der Befreiung der Frau;
- demokratische Institutionen wie Parlament, allgemeines Wahlrecht etc.;
- demokratische Organisationen wie Parteien, Interessengruppen;
- Demilitarisierung der Gesellschaft sowie die Abschaffung der staatlichen Unterdrückungsapparate.

Das neue, verwestlichte politische Japan manifestierte sich schließlich in der Verfassung vom Mai 1947. Diese war zwar formell vom japanischen Parlament im November '46 beschlossen worden, aber der Einfluß des GHQ auf ihren Gehalt wird allgemein als extrem stark eingestuft (dazu Masumi 1983: Kap. 2; Kyôgoku 1983:35).

Jenes Unterhaus, das über die Verfassung befand, war bereits unter einem wirklich allgemeinen Wahlrecht im April 1946 gewählt worden. Doch kamen die Parteien, die zur Wahl antraten, natürlich nicht aus dem „Nichts“. Zwar erfolgte durch die SCAP-Anordnung vom Januar 1946 zu „Removal and Exclusion of Undesirable Personnel from Public Office“ eine Säuberung unter belasteten Politikern, die alle drei großen Parteien betraf, wenn auch in unterschiedlichem Umfange: Von den direkten Nachfolgern der alten Parteien waren die Progressiven extrem, die Liberalen hingegen relativ wenig betroffen, und auch Sozialisten wurden vom politischen Leben ausgeschlossen (dazu Curtis 1988: 6). Der Anteil der Politiker unter den Betroffenen der Säuberungen war noch vergleichsweise hoch. Sie stellten 16,5% der „Opfer“ (79,6% waren Militärs; die Bürokratie blieb also weitgehend unbehelligt) (Baerwald 1959:80). Doch die Parteienstruktur und vor allem die persönlichen Seilschaften bestanden weiter. Außerdem war ein *removal* nicht gleichbedeutend mit einem Karriereende, genausowenig wie die Anklage als Kriegsverbrecher. Langfristig gab es teils erstaunliche persönliche Kontinuitäten bei allen Parteien. Eine Symbolfigur dafür dürfte Ichirô Hatoyama sein, der uns deshalb stellvertretend in diversen Zusammenhängen begegnen wird: als konstruktiver Parteigründer, belasteter und gesäuberter Teil des „alten“ Regimes, intrigant-konspirativer Machtpolitiker, indirekt als Filmfigur, Premierminister und Repräsentant kontinuierlicher politischer Seilschaften.

Masumi spricht deshalb auch nicht von Parteigründungen, sondern von „Wiederbelebung“ (Masumi 1983:133ff; ähnlich zur Kontinuität Kanda 1989: 99ff; Bisson 1949: Kap. 4; Yamamoto 1974:221). Die Kommunistische Partei

Japans (KPJ, *kyôsantô*) verdankte ihre allerdings bescheidenen Erfolge dieser ersten Phase denn auch ihrer unbefleckten Vergangenheit: „Sie hatte ein Alibi und konnte das bestehende Establishment in seiner Gesamtheit attackieren" (Masumi 1983:158). Zumindest in der ersten Zeit nach der Kapitulation waren dies gewichtige Attribute, von denen allerdings die Sozialistische Partei Japans (SPJ, *shakaitô*) ebenfalls profitieren konnte und dies quantitativ erfolgreicher. Im Originalton hieß dies: „Den Kampf mit der KPJ - die Wählerstimme der SPJ" (zit. nach Kanda 1989:291). Die SPJ wurde zum Sammelbecken der „main forces of the people's opposition" (Bisson 1949:45).

## Zur frühen Instabilität im politischen Kernbereich

Immerhin herrschten von nun an wirklich die Parteienkabinette, und dazu noch unter Beteiligung einer echten Opposition. Die großen gesellschaftlichen Auseinandersetzungen dieser konfliktreichen Phase werden im folgenden Kapitel zum „Haupt"-Widerspruch Kapital - Arbeit angesprochen - die relativ autonome Form ihrer Widerspiegelung im staatlichen Bereich, d.h. die regulative Ausgestaltung der Nachkriegsordnung unter der neuen Verfassung steht nun im Mittelpunkt.

Auffallende Merkmale der „großen" Politik dieser unmittelbaren Nachkriegsphase, aber auch der folgenden, scheinbar stabilen Yoshida-Ära sind zunächst die häufigen Regierungswechsel bzw. die Instabilität der Parteienlandschaft[13] (vergl. Schaubild 5). War diese Instabilität ein Reflex auf die zeitgleich ablaufenden Konflikte?

Diesen Frage möchte ich unter zwei Aspekten von Politik nachgehen: einem *inhaltlichen* und einem *formal-machtbezogenen.*

Zunächst sollen die beteiligten Akteure kurz eingeführt werden (dazu auch Yamamoto 1974:184ff): Die Liberale Partei (*jiyûtô*) verfolgte eine liberalere Form des Verhältnisses von Politik und Ökonomie, nicht etwa im Sinne eines laissez faire oder Manchester-Liberalismus, denn gewisse steuernde Eingriffe wurden angesichts der wirtschaftlichen Umstände, aber auch der Zielsetzung eines volkswirtschaftlichen Aufholens akzeptiert. Sie steht damit weitgehend für das *Primat der Wirtschaft* oder des Marktes - wohingegen die SPJ für eine reformierte, kontrollierte Ökonomie, das *Primat der Politik* stand, bis hin zur Partizipation der Beschäftigten an der Führung der Betriebe.

[13] In der TP I gab es bis zum zweiten Kabinett Yoshida 1948 fünf Premierminister mit entsprechend kurzer Amtszeit.

SCHAUBILD 5:

Zur Entwicklung der wichtigen Parteien

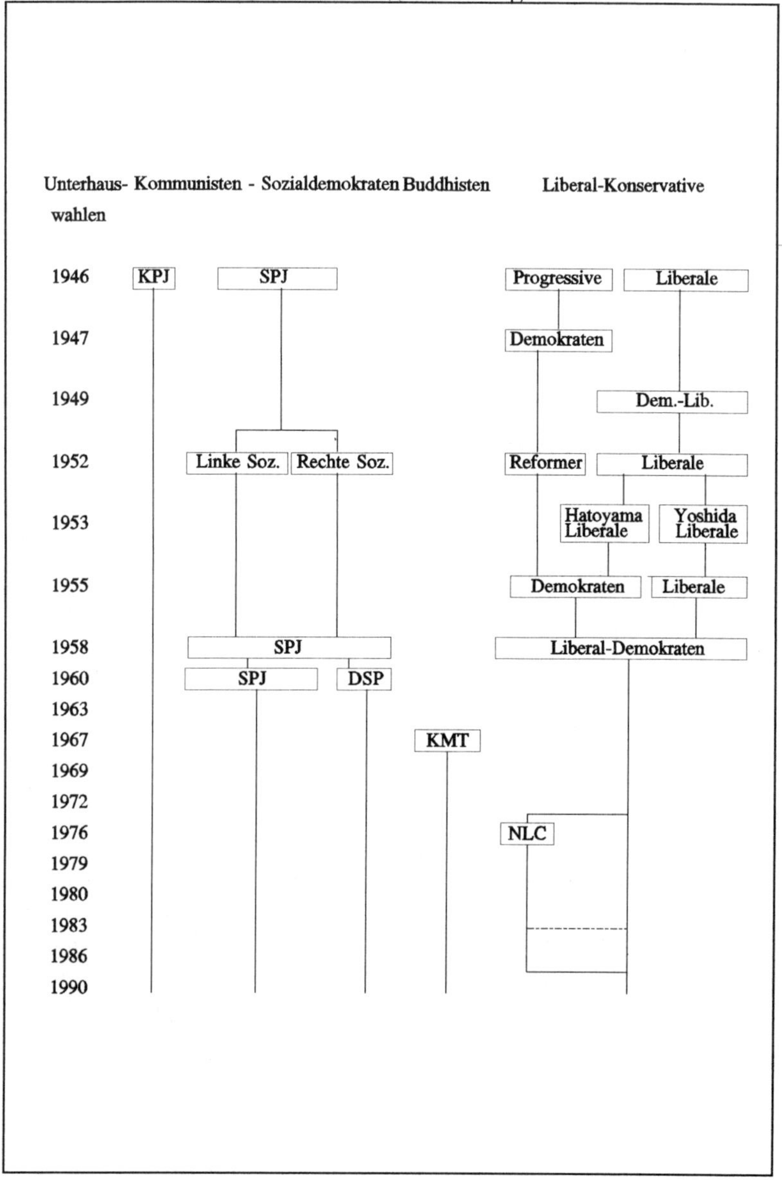


Quelle: AN 1977:323 und ff. Jge.

Die Progressiven/Demokraten (*minshutô*) wiederum verfochten einen reformorientierten Kapitalismus, und hier liegen wohl auch die Wurzeln für die folgende Koalition mit der SPJ, mit deren Scheitern diese reformerischen Vorhaben an sich geschwächt oder diskreditiert waren, obwohl in der LDP nach der Vereinigung mit den Demokraten diese „progressiven" Elemente stets präsent sein sollten.

Fragen wir nach einer inhaltlich anderen Art von Politik, so läßt sich ein Durchschlagen der gesellschaftlichen Konflikte eindeutig im Falle der Koalitionskabinette Katayama (SPJ) und Ashida (Demokraten) von 1947/48 konstatieren, an der Phase des Primats der Politik. Katayama war bis zum Einsetzen der Zerfaserung des japanischen Parteiensystems ab 1993 der einzige Sozialist und Nicht-Liberal-Konservative auf dem Sessel des Premierministers, nachdem die Sozialisten aus der ersten Wahl unter der neuen Verfassung 1947 als stärkste Partei hervorgegangen waren. Dieser hervorstechende Fakt hat dazu verleitet, das Katayama-Kabinett in seiner Struktur und Bedeutung zu überschätzen. Sicherlich wurden bestimmte regulative Weichenstellungen versucht.[14] Auch bewegte sich diese Regierung in einem schwierigen ökonomischen Umfeld, wie wir bereits gesehen haben. Und paradoxerweise fiel ausgerechnet in die Zeit der Kabinette Katayama/Ashida die Wende in der amerikanischen Besatzungspolitik mit ihren unterschiedlichen Folgen für die Reformpolitik[15]. Wenn das Verbot des Generalstreiks durch die Besatzungsmacht vom Februar 1947 diese Wende markierte, so ließe sich die zwei Monate später stattfindende Unter-

---

[14] Als zentrales Anliegen neben den aufgrund der neuen Verfassung anstehenden rechtlichen Grundsatzreformen wurde eine Vergesellschaftung des Bergbaus seitens der SPJ anvisiert, als deren Kern eine Belegschaftsmitbestimmung bei der Unternehmensleitung durch paritätisch besetzte Produktionsausschüsse galt. Das Vorhaben wurde durch den Widerstand der Opposition und der Koalitionspartner soweit verändert, daß schließlich lediglich ein auf drei Jahre begrenzter Produktionsausschuß vorgesehen wurde, und dies primär als Instrument, um alle Energien für den Bergbau zu bündeln. (Dazu Kanda 1989:303) Dieser galt im Zuge der Prioritätsproduktion als ein Flaschenhals für die Ankurbelung der Produktion.

[15] Wesentliche Beispiele hierfür sind das „Gesetz über die Staatsbediensteten" (*kokka kômuinhô*), wodurch diesen nicht nur das Streik-, sondern sogar das Kollektivverhandlungsrecht entzogen wurde - für eine Regierung mit sozialistischer Beteiligung sicherlich keine günstige Aufgabe. Außerdem fallen die erwähnte halbherzige Ausführung der Entflechtung von Unternehmen unter dem „Antimonopolgesetz" von 1947 (*dokkinhô*) sowie dem „Gesetz gegen exzessive Konzentration wirtschaftlicher Macht" von 1947 (*kôdo keizairyoku shûchû haijohô*) ebenfalls in diese Regierungszeit. Die entscheidende Umgestaltung der Entflechtungsvorschriften als Beispiel einer Re-Reform progressiverer Gesetze war allerdings die 1949 erfolgte Revision des „Antimonopolgesetzes". Sie fiel damit bereits in die liberale Phase. Diese Revision „ermöglichte den Zusammenschluß der alten *zaibatsu*-Unternehmen durch Aktienanteil- und Personalverflechtungen als Gruppen" (Shibagaki 1974:90).

hauswahl allerdings auch als (Trotz-) Reaktion eines nicht geringen Teils der japanischen Bevölkerung gegen diese Wende deuten. Doch darf dies alles nicht den Blick darauf verstellen, daß der Erfolg der SPJ sich sehr relativiert, auch wenn er den wirren Charakter dieser ersten Jahre alleine schon dadurch widerspiegelt, daß er überhaupt eintrat.

Relativ heißt hier: Es handelte sich nicht nur um keine SPJ-Allein-Regierung, nicht einmal um ein sozialistisch dominiertes Kabinett. Die - so die Bezeichnung von SCAP - „Koalition der Mitte“ war eine Drei-Parteien-Koalition mit je sieben Ministern aus der SPJ und der Demokratischen Partei und zweien aus der Volks-Kooperations-Partei (*Kokkyôtô*). Die SPJ war also *eine* Gruppierung neben zwei Liberal-Konservativen. Ursprünglich war sogar an eine Vier-Parteien-Regierung gedacht worden, als Allparteien-Koalition in der Not. Allerdings forderten die Liberalen, daß der linke Flügel der SPJ nicht berücksichtigt würde (Kanda 1989:292). Der war dann in der Tat in der Regierung nicht mit von der Partie[16]. Bei der Wahl des Premiers erhielt Katayama 420 von 426 Unterhausstimmen, 205 von 207 Oberhausstimmen (bei 466 bzw. 250 Mandaten), was nicht unbedingt für eine extreme Strittigkeit dieses Kabinetts spricht (dazu auch Kohno 1994). Im Ashida-Kabinett waren die Sozialisten noch einmal vertreten, nun sogar mit acht von 16 Ministern inklusive einem Linken als Arbeitsminister (dazu Masumi 1983:254).

Beide Kabinette zusammen überdauerten ganze siebzehn Monate, von Mai '47 bis Oktober '48. Die Katayama-Regierung war eine Episode. Es war ein Versuch des Eindringens von Opposition in den Kernbereich des Staates und strukturell wohl nicht mehr. Obwohl die Bewertung der Regierungstätigkeit der SPJ negativ ausfiel, gibt es doch auch positive Stimmen hinsichtlich der Bedeutung dieser kurzen Regierungsbeteiligung: „Had the SDP (SPJ) not led the government at that time, however, democratization would not have progressed as far as it did“ (Cole/Totten/Uyehara 1966:21).

Kommen wir nach dem *inhaltlichen* zum *formal-machtbezogenen* Aspekt. Die weiteren Instabilitäten sind in erster Linie dem Streben nach Macht innerhalb des liberal-konservativen „Lagers“ zu verdanken, die von einer Kräfteverschiebung hin zu diesen Parteien begleitet wird. Die dabei auftretenden Ausein-

[16] Dies war allerdings primär eine Frage des Selbstausschlusses, denn der linke Flügel der SPJ wollte die Beziehungen zur KPJ nicht aufs Spiel setzen (dazu Ôkôchi/Matsuo 1969: 214). Ich erwähne diesen Punkt deshalb, weil wir hier einem der roten Fäden der Nachkriegspolitik begegnen: der beständige, systematische Rückzug der „Linken“ in den Schmollwinkel, meist ideologisch aufbearbeitet als Dogmatismus (als ein neueres Beispiel, wie dies „wissenschaftlich“ begründet wurde/wird, z.B. Hasegawa 1984:1ff).

andersetzungen konnten durchaus extreme Züge annehmen, die einer Homogenisierung in Form eines Lagers in dieser Phase eindeutig im Wege standen:

- Beispiel dafür ist der Basiskonflikt Hatoyama - Yoshida, der aus der beleidigten Reaktion Hatoyamas entstand, als sein „Vertreter" auf dem Posten des Premierministers, Yoshida, nicht wie selbstverständlich seinen Platz räumen wollte, nachdem Hatoyama rehabilitiert wurde; aus dieser Gegnerschaft zwischen den beiden Liberal-Konservativen alleine resultierten mehrere Krisen und Splits der liberal-konservativen Parteien (u.a. 1954 die Bildung der *Nihon minshutô* (Japanische Demokratische Partei), nach dem Abspaltungsprozeß mehrerer Gruppierungen von den Liberalen im Kontext des *bakayarô*-Mißtrauensvotums 1953 [17]).
- Ähnlich symbolisch ist die Wahl Ashidas zum Premier 1948, als die Kontrahenten Ashida (Demokraten) und Yoshida (Liberale) noch gegeneinander antraten, der eine für, der andere gegen eine Koalition mit der SPJ und als in der Tat „die Entscheidung des Unterhauses die Entscheidung des Parlaments" (so Artikel 67 der Nachkriegs-Verfassung) werden mußte: das Oberhaus hatte nämlich mehrheitlich für Yoshida gestimmt. (Masumi 1983:253)

Diese teils persönlich begründeten Konflikte (siehe Hatoyama - Yoshida) sorgten für die diversen Umbildungen und Umgruppierungen innerhalb des Lagers der gemäßigten und rechten Parteien, bis hin zur Koalition mit den Sozialisten und gegen die politisch nahestehenden Kräfte. Allerdings neigt - wie noch zu sehen sein wird - das liberal-konservative Lager in Japan vermehrt zu solchen Instabilitäten, wenn die Verhältnisse im „vorpolitischen" oder ökonomischen Raum im Aufbrechen sind. Insofern dürften - wie ja auch an Yoshidas konsequenter Haltung wider die Sozialisten zu sehen - auch inhaltliche Fragen bei diesen oftmaligen Personalwechseln eine Rolle gespielt, die gesellschaftlichen Konflikte in das politische Machtspiel hineingewirkt haben. Doch ist dies eher indirekt der Fall - darauf möchte ich gleich noch einmal zurückkommen.

---

[17] Dazu: Yoshida hatte im Haushaltsausschuß einen Fragesteller der rechten Sozialdemokraten als „Idiot" (*bakayarô*) bezeichnet. Sein Sturz resultierte allerdings (zukunftsweisend) bezeichnenderweise aus Widerständen und Illoyalitäten des eigenen Lagers: Ein Teil des Hatoyama-Flügels der Liberalen Partei „fehlte" bei der folgenden Unterhausabstimmung zur Abstrafung Yoshidas bzw. trat zeitig zum Mißtrauensvotum aus der Liberalen Partei aus - Yoshida verlor das Mißtrauensvotum knapp. (Shibagaki 1989:101)

## Stabilisierung zur politischen Hegemonie oder: Die Dämmerung des LDP-Staates

Drei Aspekte sprechen dafür, daß mit der einsetzenden wirtschaftlichen Normalisierung im Übergang zur *Dodge line* und dem Verebben der Hyperinflation relativ zeitgleich auch auf der Ebene der großen Politik Ruhe und Stabilität einziehen:

- Das liberal-konservative Lager beginnt sich mit der Unterhauswahl 1949 zu konsolidieren: die Liberalen (erst *Minshu jiyûtô*, dann *Jiyûtô*) etablieren sich dabei als absolut dominierende Kraft (1949 269 von 353, 1952 242 von 331 und 1953 202 von 279 Unterhaussitzen)[18]. Die Anteile der „linken“ Parteien hingegen gehen zurück (1949-52), die Stimmen verteilen sich gleichmäßiger zwischen den Parteien (1949), und es kommt zur ersten Spaltung in Sozialisten und Sozialdemokraten bei ungefährem Kräftegleichgewicht (1952-53). Die 49er Wahl markierte so gesehen die Wende zum LDP-Staat, wenn auch noch in Keimform - jedenfalls „symbolisiert sie das Scheitern der 'Politik des mittleren Weges' mit der Niederlage von beiden Koalitionsparteien, Demokraten und Sozialisten“ (Fujii/Ôe 1970:128).
- Die zeitgeist-adäquate Gegen-Säuberung von Linken 1949-50, genannt *red purge*, bei der mit sowohl Unterstützung als auch Mäßigung seitens SCAP im Kontext der chinesischen Revolution sowie des ausbrechenden Koreakrieges, de facto aber vor heimischen Hintergrund, einige tausend „Linke“ („Rote“) ihrer Arbeitsplätze in Industrie und öffentlichem Sektor (und damit in der Regel auch ihrer Basis als Gewerkschaftler) beraubt wurden (dazu Cole et al. 1966: 330ff).[19]

Diese Maßnahmen trafen zwar die SPJ nicht so direkt, wohl aber die KPJ, die 1949 gerade unverhältnismäßig gut abgeschnitten hatte (35 Mandate gegenüber den 48 der SPJ). 24 ihrer ZK-Mitglieder wurden auf SCAP-Einwirken hin aus ihren Stellen im öffentlichen Dienst entlassen (Cole et al. 1966:31). Für die folgenden zehn, fünfzehn Jahre sollte die KPJ damit als politisch ernstzunehmende Kraft ausscheiden. Doch spielt auch hier wiederum ein Moment des Selbstausschlusses durch den abenteuerlichen Kurs der Partei eine Rolle: Die Hauptströmung beschäftigte sich in den kommenden Jahren „der ersten 'chinesischen' Phase“ mit „bewaffnetem Kampf“ (Pohl 1976:83; auch Scalapino 1967:86; Kanda 1989:428).

---

[18] Dazu auch Tabelle 12. Alle Angaben zu Wahlresultaten entstammen, sofern nicht anders angegeben, den entsprechenden Bänden des Asahi nenkan, Curtis 1988: Appendix, sowie insbesondere Satô et al. 1986: Anhang.

[19] Die Zahlen über solche Maßnahmen gehen selbstverständlich sehr auseinander. Cole et al. sprechen von mindestens 12.000 Linken (ebd. 330), Baerwald von ca. 21.000 in der gesamten Periode (Baerwald 1959:59).

Zudem setzte das staatliche Vorgehen als Beispiel einer „weitgehenden Mißachtung der (eben erst verkündeten; d.V.) grundlegenden Bürger- und Menschenrechte“ (Cole et al. 1966:330) eindeutige Zeichen für oder besser gegen die gesellschaftliche Opposition auf der wie auch immer gearteten linken Seite des politischen Spektrums oder die „politische Kultur“ im allgemeinen. Dies wirkte um so stärker, als die Besatzungsmacht beteiligt war. Wie noch zu sehen sein wird, begann gleichzeitig die Gegenoffensive auf der Ebene der Industriellen Beziehungen parallel zum ökonomischen Take-off des Korea- und Investitionsbooms. Hier manifestierte sich das veränderte politische Klima unzweideutig, auch für diejenigen, die nicht direkt betroffen waren. Ein weiterer Punkt verdient Beachtung: „The Occupation objective (...) that Japan emerge from the period of tutelage with a leadership of moderates, was compromised by the timing of the so-called 'red purge', for the latter coincided with the release from designation of the political extreme Right“ (Baerwald 1959:79).Wenn man bedenkt, daß diese Aufhebung der Betätigungsverbote für die durch das autoritäre Regime Belasteten ohne weiteres *screening* erfolgte, so lassen sich die Verhältnisse wohl kaum als gewahrt bezeichnen: Der politische Rechtsruck zeigt sich nachdrücklich.

• Die Ära Yoshida zwischen 1949 und 1954 beendete die Phase der instabilen Kabinette - für den „Rest“ der TP I scheint eine stabile Führung gefunden. Unter diesem augenscheinlich stabilen Dach rumorten die partei- wie auch lagerinternen Animositäten jedoch unvermindert heftig weiter. Yoshidas Karriere ähnelte in den letzten drei Amtsjahren einem Hürdenlauf, der die Auswirkungen der zentrifugalen LDP-Strukturen der 70er und 80er Jahre vorwegnahm. Etwa zeitgleich zur Unterzeichnung des Friedensvertrages 1951 eröffneten sich „gesäuberten“ Politikern Wiederbetätigungsmöglichkeiten mit den beiden Aufhebungen von Betätigungsverboten vom Sommer 1951 (Masumi 1983:402). Von der Reaktivierung Hatoyamas führt eine gerade Linie über dessen Faktionsgründung in der Liberalen Partei, eine von Yoshida gegen seine innerparteilichen Gegner vorbeugend eingeleitete Parlamentsauflösung 1952 über das *bakayarô*-Mißtrauensvotum 1953 bis zum de facto-Austritt der Hatoyama-Faktion '53 und der damit neuerlichen Entkonsolidierung. Nun standen sich wieder zwei große Parteien im liberal-konservativen Lager gegenüber: die Liberalen Yoshidas, die Demokraten Hatoyamas.

Yoshida trat, unter Druck geraten, 1954 ab. 1953 hatte er ein weiteres Mißtrauensvotum zu überstehen, diesmal wegen des fragwürdigen Vorgehens der Regierung bei der „Aufklärung“ bzw. deren Verhinderung der erwähnten Schmiergeld-Affäre in der Werftenindustrie (dazu Masumi 1983:428).

Sein Nachfolger als Premier wurde Hatoyama. Ein Jahr später bildete sich aus den zwei Machtgruppen die LDP. „Wünsche“ aus dem *Big Business* haben eine nicht geringe Rolle beim Zustandekommen dieser Vereinigung gespielt (dazu u.a. Curtis 1988:14; Masumi 1983:436). Hinzu trat als Antriebsmoment die Wiedervereinigung der beiden sozialistisch-sozialdemokratischen Parteien, die zudem bei der letzten Vor-LDP-Wahl Anfang 1955 zu alter Stärke gelangt waren. Diese Vereinigung hatte sich bereits Ende 1954 deutlich abgezeichnet. Zusammen mit den jüngsten Skandalen und den lagerinternen Zentrifugalkräften schien nun noch einmal Gefahr für die erreichte hegemoniale Stellung der Liberal-Konservativen zu drohen.

## Zur politischen Form der Transformationsphase I

Um die Fragen nach politischer Instabilität und oppositionellem Vordringen in den Kernbereich von Politik hier wieder zu verknüpfen, möchte ich nun zur Illustration beleuchten, wie die Kräfte in Parlament und Regierung verteilt waren. Denn all diese Ränke, persönlichen Animositäten und auch offenen politischen Konflikte dürfen nun jedoch nicht darüber hinwegtäuschen, wer bzw. welche gesellschaftlichen Kräfte im überwiegenden Teil dieser Phase das Sagen hatten.

Tabelle 12 zeigt die Stimmenanteile sowie die errungenen Mandate bei den verschiedenen Unterhauswahlen bis 1955, grob geordnet nach den politischen Lagern, wie hier im Text verwendet. Wegen der Unübersichtlichkeit und Fluktuation durch die vergleichsweise zahlreichen „Unabhängigen und kleineren Parteien" sind präzisere Zuordnungen insbesondere bei den ersten Wahlen schwierig bis unmöglich. Zur weiteren Veranschaulichung habe ich deshalb die Verteilung der Mandate am Tage des Zusammentretens des neugewählten Parlaments hinzugenommen, weil sich die Verhältnisse in der Regel bis dahin konsolidierten.

Bis zur Wasserscheide der 49er Wahl herrschte bei den Stimmenanteilen zwar noch so etwas wie ein Patt, aber auch nur scheinbar: Viele „Unabhängige" ließen sich durchaus dem liberal-konservativen Lager zurechnen. Deutlicher ist das Verhältnis der Mandate durch das bereits 1947 angewandte Wahlrecht mit Mehrerwahlkreisen (dazu Kyôgoku 1983:38f).[20] Hier dürfte vielmehr bedeutsam sein, daß es in dieser Anfangszeit nach Sitzen drei gleich große Parteien gab, eine davon aus der potentiellen gesellschaftlichen Opposition. Die beiden „Lager" sind auch noch keineswegs homogen-kohäsiv - in dem Sinne auch noch keine Lager, wie am Beispiel der Koalition von SPJ und Demokraten gesehen.

[20] In den Wahlkreisen wurden im Schnitt drei bis fünf Sitze vergeben. Auf die Rolle dieses Wahlrechts als Mehrheitsbeschaffer werde ich noch eingehen.

Dies alles änderte sich mit dem Scheitern der Mitte-Links-Koalition aus SPJ und Progressiven: Seit spätestens '49 lassen die Verhältnisse im politischen Kernbereich an Deutlichkeit wenig zu wünschen übrig. Fast Zweidrittel der Wähler und noch etwas mehr Mandate verteilen sich auf die liberal-konservativen Parteien. Die damals neuen Oppositionsparteien SPJ und KPJ, hingegen, an den Rand gedrängt, erholen sich bis zur Mitte des Jahrzehnts immerhin auf ein Drittel der Mandate. Ihre Labilität ist jedoch bereits in dieser Phase mindestens so groß wie die der Rechten.

TABELLE 12:

Stimmenanteile und errungene Mandate bei Unterhauswahlen in der TP I

| | 1946 | 1947 | 1949 | 1952 | 1953 | 1955 [a] |
|---|---|---|---|---|---|---|
| Liberal-Konservative | 46,3 | 44,5 | 63 | 67,2 | 65,6 | 63,2 |
| | 272 | 292 | 353 | 331 | 314 | 299 |
| davon: Liberale | 142 | 129 | 269 | 242 | 202 | 114 |
| Progessive, Demokraten | 97 | 132 | 70 | 89 | 77 | 185 |
| Sozialisten + Sozialdemokraten | 17,9 | 26,2 | 15,5* | 22* | 27,6* | 30,3* |
| | 95 | 144 | 55 | 120 | 138 | 156 |
| Kommunisten | 3,9 | 3,7 | 9,8 | 2,5 | 1,9 | 2 |
| | 5 | 4 | 35 | 0 | 0 | 0 |

*= inklusive *Rônôtô* (Arbeiter-Bauern-Partei)
Insgesamt 466 Mandate außer: [a] = insgesamt 467 Mandate
Quellen: nach Zahlen aus Curtis 1988; Satô/Matsuzaki 1986 jeweilige Anhänge

Es scheint mir an dieser Stelle unerheblich, der Diskussion darüber, ob in Japan auch nur ansatzweise die Frage „Kapitalismus oder Sozialismus" (so Ôkôchi 1947, zit. n. Yamamoto 1974:181) zur Entscheidung stand, tiefer nachzugehen, oder, ob sich hinter den anstehenden Problemen bzw. den zur Verfügung stehenden Lösungsstrategien wirklich diese Frage verbarg. Sicherlich mag dies subjektiv von den herrschenden Klassen(-fraktionen) in Großindustrie, Finanzwelt und Landwirtschaft so empfunden worden sein, worauf Yamamoto hinweist (1974:181f). Yamamoto bezeichnet die *Jiyûtô* und die KPJ als die Antipoden und Verfechter des jeweiligen Konzeptes. Ein Blick auf die Kräfteverhältnisse zwischen diesen beiden beantwortet die Frage allerdings, selbst wenn wir die SPJ hinzuziehen würden, was aufgrund ihrer Fragilität mehr als fragwürdig wäre. Aus der Programmatik und entsprechenden Äußerungen jener Zeit wird zudem offenbar, daß es auch auf ideologischer Ebene in der TP I keine geschlossene „Linke“ gab, sondern daß die SPJ in entscheidenden Fragen nicht selten den liberal-konservativen Parteien näherstand als der KPJ. (Vergl. ebd.: 187) Auch die Linke war heterogen - der politische Raum war von einer Zerfaserung gekennzeichnet. Und: wie sich ja ebenfalls zeigte, war selbst die SPJ intern so heterogen, daß sie sich in der Regierungsarbeit in eindeutige Flügel ausdifferenzieren ließ, um deren Berücksichtigung gerungen wurde, was schon bald zur ersten Spaltung führen sollte.

Eine solch vergröberte Sichtweise verdeckt wesentlich mehr, als sie uns weiterhilft. Falls wir nicht für alle Entscheidungen und Kräfteverhältnisse Reduktionismen oder gar Verschwörungstheorien heranziehen wollen, ist diese Sichtweise zweier gesellschaftlicher Lager - ähnlich der deutschen Situation nach dem 1. Weltkrieg - wenig hilfreich und auch unzutreffend. Eine solchermaßen vereinfachende Entscheidungsfrage existierte jedenfalls nicht in den konkreten Ausformungen der Widersprüche (etwa von Kapital und Arbeit).

Den traditionellen politischen Kräften als einem gesellschaftlichen Bündnis von Großindustrie und Finanzkapital, Teilen der Landwirtschaft sowie der mittleren Industrie war es nach einigen Jahren mangelnder Kohäsionskraft und Unordnung gelungen, eine gesellschaftliche Dominanz (wieder) herzustellen. Die politischen Organisationen, die für dieses Bündnisses standen, waren personellen und auch inhaltlichen Veränderungen durch den demokratisierten Prozeß unterworfen. Die Auswahlmöglichkeiten bezüglich des politischen Spitzenpersonals waren wieder vertrauten Gruppen übertragen, nunmehr allerdings eindeutig durch demokratische Parteien vermittelt, und hierin lag die Möglichkeit von Legitimations„zwängen“ unter Einbeziehung der Opposition; d.b., daß die demokratische Öffnung des politischen Kernbereichs nicht zu einer auch nur mittelfristigen Durchdringung desselben mit Vertretern oppositioneller Parteien/Gruppen geführt hatte.

Abgesehen von der kurzen Unterbrechung oblag die materielle Ausgestaltung der neuen Verfassung in Form der notwendigen Gesetzesreformen also nur sehr kurzfristig einer sozialistisch-sozialdemokratisch-bürgerlichen Koalition und in der Hauptsache einem dominanten liberal-konservativen Bündnis, welches zudem in der Phase nach 1948 wiederum zusammen mit der umorientierten Besatzungsmacht verschiedene Reformen zurückführen konnte - passend zu den veränderten internationalen, aber vor allem auch nationalen politischen Kräfteverhältnissen. Kompromisse, die in der turbulenten Anfangszeit gemacht worden waren (gutes Beispiel war das Antimonopolgesetz, aber auch die Arbeitsgesetzgebung durchlief ähnliche Pfade; dazu Ayusawa 1966:264ff), konnten nun bereits zurückgeschraubt werden. Allerdings blieb die Verfassung - Dank des ausreichenden Stimmenanteils ihrer Verteidiger und deren Sicht, die Verfassung als „Paket" zu verteidigen - von Reformationsbestrebungen unberührt (Crozier et al. 1975:123).

Mit dem Beginn dem ökonomischen Aufschwung der Expansionsphase I war im politischen Raum (im Kernbereich der politischen Führung) eine Lösung gefunden. Mit der Gründung der LDP formierte sich der liberal-konservative hegemoniale Block, wobei allerdings die Querelen mit internalisiert wurden. Hervorzuheben ist, daß diese Bildung eines einheitlichen politischen Blocks aus der Situation und den Erfahrungen der TP I ein weitgehend beispielloser Fall war. Weder in der BRD noch in anderen westeuropäischen Demokratien, und auch nicht im Vorkriegsjapan verschmolzen Liberale und Konservative zu *einer* bürgerlichen Partei. Der Herausbildungsprozeß der politischen Form war damit zunächst abgeschlossen. In der politikwissenschaftlichen Diskussion Japans nennt sich diese Lösung das „55er System" (*55nen taisei*; dazu Masumi 1988): Auf der Rechten die LDP, auf der Linken die SPJ. Auf seine Aussagekraft wird noch einzugehen sein. De facto hieß dies schließlich in der Rückschau: Eine hegemoniale Partei gewährleistet gesellschaftliche-politische Kohäsion, im Prinzip frei von oppositionellen Anfechtungen.[21]

Dies hatte aus der Perspektive der Jahre 1945/46 noch ganz anders ausgesehen. Das alte, um neue Elemente erweiterte politische Establishment hat die Demokratisierung bis 1955 jedoch kreativ verarbeitet. Die Form ist die beinahe alles und jeden ansprechende, programmatisch pragmatisch-nondistinkte, eben für den distributiven Wirtschaftswunder-Staat stehende Massenintegrations-Partei.[22] Mit ihr konnten die Interessen der abwechselnden Fraktionen des Big Business, der Landwirte wie auch die der städtischen Angestellten ideologisch zusammengeschweißt werden (dazu Tsujinaka 1986). Die LDP erweist sich dabei als kongeniale Verwalterin der ganz auf das Wachsen des Verteilungskuchens abstellenden *Elitenzirkulation*.

## Zur Stabilität der LDP-Herrschaft

Das „55er System" war letztlich die Bezeichnung für die politische Hegemonialstellung einer Partei. Dies schien 1955 noch keineswegs sicher: Der zwar dominierenden LDP stand eine immerhin aufstrebende SPJ entgegen. Ursprünglich war damit auch an ein Zweiparteiensystem gedacht worden, was

---

[21] Daß die LDP oftmals auch den Kompromiß mit der Opposition suchte, darf nicht über die grundlegende politische Färbung der Folgezeit hinwegtäuschen (Beispiel Sozialpolitik) (Dazu Pempel 1982:312). Außerdem ist das nicht so außergewöhnlich, wie etwa Untersuchungen zur Bundesrepublik zeigen (dazu u.a. Rudzio 1983:207f).

[22] Programmatisch steht die LDP über weite Strecken für die nationale wirtschaftliche Entwicklung unter Vernachlässigung der sozialen Entwicklung: „Wirtschaftliche Entwicklung im Dienste nationaler Größe" (Pohl 1989:300).

selbst bei Curtis noch leicht anklingt (1988:16). Doch war das Japan der späten 50er Jahre soziopolitisch bereits nicht mehr das Japan der TP I, erst recht nicht der frühen Jahre! Die Gesellschaft war inzwischen von einer gewissen Ruhe erfaßt worden. Die Wohlstand-über-Wachstum-Formel begann zu greifen und die großen, richtungs*weisenden* Auseinandersetzungen im politischen Raum waren Vergangenheit.

Wie läßt sich also dieses „55er System" in seiner gewendeten Bedeutung einer hegemonialen Vormacht einer Partei fassen? Satô spricht von einer für die hochentwickelten Länder einmaligen Stabilität einer „Hegemonialpartei" (*yûetsu seitô*) in einem Ein-Parteien-Dominanz-System (*ittô yûisei*) (Satô/ Matsuzaki 1986:10ff). Wenn wir den international vergleichenden Aspekt einmal beiseite lassen und zunächst den Werdegang des „55er Systems" nach Stimmenanteilen betrachten, so wird schnell klar: Die Bezeichnung Zweiparteiensystem für das „55er System" ist allenfalls als Euphemismus tauglich. Die Kräfteverhältnisse in der EP I waren stets eindeutig, ob wir die Stimmenanteile oder die Sitzverteilung im entscheidenden Unterhaus betrachten (vergl. Schaubilder 6 und 7). Die SPJ hatte zwar in diesen ersten Zeiten unmittelbar nach ihrer Wiedervereinigung durchaus auch Züge einer *catch all*-Partei, doch wurde dieses Potential an den LDP-Staat verschenkt durch dogmatisches Festhalten an zunehmend unpopulären Positionen (dazu Curtis 1988:121f). Die SPJ geriet mehr und mehr zum Sammelbecken der Verlierer, auch wenn das damals noch nicht so deutlich schien. Die Weichen waren gestellt. Und bezeichnenderweise waren es ja auch die Sozialisten, die sich schon kurze Zeit später wieder spalteten, und nicht die konservativ-liberale Faktionen-Sammlung LDP - 1960 mit der Gründung der *minshatô* (Demokratisch Soziale Partei, DSP) nämlich.

Wir sehen eine in den Expansionsphasen mit mehr als 50% Anteil weitgehend stabile LDP; ähnliches gilt im eingeschränkten Maße für die zweite Transformationsphase mit nach wie vor dominanten 45-50% Stimmenanteilen (außer 1976). Zudem läßt sich die „Balance" mit der Opposition in der Transformationsphase II nicht unbedingt mit der Ausweitung des Unterstützerlagers der anderen Parteien deuten. Gerade die Wahlen von 1979 und 1983 können auch als Resultat fehlender Mobilisierung der LDP-Klientel gedeutet werden (Satô/ Matsuzaki 1986:29). Bei beiden Wahlen war die Wahlbeteiligung vergleichsweise sehr niedrig. Bezeichnenderweise trifft dies nicht für die beiden Wahlen in der Krise zu (1972 und 1976): Die Wahlbeteiligung war hoch oder normal - hier beweist sich schon eine gegen die LDP gerichtete Stimmung. Auf die jeweiligen Hintergründe dieser Stimmungslagen werde ich noch zu sprechen kommen. Die politische Krise der TP III kommt in der Bedeutungszunahme der neuen Parteien zum Ausdruck - das Parteienspektrum sollte sich in dieser Phase enorm ändern.[23]

SCHAUBILD 6:

Stimmenverteilung bei japanischen Unterhauswahlen
(in % der abgegebenen Stimmen)

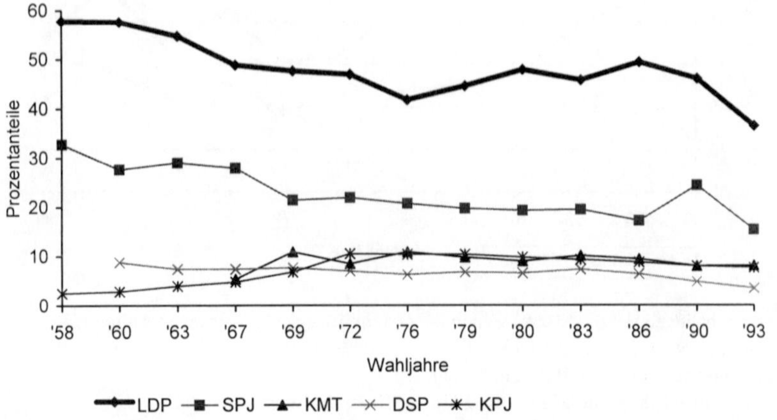


Quellen: Asahi Nenkan, verschiedene Jg.; Satô/Matsuzaki 1986:359ff

Als völlig instabil hingegen erweist sich die „Opposition“, für die ich allerdings folgende Bezeichnung vorziehe: die Nicht-LDP-Parteien. Aus einem Drittel an Stimmenanteilen der SPJ ist nach und nach ein Viertel oder ein Fünftel geworden. Sie ist der eigentliche Verlierer. Ausgefüllt werden die „Reste“ von neuen Parteien oder einer zurückgekehrten KPJ.

Die Stimmenanteile alleine reichen nicht bei einer Analyse der Vorherrschaft der LDP, diese drückt sich vielmehr auch im Wahlrecht aus und damit in der Mandatsverteilung im Parlament. Deshalb dürfte eine gewichtige, systematische Frage zu klären sein, die sich angesichts der Stimmenverhältnisse aufdrängt und die ich zuvor schon angedeutet hatte. Das Problem ist im folgenden Schaubild 7 veranschaulicht: Wie erhält *man* ständig die absolute Mehrheit an Sitzen, obwohl sich die Stimmenanteile (in der Krisenzeit) bedrohlich der 40% Marke nähern?

---

[23] Bei der Wahl von 1993 gingen ca. 21 % der Stimmen an drei Neugründungen aus dem Spektrum der LDP, die *shinseitô*, *nihonshintô* und die *shintôsakigake*.

SCHAUBILD 7:

Die LDP im Unterhaus: Stimmenanteile und Sitzanteile*

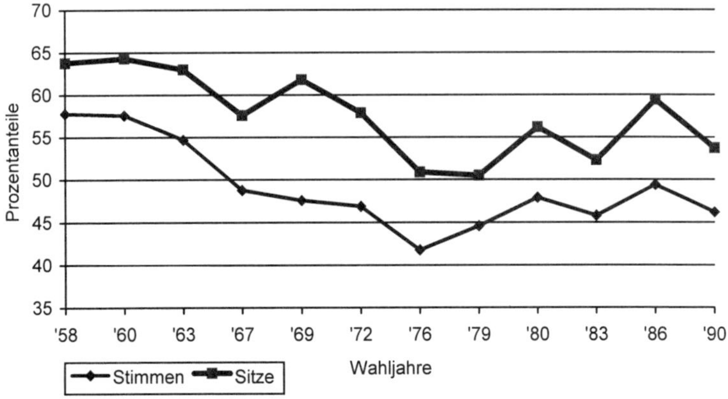


* Sitze = bezogen auf die Sitzverteilung am ersten Sitzungstag des neugewählten Unterhauses, weil somit alle drei unsichtbaren Koalitionspartner der LDP berücksichtigt werden: Wahlrecht, Übertritte (und Wahlkreiseinteilung)
Quelle: Curtis 1988; Satô/Matsuzaki 1986:359ff; Asahi Nenkan div. Jg.

Abgesehen von ihren wirklich beeindruckenden Ergebnissen hatte die LDP stets drei „unsichtbare Koalitionspartner“, von denen zwei aufgrund des Wahlrechts systembedingt waren. Mit ihnen konnte die LDP-Führung rechnen.

• Die Wahlkreiseinteilung entstammte im wesentlichen der TP I - die Verstädterung fand nur sehr, sehr bedingt ihren Niederschlag. Insbesondere LDP-Kandidaten profitierten in ländlichen Regionen, allein schon dadurch, daß sie für ihren Einzug ins Unterhaus ungleich weniger Stimmen benötigten als Kandidaten in neueren Ballungszentren wie etwa Chiba. Die Stimmen im ländlichen Raum - für die dort absolut dominierende LDP - „erzeugten“ mehr Sitze. (Dazu Stockwin 1982:110ff)

• Das Mehrheitswahlrecht bevorzugte natürlich auch in Japan trotz seiner abgeschwächten Form der Mehrerwahlkreise große Parteien. Und da es letztlich nur eine wirklich große Partei gab, profitierte auch hier die LDP extrem. Hinzu trat noch ein Moment des augenscheinlichen gar-nicht-gewinnen-Wollens seitens der Sozialisten, welches sich aus der schwachen Organisation der Partei erklärt. Die Zahl der zur Wahl aufgestellten Kandidaten überstieg seit 1960 nur noch ein einziges Mal die 200. Damit hätte die SPJ selbst im günstigsten Falle meist nur noch 30-35% der Mandate erringen können! (Zahlen dazu bei Curtis 1988: Appendix)

• Bei den Wahlen traten regelmäßig sog. „Unabhängige" an, Liberal-Demokraten, lokale Größen, später auch für die LDP in der Öffentlichkeit kompromittierende Größen wie Tanaka und Nakasone. Diese Unabhängigen stießen nach der Wahl wieder zur LDP - deshalb auch meine Betonung der Sitzverteilung am ersten Sitzungstag eines Unterhauses.

Diese drei Partner verhalfen der LDP regelmäßig und systematisch zu 5-12% mehr Sitzen, als ihr nach einem Verhältniswahlrecht zugestanden hätten, sprich: zur absoluten Mehrheit. Auch hier drückt sich ein Aspekt der Vorherrschaft der LDP aus, denn das System wurde erst in der politischen Krise seit Beginn der 90er Jahre zum Stolperstein und nach langer Auseinandersetzung reformiert. Bis dahin war die LDP in der Lage, ihre Vorherrschaft auch mit solchen unsichtbaren Koalitionären zu organisieren.[24]

## Transformationsphase I oder: „Die Bildung der japanischen Arbeiterklasse"?

Die Bedeutung des Verhältnisses von Kapital und Arbeit für das Problem der flexiblen Krisenüberwindung und der Problemlösungskapazität einer Gesellschaft ist bereits in den Kapiteln 1 und 2 angesprochen worden. Dies ist die Arena der gesellschaftlich entscheidenden Konflikte, aber nicht in jenem reduktionistischen Sinne eines einfachen Hauptwiderspruches. Im Mittelpunkt steht hier die Rolle, die der objektive Hauptwiderspruch Kapital - Arbeit in der konkreten Gesellschaftsformation des Nachkriegsjapan sowie in der Folgezeit spielte. Gefragt wird nach seiner Leuchtkraft, seiner prägenden Wirkung auf die Anordnung und Ausprägung der Widersprüche in der Struktur. These ist, daß in der Zeit zwischen 1945 und der Mitte der 50er Jahre eine Institutionalisierung dieses objektiv prägenden Konfliktes in einer charakteristischen Weise erfolgte, der die Bezeichnung „kleiner Kompromiß" gegeben werden soll. Dieser Kompromiß zwischen Großkapital und den Beschäftigten dieser Unternehmen wirkte kohäsiv und integrierend - und sei es negativ.

Ohne zeitlich allzusehr zurückgreifen zu wollen - die Verhältnisse vor 1945/46 lassen sich keineswegs als Industrielle Beziehungen im Sinne von Müller-Jentschs Definition von Industriellen Beziehungen als Organisations- und Institutionengeflecht beschreiben (Müller-Jentsch 1986:20) (vergl. als Illustration Gordon 1985:207ff;246ff). Radikale, übergreifende Organisationen

---

[24] Auf den Sonderfall der Wahl von 1983 und die Sonderrolle des Neoliberalen Clubs (*Shin jiyû kurabu*, NLC) werde ich später noch eingehen.

wurden verboten und unterdrückt, *gelbe* bzw. patriarchalisch orientierte Organisationen geduldet bzw. gepflegt (auch: Kume 1993). Zudem war das Industriearbeiterreservoir in den modernen Industrien zahlenmäßig zu beschränkt, als daß eine Arbeiterbewegung große Bedeutung hätte erfahren können. Unter dem autoritären Regime bis 1945 gingen jene Organisationen der Arbeit, die nicht sowieso längst verboten worden waren, freiwillig in der „Großjapanischen Industriellen Patriotischen Vereinigung" (*Dainihon sangyô hôkokukai*) auf bzw. als einigermaßen selbständige Größen unter (dazu Higuchi 1990:104). Allerdings erfuhren die Bemühungen der Beschäftigten nach besseren Arbeitsverhältnissen im Rahmen der Kriegswirtschaft staatlicherseits einige Unterstützung, so daß die Erwartungen der Belegschaften nach Kriegsende hoch waren. Auf diesem Bodensatz, „diesem historischen Kontext aus Forderungen und Erwartungen" (Gordon 1993:378), sollten zunächst die Organisationen gedeihen, denen emanzipatorische Gedanken näher lagen als die primär produktivitäts- bzw. kompromißorientierten Strömungen. Am Ende des Ringens um die Positionen zwischen den verschiedenen Organisationen von Kapital und Arbeit, bei dem es zunächst um die Kontrolle über das Unternehmen und später über den Produktionsbereich ging, sollte schließlich jene Etablierung der Schicksalsgemeinschaft Großunternehmen stehen, der ich den Namen „kleiner Kompromiß" gegeben habe. Dem werde ich nun nachgehen.

Im Rahmen der gesellschaftlichen Demokratisierung wurde die Bildung demokratischer gesellschaftlicher Organisationen ausdrücklich betont. Gewerkschaften waren bereits in MacArthurs sog. ersten Fünf Forderungen vom Oktober 1945 enthalten, als Punkt 2 (dazu Kanda 1989:88). Diese Schwerpunktsetzung durch SCAP war zumindest in den ersten zwei Besatzungsjahren keinesfalls ideologischer Natur. *Labour* nicht unfreundlich gesonnene Abteilungen sorgten dafür, daß sich auf rein organisatorischer Ebene die Gewerkschaften erst einmal leidlich konsolidieren sollten, bevor, zeitlich verzögert, ein zentraler Arbeitgeberverband zugelassen würde. (Levine 1984:323; Kanda 1989:250)

Ein Antriebsmoment der liberalen Reformen auf dem Sektor Arbeit, wenn auch keineswegs das entscheidende, dürfte für die amerikanischen Besatzer in der Transformation der Strukturen der „(...) peculiar political, social and economic forces existing in the country" bestanden haben (zit. n. Moore 1983:65f). In diesem schon vor dem Kriege häufig kritisierten Ungleichgewicht in der Entwicklung zwischen Kapital und Arbeit wurde die Ursache für die niedrigen Produktionskosten bei wachsender technologischer Konkurrenzfähigkeit in den erfolgreichen japanischen Industriesektoren gesehen.[25] Mit der Installierung

---

[25] Zischka argumentierte zur Problematik der Niedriglöhne in Japan hinsichtlich des Vordringens auf die Weltmärkte bereits 1936: „(...)alle Verteidiger von Japans niedrigen Löhnen hätten recht, wenn ihr Land auf einem anderen Planeten läge" (S. 67).

„westlicher“ Industrieller Beziehungen sollte sich - so die amerikanische Sicht - durch die einsetzende Verteuerung der Ware Arbeitskraft dieser Standortvorteil abschleifen. Auch aus dieser Perspektive drängt sich die Frage auf, was aus diesem Vorhaben einer Kräfteumverteilung zwischen Kapital und Arbeit durch die rechtliche Etablierung Industrieller Beziehungen geworden ist.

Wenn wir zunächst die folgenden Zahlen betrachten (Schaubild 8), wird klar, daß die Demokratisierung eine organisatorische Lawine auslöste: Von buchstäblich 0 im Jahre 1945 erfaßte die Gewerkschaften in Japan ein enormer Organisationsstrom. Innerhalb der ersten sechs Besatzungsmonate stieg die Zahl der Organisierten von ca. 4000 im Oktober '45 auf ca. drei Millionen im April '46 (vergl. Higuchi 1990:134). Bis 1949 wuchsen sowohl die absoluten Mitgliedszahlen (ebd.: 134;324) als auch der Organisationsgrad ständig - 1949 war mit 55,8% hier ein Höhepunkt erreicht. Dies sollte allerdings bereits in der Tat der Höhepunkt der Organisationsentwicklung sein. Die kurze „Depression“ in der Folge der *Dodge line* sorgte innerhalb eines einzigen Jahres neben jenen Faktoren wie der *red purge* für einen Rückgang von fast 10% auf 46,2%, übrigens auch absolut um ca. 900.000 Mitglieder. Und parallel zum ökonomischen Konsolidierungsprozeß setzte in den Jahren danach der langsame, aber stetige quantitative Verfall der japanischen Gewerkschaften ein. Dem Verlauf der Organisationsquote kommt tatsächlich weitgehend die Bedeutung eines Parameters für die gewerkschaftliche Aktionskraft zu. Dabei sind der Bergarbeiterstreik von 1960 und die Transformationsphase II die Wendemarken.

SCHAUBILD 8:

Die Entwicklung der gewerkschaftlichen Organisationsquote

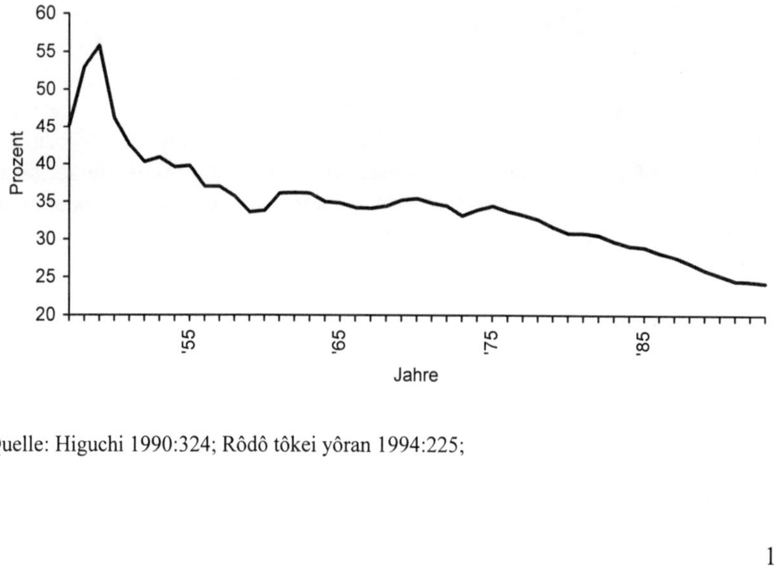


Quelle: Higuchi 1990:324; Rôdô tôkei yôran 1994:225;

Um nun der Frage nach den Aktivitäten der Gewerkschaften nachzugehen möchte ich für die TP I die streikbedingten Ausfalltage detaillierter anführen (Tabelle 13). Berechnungsgrundlage ist wie in Schaubild 4 1970. Neben dem allgemein hohen Stand an Ausfalltagen zeigt sich, daß die Streiks in der zweiten Hälfte der TP I kulminierten, genauer: zu jenem Zeitpunkt, als die Ökonomie zum Take-off ansetzte.

TABELLE 13:

Ausfalltage in der 1. Transformationsphase
(1970 = 100)

| Jahr | Index |
|---|---|
| 1946 | 160 |
| 1947 | 129 |
| 1948 | 179 |
| 1949 | 110 |
| 1950 | 146 |
| 1951 | 154 |
| 1952 | 385 |
| 1953 | 109 |
| 1954 | 98 |

Quelle: berechnet nach Higuchi 1990:324

In der Literatur stößt man häufig auf das Argument, bei diesen Aktivitäten handle es sich lediglich um symbolische Aktionen. Die folgende Analyse der TP I wird zeigen, daß es bei diesen Konflikten keinesfalls um „rituelle" symbolische „Kopfbinden"-Aktionen ging, wie in späteren Jahrzehnten die japanischen Arbeitskonflikte bezeichnet wurden (etwa van Wolferen 1989:68ff). Eine soziokulturell inspirierte neuere Studie nennt das Konfliktverhalten japanischer Beschäftigter und gerade die Streiks ein „Ritual der Rebellion". Die angestaute Unzufriedenheit mit der Arbeitssituation suche sich aufgrund der begrenzten *exit*- oder *voice*-Optionen indirekte Formen. (Ben-Ari 1990) So begründet diese Charakterisierung sein mag, die historische Dimension geht ihr ab oder wird verkürzt u.a. durch vage Verweise. War dies immer so? Warum ist es heute so?

Im Mittel- und Brennpunkt der TP I stehen die Elemente dessen, was später als die Säulen des japanischen Managements bezeichnet werden sollte (Unternehmensgewerkschaften, Senioritätsentgelt, dauerhafte Beschäftigung etwa). Jene Säulen waren, so wird sich zeigen, in erster Linie ein Reflex auf die heftigen industriellen Konflikte der TP I. Diese Konflikte wiederum gingen zurück auf ein Bündel gewerkschaftlicher Forderungen wie nach Abschaffung der Statusunterschiede, die wohl nirgends so ausgeprägt und ausgeklügelt hierarchisch strukturiert waren wie in Japan vor 1945 - in den Worten Gordons: „If the enterprise was a family, then workers were servants using a separate entrance ...“ (dazu Gordon 1985:253) [26] - sowie damit einhergehend nach Mitbestimmung und Mitsprache bis zur Demokratisierung der Arbeitswelt, nach Anerkennung von unabhängigen Gewerkschaften, nach universeller Anwendung eines senioritätsbezogenen Grundlohnes, der die Lebenshaltung abdeckt, nach dauerhafter Beschäftigungssicherheit aufgrund der sehr instabilen Beschäftigungsverhältnisse gerade dieser ersten Transformationsphase. Konkrete Beispiele von gewerkschaftlichen Forderungen hinsichtlich der Frage nach Mitbestimmung werden wegen ihrer arbeitspolitischen Tragweite noch vorzustellen sein.

Eine weitere Forderung betraf die Form der Organisation: Die wirklich unabhängigen Gewerkschaftsverbände der Zwischenkriegszeit hatten bereits - wenn auch erfolglos - einen unternehmensübergreifenderen Anspruch verfolgt. Dieser Anspruch wurde auch in der TP I , und zwar gerade von den gemäßigteren, reformistischen Kräften um den Dachverband *Sôdômei* mit Nachdruck weiter verfolgt. Ihr Konzept war auf betriebliche Mitbestimmung und industrielle Demokratie ausgerichtet. (Dazu Tabata 1991:222ff) Letzteres definierte sich als Beteiligung an der Wirtschaftspolitik Japans - die Nähe zu den Positionen *Rengôs* vierzig Jahre später ist nicht uninteressant.

Kawanishi strukturiert diese Phase wie folgt: Auf die Arbeiteroffensive folgt der Typ der Unternehmer- oder Managementoffensive, zuletzt die Management-Gegenoffensive; der Typ der Arbeitergegenoffensive fällt zeitlich aus diesem Rahmen (Kawanishi 1989:21; 1992:60ff). Ich möchte mir diese Einteilung als Hypothese zu eigen machen.

## „Arbeiter“offensive

Zunächst: wer organisierte sich oder wen? Natürlich existierten auch bei den Gewerkschaften personelle und organisatorische Kontinuitäten. Doch waren es zunächst nicht die im Vorkriegs- und Kriegsjapan, womöglich gar in der *Sangyô hôkokukai* aktiven Beschäftigten, sondern „die von der Besatzungsmacht aus den Gefängnissen befreiten kommunistischen Kräfte“ (Hiwatari 1991:88), die vereint in dem Dachverband *Sanbetsu kaigi* (SBKG) sehr starken Einfluß gewannen. Sehr bald jedoch wich diese Bewegung einem Wettbewerb zwischen SBKG und den gemäßigten Kräften, welche die alte *Sôdômei*-Tradition aus der Vorkriegszeit auch namentlich aufgriffen. Gemeinsam war beiden die organi-

[26] Die Jahrzehnte später bei der Ansiedlung japanischer Transplants oft hervorgehobene Gleichbehandlung aller Beschäftigter eines Betriebes ist also keinesfalls egalitäres Kulturgut, sondern ein Sproß der nun folgenden Auseinandersetzungen. Noch einmal Gordon: „Under union pressure managers did away with seperate gates, dining halls, and toilets as well as distinctions in dress and terminology...“ (1993:379).

satorische Zusammenführung von Arbeitern und Angestellten. Dies wurde ein Kennzeichen der Gewerkschaften Japans. Deshalb bietet sich die Bezeichnung „(abhängig) Beschäftigte" für die Charakterisierung der Offensive an - auch wenn diese Einheit innerorganisatorisch auf sehr entscheidende Weise fiktiv war, wie noch zu zeigen ist.

Die Reaktionen der Kapitalvertreter auf die ungewohnt pointiert vorgebrachten Forderungen nach Anerkennung unabhängiger Gewerkschaften, Verbesserung bzw. im Zeichen der Inflation Gewährleistung der materiellen Versorgung oder der Verbesserung der Arbeitsbedingungen fielen eher negativ aus, womit 1946 eine Radikalisierung zugunsten der linken Gewerkschaften einsetzte. Die *symbol*trächtige Ausdrucksform der frühen Radikalisierung - und damit eine Antwort auf die Frage nach den Inhalten - wurde die sogenannte „Produktionskontrolle" (*seisan kanri*). Ihre Bedeutung sollte sicherlich nicht mystifiziert, aber wiederum auch nicht unterschätzt werden, gerade nicht im angesprochenen Zeitraum. Produktionskontrolle umfaßte zwei Aspekte: einerseits die Sozialisierung der Leitungsfunktionen in Form „Betrieblicher Beratungsausschüsse" mit teils erheblichen Mitsprache- und bestimmungsrechten bis hin zum Vetorecht in der Personalpolitik etwa bei *Tôshiba*, und in der Regel verbesserten Arbeitsbedingungen und Arbeitsrechten. Andererseits bezweckte *seisan kanri* eine Überwindung der stagnierenden Produktion, indem die Beschäftigten das Problem selbst in Angriff nahmen. Beides setzte natürlich voraus, daß die Betriebe nicht zusammenbrachen. (Dazu Yamamoto 1977:232ff; Moore 1983:Kap. 4)

Oft bemühtes Paradebeispiel ist die Produktionskontrolle über die große Tageszeitung *Yomiuri*, die bereits im Oktober 1945 einsetzte (dazu Higuchi 1990: 134ff; Kawanishi 1989:40ff). Kontrolle betraf auch die redaktionelle Seite, was damit zusammenhing, daß der Auslöser für den Konflikt und diese Form der Übernahme die Frage der Kriegsmitverantwortung des Verlegers war. Hier sollte gleichsam in Form von inhaltlicher Demokratisierung eine kritische Auseinandersetzung mit der Vergangenheit stattfinden. Daran schlossen sich Bemühungen um eine Organisation als Branchen- oder Industriegewerkschaft im Medienbereich an. Weitere bekannte Fälle von Produktionskontrolle waren *Nippon kôkan* und *Nippon seitetsu* im Eisen- und Stahlbereich, *Mitsubishi* und *Mitsui* im Bergbau sowie *Tôshiba* und die *Tôhô*-Filmstudios (vergl. Higuchi 1990; Moore 1983). Im Kern zielte diese Form der Forderungen auf die Substanz der bestehenden Produktionsverhältnisse, und entsprechend heftig sollten auch die Gegenreaktionen ausfallen (dazu die entsprechenden Schilderungen in Kawanishi 1989: Kap. 2). *Seisan kanri* wurde schließlich 1950 vom Obersten Gerichtshof für illegal erklärt, nachdem sich bereits das erste Yoshida-Kabinett für ihr Verbot engagiert hatte (Hiwatari 1991:100; Yamamoto 1991:177).

Im vorangegangenen Kapitel hatte ich bereits den versuchten Generalstreik vom Februar 1947 im Zusammenhang mit dem relativ guten Abschneiden der

SPJ im April desselben Jahres erwähnt. Dieser „Versuch“ war insofern signifikant, als er einer der wenigen, mit Sicherheit aber eine der gewaltigsten Aktionen aller „fortschrittlichen“ Kräfte Japans war, d.h., beider gewerkschaftlicher Dachverbände sowie ihrer Trägereinheiten und der Linksparteien. Das Vorhaben galt neben tariflichen Anliegen bereits der Abwehr massiver Entlassungen im öffentlichen Sektor (Bahn und Post) und dabei insbesondere von Frauen, die während des Krieges verstärkt eingestellt worden waren (dazu Kawanishi 1989:193). Darüber hinaus jedoch zielte es auf einen Sturz der Yoshida-Regierung und die Etablierung einer linken Regierung ab, ein Ziel, das insbesondere von den radikalen Kräften verfolgt wurde (dazu Higuchi 1990:146). Dies bedeutete eine bedrohliche Erweiterung des Aktionsrahmens zu einer allgemeingesellschaftlichen Herausforderung. Der Generalstreik wurde von SCAP verboten.

Sicherlich kann deshalb das relativ gute Abschneiden der SPJ zwei Monate später als eine Folge des Verbots angesehen werden. Wichtiger scheint jedoch folgendes: Als Widerstand gegen die primär politische Instrumentalisierung und Subsumption der Gewerkschaften seitens der KPJ zeigten sich auch innerhalb von SBKG Spaltungstendenzen, die letztlich in der Tat deren Ende herbeiführen sollten. „In Japan bewirkten die Spaltung in politische Aktivitäten oder wirtschaftlichen Kampf sowie die Konzentration der Gewerkschaften auf das letztere (...) und die ablehnende Haltung gegenüber der politischen Mobilisierung durch die KPJ aus einem *Trade Unionismus* heraus (...) letzten Endes den Zusammenbruch von SBKG“ (Hiwatari 1991:93) - und das bedeutete: einer politisch orientierten und unternehmensübergreifend organisierten Gewerkschaft. Zumindest enthielt der Name (übersetzt) „Congress of Industrial Organizations“ - angelehnt an das amerikanische Vorbild - ein Bekenntnis zur industrieweiten Organisation.

Ein wichtiges Resultat dieser de facto letzten Periode offensiver Aktivitäten seitens der gewerkschaftlichen Opposition betrifft die Lohnform durch die Durchsetzung des „Densan-Lohnsystems“ (*densangata chingin*, benannt nach der Branchengewerkschaft *densan*) im Oktober 1946 (Schaubild 9). Der entscheidende Punkt daran war, daß damit und in Umkehrung der bestehenden Verhältnisse nach und nach für die Großbetriebe der altersabhängige *Grundlohn* zum Hauptbestandteil des monatlichen Entgeltes aller regulär Beschäftigten wurde. Dieser Grundlohn sollte zum allergrößten Teil aus dem sog. Lebenshaltungslohn bestehen, der sich aus den notwendigen Aufwendungen zum Lebensunterhalt nach der Warenkorb-Methode errechnete (NRU 1987:62ff). Der Lebenshaltungslohn sollte - ähnlich der *scala mobile* - automatisch mit den Steigerungen der Lebenshaltungskosten gleiten - er war weitgehend unabhängig von Arbeitsinhalten und Ausbildung. Damit hatte die Elektrogewerkschaft die Keimform eines der Kennzeichen japanischen Managements, den *Senioritäts-*

*lohn*, für weite Teile ihrer Belegschaften durchgesetzt. Das später im kleinen Kompromiß etablierte Senioritätslohnsystem (*nenkô jôretsu*) hingegen war eher auf die einzelnen Beschäftigten und deren Arbeitskarriere sowie die Lage des Unternehmens bezogen und somit flexibler und nicht schematisch. Es bedeutete deshalb gegenüber dem „Densan"-System aus der Perspektive der Gewerkschaften bereits einen Rückschritt.

SCHAUBILD 9:

Das „Densan-Lohnsystem" von 1947/48

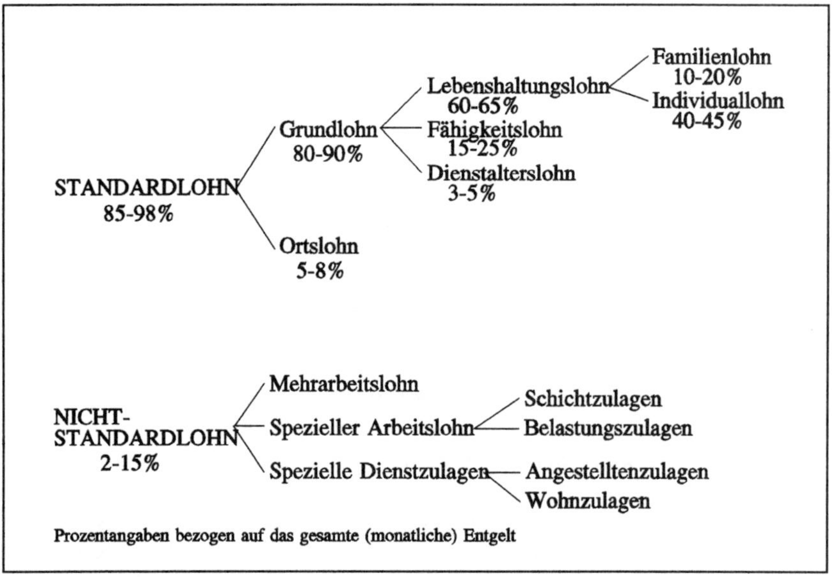


Quelle: NRU 1987:62f

Diese Beispiele eines Aufbrechens der betrieblichen und gesellschaftlichen Strukturen stehen repräsentativ für die Konflikte zwischen Kapital und Arbeit zu Beginn der Nachkriegszeit. Mit Recht läßt sich also diese erste Zeit nach der Befreiung als Offensive der *Beschäftigten* charakterisieren, nicht der *Arbeiter* im engeren Sinne, denn es waren auch die *white collar*, die oftmals die Initiative ergriffen. Andererseits gab es Beispiele von Vorbehalten gegen diese Verschmelzung wie in der Stahlindustrie (Gordon 1985:342). Und diese Vorbehalte richteten sich gerade gegen die innerorganisatorische Koalition mit den Angestellten, aber auch den untersten Managementebenen, den unmittelbaren Vorgesetzten. Von hier nimmt letztlich bereits die Problematik der schizophrenen Vermischung der Funktionen der Leitung und Interessenvertretung in den unteren Management-Positionen ihren Anfang (dazu etwa die Studie von Jürgens/ Strömel 1986)

## Primat der Politik: Gesellschaftliches Patt oder Management-Offensive?

Das Problem, das sich der *japanischen Gesellschaft* stellte, lautete: Wie (re-) integriert *man* die organisierte Lohnarbeit nicht nur für die notwendige Wiederingangsetzung der Produktion sondern darüber hinaus für die nationale wirtschaftliche Genesung und Stärkung allgemein? Als Folge der Demokratisierung war dies nicht mehr in Form patriarchalischer Integration und übergreifendem Zwang wie im autoritären Japan möglich.

Die Antworten darauf waren unterschiedlich. Es gab zwei aufeinanderfolgende Projekte der gesellschaftlich-kohäsiven Formierung hin zu einem Konsens oder zumindest zu einer Neuetablierung geordneter Verhältnisse. Hiwatari charakterisiert diese beiden Lösungsversuche als *politisch-geführt* und *marktförmig* (Hiwatari 1991:87ff). Und sie erwiesen sich als eng-verknüpft mit der Situation im politisch-staatlichen Bereich.

Das erste Projekt des Primats der Politik verbindet sich mit der Prioritätsproduktion und den sozialistisch-progressiven Regierungen. Gerade mit der Prioritätsproduktion drängten die arbeitspolitischen Fragen in diesen sensiblen, arbeitsintensiven Branchen in den Vordergrund. In den betroffenen Branchen entstanden industrieweite Gewerkschaften (z.B. 1947 im Bergbau *tankyô*), die im Kontext der Prioritätsproduktion mit der Unternehmerseite über den Bereich der Organisation der Produktion und Distribution hinaus auch über Fragen der Arbeit und Tarife verhandelten. Gegen diese notwendige industrieweite Organisation und die Verhandlungen regte sich unternehmerseits kaum nennenswerter Widerstand. (Dazu Okazaki 1971)

Die gesetzgeberischen Aktivitäten zur Mitbestimmung mittels der *Produktionsausschüsse* war ein Beitrag zur staatlich gelenkten Einbindung der Aktivitäten der Gewerkschaften. Hinzu kam die aktiv eingreifende Industriepolitik. Das politische Projekt war also eine Verknüpfung von Staat, Unternehmen und Gewerkschaften, und hier manifestierte sich denn auch am entschiedensten eine politische Trennlinie zwischen den Liberalen und den Progressiven/Demokraten innerhalb der „konservativen" Parteien. Die Progressiven/Demokraten waren zumindest partiell bereit, diesen Reformismus mitzutragen (dazu Hiwatari 1991: 96f; Kanda 1989:290). Die Liberalen hingegen verkörperten das Gegenprojekt - die Idee der Vier-Parteien-Not-Regierung von 1947 scheiterte genau an dieser Frontstellung der Liberalen zu den Linken und inhaltlich an den Fragen der Arbeits- und Industriepolitik (Hiwatari 1991:93f). Allerdings haben wir auch gesehen, daß sich der reformistische Eifer bei den Progressiven in sehr engen Grenzen bewegte (etwa in der Frage der Mitbestimmung im Bergbau).

Innerhalb der Gewerkschaftsbewegung begannen die gemäßigten Gewerkschaften nach den offensiven Jahren immer stärker in den Vordergrund zu drängen. Ein Baustein in diesem Mosaik ist die Schwächung der Position der radikaleren Gewerkschaften der Öffentlich Beschäftigten durch die SCAP-Direktive 201 vom Juli 1948 und die folgende Gesetzesreform, wodurch den Beschäftigten des öffentlichen Sektors die Organisations- und/oder Streikrechte entzogen wurden[27]. Nach der *Dodge line* erfolgten mit der Konsolidierung der Staatsfinanzen weitere Entlassungen. Austritte aus den Gewerkschaften aufgrund der internen Konflikte um die Politisierung traten hinzu. Die Gewerkschaften des öffentlichen Sektors wurden somit einerseits in ein Zwangskorsett gesteckt, das jede ihrer Aktionen an den Rand der Illegalität oder darüber hinaus beförderte. Außerdem erfuhr SBKG dadurch eine weitere Schwächung, weil der öffentliche Sektor den organisatorischen Kern dieses Dachverbandes bildete.

Etwa zeitgleich scheiterte das politische Projekt: Die arbeitspolitischen Gemeinsamkeiten waren, wie erwähnt, gering; im Strudel des *Shôwa denkô*-Skandals, der wiederum im Rahmen der Industriepolitik stand, ging das Ashida-Kabinett unter und damit hatte sich das politische Projekt der Integration seiner beiden Säulen, der Prioritätsproduktion und der betrieblichen Mitbestimmung, entledigt.[28]

Somit konnte sich in den Jahren 1948/49 die *marktförmige* Lösung durchsetzen. Nach dem Scheitern der reformerischen Regierungen traten die Liberalen an, ökonomisch folgte mit der *Dodge line* die Abkehr vom offensiven Staat, der radikale Gegner in der Gewerkschaftsbewegung war geschwächt, der *red purge* sollte dies verstärken, und die gewerkschaftliche Uneinigkeit wurde größer.

Nun erst trat die vorbereitete Gegenoffensive der Unternehmer gegen die Bastionen der Gewerkschaften und ihre errungenen institutionellen Verschiebungen hinzu. Um die Impulsgeber der „Gegenoffensive“ einschätzen zu können, wird es an dieser Stelle notwendig sein, in einem kurzen Exkurs die Akteure auf der Kapitalseite einzuführen.

---

27 Die Öffentlich Beschäftigten dürfen sich seitdem zwar organisieren, aber nicht streiken; Staatsbeschäftigte im nicht-operativen Bereich haben zudem kein Tarifvertragsrecht.

28 Die Firma *Shôwa denkô* hat zur Unterstützung von Investitionen aus den Fonds der Bank für Wiederaufbau übermäßig umfangreiche Mittel erhalten - gegen Geschenke an Politik und Verwaltung (Kanda 1989:319).

## Exkurs: Die Verbände der Kapitalseite

Die Zulassung eines zentralen Arbeitgeberverbandes erfolgte bewußt verzögert: Erst 1948 konnte sich *Nikkeiren* als Spitzenverband bilden. Der Verband wurde in den folgenden Jahren zum Hauptprotagonisten der Management-Gegenoffensive, in der Rechtspolitik etwa durch die Re-Reform der Arbeitsgesetzgebung insbesondere in der Zeit der liberalen Yoshida-Regierung, also mit der „Markt“-Phase. *Nikkeiren* wandte sich entschieden gegen die zwei Säulen der „Politik“-Phase (dazu Moore 1990:293). Arbeitspolitisch zielte *Nikkeiren* auf die Restauration der Leitungsfunktion sowie auf eine völlige Kontrolle über das Unternehmen. Ziele waren zunächst die Verhinderung einer industrieweiten Organisation der Arbeit, zumindest jedoch von zentralen Tarifverhandlungen sowie der experimentierten Ansätze zur Demokratisierung der Arbeitswelt (so auch in der Gründungserklärung, dazu Moore 1990:287). Somit löste *Nikkeiren* auch positionell die eher kooperativ orientierte *Keizai dôyûkai* als Schrittmacher im Kapitallager in Arbeitsfragen ab, bezeichnenderweise zeitlich mit dem Schwenk in der Politik von SCAP sowie mit dem Ende des „Primats der Politik“ zusammenfallend.

Die *Keizai dôyûkai* war eine Neugründung von 1946 durch junge Vertreter des Managements, die zumindest anfänglich dem alten Establishment mit harscher Kritik begegneten. Sie hatte in der Periode der politischen Integration unter dem Primat der Politik auf eine Zusammenarbeit mit den gemäßigten Kräften auf Seiten der Gewerkschaften gesetzt. Diese programmatische Flexibilität reichte bis zur Forderung nach „tripartistischen Räten“ als obersten Leitungsorganen in umkämpften Unternehmen (dazu Ôtake 1987:368). Ihr „Reformkapitalismus“ (*shûsei shihonshugi*) richtete sich auch gegen jene politischen und wirtschaftlichen Kräfte, denen es darum ging, „den 'Kapitalismus alten Stils' durch einen formalen, aber oberflächlichen Anschein der Demokratisierung so zu bewahren wie er ist, wogegen sie, die mittlere Schicht der Geschäftswelt, primär eine Reform des Kapitalismus erstrebten“ (Yamamoto 1974: 198f). 1946/47 konkretisierte sich diese Ausrichtung in den zentralen Branchen der Prioritätsproduktion oder auch als landesweiter Versuch einer Zusammenarbeit, der Wirtschafts-Aufbau-Konferenz (*keizai fukkôkaigi)*. Diese wurde allerdings mit dem Scheitern der „politischen“ Periode aufgegeben.

Letztlich bedeutete die liberalere Haltung der *Dôyûkai* nicht mehr als eine grundsätzliche Gesprächsbereitschaft. Deren Funktion war allerdings ambivalent. Daß angesichts der damaligen Situation und Kräfteverhältnisse Zugeständnisse unumgänglich waren, war weniger überraschend, und ihr *eher* strategischer Charakter bewirkte unter demokratischen Vorzeichen eine Eingliederung der Produktionskontrollbewegung in die Erfordernisse kapitalistischen Wirtschaftens und damit wiederum die Mobilisierung der Belegschaften für die Erholung der Volkswirtschaft. Letztlich spielte die *Dôyûkai* in den Arbeit-Kapital-Beziehungen die Rolle der Progressiven/Demokraten in der Parteipolitik, die einer Brücke mit funktional integrativem Charakter.

Zwar übernahm *Nikkeiren* mit dem Übergang zur Phase der Markt-Dominanz eindeutig die Führung als Arbeitgeberverband, doch fanden sich nach Abschluß des kleinen Kompromisses Positionen der *Dôyûkai* in der Institution des *Nihon seisanseihonbu* (Japan Produktivitätszentrum, JPZ) wieder (darauf werde ich noch eingehen). *Nikkeiren* interpretierte die Rolle des Kapitals so: Die nationale Aufgabe des wirtschaftlichen Wiederaufbaus und der Aufholjagd wurde als oberste Mission der Unternehmer gesehen - der Unternehmer „ist der wahre Träger" dieser Aufgabe (*Nikkeiren*, zitiert nach Moore 1990:289). Für *Nikkeiren* gab es in dieser Krise kaum Raum für Kompromisse bis hin zu der Konsequenz, sich in gar nicht so letzter Instanz auf die direkt repressiven Staatsapparate zu verlassen wie im Falle des *red purge*, oder beim Aufbau der sog. Polizeireserve ab 1950, dem Vorläufer der Selbstverteidigungsstreitkräfte, „as a means of maintaining public order" (Ôtake 1987:384). Auch die von *Nikkeiren* initiierte Revision des Gewerkschaftsgesetzes von 1949, die eine einseitige Aufkündigung der (bislang für die Gewerkschaften günstigen) Tarifverträge ermöglichte, steht in diesem Zusammenhang. Denn von hier aus nahm die Gegenoffensive rechtlich und damit staatlich sanktioniert unter liberalen Vorzeichen ihren Anfang.

Dennoch - und aller Erfolge der Gegenoffensive zum Trotz - zeigten sich die Industriellen Beziehungen für das Kapital qualitativ verändert. Levine umreißt den Unterschied zur Vorkriegszeit so: „(Der Vorläufer) *Zensanren* had existed to prevent unionization and collective bargaining. *Nikkeiren* had to accept them and could only exert influence on the limits within which they might apply" (1984:324).

Zusammengefaßt läßt sich (analog zur Arbeits-Seite) keine durchgehende Homogenität des Kapitallagers feststellen; die unterschiedlichen Positionen finden sich (ebenfalls in Analogie) auf der Ebene der Politik in der Parteienlandschaft wieder. Allerdings betrifft diese Fragmentierung der Kapital-Position in erster Linie die Anfangsphase. In der Gegenoffensive wurde die Einheit des Lagers unter Führung von *Nikkeiren* hergestellt und die Hegemonie vorbereitet.

## Zur Gegenoffensive

Die Gegenoffensive ist Gegenstand der gesamten Schlußphase der TP I, also bis zur Einigung zwischen Management und Gewerkschaften. In diesem charakteristischen Kompromiß mit Teilen der Beschäftigten wurden die uns heute geläufigen Charakteristika Japanischer Industrieller und Arbeitsbeziehungen durchgesetzt - mit der Kapital-Seite in der Offensive. Insofern beginnt auch erst im Zusammenspiel mit der liberalen Lösung im staatlichen Raum die wirkliche arbeitspolitische Gegenoffensive der Unternehmer, wohingegen ich für die Zeit zwischen 1947 und '49 die Kennzeichnung als gesellschaftliches Patt für angemessener halte. Dies wird ferner auch dadurch unterstrichen, daß der organisatorische Höhepunkt der Gewerkschaften in diesen Zeitraum fällt.

„Liberale Lösung“ bedeutete, daß die Verhältnisse im ökonomischen wie auch politischen Raum wieder soweit gefestigt waren, daß der Versuch der Integration der Gewerkschaften seitens Kapital und liberaler Regierung auf nationaler Ebene aufgegeben werden konnte. Nunmehr ging es bereits um anderes: Gegenoffensive bedeutete ein *roll back* der in der gewerkschaftlichen Offensive erreichten Einbrüche in die Management-Prärogative mit dem Ziel der Wiedergewinnung der Macht in den Betrieben und der Integration der organisierten Lohnarbeit *im* Unternehmensrahmen. Dies konnte die Durchsetzung leistungsbezogener Entgeltformen etwa in den Rationalisierungsprojekten Kohle und Stahl bedeuten (Kume 1993:172). Es konnte allerdings auch ideologisch-massenintegrative Momente beinhalten wie etwa in den über drei Runden ausgetragenen Konflikten bei der Filmproduktionsgesellschaft *Tôhô* (dazu etwa Kawanishi 1989, Kapitel 3). Nicht von ungefähr setzte bei *Tôhô* die Gegenoffensive an einem besonders wunden Punkt an, ähnlich dem der *Yomiuri*-Zeitung. In den *Tôhô*-Studios waren in dieser Phase zahlreiche Produktionen entstanden, die „mehr propagandistische als künstlerische Vorzüge“ besaßen (Toeplitz 1992: 519) und unzweideutig zu den anstehenden gesellschaftlichen Problemen Stellung bezogen wie etwa Kurosawas *Waga seishun ni kui nashi* von 1946 (Dt.: Jugend ohne Reue), der sehr eindeutig zur Frage der Frau in der japanischen Gesellschaft Stellung bezieht. Doch nicht nur das: Im Vorspann des Films wird der damalige Vorsitzende der Liberalen Partei, der uns schon bekannte Hatoyama, direkt und namentlich für seine traurige, antidemokratische Rolle bei der Entlassung eines liberalen Universitätsprofessors (das Vorbild zur Filmfigur) im Zuge der Radikalisierung der Gesellschaft der 30er Jahre angegriffen (dazu Hirano 1992:187). Gerade aus solchen Produkten bezogen die *Tôhô*-Studios ihren provozierenden „pädagogischen“ Charakter.

Systematisch vollzog sich dieses *roll back* in Neuauflagen der Konflikte der ersten Periode mit dem Jahr 1952 als Höhepunkt (vergl. Tabelle 13, zuvor) (*Tôshiba* et al.). Die Rationalisierungswellen im Zuge der ersten Boom-Zyklen bewirkten eine neue, letzte Phase der Konfrontation und bedeuteten eine Verstärkung des Drucks auf die Gewerkschaften. Denn in der Regel standen Massenentlassungen mit auf der Tagesordnung, oder sie waren der Anlaß für die grundsätzlichen Konflikte über die Fragen von Kontrollmacht und Mitbestimmung. Was bei *Tôshiba* in den späten 40er Jahren unter dem Banner der ökonomischen Effizienzsteigerung vorexerziert worden war, erfaßte nach und nach andere Großbetriebe, wobei die Schlüsselindustrien der Rationalisierungswelle im Zentrum der Konflikte standen (u.a. Stromversorgung, Kohle). Der Zusammenhang mit den Kernvorhaben der Rationalisierungspläne darf nicht übersehen werden: Einer der ersten und auch größten Konflikte betraf die Stromversorgung und damit das „Densan"-Lohnsystem. Die Zwänge des Wettbewerbs in einer Branche verketteten dabei die Konflikte, entweder, indem ein Unternehmen die Rationalisierungen des Konkurrenten zum Vorbild oder Vorwand nahm (Elektroindustrie 1949/50), oder, innerhalb einer Streikwelle, indem die Gewerkschaften wechselseitig ausgespielt wurden bzw. aufgrund ihrer mangelnden horizontalen Verbindung etwa in der Automobilindustrie sich auch ausspielen ließen.

Die Konfliktmuster waren ziemlich ähnlich, wie etwa am Falle *Tôshiba* zu demonstrieren (dazu Hasegawa 1984:25ff; Kawanishi 1989:130ff). Im Zuge der nunmehr von der Unternehmensleitung begonnenen Konflikte etwa über Entlassungen kommt es irgendwann zum Herausbrechen einer zweiten Gewerkschaft unter Initiative der Angestellten und unteren Management-Linien, die sich am radikalen Kurs der Linken stoßen. Die zweite Gewerkschaft wird vom Management unterstützt. Der Konflikt endet mit einer Niederlage der ersten Gewerkschaft, woraufhin sich die zweite (oder nunmehr erste) Gewerkschaft mit dem Management auf den kleinen Kompromiß einigt, der selbstverständlich je nach Kräfteverhältnis unterschiedlich ausfallen wird.[29]

Gerade am Fall *Nissan* läßt sich anschaulich die charakteristische Abfolge der Management-Gegenoffensive demonstrieren, denn hier kommen noch einmal zwei gewichtige und hier bislang wenig beleuchtete Momente der ursprünglichen Gewerkschaftsoffensive zusammen, die ins Fadenkreuz des Managements gelangt waren:

- der „Kampf am Arbeitsplatz" (*shokuba tôsô*)
- der „Kampf um die branchenweite Einheit" (*sangyôbetsu tôitsu tôsô*).

Die beiden kämpferischen Vokabeln sollten den Blick nicht für den materiellen Gehalt der beiden Konzepte verstellen: Hinter dem ersteren verbirgt sich ein Konzept der Kontrolle über den *shop floor*, das den gewerkschaftlichen Vorstellungen von Teamarbeit in unseren Breiten sehr viel näher kommt, als die in bezug auf Teilautonomie später praktizierte Form von Gruppenarbeit und Mitarbeiterbeteiligung in Japan, und er war die versuchte Fortsetzung der „Produktionskontrolle" mit legalen Mitteln; bei dem letzteren ging es um den Versuch der Etablierung eines Industriegewerkschafts-Prinzips.

Bei *Nissan* verbanden sich diese beiden Elemente. Zudem kam dem *Nissan*-Konflikt Endspiel-Charakter zu - hier wurde der kleine Kompromiß manifest und auch zementiert. Dies geschah noch dazu in einer Zukunftsbranche, die zu

---

29 Bei *Toyota* und *Nissan* führte dies zu ausgeprägten arbeitsorganisatorischen Unterschieden insbesondere in Fragen der Mitbestimmung (dazu Nomura/Jürgens 1995; Totsuka et al. 1991).

einem Flaggschiff der ökonomischen Entwicklung Japans werden sollte (Zum folgenden Cusumano 1985:149ff; NRU 1987:142ff; Ôkôchi/Matsuo 1969: 136ff; Rôdô Jôhô 1992:15ff; Satô 1976:208ff)

Die *Nissan*-Gewerkschaft war ein Kern der quasi-Industriegewerkschaft der Automobilarbeiter *Zenji*, die seit 1948 bestand, und bei Lohnforderungen branchenweit agierte. Bis es im Zuge der Rationalisierungen während des Korea-Booms zu Entlassungen eines Fünftels der Belegschaft kommen sollte, galt die *Nissan*-Gewerkschaft als zahm - so daß ihre Führung sich sogar in diese Entlassungen gefügt hätte. Doch organisierten die Beschäftigten eine Protestbewegung und Arbeitsplatzgremien, die sog. *shokuba iinkai* (shop floor-Ausschüsse), die sich aus Delegierten der Produktionsbereiche rekrutierten. Der tägliche Produktionsablauf war an diesen Ausschüssen vorbei nicht mehr zu entscheiden: ob Bandtaktung, Ansetzen von Überstunden, Um- oder Versetzungen bzw. Personalbedarf bzw. -verteilung. Die Ansetzung von Überstunden etwa war ohne den Namensstempel des gewählten Produktionsbereichsleiters unmöglich, und dies wurde in der Regel in Verhandlungen mit den Zuständigen *kachô* oder *buchô* geklärt (also auf Ebene der Abteilung oder Hauptabteilung).

*Nikkeiren* hatte bereits 1950 aus der Erfahrung ähnlicher Fälle in den „Leitlinien einer neuen Arbeitsorganisation“ ein offensives Vorgehen gegen solche Formen von Mitbestimmung angeregt: „Die konkrete Verfügungsgewalt über die Arbeit im Betrieb ist das alleinige Recht des Managements“ (zit. nach Bando 1975:209). Der eigentliche Anlaß zum Endkampf war die Lohnrunde 1953. *Nissan* blieb schließlich, nachdem sich bei *Toyota* und *Isuzu* die Tarifpartner schnell geeinigt hatten, als Konfliktherd übrig. Die Positionen waren extrem verhärtet. Es folgten Aussperrungen, Blockaden, Verhaftungen und schließlich die Gründung einer zweiten Gewerkschaft unter Führung der Klasse der *kakarichô* (funktional etwa Meister/Vizemeister). Ihr Motto, „Wer seine Gewerkschaft liebt, liebt auch die Firma“, verweist schon recht deutlich, in welche Richtung sich die Arbeitsbeziehungen bei *Nissan* bewegten.

Die Folgen für die beiden Konzepte liegen auf der Hand: Die Niederlage bzw. Unterordnung führte nicht nur zum Ende einer radikaleren *Nissan*-Gewerkschaft, sondern aufgrund der finanziellen Belastungen aus diesem Streik auch zur Auflösung der Industriegewerkschaft *Zenji* 1954. Die Kontrolle über den Produktionsbereich wurde durch eine Neuordnung der Leitungsstrukturen wieder Management-Funktion. Nach dem Streik von 1953 herrschte in der Automobilindustrie eine auch für japanische Verhältnisse außergewöhnliche Ruhe.

Die arbeitsorganisatorischen Unterschiede zwischen *Nissan* und *Toyota* gehen von diesem Konflikt aus, denn bei *Nissan* blieben bis zur „Palastrevolte“ 1985/86 weitgehende und auch formalisierte Strukturen der Mitbestimmung bestehen. Die im Kontrast zum zahmen Gebaren der *Toyota*-Konkurrenz ausgeprägten Mitbestimmungskanäle und Kontrollmöglichkeiten (dazu Totsuka et al.

1991:21ff) sind letztlich auf diese arbeitspolitisch unterschiedlichen Konstellationen zurückzuführen; darauf weist auch der damalige *Nissan*-Gewerkschaftsfunktionär Shioji rückblickend ausdrücklich hin (dazu *Rôdô Jôhô* 1992). Diese Mitbestimmungsmöglichkeiten fußten auf „solid workplace organizations", welche zwar ursprünglich zur Kontrolle über den *shop floor* aufgebaut worden waren, schließlich aber doch als Organ der Interessen der *rank and file*-Beschäftigten fungierten (Tabata 1988:68). Formalisierte Mitsprachestrukturen existierten etwa bei der Ansetzung von Überstunden, die einen flexiblen Umgang mit der Arbeitszeit, wie sie für die *Toyota-Produktionsweise* unverzichtbar ist, vergleichsweise schwieriger machte[30]. Hier bietet sich ein Beispiel für eine andere Ausprägung des kleinen Kompromisses. Die Maßnahmen im Zuge der „Palastrevolte" glichen die Arbeitsbeziehungen dann dem Muster *Toyota* an, zugleich mit entsprechenden Konsequenzen für die Regulierung von Arbeit. Somit hatte sich die *Toyota-Produktionsweise* in der Tat mit der EP II als Modell durchgesetzt. (Dazu Totsuka et al. 1991:44ff/Kap. 2; Nomura/Jürgens 1995: Kap. 3)

Wir haben an diesem fast schon idealtypischen Fall gesehen, wie die Herausbildung der Japanischen Arbeits- und Industriellen Beziehungen in den Jahren der Transformationskrise erfolgte. Die aufbegehrenden Gewerkschaften waren wieder in die Schranken gewiesen worden, dies jedoch, indem ein wachsender Teil der Belegschaft unter Führung des unteren Managements organisatorisch in der Form der „zweiten Gewerkschaft" (*dai ni kumiai*) den kleinen Kompromiß einging. Doch bedeutet, wie am Falle *Nissan* zu sehen, der unternehmenszentrierte Kompromiß durch die zweite Gewerkschaft nicht das Ende autonomer Gewerkschaften. 1954 markiert nicht den Beginn der gegnerfreien-harmonistischen Arbeits- und Industriellen Beziehungen, sondern den Beginn eines diffizilen Formwandels.

In diesem zeigt sich zum einen die Kontinuität der Anpassung an die Firmenpolitik durch einen Teil der Angestellten und untersten Management-Ebenen. Zugleich sehen wir, daß die *Kawanishi*-Hypothese von den Arbeiter-Management-Offensiven so nicht zutrifft: Diese dichotomische Frontstellung existierte eben gerade nicht, zumindest nicht über den ganzen Zeitraum. Kapital bzw. Management erwiesen sich als wesentlich geschlossenere Einheiten. Diese Ent- und Geschlossenheit zeigte sich auch darin, daß *Nissan* die Chance zum Showdown in einem Moment ergriff, als das Unternehmen durch sehr günstige Kredite seitens seiner Hausbank *Fuji* sowie der öffentlichen *Industrial Bank*

---

30 Die „Palastrevolte" setzte diesen Mitsprachestrukturen, die dem Management ein Dorn im Auge waren, ein weitgehendes Ende. Nicht geringe Teile des (Personal-)Managements sowie die Positionen der Gewerkschaft fielen ihr zum Opfer. (Totsuka et al. 1991:214ff)

versorgt werden konnte (Gordon 1993:383)[31]. Diese Liquiditätsversorgung für das finanziell bedrohte Unternehmen wurde wiederum durch *Nikkeiren* vermittelt (Ôtake 1987:386). „Arbeit“ hingegen zerfiel stets in unterschiedliche Fraktionen. Aus der anfänglich weitgehenden Einigkeit der Beschäftigten folgte in der Regel eine Aufteilung in Gruppen mit divergierenden Interessen und noch dazu mehr und mehr beschränkt auf die ökonomisch relevanten Unternehmen. Mindestens eine weitere „objektiv“ vorhandene, aber in puncto Bewußtheit oder -sein, in der Konjunktion der Kräfteposition unterdeterminierte „Gruppe“ oder „Klasse“ war in der Regel an den Konflikten unbeteiligt: die Beschäftigten der Klein- und Mittelbetriebe. Und sie stellten die Mehrheit der Beschäftigten.

## Die Form der Regulation der Arbeit aus den Konflikten der Transformationsphase I

Die in der Transformationsphase I aus den gesellschaftlichen Widersprüchen herausgebildete Form der Regulation der Arbeit im Privatsektor, dem Motor der Entwicklung und daher hier von entscheidender Bedeutung, lautete: Unternehmensbezogene Kollektivverhandlungen werden nicht zwischen konfligierenden Parteien ausgetragen, sondern eine Gruppe von Beschäftigten kooperiert als Unternehmensgewerkschaft der Großbetriebe im Tausch für die errungenen Privilegien (u.a. dauerhafte Beschäftigung, Senioritätsentgelt, relative Gleichbehandlung). Sie tut dies nicht gezwungenermaßen, sondern in einer spezifischen Form von Kompromiß und zwar auf Unternehmensebene, dem deshalb *kleinen* Kompromiß.[32] Die Pointe dieses Kompromisses ist, daß die Gewerkschaften nicht wieder in ihre hierarchische Unterordnung der Zeit vor 1945 eingesetzt wurden - das war unter der demokratischen Verfassung unmöglich, aber wie wir anhand der aufgeklärteren Position der *Keizai dôyûkai* etwa gesehen haben, auch gar nicht allgemein beabsichtigt.

---

31 Jap.: *Nihon kôgyô ginkô.*

32 Dieser Kompromiß wurde in seiner entwickelten Form einer sozialen Rundumversorgung in Dores Studie aus den 70er Jahren als *private* oder *enterprise corporatism* bezeichnet (Dore 1973:370). Ähnlich sieht Cole das japanische Unternehmen mit dem Fokus auf der ideologischen Ebene als Fall von *administrative paternalism* (Cole 1979:21f). Das, was dort und sehr einflußreich als Japanisches Management beschrieben wurde, habe ich hier mit dem Schwerpunkt auf den Entstehungszusammenhängen und Kräfteverschiebungen als deren Hintergrund in der TP I analysiert. Dies geschah, um zu zeigen, welchen Wandel die aus der Demokratie eröffneten Ansätze von gesellschaftlicher Opposition inhaltlich und formal durchliefen.

Die gewerkschaftliche „Opposition“ war fortan für die Privilegien einiger an den Stätten der Produktion kreativ für das Wirtschaftswunder eingebunden. Dieser (Form-)Wandel machte die Interessenvertretung langfristig zu integralen Bestandteilen des Unternehmens bzw. im extremen Fall zu einem Anhängsel des Personalmanagements, wenn die gewerkschaftlichen Positionen Teil des betrieblichen Aufstiegs sind (vergl. Totsuka et al. 1991:193ff).

Dieser Kompromiß war nicht mit einer von Oben durchgesetzten Unternehmensbezogenheit gleichzusetzen, sondern wurde von einem Teil der Organisierten im Tausch für ihre Privilegierung akzeptiert. Integration umfaßt jedoch auch eine Form von Kooperation, die vom Management über seine unteren Vertreter induziert wurde. Die Kräfteverhältnisse zwischen den beteiligten Gruppen dürfen nicht übersehen werden - das Kapital hatte wieder Oberwasser. Die auf Mitbestimmung und Demokratie am Arbeitsplatz ausgerichteten gewerkschaftlichen Kräfte jedenfalls sollten verdrängt werden, und zwar mit Nachdruck - vom Unternehmenschef des Stahlunternehmens *Nippon kôkan* wurde der Satz überliefert: „This is a struggle to destroy the union, even if it means destroying the machines“ (zit. n. Gordon 1993:393).

Eine solche Drohung ist natürlich auch als ein Fall von Verbandsideologie zu verstehen. Denn für die nationale Aufholjagd - wie von *Nikkeiren* verstanden - bedurfte es stabiler und flexibler Arbeitsbeziehungen. Es ist nämlich nachgerade die Pointe beispielsweise der *Toyota-Produktionsweise*, daß die Gewerkschaften nicht wie im Falle des klassischen Fordismus verhindert oder negativ integriert, sondern in die Schicksalsgemeinschaft einbezogen wurden, integriert als Teile der Arbeits- und Produktionsorganisation - hierin liegt der eigentliche Formwandel der Institution Gewerkschaft versteckt.

Somit war in der Phase des Überganges zum Hochwachstum durch die Aufteilung und Eingrenzung der Gewerkschaften auf die einzelnen Unternehmen und zudem gerade in den wirtschaftlich für die Zukunft Japans entscheidenden Branchen (Stahl, Auto, Elektro) in der beschriebenen Form eine hochgradige Kohäsion erreicht. Ein großer Teil der bis dato gesellschaftlichen Opposition war (re-)integriert - die noch nicht erreichten Reste konnten überall dort agieren, wo es erst einmal nicht an die Substanz der Produktionsverhältnisse und der hegemonialen Struktur ging. Übrig oder besser außen vor blieben also die Dachverbände der Gewerkschaften als Supra-Strukturen und darin vor allem die Gewerkschaften der Öffentlich Beschäftigten.

Der erzielte Kompromiß weitete jene oben erwähnten Privilegien, die vor dem Kriege primär den Angestellten zugestanden hatten (dazu Nimura 1989: 36f), auf die Arbeiter der Stammbelegschaft in der Großindustrie aus. Die Segmentierung verlief also fortan nicht mehr wie gehabt zwischen Angestellten und Arbeitern, sondern zwischen Stammbelegschaft und Randbelegschaft und nach Unternehmensgrößen. Überspitzt formuliert bedeutete die TP I für die Regulation der Arbeit eine Integration der (Stamm-)Arbeiter der Großbetriebe in den privilegierten Kernbereich. Dies war bedeutend weniger, als zwischenzeitlich erreicht worden war. Es war dennoch mehr, als vor 1945 „traditionell" bestanden hatte. Also muß diese Integration als eindeutige Verbesserung für die *organisierte* Lohnarbeit als Träger des Kompromisses gesehen werden, weil sie einer Erweiterung der Privilegien gleichkam. Diese neu-etablierten Arbeitsbeziehungen, diese *workplace culture* „by no means grew directly out of an earlier 'traditional' factory culture" (Gordon 1993:388). Es handelte sich um eine gewandelte, neue Form, die durch den Klassenkonflikt der TP I geprägt wurde, wobei historische Sedimente verarbeitet wurden und zu unterschiedlichen Einzelresultaten führten.

Die gewerkschaftlichen „Reste" in den Dachverbänden und im öffentlichen Sektor mußten ihre Rolle in den folgenden Jahren erst einmal definieren - allerdings war hier ein potentieller Unruheherd zu erwarten. Denn das gesetzliche Zwangskorsett, in das die Arbeitsbeziehungen des öffentlichen Sektors gezwängt worden waren, hatte den Kompromiß unnötig gemacht - eine Entwicklung mit Folgen. Die Konflikte wurden innerhalb der Gewerkschaften wie auch zwischen den Tarifparteien „eingefroren" (Hiwatari 1991:112) und auf eine ideologische, politische Schiene umgeleitet, denn jeder Konflikt bedeutete eine Bewegung hin an den Rand der Legalität aufgrund der rechtlichen Organisationsbeschränkungen.

Die ab der Hälfte der TP I unter dem sich abzeichnenden hegemonialen Projekt etablierten unternehmensbezogenen Organisationsformen der Regulationsweise der EP I hatten also aufgrund ihrer divergierenden Formierungszusammenhänge eine unterschiedlich ausgeprägte Form zwischen den beiden Beschäftigungssektoren:

- im Privatsektor eher verwirtschaftlicht,
- im öffentlichen Sektor vergleichsweise politisiert.

Auf Unternehmensebene erschloß sich über diesen Kompromiß die Möglichkeit der hochgradigen Kooperation, einer Kooperation für die Produktionsziele und die ständige Einsozialisierung der Beschäftigten in diese Ziel-Welt. Der kleine Kompromiß wirkte dabei als ambivalenter und deshalb mißverständlicher Prozeß der

- Anrufung von kollektiver Unternehmensfamilie einerseits,
- Etablierung weitgehend individueller Arbeitsschicksale mit zunehmendem Wettbewerbscharakter (etwa durch die Personalbewertungssysteme) in den 70er und 80er Jahren andererseits (vergl. Demes 1989:Kap.2).

Die *Toyota-Produktionsweise*, wie sie im Rahmen der Debatten um das Japanische Management der 80er und 90er Jahre von ihrer produktionstechnologischen Seite beschrieben wurde (etwa Monden 1993), basiert auf dieser Durchsetzung einer Form der Regulation der Arbeit, welche diejenigen Kräfte in die

Schranken wies, die dem weitgehend einseitigen Ziel der ökonomischen Effizienz im Wege standen. Die heutigen Management-Praxen sind keinesfalls Zeugnis ungebrochener japanischer Tradition oder einer *rational choice* des geniehaften Managements allein, sondern auch Resultat dieser Konflikte in den Unternehmen.

Diese Kompromißformel blieb in ihren konkreten Erscheinungsformen keineswegs konstant. Daß allerdings die Anpassungen in der Folgezeit sanft vollzogen werden konnten, ist Resultat dieser Ausprägung der Regulation der Arbeit.

Die konkrete Ausprägung der Lohnform beispielsweise war einer ständigem Herausforderung unterworfen. Sie erfuhr durch die geforderte Flexibilisierung seit der Krise der 70er Jahre, die ja eben auch oder gerade eine Krise des Lohnverhältnisses war, einen weiteren Veränderungsschub. Denn natürlich war auch dem Management klar, daß ein reines Senioritätsentgelt für die anvisierten Produktivitätssprünge nicht geringe Risiken barg, weil es einen de facto leistungsfreien Raum geschaffen hätte.

Bereits im Zuge des endgültigen Take-offs und des zweiten Rationalisierungsplanes in der zweiten Hälfte der 50er Jahre wurden Anstrengungen unternommen, das „irrationale“ Senioritätslohnsystem durch tätigkeitsbezogene Entgeltformen zu ersetzen. Der Kompromißcharakter, der im Zuge des ökonomischen Aufschwungs, der sich bald verschärfenden Arbeitsmarktsituation mit der Folge der preislich verteuerten Ware Arbeitskraft aufrechterhalten werden sollte bzw. seine Bedeutung behielt, verhinderte dies jedoch. Dennoch blieben diese Angriffe „auf das Herzstück des Systems der Arbeitsbeziehungen“ (Gordon 1993:387) nicht ohne Folgen. Tokunaga datiert die Einführung der *shoku no shikaku* - Systeme auf die 60er Jahre (1986:332): Diese fähigkeitsbezogenen Entgeltformen, wie sie auch von Endo in ihrer extrem differenzierten Ausprägung analysiert werden, nehmen hier ihren Anfang (dazu Endo 1994).

Betrachten wir die Entwicklung des Verhältnisses von Seniorität und Leistung als Faktoren der Entgeltfindung, erfuhr es schließlich eine de facto-Drehung um 180°. Waren es 1978 noch 57,9% der Entgelterhöhung, die über Seniorität, und 42,1%, die über Leistung gesteuert wurden, verhielt es sich 1987 umgekehrt 46 zu 54% (so eine Untersuchung von 1900 Unternehmen; dazu Mroczkowski/Hanaoka 1989:46).

Die Tendenz zu leistungs- und personalbewertungsabhängigen Entgeltsystemen mit ihrer Subtilität in der Erfassung der Ware Arbeitskraft wurde ergänzt durch die Herausbildung eines Teamkonzeptes, das sich von westlichen Konzepten wiederum abhebt.

In puncto industrieller Demokratie muß sehr fein unterschieden werden zwischen einer leistungsprozeßbezogenen Partizipation und umfassenden Begriffen von Demokratie am Arbeitsplatz, ohne damit behaupten zu wollen, daß die eine oder die andere Form in den Arbeitsbeziehungen Japans nicht existiert. Aber:

> „Claims that the Japanese have 'participative' decision processes have sometimes obscured the crucial distinction between (1) the right of workers to present ideas and suggestions, which Japanese management acknowledges, and (2) the authority to make and implement a decision, which Japanese management not only does not extend to workers but reserves, in most cases, for relatively high-level managerial personnel" (Marsh 1992:255).

Dies beinhaltet durchaus eine Diffusion von Entscheidungsbefugnissen bzw. jene Tatsache, daß die tatsächlichen Machtverhältnisse keineswegs so klar sind (vergl. Tokunaga 1986). Das ist darauf zurückzuführen, daß durch die idealerweise kooperativen Beziehungen von Management und Untergebenen das de facto bestehende und - und sei es auch in letzter Instanz - greifende Herrschaftsverhältnis überlagert werden kann. Die informellen Züge der Arbeitsbeziehungen, der Personalentwicklung wie auch der Unternehmensführung müssen stets mitgedacht werden. Denn auch bei einem formellen Gleichstand der Kräfte bzw. auch bei formell existierenden Beratungen oder Verhandlungen bleibt die Betrachtung der Kräfteverhältnisse sonst unvollkommen.

Dieser kooperative Geist fußt auf jenen Sedimenten der diversen „Kompromisse", die aus den Gewerkschaften Bestandteile des Personalmanagements gemacht haben. Nochmals betont sei hier der prinzipielle Kompromißcharakter, der auch das ausgeprägte „Gemeinschaftsbewußtsein" mitträgt und entsprechend rigide auf Abweichungen reagiert (dazu Tokunaga 1986:331).

Das Resultat der Auseinandersetzungen um die Leitungsfunktionen im Unternehmen läßt einige Aspekte, die im Laufe der Debatte um das Japanische Management diskutiert wurden, erst wirklich umfassend verständlich werden. „Das dynamische Arbeitsteam, das sich als Herz der schlanken Fabrik entpuppt" (Womack et al. 1992:104), respektive die sich dahinter verbergende spezifische Ausprägung von Gruppenarbeit „im Sinne von Personalentwicklung" etwa (Jürgens 1992:48) sind im Kontext dieser Regulationsform Arbeit zu sehen. Dazu gehören die *shop floor*-nahen „dichten Hierarchien" mit sehr geringen Kontrollspannen auf der unteren Ebene (etwa Jürgens/Strömel 1986:2) oder die zahlreichen Bemühungen um die Gemeinschaft als „human relations-Politik" mit zahllosen sozialen Aktivitäten und *Clubs* auf Positionsebene, nach Schulabschluß etc., mit denen die Beschäftigten integriert werden, exemplarisch bei *Toyota* (dazu Yamamoto 1992:21f; Totsuka et al. 1991:142; Nomura 1993:111). Diese Institutionen sind auch vor diesem Hintergrund und als Reflex auf diese Erfahrungen zu betrachten.

Von der *shop floor*-Kontrolle über Neuerungen im Personalmanagement und in der Arbeitsorganisation, wie der Schöpfung des *sagyôchô* etwa in der Eisen-

und Stahlindustrie[33], führt eine relativ direkte Linie zu den „neuen“ Gewerkschaftsstilen der Vertreter der Schlüsselindustrien der Schwerindustrie, die seit 1964 im *IMF-JC* (International Metalworkers Federation - Japan Council) organisiert sind. Diese Verbände gehören auch zu denjenigen, die seit den 60er Jahren über Branchenkonferenzen sehr regen Austausch auf Verbandsebene mit der Kapitalseite pflegen (hier also Auto, Stahl, Elektro; dazu Kimoto 1986:247; Levine 1984:346ff). Diese Gewerkschaften sind nicht mehr aufgrund ihrer ideologischen Ausrichtung kooperativ, sondern aus unternehmerischen Gründen als „new trend (...) toward unions which are not labor unions at all“ (Muto 1982: 35). Sie sind allgemein mit der Aufgabe der arbeitsdemokratischen Positionen zu kooperationswilligen Einheiten im Sinne und Stile des Unternehmens und seiner Entfaltung *geworden.* Der Gedanke von Gewerkschaft als einem Konflikt-Konzept ist in ihnen nach Jahren in der Form des kleinen Kompromisses de facto nicht mehr existent. Symbol dafür ist die erwähnte Aufhebung der Autonomie der Interessenvertretung in der Einheit von Funktionär und (unterem) Vorgesetzten (dazu Totsuka et al. 1991:193).[34]

Ein letztes Teil der Regulationsform Arbeit muß noch erwähnt werden. Das ideologische Bindeglied zwischen den nach dem kleinen Kompromiß auf Kooperation bedachten Kapital und Arbeit jenseits der Unternehmensmauern wurde das ebenfalls 1955 gebildete, staatlicherseits subventionierte „Japan Produktivitätszentrum“ (JPZ). Sein Projekt war die nationale Produktivitätssteige-

---

[33] Unter Einfluß amerikanischer IE-Methoden und im Rahmen diverser Umstrukturierungen in der Arbeitsorganisation zur effektiveren Kontrolle über den Arbeitsprozeß wurde die Position des *sagyôchô* als dem wahren Herrn über den *shop floor* eingesetzt, der „durch seine umfassende Kontrollspanne nicht nur die Aufsicht über den normalen Arbeiter verstärkte, sondern durch sein unangemessenes Einwirken (...) auf die Wahl der Gewerkschaftsfunktionäre zu einer Verschmelzung der Interessenvertretungs- und Leitungsfunktionen führte“ (Kimoto 1986:109f). Hier beginnt die Auflösung der Autonomie der Interessenvertretung, und letztere hatte sich ja bereits weit von dem entfernt, was in der TP I gedacht und zu praktizieren versucht worden war.

[34] An dieser Stelle drängt sich die Frage auf, ob es sich im Falle der Form der somit herausgebildeten Gewerkschaft *noch* um Gewerkschaft handelt. Doch möchte ich keine Diskussion des nuancenreichen Begriffs Gewerkschaft eröffnen, die uns hier nicht wirklich weiterbringen würde. Sicherlich überwiegt in der institutionellen Form der Gewerkschaften des kleinen Kompromisses - verkürzt: die Unternehmensgewerkschaft - der „Bannkreis der innerkapitalistischen Funktionen“ (Müller-Jentsch 1983:373) in einem Maße, daß die Selbständigkeit und Unabhängigkeit der Organisation gegenüber dem Management stark in Zweifel gezogen werden können (etwa Yamamoto 1991:171). Doch stellt sich hier auch im Sinne des *trasformismo* die Frage, ob Gewerkschaften eben nicht per Definition „innerkapitalistisch“ sind und es hier in der Tat lediglich um graduelle Unterschiede geht. Als Gewerkschaften werden sie hier letztendlich verstanden, weil sie Organisations*form* (von Fraktionen) von Arbeit sind.

rung unter Einbeziehung (und Mobilisierung) der Betroffenen, was auch ein Ausschöpfen von Informationen, Produktionswissen bedeutete. Ergänzt wurde dieses „Zentrum" durch betriebliche Institutionen, um die Kommunikation umfassender zu gestalten. Von hier nimmt wohl auch die kongeniale Schöpfung der „Arbeitgeber-Arbeitnehmer-Konsultationen" (*rôshi kyôgisei*) ihren Anfang: Die Bemühungen des JPZ „in the 1950s were most instrumental in institutionalizing the joint consultation system" (Morishima 1992:406).

Bei dieser Institutionalisierung spannt sich ein weiter Bogen von den Konflikten der TP I über das erfolgreiche Personalmanagement durch den förmlichen Verzicht auf Verhandlungen zugunsten „friedlicher" Beratungen zur Lösung aller Unternehmensprobleme. Industrielle Beziehungen, die um solche Beratungssysteme als Kommunikationsmedium an Stelle von Verhandlungen von Tarifparteien kreisen, sind in japanischen Großbetrieben inzwischen recht verbreitet, was auch die de facto-Streikfreiheit erklären hilft. Arbeitskampf existiert in diesen Fällen auch als ultima ratio nicht mehr, weshalb auch nicht von *collective bargaining*, sondern von Beratungen gesprochen wird (dazu etwa die Schilderungen der Tarifverhandlung bei Toyota durch Nomura, 1996:133ff). Quantitativ wird in etwa einem Drittel der Großunternehmen inzwischen (EP II) auf Tarifverhandlungen verzichtet, insbesondere in der Automobilindustrie und damit von einer der Trägerorganisationen des Gewerkschaftsdachverbandes *Rengô* (dazu Yamamoto 1991:183f). Die Arbeitnehmer-Arbeitgeber-Konsultationen sind letztlich ein weiterer Ausdruck für einen Wandel der Form Gewerkschaft. Im Laufe der Zeit verschoben sich die *Kooperations*momente immer mehr auf diese - überspitzt formuliert - Japanische Form der Interessenvertretung. Dabei werden trotz Existenz formeller Gewerkschaften „Probleme der Arbeit nicht durch Kollektiv*verhandlungen*, sondern eher aufgrund der Initiative des Managements nach Konsultation mit Gewerkschaftsvertretern im Rahmen von gemeinsamen Beschäftigten-Management-Besprechungen geklärt" (Yamamoto 1992:13).

Die Gründung des JPZ erfolgte damit nicht nur pünktlich nach Abschluß der Phase der konfliktiven Industriellen Beziehungen, sondern auch im zeitlichen Kontext der Rationalisierungspläne. Übrigens ging der ursprüngliche Impetus zur Gründung dieser Institution zumindest zum Teil auf amerikanische Anregungen zurück.[35] In jener Zeit vermittelten amerikanische Wissenschaftler und Produktionsingenieure massiv ihr Wissen auf „Missionsreisen" durch Japan, etwa Demming und Juran im Bereich der Qualitätskontrolle (dazu Imai 1991:32). Das JPZ wirkte zusammen mit der JUSE (Japan Union of Scientists and Engineering) als Katalysator für die Verbreitung der neuen Unternehmenskul-

[35] Anregungen meint hier auch einen Teil der finanziellen Ausstattung des JPZ (dazu Hyôdô 1977:113f).

tur. Diese politisch inspirierte Produktivitätswelle ist auch Teil oder Folge der amerikanischen Besatzungspolitik, welche aufgrund der Erfahrungen des „New Deal“ Produktivitätssprünge „as a substitute for harsh questions of allocation“ sah (Maier 1977:613).

In dieser globalen Form der Kooperation manifestierte sich der neue „Geist“ zwischen den Gewerkschaften und den die Lage nunmehr kontrollierenden Unternehmen, noch dazu in neuem Gewand: eine Organisation „unbelastet von den industriellen Kriegen der Vergangenheit“ (Moore 1990:295) mit dem Fokus auf eine umfassende Zusammenarbeit. Konsultation auf zentraler wie auch regionaler Ebene bedeutet für die Gewerkschaften den Eindruck, in der Tat miteinbezogen zu sein. Andererseits signalisierte das Kapital unzweideutige Kooperationswilligkeit, „human relations“ statt „class relations“. Außerdem begann sich damit die Allianz der Großunternehmen mit ihrer organisierten Stammbelegschaft organisatorisch und ideologisch zu verfestigen, was im weiteren Prozeß noch eine gewichtige Rolle spielen sollte.

Das alles bedeutet: Der Widerspruch Kapital - Arbeit in dieser Form war allenfalls in der Anfangszeit der Transformationskrise prägend. Eine wirkliche Formierung als Klassenkonflikt jedoch blieb aus. Ausschlaggebender war die allmählich virulenter werdende Fragmentierung der abhängigen Lohnarbeit, die zu einer Vielfalt von Widerspruchsformen und der negativen Integration einiger Fraktionen sowie der positiven Integration der Lohnarbeit in der Großindustrie führte, ohne zu einer Verschmelzung zu gelangen. Die oftmals hervorgehobene Informalität in den Arbeitsbeziehungen Japans ist letztlich ein anderer Ausdruck für die Charakteristika dieser Form der Regulation der Arbeit.

Diese Ausprägung des Widerspruches Kapital - Arbeit verbarg sich hinter den Formen der Regulation im ökonomischen wie auch politischen Raum. Sie ermöglichte die relativ einseitige ökonomische Ressourcenverteilung der EP I, und politisch organisiert wurde das so erreichte hegemoniale Projekt durch den stabilen LDP-Staat. Die Entwicklungsgrenzen lagen aus der Sicht der EP I in den verbliebenen, negativ integrierten Kräften und deren Anstrengungen um eine Vereinheitlichung des Lohnverhältnisses.

# 5. VON REGULATIONSWEISE ZU REGULATIONSWEISE: ANPASSUNG UND TRANSFORMATION

## Die Ökonomie zwischen Expansion und Krise

Die Zeit zwischen der Nachkriegszeit und der Krise der 70er Jahre wird heute häufig als das Goldene Zeitalter des Kapitalismus bezeichnet, wie etwa von Hobsbawm in seiner Geschichte des 20. Jahrhunderts (1994:2. Teil). Im Falle Japans spricht man seit der Mitte der 50er Jahre vom Hochwachstum (*kôdo seichô*).

Da in dieser Arbeit die Krisendynamik im Mittelpunkt steht, werde ich den ersten Teil dieser Phase lediglich am Rande erwähnen, d.h. die Wachstumszyklen *Jimmu* (Peakjahre 1956/57), *Iwato* (1959-61) und den sog. Olympia-Boom (1963/64). Bevor ich mich der Krisendynamik zuwende, die sich zum Abschluß der EP I in einem dialektischen Prozeß der Verfestigung der Widersprüchlichkeit der Formen der Regulation ausdrückte (so die These dieses Kapitels), lohnt es sich, die ersten Jahre dieser Expansionsphase etwas ausführlicher zu betrachten, um die Bedeutung des gesellschaftlichen Transformationsprozesses, wie er sich in der TP I vollzogen hatte, ins rechte Licht zu rücken. Denn Japans überaus erfolgreiche Beteiligung an diesem Goldenen Zeitalter verdankt der spezifischen Ausprägung der Formen der gesellschaftlichen Regulation vor dem Hintergrund der Ausformung der entscheidenden gesellschaftlichen Widersprüche im kleinen Kompromiß viel, wenn nicht alles. Und dies läßt sich an den ersten Jahren des Wirtschaftswunders recht anschaulich zeigen.

*Jimmu*- und *Iwato*-Boom setzten den eingeschlagenen Entwicklungspfad fort, dessen Ziel ein produktionstechnologisches Aufholen der Verarbeitenden Industrie war, um international konkurrenzfähig zu werden. Nach den geringfügigeren Investitionen vor 1955 wurde nun eine außergewöhnliche Expansion des Kapitalstocks eingeleitet. Neben den Grundstoffindustrien erfaßte dieser produktionstechnologische Ausweitungs- und Erneuerungsprozeß nun auch die Industrien für langlebige Verbrauchsgüter, also jene (wenig) später so extrem erfolgreichen Exportbranchen wie Elektro, Optik; und auch der rasante Aufstieg der Automobilindustrie als einem echtem Nachkriegskind, welches sich als wirtschaftswunderliches Demonstrationsobjekt besonders eignen würde, nimmt nach 1960 seinen Anfang[1].

---

[1] Die heutige Weltfirma Toyota etwa versechsfachte ihre Pkw-Produktion zwischen 1960 und '65, während alle Pkw-Produzenten in den 50er Jahren noch stagniert hatten. Die Produktionsindizes für PKW lauten: 1956=100, 1957=147, 1958=158, 1959=246, 1960=515, 1965=2172 (berechnet nach MVMA 1994)

Bemerkenswert an dieser Periode zwischen 1955 und 1961 ist ihre außerordentliche, ja einzigartige Dynamik - Armstrong et al. sprechen denn auch von „the most glittering episode of the golden years“ (1991:129). Nie zuvor waren in Schlüsselbereichen solche Akkumulationsraten erzielt worden. Diese rapide Kapitalakkumulation Ende der 50er Jahre mit Akkumulationsraten von 25 bis 35% im Investitionsgüterbereich ist eine historische Ausnahme und in ihren Ausmaßen auch vorübergehend. Ihr Zeitpunkt aber ist vielsagend.

Die zuvor erfolgten Produktivitätssteigerungen in den Zielsektoren der ersten Rationalisierungspläne Stahl und Textil hatten - bei relativ niedrigen Löhnen - zu einer erhöhten Konkurrenzfähigkeit dieser Branchen und damit zu wachsenden Exporten geführt. Dadurch ließen sich die notwendigen Importe finanzieren.

Der notwendige finanzielle Surplus, aus denen sich diese Akkumulation speiste, rührte daher, daß die Produktivitätszuwächse in der Investitionsgüterindustrie sehr groß waren. Die Fixkapitalkosten sanken real, wodurch die steigenden Mechanisierungsgrade kompensiert wurden. Zusammen mit der wachsenden Kapazitätsauslastung nahm die Kapitalproduktivität stark zu (vergl. Ohkawa/ Rosovsky 1973: Anhang). (Dazu Armstrong et al. 1991:129ff) Die Reallohnentwicklung blieb angesichts des Überangebots auf dem Arbeitsmarkt zunächst hinter der Produktivitätsentwicklung weit zurück. Dieser Drift zwischen Reallohnentwicklung und Produktivität wurde sogar vom Arbeitsweißbuch 1961 problematisiert (dazu Tabata 1991:236). Die Profitquote nahm also erheblich zu, noch stärker stieg allerdings die Profitrate. Diese Faktoren sind für die Akkumulation in jener Phase mindestens genauso bedeutsam wie die gleichzeitig anziehende Sparquote. Die Umschichtung in der Struktur der gesellschaftlichen Nachfrage vom Konsum zur Investition, die sich in diesen wenigen Jahren vollzog (vergl. Tab. 3), ist „comparable in scale“ mit den Umschichtungen in der Sowjetunion unter Stalin der späten 20er und 30er Jahre (vergl. Huntington 1993:73) - nur vollzog sie sich demokratisch legitimiert! Diese sprunghaften Veränderungen hängen mit den zuvor ausgebildeten gesellschaftlichen Strukturen und insbesondere mit der Form der Regulation der Arbeit zusammen. Reflektieren wir hier noch einmal die Formen der Regulation, insbesondere des Lohnverhältnisses, so wird deren Bedeutung für diesen japanischen „großen Sprung“ klar.

Mit der Verstetigung des Wachstums ging fast zwangsläufig ein Wandel des wirtschaftlichen Denkens einher, der sich recht anschaulich am „Plan zur Verdoppelung des Volkseinkommens“ (*kokuminshotoku baizô keikaku*) von 1960 feststellen läßt. An die Stelle von zweifelnder Unsicherheit in der unmittelbaren Nachkriegsphase war ein Zukunftsoptimismus getreten, für den Wachstum etwas Selbstverständliches geworden zu sein schien. Signifikant ist er jedoch auch oder vor allem hinsichtlich seiner integrativen Funktion nach den großen gesellschaftlichen Konflikten der Zeit um 1960, auf die ich im folgenden Kapitel zu sprechen kommen werde. Gesellschaftlich integrativ heißt nicht ein wohlfahrtsstaatliches Programm, sondern im Geiste der zuvor erwähnten *fukoku* oder Wohlstand durch Wachstum setzte die politische Führung auf eine Verdoppelung des Ertrages der Volkswirtschaft. (Ähnlich Sheridan 1994:146)

Der folgende Olympia-Zyklus bildet eine Art Intermezzo, einzuordnen zwischen Ruhe vor dem Sturm und einem ersten Luftanhalten. Dieser von Bauinvestitionen getragene Konjunkturzyklus war schnell auf das übliche „Stop" aufgrund der Zahlungsbilanz-„Rötung" gefolgt, ebenso rasch ebbte er wieder ab und mündete 1965 in den sog. „*Shôwa* 40"-Konjunkturrückgang - „Rezession" wäre angesichts von real 5,1% BSP-Wachstum eine Übertreibung.

Bemerkenswert ist dieses Intermezzo zum einen wegen diverser Firmenzusammenbrüche und einer schrumpfenden Akkumulationsrate aufgrund von Überkapazitäten. Das MITI regte, um Skaleneffekte zu verstärken, Kartellbildungen an (etwa in der Stahlindustrie; dazu Okimoto 1989:25). Außerdem resultierte diese sog. *shinyô* oder *shôkenkyôhô* („Wertpapierkrise") im Zusammenspiel mit international bedingten Liberalisierungen des Wertpapiergeschäftes (u.a. durch die OECD-Mitgliedschaft 1964) in einem Quantensprung der „Institutionalisierung" des Aktienbesitzes (Okumura 1992:190).

Wichtiger erscheinen aber zweierlei zusammenhängende Momente dieses Konjunkturtals: Zunächst verließ die Regierung zur Ankurbelung der Konjunktur den seit *Dodge* beibehaltenen Pfad des ausgeglichenen Haushaltes, um ab 1965 in ein keynesianisches *deficit spending* zur Nachfrage-Stimulierung einzutreten (woher sich auch die stark gestiegenen Investitionsanteile des Staates erklären). Diese Entscheidung fiel insofern überraschend, als noch einen Monat zuvor seitens der Regierung eine 10%ige Haushaltsmittel-Einfrierung beschlossen worden war, als Reaktion auf die rezessiv-bedingt schrumpfenden Steuereinnahmen. (Nihon keizai shinbunsha 1992:407; Kôsai 1986:158f).

Im Juli 1965 wurde nicht nur diese Entscheidung revidiert, sondern die gegenüber dem Fiskalgesetz (*zaiseihô*) von 1947 erweiterte Möglichkeit der Finanzierung via Staatsanleihen-Emissionen beschlossen. Bis '65 war die staatliche Schuldenaufnahme nominal konstant geblieben, der Anteil am Volkseinkommen entsprechend stetig gesunken (dazu Hayashi/Imai 1994:92). Die fiskalpolitische Hinwendung zur vermehrten Schuldenaufnahme erfuhr in der Folgezeit zwei große Sprünge: neben 1965/66 noch der hier zentrale Zeitraum um die Erste Ölkrise. (Vergl. Tabelle 21, Abschnittsende) Zwischen beiden existiert allerdings ein elementarer Unterschied: Die gerade erwähnte Verschuldungspolitik wurde in der Tat keynesianisch nach Einsetzen des neuerlichen Wachstums auf einem bestimmten Niveau gestoppt. Das sollte sich in der Transformationsphase II fundamental ändern; der Staat wurde zum massiven Schuldner.

Zum anderen machte die japanische Gesellschaft in diesem Konjunktureinbruch eine spezifische Erfahrung, die sich von derjenigen der Bundesrepublik unterscheidet. Die bundesdeutsche Krise von 1966/67 fiel profunder aus und hinterließ dementsprechend tiefere Spuren und zwar in allen Bereichen, Spuren, die in die Regulationsweise eingeschrieben wurden:

- im Bereich der Ökonomie das Stabilitätsgesetz und der Versuch staatlicher Globalsteuerung;
- im Bereich der Politik bildete sich die Große Koalition, schließlich die sozial-liberale Koalition;
- im Bereich der Industriellen Beziehungen kam es zur *Konzertierten Aktion*, zum Abschluß langfristiger Tarifverträge, aber schließlich auch zu den Wilden Streiks von 1969/70.

Die Rezession Mitte der 60er Jahre war das Signal für das gesellschaftliche Umschalten auf das sozialdemokratische Reformprojekt. Nun gibt es zwar insofern durchaus Ähnlichkeiten zwischen den Einschnitten, als in beiden Fällen die rasche Überwindung den angesammelten und verbreiteten Glauben an die grundsätzliche Korrigierbarkeit der Entwicklung nicht erschütterte. Die endogenen Störungen des Akkumulationsprozesses zeichneten sich zwar ab, wurden aber in der Regel nicht als solche gedeutet. Sündenböcke waren exogene Faktoren wie die Bundesbank oder die Überkapazitäten und der exzessive Wettbewerb. Die Investitionsprogramme, mit denen der Akkumulationsprozeß wieder in Gang gebracht wurde, entsprachen sich ebenfalls in der Form.

Jedoch fiel die japanische Störung sehr geringfügig aus, mündete in eine rekordverdächtige Aufschwungphase und schrieb Veränderungen in die Formen der Regulation ein, die in der Folgezeit zwar krisenverschärfend wirken sollten (Kartellbildung; Verschuldungspotential). Zunächst allerdings stand diese kleine Krise für erfolgreiche Regulation schlechthin, welche die bereits anstehenden Fragen beiseitefegen half.

## Die Dialektik des Hochwachstums: Der *Izanagi*-Boom

Mit Beginn des Jahres 1966 setzte der *Izanagi*-Boom mit dem Kurswechsel der Fiskalpolitik der Regierung ein - eine auch insofern erstaunliche Wende, als das Satô-Kabinett paradoxerweise auf Sozialpolitik und ein moderateres, stabileres Wachstum setzen und eine weitere exzessive Hochwachstumswelle vermeiden wollte (Kôsai 1986:157). Doch trug die staatliche Konjunkturpolitik als Mischung aus Steuersenkungen und Ausgabenausweitungen letztlich eben zu jenem Hyper-Wachstum bei.

Die staatlichen Maßnahmen bildeten den Zündfunken für diesen Zyklus. Betrachten wir aber die Entwicklung der Nachfragekomponenten, zeigt sich, daß der Boom der zweiten Hälfte der 60er Jahre schließlich und in erster Linie sehr stark mit der überproportionalen Ausweitung der privaten Anlageinvestitionen zusammenhing.[2] Exporte und privater Verbrauch legten im Vergleich zu anderen Konjunkturaufschwüngen ebenfalls sehr stark zu.[3] Hier wirkten sich schließlich die Reallohnerhöhungen Ende der 60er Jahre aus.

Seinen Peak erreichte der *Izanagi*-Zyklus erst im Juli 1970 - eine Expansionsphase von 57 Monaten mit einem realen Wachstum von durchschnittlich knapp 12%, womit der bisherige Rekord noch überboten wurde. Auch der Aufholprozeß gegenüber dem Westen ging zu Ende: 1967 wurden, gemessen an der schieren Größe des BSP Großbritannien und Frankreich, 1968 Deutschland eingeholt - Japan war nach den Vereinigten Staaten die Nummer Zwei in der Liga der freien Länder geworden.

Entgegen dem im japanischen Binnenverständnis weiterhin vorherrschenden Verständnis, daß Japan immer noch ein ökonomisch zumindest leicht verwundbares, wenn nicht kleines Land sei, war der womöglich entscheidende Punkt an all diesen Veränderungen, daß Japan zu einem Faktor im weltwirtschaftlichen Maßstab geworden war. Zwischen der ausländischen und der japanischen Selbsteinschätzung existierte jedoch eine große Kluft, die noch für eine Weile einen fruchtbaren Nährboden für diverse Mißverständnisse abgeben sollte.

Japan war also nunmehr im vorgetragenen Sinne eine wirtschaftliche Macht. Das Hochwachstum erreichte einerseits seinen strahlenden Höhepunkt - und trug doch gleichzeitig schon die Keime seines Absterbens in sich - wie Itoh anmerkt, geradezu „dialektisch", indem „es seine eigenen Grundlagen zur Erosion brachte" (Itoh 1990:162). Erfolge und Mißerfolge beziehen sich in Form der folgenden Veränderungen dialektisch aufeinander. Japans Erfolge produzierten gleichzeitig ihre Grenzen, somit Mißerfolge, und reproduzierten sich zunehmend und unmißverständlich zu Lasten bestimmter Bereiche der japanischen Gesellschaft, die der Organisations- und Vermittlungsfähigkeit des Staates zunehmend die Grenzen aufzeigten. Die folgende Transformationskrise folgte aus diesen (gesellschaftlichen und internationalen) Grenzen des Wachstums, die im *Izanagi*-Boom nach und nach virulent wurden. Die Absorption von Rohstoffen, die Anteile am amerikanischen Defizit bzw. an der Währungskrise sowie die internen Arbeitsmarkt- und sozialen Probleme führten kumulativ eine Krise herbei.

Es handelte sich um eine Krise der Überakkumulation in dem Sinne, daß die Produktionsfaktoren Arbeit und Rohstoffe wie auch die Absatzmärkte mit der rapiden Akkumulation an Produktionskapital nicht mehr Schritt halten konnten. Die hervorstechenden Elemente der Krise waren also auf der Basis der hoch-

---

2 Die privaten Anlageinvestitionen stiegen zwischen '66 und '70 durchschnittlich jeweils um 23% real pro Jahr. (Keizai kikakuchô 1993:64f)

3 Die Exporte wuchsen um jährlich 17,4% im Schnitt, der private Verbrauch um 9,2%. Solche Werte wurden weder zuvor noch später einmal erreicht. (Zahlen ebd.)

gradigen Kapitalakkumulation die Arbeitsmarktsituation, die Probleme im Außenhandel inklusive der Frage der Ressourcenverteuerung (sowie die wachsende Nachfrage nach sozialer Infrastruktur und die Umweltproblematik, die uns im folgenden Kapitel begegnen werden).[4] Dem möchte ich jetzt nachgehen.

Das bisherige Verlaufsmuster der Wachstumszyklen wurde nunmehr verlassen, denn trotz geldpolitischer Dämpfer (Leitzinserhöhung) aus Anlaß der sich verschlechternden Handelsbilanz im Laufe des Jahres 1967 folgte kein Nachlassen der Konjunktur, und im folgenden Zeitraum wies die Handelsbilanz erstmals keine roten Zahlen mehr auf. Die langersehnte stabile Handelsbilanz war damit jedoch insofern nicht erreicht, als mit rapider Geschwindigkeit und in Umkehrung der bisherigen Verhältnisse ein Devisenpolster aufgebaut und somit die Handelsbilanz wieder zu einem Problem wurde, das bis heute mit wechselnder Intensität virulent bleiben sollte.

Die Exportorientierung und -abhängigkeit Japans begann also zum Ende der EP I hin zuzunehmen (dazu Shinohara, M. 1986:287). Diese Exporte konzentrierten sich mehr und mehr auf die Unternehmen der Schwerindustrie, deren internationale Wettbewerbsfähigkeit inzwischen erreicht war.[5] Die Branchen, die das Erscheinungsbild Japans nachhaltig prägen und die Märkte überschwemmen bzw. erobern sollten, Unterhaltungselektronik und Auto beispiels-

---

4 Als ein weiteres Moment geraten in dieser Periode wettbewerbsverzerrende Mengen- und Preiskartelle oder kartellähnliche Zusammenschlüsse bzw. Fusionen in der Schwerindustrie ins Zentrum der öffentlichen Kritik. Sie waren u.a. auf die Politik des MITI zurückzuführen, das wie erwähnt angesichts der wachsenden Weltmarktintegration auf schiere Größe setzte. Spektakuläre Beispiele waren die Wiedervereinigung von *Mitsubishi Jûkô* 1963, die Fusionen *Nissan-Prince* 1966, *Nihonseitetsu* aus *Yawata-* und *Fuji-*Stahl und im Bankensektor zur *Taiyô-Kôbe-* und zur *Daiichikangyô*-Bank, wobei zunächst sogar eine Fusion von *Daiichiginkô* und *Mitsubishiginkô* geplant war (dazu Nakamura 1986:282f).

TABELLE 14:

Anzahl und Typen von Großunternehmensfusionen
Ende der Expansionsphase I

| Typen | 1967 | 1968 | 1969 | 1970 |
|---|---|---|---|---|
| Horizontal | 21 | 17 | 24 | 31 |
| Vertikal | 6 | 5 | 4 | 4 |
| Konglomerate | 12 | 12 | 27 | 24 |
| ZUSAMMEN | 39 | 34 | 55 | 59 |

Quelle: Caves/Uekusa 1976:475

5 Die Exportanteile der Leichtindustrien und der Maschinenindustrien entwickelten sich zwischen 1950 und 1980 reziprok zueinander hin zur totalen Dominanz der letzteren (ca. Zweidrittel um 1980); die Metall- und Metallverarbeitenden Industrien hingegen verblieben mit geringfügigen Schwankungen lange Zeit auf einem Niveau. (Dazu Tsuruta 1988:53)

weise, begannen sich Ende der 60er Jahre in zunehmendem Maße den Exportmärkten zuzuwenden. Und die Geschwindigkeit, mit der Japan sich auf den internationalen Märkten in diesen Branchen ausbreitete, wurde mit Beginn der 70er Jahre enorm beschleunigt. (Vergl. Tabelle 15 zur Automobilindustrie)

TABELLE 15:

Exportabhängigkeit der Automobilindustrie*

| Perioden | Japanische Automobilindustrie insgesamt | Toyota | Nissan | Mazda |
|---|---|---|---|---|
| 1956-60 | 5,3 | 12,1+ | 9,5+ | 0,6+ |
| 1961-65 | 8,1 | 13,3+ | 21,2+ | 3,6+ |
| 1966-70 | 15,3 | 23,8 | 23,2 | 10,9 |
| 1971-75 | 30,3 | 36,8 | 40,7 | 46,3 |
| 1976-80 | 49,9 | 49,4 | 51,6 | 62,3 |

* = Kfz; Verhältnis der exportierten zu den produzierten Einheiten in % im Schnitt eines Jahrfünfts; + = Werte für 1960 und 1965
Quelle: eigene Berechnungen nach MVMA 1994, JAMA

Natürlich zogen der enorme Wachstumsschub wie auch die Exporte analog dazu ein Anschwellen der Importe von Rohstoffen nach sich. Speziell die Situation auf dem Energiesektor hatte sich seit den 50er Jahren enorm gewandelt, was sehr stark mit dem Abschied von der unproduktiven, teuren heimischen Kohle zugunsten des billigen Erdöls zusammenhing. Die extensive Ausweitung der Produktionskapazitäten in ziemlich allen Industriebereichen vor dem Hintergrund billiger Energieversorgung aus den seit den 50er Jahren neu erschlossenen Ölfeldern in Nahost sorgte für ein recht sorgloses Aufsaugen dieser Rohstoffe durch eine solche Wachstumsmaschinerie.[6] Nur waren in den 60er Jahren die Terms of Trade (ToT) noch günstig für die Industrieländer - für Japan schien der Weltmarkt eine Garantie für weiteres Wachstum. Doch sollte sich das bald ändern und nicht zuletzt eben wegen des steigenden Absorbierens von Ressourcen durch Japan. Diese Absorberfunktion von Weltrohstoffen Ende der 60er Jahre machte die Rohstoffpreise angesichts der japanischen Schwächen (die mineralischen Rohstoffe inkl. Treibstoffe machten 1968 58,1% der Importe aus, in der BRD waren dies 25,8%) zu einer Sollbruchstelle der kommenden Jahre (dazu Ohkawa/Rosovsky 1973:194f).

Der insgesamt also gewachsene Anteil des Außenhandels und die damit einhergehende Marktanteilsvergrößerung Japans im Weltmaßstab wurden zu entscheidenden Faktoren der Veränderungen in den späten 60er und den 70er Jah-

6 Die Ölimporte verdreißigfachten sich zwischen 1955 und 1973 (dazu Itoh 1990:144).

ren. Zusammen mit der BRD rückte Japan Ende der 60er Jahre in den USA ins Zentrum der amerikanischen währungs- und handelspolitischen Diskussionen: Handelsungleichgewicht, Importrestriktionen, Exportbeschränkungen, Kapitalmarkt-Liberalisierungen lauteten die dazugehörigen Stichwörter. (Nakamura 1986:288f)

*Johnsons New Society* und der Vietnam-Krieg belasteten die amerikanische Wirtschaft, schleichende Inflation und wachsendes Leistungsbilanzdefizit sowie ein Vertrauensschwund in den US-Dollar als Leitwährung waren die Folge. Das System der festen Wechselkurse, das seit dem Abkommen von *Bretton Woods* bestand, schien damit überfordert. Japan war allerdings ein Teil dieser sich abzeichnenden Krise des Weltwährungssystems, solange eine Umbewertung des En in Japan kaum zur Debatte stand.

Jedenfalls führten diese Diskussionen in den frühen 70er Jahren auf internationaler Ebene zu Krisen und Veränderungen unterschiedlichen Ausmaßes, die ihren Niederschlag auch in der Binnenstruktur der japanischen Volkswirtschaft fanden. Aber: hier ist vor allem entscheidend, daß die interne Entwicklung Japans eben durch das extensive Wuchern einen Teil der Veränderungen mit ausgelöst hatte oder einen Teil der Probleme bedeutete. Japans Wachstumsmodell wird zu einer der „Kräfte, die die Nachkriegsordnung zerstörten" (Aglietta 1982:19f).

Japans nationales Entwicklungsziel, vermittelt in den Formen der Regulation, die ein einseitiges Bündeln der gesellschaftlich entscheidenden Kräfte verkörperten, hatte sich bei der Lösung der Zahlungsbilanzproblematik wie folgt niedergeschlagen: Das Außenhandelsmuster in der Expansionsphase I unterschied sich in einem gewichtigen Punkt von den meisten anderen Industriestaaten. War in einem Sektor der Industrie die Produktionskapazität soweit ausgebaut, daß die Binnennachfrage damit befriedigt werden konnte, folgte jeweils eine systematische Abkehr von solchen Importgütern. Wegen dieser Strategie der Importsubstitution sowie des Beibehaltens einer vertikalen Spezialisierung in den expandierenden Industriesektoren vermied man den Weg einer horizontalen Spezialisierung und damit der fortlaufenden Abhängigkeit von Importen bei Investitionsgütern. Japans ToT waren somit ab einem gewissen Punkt der Entwicklung jeweils primär vom Verhältnis der Rohstoff- zu den Fertigproduktpreisen abhängig. (Dazu Aglietta 1982:21ff)

Mit wachsendem Gewicht Japans in der Weltwirtschaft wurde es so zu einem „Faktor, der die internationalen Handelsströme destabilisiert" (ebd.:22), denn jede - momentane oder strukturelle - Schwäche in der Binnennachfrage setzte ab dem Level, an welchem die Produkte international konkurrenzfähig und die Export-Importschwelle „beliebig" nach oben verschoben worden war, eine Export-Offensive in Gang, bzw. die Exporte verstetigten sich mit der Sprengung der Schwelle bei gleichzeitigem hochinvestiv-bedingten Überholen des produktiven Outputs bzw. der Produktivität gegenüber der Binnenmarkt-Absorptionsfähigkeit, aufgrund der lange Zeit hinterher hinkenden Reallohnentwicklung. (Vergl. Itoh 1990:159ff)

Diese „internationale" Grenze des eingeschlagenen Entwicklungsweges wurde im Binnenraum begleitet von einer weiteren Konsequenz des Investitionstempos. In den letzten Jahren der EP I geriet ein wichtiger Pfeiler dieser inzwischen anvisierten Strategie einer Exportoffensive in Gefahr: der Arbeitsmarkt. Zwischen 1968 und '74 existierten als grober Indikator durchweg mehr offene Stellen als Bewerber (vergl. Schaubild 3, Kap. 3). Bis dahin hatte jene Formel gegolten, daß die Produktivitätszuwächse dort am höchsten waren, wo die Löhne am stärksten stiegen (Tsuru 1993:127). Dieses Wettrennen zwischen Lohnzuwächsen und Anlageinvestitionen schien folgender Logik zu gehorchen: Steigende Löhne aufgrund sich verknappender Arbeitskraft treiben die Investitionen noch weiter voran, indem die Unternehmen unproduktive Ausrüstung ersetzen, um das verteuerte Personal an die produktiveren Maschinen zu stellen und somit noch produktiver zu werden (dazu Armstrong et al. 1991:122ff). Doch nun „explodierten" die Löhne, so daß die Produktivitätsentwicklung nicht mehr Schritt halten konnte. Im Verarbeitenden Gewerbe verlief die Entwicklung von Löhnen und Produktivität (indexiert) im Übergang zur TP II wie folgt (1990 = 100; Nihon tôkei nenkan 1993/4: key statistics):

- Produktivität 1966 19.1 1974 43.1
- Löhne 1966 11.3 1974 41.2.

Eine Folge des verknappten Arbeitsmarktes war, daß die Löhne nunmehr auch in den Klein- und Mittelbetrieben anzogen, und zwar überproportional, wodurch die Duale Struktur vorübergehend aufgeweicht wurde (Kume 1988: 666). Die bereinigte Lohnquote wuchs alleine zwischen 1970 und 1975 um 7,7% auf 62,4%. Ein Teil dieser Umverteilung kann der Militanz der Gewerkschaften an der Lohnfront zugeschrieben werden (Taira/Levine 1985:251).

Nach jahrzehntelanger Aufholjagd mit dem Muster: Rohstoff- und Kapital-Mangel, aber Arbeitskraft-Überschuß, drohte de facto (mit der TP II) nun ein mehr und mehr inverses Muster: Rohstoff-Mangel und Kapital-Stagnation, und Arbeitskraft-Mangel (abgewandelt nach Sheridan 1994:154). Dies zu vermeiden, sollte die kommende, in der Krise der Transformation vermittelte „Aufgabe" sein. Diese veränderten Konstellationen waren Symbole der Krise. Gesellschaftlich wie wirtschaftlich (und auch international) war der eingeschlagene Weg zu Ende, die herrschende Regulationsweise gewährleistete nicht mehr die störungsfreie Reproduktion - mit entsprechenden Konsequenzen für das hegemoniale Projekt.

## Transformationsphase II: Das Primat der Krise

Nixons *New Economic Policy* (NEP) vom August 1971 war die Konsequenz aus den gewachsenen finanziellen Schwierigkeiten der USA. Sie stand am Anfang jener Reihe internationaler Schläge, die dem Optimismus der vorangegangenen Wachstumsperiode das Totenglöckchen läuten sollten. Mit Nixons Maßnahmenpaket wurde das Ende des Systems der festen Wechselkurse eingeleitet. Der seit *Dodge* gültige Kurs von 360 En = 1 $ begann ab Ende 1971 seinen säkularen Aufwärtstrend. Bereits unter dem *Smithsonian Agreement* nämlich war es der En, der mit 16.88% die nachdrücklichste Aufwertung erfuhr (dazu Kôsai 1986:174).

Die überhastete oder unkoordinierte wirtschaftspolitische Vorgehensweise der japanischen Regierung und der diversen Staatsapparate verstärkte den Eindruck einer Krise extrem. Formell war die japanische Seite nicht oder zumindest sehr spät von den amerikanischen Maßnahmen unterrichtet worden - so gesehen war eine gewisse Überraschung oder Verblüffung zu erwarten. Doch liegt die Sache nicht ganz so einfach: Mit den Leistungsbilanzüberschüssen hatte eine Diskussion um eine En- (und Mark-) Aufwertung mit der zweiten Hälfte der 60er Jahre eingesetzt. Das Zusammentreffen von einer zudem recht langen wirtschaftlichen Boom-Phase mit Überschüssen in der Handels- und Leistungsbilanz zwischen Japan und den USA bei zudem tendenziell inflationärer Preisentwicklung hätte im Grunde schon den Tatbestand eines „fundamentalen Ungleichgewichtes" erfüllt, der eine Änderung der Wechselkurs-Relationen *innerhalb* des Bretton Woods-Systems gestattete (dazu Hardes et al. 1990:386).

Die antizyklischen monetären Konjunkturdämpfungsmaßnahmen von 1969, die gegen einen Preisauftrieb gerichtet waren, sollten zu einer weiteren Verschiebung der Leistungsbilanz zugunsten Japans führen, alldieweil die Importe ab 1970 stagnierten, während die Exporte weiter anzogen. Dagegen wurde zwar eine gewisse En-Aufwertung, wenn auch von einer exklusiven Minderheit, selbst innerhalb Japans diskutiert (dazu Nakamura 1986:292) - in bestimmten Kreisen allerdings dachte man sogar noch 1967/68 über eine *Ab*wertung des En nach (dazu Hein 1993:116). Und bereits im Mai 1971, also noch vor Nixons NEP, war der DM-Wechselkurs, wenn auch zeitlich begrenzt, freigegeben worden. In der japanischen Öffentlichkeit jedoch blieben En-Neubewertungen tabuisiert, wobei wohl die Sorge um neue Wachstumsbranchen (Elektronik) und deren Schonung vorgeschoben wurde bzw. sich durchsetzte.

Die Bezeichnung „Shock" für die Nixonsche Politik ist insofern objektiv nicht leicht nachzuvollziehen als sie vielmehr Befindlichkeiten, Reaktionen, aber auch Kompensationen für gewissermaßen „blindes" Rennen ins Chaos kennzeichnet. Alles das resultierte aus einer diffusen Mischung aus angehäuftem Optimismus, der gerade durch den *Izanagi*-Boom - der ja so spielerisch leicht den „rezessiven" Knick von 1965 hinter sich gelassen hatte und mithin für das nach wie vor gültige hegemoniale Projekt und seine Träger ökonomisch eine Art Wachstumsautomatik symbolisierte - sowie durch die zählbaren Erfolge bei der Aufholjagd seine Bestätigung erfahren hatte. Andererseits schwand die kohäsive Zauberkraft der „Wohlstand via Wachstum"-Ideologie aufgrund der Folgen dieser Politik mehr und mehr. Symbolisch dafür oder zumindest doch recht vielsagend: 1970 publizierte die Tageszeitung *Asahi* eine Artikelserie mit dem Titel „kutabare GNP" - Nieder mit dem Wachstum (dazu Taira 1993:170). Und mitten in diese ambivalente Phase fiel die internationale Finanzkrise mit starken Aufwertungstendenzen für Japan, nachdem die zentralen Industriesektoren quasi-zeitgleich auf die Exportmärkte zu setzen begonnen hatten. Hinzu trat noch jenes Gefühl, als Bündnispartner der Hegemonialmacht USA sowohl von der NEP als auch von der neuen China-Politik, dem zweiten *Nixon-Shock*, überrollt worden zu sein.

### Krisenmanagement

Die Erfahrungen der EP I im Kontext der ökonomischen Grundsätze vom Wachstum als Konfliktregulator ließen die Angst vor einer Rezession weithin größer sein als die Angst vor einer Inflation. Erfahrungen bedeutet hier in erster Linie, daß die Orientierung an der Zahlungsbilanz als Konjunkturbremse „eine gewissermaßen laxe Haltung gegenüber einer moderaten Inflation Vorschub geleistet hatte" (Weatherford/Fukui 1989:398). Dies sowie das Ziel einer Schonung der Exportindustrien erklärt, warum die japanische Seite auch nach der Nixon-Ankündigung zunächst einmal versuchte, die bestehenden Verhältnisse zu konservieren bzw. den Schaden zu begrenzen. So wurden von der Bank von Japan für zwei weitere Wochen zum alten Kurs US-Dollar getauscht. Eine En-Aufwertung sollte nach Möglichkeit verzögert werden - bis die im Außenhandel aktiven Firmen ihre Dollarbestände umgetauscht hatten. (Nakamura 1986:293; Masumi 1985:175) Dieser Kurs beinhaltete auch, daß die japanische Zentralbank massiv zu Stützungskäufen gegenüber dem US-Dollar ausholte, um eine Abwertung zu vermeiden, und dadurch ein ebenso massives Geldmengenwachstum herbeiführte (dazu Tabelle 16).

Nun war Japans Volkswirtschaft nach dem Ende des *Izanagi*-Booms konjunkturell im Abschwung begriffen, eine Neubewertung des En hätte den Abschwung womöglich deflationär verstärkt. Die Stützungsversuche gegenüber dem US-Dollar liefen hingegen auf eine partielle „Übernahme" der drohenden Verluste der Devisenbanken und der im Außenhandel aktiven Unternehmen durch den Staat hinaus (Kôsai 1986:179).[7]

---

[7] Auch in der Folgezeit wurde versucht, die Folgen einer Währungsanpassung abzuschwächen, u.a. mit Importförderungsmaßnahmen, um die Überschüsse zu bremsen. (Kôsai

Die Furcht vor einer tieferen Rezession, verstärkt durch die aufwertungsbezogenen Schwierigkeiten der Exportindustrien, führten zudem zu jener fiskalpolitisch expansiven Haltung des Staates: Einkommenssteuersenkung, Investitionssteigerungen durch Ergänzungsprogramme im Rahmen des FILP und Sozialausgaben, wozu allerdings noch ein gewichtiges politisch-integratives Moment hinzutrat, auf das gleich einzugehen sein wird. Zeitgleich zur NEP setzte damit die langfristige Ausdehnung der Staatsausgaben zur Nachfragestimulans ein - und damit nahm auch die Staatsverschuldungsspirale ihren Anfang.

Der politische Versuch eines gesellschaftlich umfassenden Lösungs- und Integrationsansatzes sollte Tanakas *Nihon rettô kaiso ron* (Umbau des Japanischen Archipels) von 1972 sein. Er signalisierte, daß zumindest in einigen, dafür aber relevanten politischen Kreisen Klarheit darüber herrschte, daß die japanische Gesellschaft gewisser Veränderungen bedurfte, und zwar bereits vor der sog. „Ölkrise". (Masumi 1985:223f; Kôsai 1986:183; Nakamura 1986:296)

Die entscheidende Erkenntnis lautete: Die bestehenden Institutionen gewährleisten nicht mehr die Entwicklungsdynamik der 50er und 60er Jahre. Tanakas Umbau zielte auf Verteilung und Umleitung der nationalen Ressourcen in gigantischem Ausmaß ab. Die Reallokation von Ressourcen im Sinne einer dezentraleren Verteilung wäre:

- eher binnenmarktzentriert,
- sozialstaatlich orientiert,
- an einer Entwicklung der Infrastruktur orientiert,
- gesamtgesellschaftlich qualitativ orientiert ausgefallen.

Sie hätte eine Abkehr von der einseitigen Verfolgung des industriellen Aufholprozesses mit sich gebracht und damit auch die internationalen Schwierigkeiten zumindest reduziert. Denn dem Plan lag die Einsicht zugrunde, daß die ursprüngliche Aufholjagd vorbei ist und für die Zukunft andere, breitere Ziele gesteckt werden müssen: mehr Sozialkapital statt mehr Industriekapital, um das Projekt auf einen Nenner zu reduzieren! (Vergl. Tsuru 1993:121)

Wie die diversen Konjunktive andeuten, kam manches anders - aber bemerkenswert ist, wie in seiner „Größe" bereits auch das subjektiv empfundene Ausmaß der Krise im Keim enthalten ist. Bemerkenswert ist ferner, daß der Plan an alte, traditionelle Industrialisierungsmuster insofern nahtlos anknüpfte, als er dem Staat wiederum einen wirtschaftlich-dirigistischen Stellenwert als Interventionsstaat einräumte. Daß im Kontext einer pluralisierten Demokratie ein verordneter Umbauversuch wie dieser im Japan der Jahre 1972/3 letztlich scheiterte, teils sogar die Kritik am Bestehenden herausforderte oder akzeleratorisch

---

1986:181f) In diesem Kontext kam es u.a. zu Gesprächen zur Importförderung zwischen der amerikanischen und japanischen Regierung. Ich erwähne dies, weil diese Art von Kontakten ihre logische Fortsetzung im *Lockheed*-Skandal finden sollten.

verstärkte, verweist auf bestimmte Grenzen der Legitimation. Ein solcher Umbau erforderte ein Maß an gesellschaftlicher Kohäsion und einen Grad an Formierung, die zumindest für den Augenblick durch simple ideologische Formeln und Mechanismen sowie staatliches Verwaltungshandeln nicht mehr oder nicht wieder herzustellen waren.

## Japan in der Krise

Um die nun eintretenden und schlagartig aufeinanderfolgenden Schwierigkeiten zu verdeutlichen, muß ich noch einmal kurz zurückgreifen. Da die Phase zwischen Nixonscher NEP und dem Beginn der Archipel-Umbau-Versuche nach dem Ende des *Izanagi*-Aufschwungs mit einer nachlassenden Konjunktur zusammenfiel (1971 4,7% reales BSP-Wachstum ggü. 9,9% 1970), hatten Regierung und Zentralbank mit antizyklischen, geld- und fiskalpolitischen Nachfragebelebungsmaßnahmen reagiert: Leitzinssenkungen, Steuererleichterungen, Ausgabensteigerungen. Damit griff man in erster Linie auf die Denkmuster und Erfahrungen von 1965 zurück. Hinzu trat die „unfreiwillige" Geldschöpfung aus den Export-Devisenströmen, verstärkt durch das Vorgehen der Notenbank zu Beginn der NEP, d.h. wir befinden uns bereits in der Phase eines extremen Liquiditätsüberhanges, als der *Tanaka-Plan* und damit zusammenhängende expansive staatliche Ausgabenprogramme, welche die von Tanaka angekündigte Wende zum Sozialstaat finanzieren sollten, aufgelegt wurden (s. nächstes Kapitel). Letztere wiederum wurden durch eine enorm beschleunigte Ausgabe von Staatsanleihen finanziert.

Das wirtschaftliche Umfeld zum gewählten Zeitpunkt war also für einen solch expansiven Umbau nicht besonders glücklich. Zudem wurde der Plan allerdings auch noch mit Schwachpunkten bzw. einer Sollbruchstelle versehen. Kurz nach seiner Veröffentlichung und in der Implementierungsphase wurden die Zielregionen der Dekonzentration veröffentlicht, so daß die Bodenpreise spekulationsgeleitet anstiegen, und zwar zunächst in diesen Zielregionen und danach im ganzen Lande (Tabelle 16) (Tsuru 1993:121). Ein solches Vorgehen spricht entweder für eine Fehleinschätzung der kohäsiven Struktur zum Ende des Hochwachstums, die die konsensorganisierenden Staatsapparate überschätzte, oder es deutete auf Sabotage. Dies wiederum würde für einige Uneinigkeit im politischen Kernbereich des Staates selbst sprechen, eine Überlegung, die auch durch die dezentrale Entscheidungsvielfalt in der Währungskrise unterstützt wird (dazu Kôsai 1986:180f)[8].

---

8 Auch im Falle der Einkommenspolitik existierten solche Pluralismen: das Arbeitsministerium reagierte wesentlich beschäftigtenfreundlicher, indem die Lohnerhöhungen als Resultat der Inflation sowie der Profitentwicklung bezeichnet wurden. Premier und die EPA

TABELLE 16:

Preisentwicklung in der Transformationsphase II*

| Jahr | Geldmengen-wachstum (M2) | Bodenpreise | Großhandels-preise | Verbraucher-preis-Index | Lohnzuwachs im *shuntô* |
|---|---|---|---|---|---|
| 1970 | 17,9 | 15,7 | 2,1 | 7,3 | 18,5 |
| 1971 | 22,5 | 13,2 | -0,8 | 5,9 | 16,9 |
| 1972 | 26,8 | 25,1 | 4,0 | 5,7 | 15,3 |
| 1973 | 19,6 | 23,0 | 21,7 | 15,6 | 20,1 |
| 1974 | 11,4 | -4,3 | 20,1 | 20,9 | 32,9 |
| 1975 | 13,9 | - | 2,3 | 10,4 | 13,1 |

* = jeweilige Steigerungsraten gegenüber dem Vorjahr
Quellen: Kôsai 1986:185; Keizai kikakuchô 1993

Die japanische Volkswirtschaft reagierte auf den nationalen Umbauplan so, wie es sich von einer Marktwirtschaft vermuten ließe, die eben nicht primär von holistisch-universell-gesellschaftlichem Gemeinwohlstreben zugunsten des Japanischen Archipels geleitet wird. Betrachten wir dazu Tabelle 16: Dieses Maßnahmen-Paket fiel mit sowieso bereits stark anwachsenden Preisen zusammen, die sich zu einer vergleichsweise extremen Inflation verstärkten. Ausgehend vom Geldmengenwachstum schiebt sich die inflationäre Welle sukzessive durch die angegebenen Größen. Dabei waren es zunächst die Bodenpreise, die anzogen, dann und zwar überproportional sowohl die Großhandelspreise als auch schließlich die Verbraucherpreise. Die sprunghafte Entwicklung der Großhandelspreise war insofern bezeichnend, als diese zwischen 1956 und 1972 weitgehend stabil geblieben waren. Auch hierbei spielte im Kontext der Exzeßliquidität Spekulation eine gewichtige Rolle, angefangen mit den Bodenpreisen. Bestimmte Güter wurden knapp, denn Spekulationen verführten zu hamsternder Lagerhaltung. Inflationsfördernd scheint auch das Verhalten der Unternehmen in jener Phase gewesen zu sein, die inmitten der Nachfragestimulanz keineswegs zu entsprechender Angebots-Ausweitung übergingen, sondern der Nachfrage folgten (dazu Kôsai 1986:186f). Die Investitionstätigkeit hingegen zog erst wieder Ende '75 an. Das Investitionsklima war angesichts der Kursentwicklung des En und der Lohnsteigerungen gestört. Bis zum Steigen der Ölpreise trug die Inflation und mit ihr die Boomphase 1972-73 also eindeutig spekulative Züge. Letztendlich ähnelt der Phasenverlauf hier dem Auftakt der TP III, der ja gleichfalls ein Spekulationsboom vorausging.

---

hingegen argumentierten beinahe umgekehrt und setzten sich auch durch. (Kume 1988:670)

## Transformationsphase II: Höhepunkt und Primat der Stabilisierung

In den ungefähr drei Jahren zwischen dem Ende des *Izanagi*-Booms 1971 und der Hyperinflation 1974 waren die widersprüchlichen Elemente der Hochwachstumsphase immer stärker zum Vorschein getreten und schließlich kombiniert sogar zur bestimmenden Kraft geworden, gegen die die politisch-ökonomische Steuerung zunächst versagte, bzw. sie mutierte sogar zum Verstärker der krisenhaften Erscheinungsformen der gesellschaftlichen Probleme, wie im Falle des Tanaka-Plans. Den Kosten des Hochwachstums galt die stetig wachsende Aufmerksamkeit der Öffentlichkeit, sei es in den Betrieben, regional bei wirtschaftlichen Entwicklungsprojekten oder national mit nachlassendem Enthusiasmus bezüglich des Wachstumsprojektes.

Jedenfalls war die japanische Volkswirtschaft Mitte 1973 bereits in ein relativ tumultarisches Durcheinander geraten - angefangen mit den um über 20% ansteigenden Verbraucherpreisen -, als dann auch noch die Ölkrise als weiterer „Shock“ hinzukam und wie ein Nachbrenner der Krise noch zusätzlichen Schub gab. Damit fand zeitgleich der kurze, spekulationsgeleitete *rettôkaizô*-(Archipel-Umbau-) Boom sein Ende. Daß damit auch die Hochwachstumsphase endgültig zu Grabe getragen wurde, war damals weder klar noch beabsichtigt. Auch hier scheint mir eine Relativierung des sog. „Shocks“, zumal seiner Beschreibung als rein externes Phänomen, angebracht, der sich nämlich sehr wohl „innerhalb der Mechanismen der kapitalistischen Entwicklung 'endogenisieren' (läßt)“ (Altvater 1983:80; ähnlich Armstrong et al. 1991:223): Das Sinken der realen Ölpreise angesichts der Dollarinflation konnte unter den gegebenen Umständen durch die Anbieterstaaten schließlich nur politisch angepaßt werden. Preiserhöhungen waren also insbesondere auch aufgrund der Absorberfunktion zu erwarten - und erfolgten bereits regelmäßig vor der sog. „Ölkrise“. Die Reduzierung dieser Grenzen der Entwicklung auf einen äußeren Feind war ideologisch jedoch von nicht geringer Tragweite für die Reaktionen der erdölverbrauchenden Länder.

Die Tanaka-Administration reagierte erst nach dem *Ölshock* auf die Inflation und zwar mit der Etablierung von Preiskontrollmechanismen via Gesetz im Dezember 1973, gleichzeitig aber auch mit weiteren Staatsausgaben zur Förderung der Umbaupläne. Letzteres dürfte im Kontext der anstehenden Oberhauswahl von Juli 1974 zu sehen sein - verstärkte jedoch durch die Ambivalenz der Vorgehensweisen den Eindruck von Uneinigkeit. BvJ, MoF und EPA unterliefen spätestens seit dem Einstieg Fukudas als Finanzminister die expansive Politik Tanakas (Weatherford/Fukui 1989:601f). Das finanzpolitische Ziel verschob sich einiger Schlupflöcher zum Trotz auf einen geld- und fiskalpolitischen Austeritätskurs (dazu Komiya 1990:354). Tanakas Stern begann zu sinken. Hinzu sollte 1974/5 der Versuch der Japanischen Einkommenspolitik - wie zuvor bei Shimada erwähnt - treten, gepaart mit dem *Sozialpakt* der Gewerkschaften, auf den ich noch eingehen werde. „In sum, the government tried hard to reduce inflation and to foster common understanding in order to appeal to the labor unions“ (Kume 1988:673).

Unter Fukuda wurden die Leitzinsen extrem heraufgeschraubt, das Geldmengenwachstum unter Kontrolle gebracht. Im großen Stile steigende Preise bei stark reduziertem Geldmengenwachstum dämpften die Nachfrage ungewohnt und umfassend. Aus der Übernachfrage wurde auf diversen Märkten ein Überangebot, womit die Großhandelspreisexplosion endete. Der industrielle Output schrumpfte; und auch das Verbraucherpreiswachstum ließ nach. Der industrielle Output erreichte erst 1977/78 wieder die Werte wie zu Beginn der Krise. Die steigenden Reallöhne korrespondierten mit einer schrumpfenden Profitquote und einer sinkenden Kapitalproduktivität, so daß die Profitrate einbrach (vergl. Tabelle 17).

TABELLE 17:

Einige Indikatoren zur Situation von Industrie und Bergbau in der Transformationsphase II
(1990 = 100)

| Jahr | Index der Produktion | Auslastungsgrad | Profitrate* (netto) |
|---|---|---|---|
| 1972 | 51,6 | - | 39,3% |
| 1973 | 58,1 | 103.8 | 38,8% |
| 1974 | 52,4 | 90.4 | 26,1% |
| 1975 | 50,1 | 83,3 | 15,2% |
| 1976 | 55,5 | 89.2 | 18,0% |
| 1977 | 57,3 | 88.1 | 16,3% |
| 1978 | 61,3 | 92.3 | 18,9% |

* = Verarbeitendes Gewerbe
Quellen: Keizai kikakuchô 1993; Armstrong et al. 1991: Anhang

1974 wurde so zum ersten Jahr mit negativem realen Wachstum seit dem Krieg. Wenn wir diese Krisenphase nach der Nachfrageseite hin analysieren, kommt die Tiefe des Einschnitts zum Vorschein. Wie Tabelle 18 zeigt, unterscheidet sich die Entwicklung der gesellschaftlichen Nachfrage der Jahre 1973-75 von der früherer Konjunkturabschwünge. Denn die sozusagen automatisch-stabilen Komponenten privater Verbrauch wie auch Bautätigkeit und Staatsinvestitionen gaben ebenfalls stark nach und nicht etwa nur die privaten Anlage- und Lagerinvestitionen wie im Konjunkturtal zwischen den Zyklen der 50er und 60er Jahre. Die scheinbar „passive“ Rolle des Staates hing damit zusammen, daß die staatlichen Ausgabensteigerungen durch den Preisauftrieb wegdeflationiert wurden. Doch zeigt sich darin auch einige Unsicherheit über den weiteren Kurs: Ein stark expansives Aufblähen der staatlichen Aktivitäten, das ähnlich wie 1965/66 zu einem erneuten Durchstarten der Wirtschaft führen konnte, fand augenscheinlich keine Mehrheit bzw. mochte angesichts der inflationären Umstände nicht mehr riskiert werden. Mit dem stagnierenden privaten Verbrauch wiederum war symbolisch ein Nachfragepfeiler der Massenkonsumgesellschaft, die sich mit den Reallohnsteigerungen verstärkt entwickelt hatte, erschüttert worden. Auch die privaten Anlageinvestitionen, die nicht nur in einem Jahr während des Konjunkturtales schrumpften, sprechen eine deutliche Sprache, u.a. was den subjektiven Gehalt dieser Jahre angeht: Hier ging es nicht allein um Überkapazitäten, sondern der geschäftliche Zukunftsoptimismus war gewichen.

TABELLE 18:

Sozialproduktentwicklung nach Nachfragekomponenten in TP II verglichen mit früheren Konjunkturabschwüngen*
(jeweils reale Steigerungsraten)

| | TP II | | | Jimmu-Iwato | | | Olympia-Izanagi | | |
|---|---|---|---|---|---|---|---|---|---|
| | 1973 | 1974 | 1975 | 1957 | 1958 | 1959 | 1964 | 1965 | 1966 |
| $C^p$ | 6,3 | 1,4 | 3,7 | 8,2 | 6,4 | 9,6 | 9,5 | 6,5 | 10,3 |
| $C^g$ | 5,1 | 4,3 | 7,4 | -0,2 | 6,3 | 7,7 | 2 | 3,3 | 4,5 |
| $I^p$ (Bauen) | 11,6 | -17,3 | 12,3 | 7,9 | 12,3 | 19,7 | 20,5 | 18,9 | 7,3 |
| $I^p$ (Anlagen) | 13,6 | -8,5 | -3,9 | 21,5 | -20,4 | 32,6 | 14,4 | -8,4 | 24,7 |
| $I^p$ (Lager) | 40,7 | -35,9 | -85 | 56 | -55 | 116 | -37,7 | 8,4 | 27 |
| $I^g$ | -7,2 | 0 | 5,6 | 17,5 | 17,2 | 10,9 | 5,6 | 13,9 | 13,3 |

* $C^p$ = privater Verbrauch; $C^g$ = öffentlicher Verbrauch; $I^p$ = Privatinvestitionen; $I^g$ = öffentliche Investitionen;
Quelle: Zahlen aus Keizai kikakuchô 1993:64/65

Die Krisenhaftigkeit, die wiederum im Konsumverhalten ihren Niederschlag fand, wird noch deutlicher, betrachten wir die japanische Sparquote: Bezogen auf die verfügbaren Einkommen der Privathaushalte überstieg sie zwischen 1974 und 1977 die 20%-Marke (dazu Keizai kikakuchô 1993:49). Auch ansonsten zeichnen die 70er Jahre eine überdurchschnittliche Sparhaltung aus. Aus dem Zusammenspiel mit der vergleichsweise nachlassenden Bautätigkeit und dem zurückhaltenden Konsumverhalten im Allgemein läßt sich für diese Phase auf ein gestiegenes Gefühl sozialer Unsicherheit schließen, unterstützt von den stagnierenden Reallöhnen. Gerade zur überhitzten Lohnentwicklung zuvor kontrastierten die Jahre ab 1976 erheblich.

Das gesellschaftliche Klima trug angesichts der diversen ungelösten Probleme sicherlich einiges zu dieser Stimmung bei. Der gesellschaftliche Unmut fand allerdings auch reichliche Zusatznahrung durch die ziemlich schonungslose Bereicherungspolitik einiger Geschäftskreise, die sich ziemlich eindeutig in eine „Wir möchten aber zuerst ins Rettungsboot"-Richtung tendierten. (Dazu Miyamoto 1989:173f)

Allgemein waren die Erwartungen der Geschäftswelt wie auch der Gesellschaft im weitesten Sinne zum Thema Wachstum und Stabilität in dieser Phase geringer geworden, was sich in diversen Faktoren widerspiegelt (Konsum, Investitionen). An die Stelle des Wachstums-Perpetuum Mobile waren Vorsicht und Unsicherheit getreten. Diese Stimmung sollte bis ungefähr 1978 anhalten, und ist ersichtlich an der Entwicklung der industriellen Produktion oder des Auslastungsgrades (Tabelle 17) bzw. der Investitionen (Tabelle 18+20).

## Krise und Arbeit

Die Unternehmen verharrten unterdessen allerdings keineswegs in Untätigkeit. Zum einen betrifft dies die auch umweltpolitisch begründeten Umstrukturierungen. Zum anderen änderte sich die Beschäftigungspolitik. Die wichtigen Branchen der Exportindustrien haben ihr *down sizing*, ihr unternehmensinternes „trimming management" (*genryô keiei*), als dessen Resultat die Produktivität wieder stark zunahm, in einem günstigeren und vor allem flexibleren gesellschaftlichen Umfeld vollzogen. Aoki sieht in diesem Flexibilisierungspotential den Vorläufer der Anpassungsmaßnahmen im öffentlichen Sektor zu Beginn der 80er Jahre: Dem Druck des Kapitals wurde mit der *rinchô* ab 1981 entsprochen - „Prime Minister Suzuki pledged that every recommendation by the *rinchô* would be implemented" (Aoki 1988:286).

Das gesellschaftliche Umfeld wandelte sich schnell. Der Grund dafür dürfte in den gewerkschaftlichen „Sozialpakt"-Tendenzen zu suchen sein, auf die noch einzugehen sein wird. Dieses Umfeld gestattete einen sehr flexiblen Umgang mit der Beschäftigung, und zwar, wie zu sehen ist, auch mit der regulären Beschäftigung (Schaubild 10).

Wir sehen hier, daß im Konjunktureinbruch von 1965/66 die Neueinstellungen von regulär Beschäftigten in einem Quartal zwar gestoppt wurde. In den Einschnitten der 70er Jahre hingegen reichten die üblichen Anpassungsmechanismen nicht mehr aus. Nach einem entsprechend ausgeprägten, radikalen Abbau von Überstunden kommt es zur Reduzierung von regulär Beschäftigten, noch verhalten und mit einer kurzen Aufwärtstendenz im Übergang zum Spekulationsboom von 1973. Danach hingegen gehen die Betriebe augenscheinlich zu einem systematischen Einsparen von Stammbelegschaften über. Die Tiefe des Einschnitts folgt zwar dem wirtschaftlichen Einbruch phasenverschoben, setzt sich jedoch in der Folgezeit prinzipiell fort. Wie ist dies vonstatten gegangen?

SCHAUBILD 10:

Entwicklung der regulären Beschäftigung zwischen den Wachstums- und Konjunkturzyklen

Übergang Olympia-Izanagi-Boom

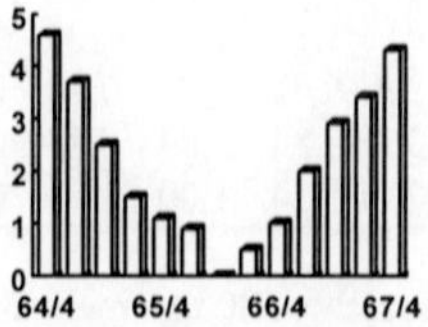


Übergang Izanagi-Rettô-Boom

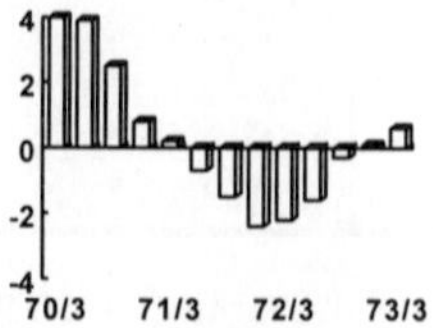


Übergang Rettô-7.Zyklus

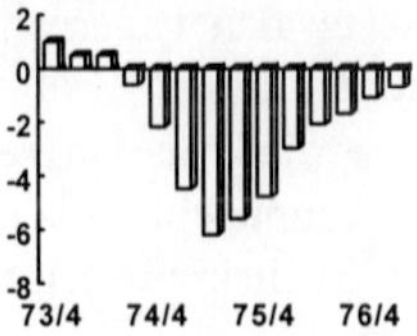


* Zunahme in Prozent in den jeweiligen Quartalen im Verarbeitenden Gewerbe
Quelle: Keizai kikakuchô 1993:503

Entlassungen waren in der Tat auch in dieser Krise allenfalls die ultima ratio (dazu Inaba:5f). Betrachten wir folgende Übersicht zur Beschäftigungsentwicklung so zeigen sich diverse interessante Trends (Tabelle 19): Zunächst einmal geht der Abbau der regulären Beschäftigung mit einer insgesamten Reduktion von Beschäftigung im Verarbeitenden Gewerbe einher.

Die Anpassungsmaßnahmen waren also keineswegs ausschließlich dergestalt, daß instabile Beschäftigungspuffer gebildet oder ausgebaut wurden. Die redundanten Beschäftigten wechselten entweder in den Tertiärsektor (1973 war das Jahr mit dem höchsten Anteil des sekundären Sektors an der Beschäftigung gewesen: 36,6%; dazu Nihon tôkei nenkan 1993/94:2), oder sie verschwanden erst einmal statistisch wie im Falle der weiblichen Beschäftigten.[9]

9 Seit den 70er Jahren übersteigt die Zahl jener Frauen, die zwar zu den Erwerbsfähigen zählen, aber in keinem Beschäftigungsverhältnis stehen, erstmals und bis zum Ende der 80er Jahre durchgehend die Zahl der erwerbstätigen Frauen. Dabei bedeutet die Krise der TP II auch in dieser Hinsicht das Sprungbrett. (Nihon tôkei nenkan 1993/94: Tabelle 3-1)

TABELLE 19:

Beschäftigungsentwicklung im Verarbeitenden Gewerbe
(im Jahresdurchschnitt in Millionen)*

| | Gesamte Beschäftigung | | | | Männer | | | | Frauen | | | |
|---|---|---|---|---|---|---|---|---|---|---|---|---|
| | 1971 | 73 | 74 | 78 | 1971 | 73 | 74 | 78 | 1971 | 73 | 74 | 78 |
| Gesamt | 11,56 | 12,00 | 12,01 | 11,09 | 7,68 | 7,98 | 8,11 | 7,27 | 3,88 | 4,03 | 3,9 | 3,82 |
| Kleinbetriebe | 3,01 | 3,24 | 3,17 | 3,25 | 1,84 | 1,96 | 1,94 | 1,91 | 1,16 | 1,27 | 1,23 | 1,34 |
| Mittel A | 1,98 | 2,11 | 2,12 | 2,15 | 1,26 | 1,29 | 1,28 | 1,26 | 0,72 | 0,82 | 0,84 | 0,89 |
| Mittel B | 2,33 | 2,34 | 2,28 | 2,08 | 1,48 | 1,50 | 1,49 | 1,35 | 0,84 | 0,84 | 0,78 | 0,73 |
| Großbetriebe | 4,421 | 4,30 | 4,42 | 3,59 | 3,07 | 3,20 | 3,39 | 2,73 | 1,14 | 1,09 | 1,04 | 0,86 |

* Kleinbetriebe: 1-29, Mittel A: 30-99, Mittel B: 100-499, Großbetriebe: 500 und mehr Beschäftigte
Quelle: Nakamura 1981:251

Interessant sind nun jedoch die Verlagerungen zwischen den Unternehmen nach Größen: Mit der absoluten Abnahme von Beschäftigten in den Groß- und mittelgroßen Betrieben (Beschäftigtenzahl ≥100) geht eine relativ umfangreiche Zunahme in den Klein- und Kleinstbetrieben einher. Dies könnte ein Indiz dafür sein, daß die im oberen Teil der Pyramide abgebauten Arbeitskräfte teilweise nach unten weitergereicht worden sind.

Konkret bildete sich mit der TP II jene Palette von Instrumenten zur Beschäftigungsanpassung in Japan heraus, die inzwischen zum Kanon der japanischen Arbeitsbeziehungen gehört (dazu etwa Bobke/Lecher 1990: Kap. 7): die Reduzierung der regulären Beschäftigung, die diversen Formen der Ver- und Umsetzungen - zeitweilig, befristet, permanent - zu Subkontraktern oder „befreundeten" Unternehmen der Unternehmensgruppe, evtl. auch darüber hinaus. Diese „weichen" Beschäftigungs-Anpassungsmaßnahmen sorgten nicht nur für eine effektivere Verteilung von Beschäftigten, die den flexiblen Umgang mit den Arbeitsvolumina, die eine Basis „toyotistischer" Arbeitsorganisation ausmachen, noch anreichern (dazu Totsuka et al. 1991:51ff). Auch die Arbeitslosigkeit wurde im Zusammenspiel mit weiteren Maßnahmen (Weiterbildung; Um- und Versetzung; staatliche Subventionierung[10]) kanalisiert.

All dies vollzog sich flexibel auch in dem Sinne, daß nicht nur kaum auf Widerstand gestoßen wurde, sondern die Interessenvertretungen der Beschäftigten in der Regel an diesem Strang mitzogen. Die auftretenden Unterschiede zwischen Unternehmen hingen mit den verschieden ausgeprägten Integrationsprozessen im Zuge des kleinen Kompromisses zusammen (dazu Nomura 1993:

[10] Als gefährdet eingestufte Arbeitsplätze wurden aus staatlichen Fonds zu einem Drittel oder gar zur Hälfte subventioniert (Inaba:25f).

Kap.5). Die institutionelle und ideologische Subsumption der Arbeit war gerade mit der wachsenden Internationalisierung und Exportabhängigkeit ein zentraler Faktor und zugleich ein Wettbewerbsvorteil.

## Stabilisierung und Wandel

Die Jahre nach 1975 waren von insofern unterdimensionierten Konjunkturförderungsmaßnahmen staatlicherseits gekennzeichnet, als sie trotz ihres Umfanges nicht wie 1965/66 ein Wachstumsfeuer zu entfachen vermochten. (Vergl. Tabelle 20) Auch hier unterschied sich der Ablauf von den alten Zyklen: Auf die Ausweitung der öffentlichen Investitionen, deren Zuwächse 1977/78 sich durchaus mit denjenigen des Einbruches von 1965 messen konnten, und trotz der steigenden Exporte in einem allerdings noch flauen Weltmarkt (1976/77) blieb die „zweite Stufe" des Konjunkturmotors aus, die bislang daraufhin zu zünden gepflegt hatte, wie Kôsai es ausdrückt (1986:196). Die Anlageinvestitionen und auch der private Verbrauch blieben verhalten bis rückläufig (real). Diese Entwicklung der privaten Nachfrage dürfte angesichts der wieder stark wachsenden Produktivität zu einer Verstärkung der Export-Strategie bei Konsumgütern beigetragen haben (etwa Steven 1988:77). Andersherum formuliert öffnet sich hier die Tür zum Weltmarkt sehr weit.

TABELLE 20:

Sozialproduktentwicklung nach Nachfragekomponenten in der TP II*

| | $C^p$ | $C^g$ | $I^p$ | $I^g$ | X |
|---|---|---|---|---|---|
| 1973 | 9,1 | 5,3 | 14,2 | 5 | 6,7 |
| 1974 | -0,1 | 3,2 | -4,2 | -11,9 | 22,7 |
| 1975 | 4,5 | 6,8 | -6,1 | 6,4 | -1,0 |
| 1976 | 3,1 | 4,5 | -0,2 | 2,5 | 14,5 |
| 1977 | 4,2 | 4,1 | -0,4 | 9,5 | 10,5 |
| 1978 | 5,5 | 5,1 | 4,5 | 14,2 | 0,0 |
| 1979 | 6,5 | 4,4 | 12,9 | 2,7 | 7,6 |
| 1980 | 1,1 | 3,3 | 8 | -2,1 | 17,2 |
| 1981 | 1,6 | 4,8 | 3,8 | 3,2 | 14,2 |

* jeweiliger Anstieg jährlich in %, konstante Preise von 1985 mit jeweiligen Deflatoren, bezogen auf das Kalenderjahr; $C^p$ = privater Verbrauch; $C^g$ = öffentlicher Verbrauch; $I^p$ = Privatinvestitionen; $I^g$ = öffentliche Investitionen; X = Exporte
Quelle: Berechnet nach Nihon tôkei nenkan 93/94, OECD National Accounts

Ein spürbarer konjunktureller Aufschwung blieb bis 1978/79 aus, dann wurde der Motor der Volkswirtschaft von den extrem zunehmenden Staatsausgaben und den Exporten angeschoben. Das Investitionsklima war wieder günstiger, doch erst mit dem Jahr 1978 wurde bei den privaten Anlageinvestitionen wieder ein wirklicher Aufwärtstrend verzeichnet. Man sprach nun von einem *Export-State-led Growth*. Hier zeigt sich die Bedeutungszunahme der Exporte - insbesondere der Branchen Auto und Elektro - für die Wirtschaft.

Das Wachstum sollte sehr moderat bleiben, wobei das „sollte" durchaus doppeldeutig zu verstehen ist. Denn die Gefahren eines neuerlichen Anheizens der Preise, wie in den USA zeitgleich ab 1977, waren innenpolitisch zu groß, wenn wir zusätzlich in Betracht ziehen, daß inzwischen das sog. „Zeitalter des parteienpolitischen Patts" zwischen LDP und Nicht-LDP-Parteien begonnen hatte. Die damalige Regierung Fukuda schien sich an einem stabileren, wenn auch moderaterem Wirtschaftswachstum zu orientieren.

Japan mag zwar „objektiv" im Vergleich zu einigen Konkurrenten im Westen über die ganze Transformationsphase hinweg betrachtet befriedigend abgeschnitten haben. Doch gilt dies nur, wenn die Betonung auf der gesamten Krise liegt. Unter dem „Primat der Krise" durchlief Japan einen ungleich dramatischeren und ernsteren Prozeß als beinahe alle Hauptkonkurrenten - um dann allerdings in der zweiten Periode in der Tat schnell einen Stabilisierungskurs einzuschlagen. Entscheidend dürfte darüber hinaus sein, daß der Einschnitt „subjektiv" als außerordentlich tief empfunden wurde. Nicht zuletzt sollte daran erinnert werden, daß auf Japans Wachstumspfad (vergl. Schaubild 2, Kap. 3) eben kein säkularer Abwärtstrend erkennbar war, den Japanern mithin die Erfahrung einer echten Vorkrise wie der 67er Rezession in der BRD fehlte. Die Ereignisse nach dem Knick von 1965 hatten genau das Gegenteil signalisiert - Wachstum als Automatik. Die Welt des „stabilen Wachstums" seit der zweiten Hälfte der 70er Jahre war eine andere oder sollte in mancher Hinsicht anders werden.

## Die stabile Wachstumsphase

1978 wurde zum geld- und fiskalpolitischen Gegenstück zu 1974, als die Leitzinsen ihre historische Höchstmarke erreichten, wohingegen sie 1978 auf ein bis dato beispielloses Niedrigniveau gesenkt wurden (Nihon keizai shinbunsha 1992:259,278). Die realen Zuwächse bei den Anlageinvestitionen und dem privaten Verbrauch erreichten wieder leidlich hohe Werte (Tabelle 20). Der Verbraucherpreisanstieg verringerte sich auf ein in den 70er Jahren unbekannt niedriges Niveau von 3,8% (Keizai kikakuchô 1993:55). Die Zunahme des Sozialproduktes überschritt Ende der 70er Jahre die 5%-Marke.

Die ToT verschoben sich mit dem zwischenzeitlich steigenden En-Kurs und der damit günstigeren Importpreise wieder zugunsten Japans. Volkswirtschaftlich war die Transformationsphase im Großen und Ganzen verdaut. Japan befand sich schon mitten im Zeitalter der *na no nai* (namenlosen)-Wachstumszyklen (vergl. Nihon keizai shinbunsha 1992:408). Sie waren ohne Namen nicht mehr mythologisch überhöht, sondern blieben zunächst bescheiden - zumindest bis zum *bubble boom.*

Konjunkturzyklus Nr. 9 fiel mit der Zweiten Ölkrise zusammen, die sich allerdings in Japan nur mehr als langgestreckter konjunktureller Abschwung bemerkbar machte. Der Preisauftrieb schlug nur bedingt auf die Märkte durch. So waren es primär die Großhandelspreise für Rohstoffe, die exzessiv anzogen, die für Fertigprodukte dagegen weniger; der BSP-Deflator blieb relativ stabil (vergl. Komiya 1990:328). Der antizyklische geld- und fiskalpolitische Kurs der Regierung sowie der Versuch einer genauen Kontrolle der Geldmenge bzw. der allgemeinen Liquidität seitens der Bank von Japan u.a. in Form von *window guidance* zur Kreditrationierung zeigen eine Konsistenz der Aktionen der diversen staatlichen Apparate (Weatherford/Fukui 1989:615), womit sie sich deutlich vom hektischen Aktionismus der TP II unterscheiden. Gleiches gilt allerdings für die gewerkschaftliche Mäßigung bei den Lohnforderungen als Resultat der „Sozialpakt"-Strategie. Der Privatverbrauch stagnierte, die Exporte schlossen die Nachfragelücke, die Investitionen und damit die Nachfrage nach Investitionsgütern stiegen zwar geringfügiger, gaben jedoch nicht nach.

In dieser Zweiten Ölkrise zeigt sich Japans gewonnenes Potential an gesellschaftlicher Anpassungsfähigkeit sehr anschaulich, denn nun stellen sich in der Tat Unterschiede in der Leistungsfähigkeit im Vergleich zu anderen Ländern ein, etwa zu Großbritannien oder den USA. Japan hatte gelernt, und zwar schnell! Dabei boten die Geldpolitik und die Lohnentwicklung sicherlich den auffälligsten Kontrast zur Krise der frühen 70er Jahre. Immerhin: dieser Zyklus bringt die bis dahin mit Abstand längste Abschwungphase; und überhaupt übertrifft die Abschwungphase an Dauer erstmalig den Aufschwung. Doch sind das Probleme, mit denen die damals gerade angetretene Thatcher-Regierung gerne gerungen hätte, und die meisten anderen Regierungen wohl auch.

## Ausblick

Mit Zyklus Nr. 10 Mitte der 80er Jahre bestätigten sich die Veränderungen in der japanischen Industrie seit der TP II. Denn nun sind es die High Tech-Industrien, die den Ton angeben und als Konjunktur-Treiber fungieren und dies nicht zuletzt vor dem Hintergrund der steil ansteigenden Exporte und der Handelsreibereien. Der damit einhergehende Eindruck vom qualitativen, intensiven Wachstum verstärkt sich, betrachtet man den zwischen 1975 und 1984 fast verdoppelten Anteil der Produkte am Export, die technologisch aufwendig sind. Der Aufwand für F&E bewegt sich seit diesen Jahren erstmals über den Werten der BRD (dazu Röpke 1989:45).

Freilich traten mit diesem und noch deutlicher mit dem nächsten Aufschwung, der *bubble economy*, nun wiederum verstärkt widersprüchliche Elemente hervor, die - und sei es indirekt - den Erfolgen das Wasser abgruben. Die enormen Kostensenkungs- und Produktivitätssprünge etwa in der Automobil- oder Elektronikindustrie führten zu wachsenden Handelsbilanzüberschüssen und dem internationalen *Japan-bashing*. Daran vermochte auch der rapide Kursanstieg des En seit dem Plaza-Abkommen 1985 zunächst einmal nichts zu ändern. Erst als aufgrund des künstlichen (Aktien- und Immobilien-) Spekulationsbooms auch die sozialen Verwerfungen größer wurden, agierte die Bank von Japan mit den Leitzinserhöhungen, welche die Seifenblase zum Platzen brachten.

Japan trat erneut in eine Transformationsphase ein, die, sofern die Intentionen des Zentralbankchefs Mieno richtig gedeutet werden, eine Art Gesundschrumpfen bei extrem erstarktem En mit sich bringen sollte (Financial Times 17.11.94).

Die zentralen Faktoren des Spekulationsbooms sind im übrigen - wiederum dialektisch - jene, die die Krise auslösen und ihr den Stempel aufdrücken: das Finanzsystem, das „hollowing out“ des Produktionsstandortes Japan aufgrund der rapide angestiegenen relativen Entgelte japanischer Industriearbeiter im Kontext der En-Höhe. Aus den spekulativen Verwerfungen der EP II und dem Festhalten an den eingefahrenen wirtschaftspolitischen Lösungsmustern (Investitionsprogramme, Staat als Reparaturwerkstatt) resultiert die profunde Krise der 90er, die Politik und Ökonomie umfaßt.

## Zum Regulationsmodus der Expansionsphase II

Die Regulationsweise der Expansionsphase I wurde schließlich mit großer gesellschaftlicher Flexibilität, die sich zum ersten Mal in der Zweiten Ölkrise zeigen sollte, Veränderungen unterworfen - ohne jedoch das Akkumulationsregime in Frage zu stellen. Im folgenden stehen die Veränderungen im Mittelpunkt, welche die anscheinend perfekt auf Wachstum getrimmte Regulationsweise der EP I durchlief. Diese Notwendigkeiten hängen wiederum mit der unveränderten Zielsetzung der Priorität nationaler Entwicklung zusammen, bei der sich Japan in der EP II jedoch in den Erfolgsbranchen und national als ökonomische Größe auf die Überholspur zu wechseln anschickte. Allerdings zeigte sich das internationale Umfeld für die dynamischen Wachstumsbranchen aufgrund der Wechselkursschwankungen und der Handelsreibereien insbesondere mit den USA instabil. Dynamische Flexibilität der Anpassung in den einzelnen Formen der Regulation bei (unverändert) intensiver Akkumulationsgeschwindigkeit lautet die Formel für den weiteren ökonomischen Werdegang (und Erfolg) - auf dem Hintergrund einer gesellschaftlichen Binnenformierung in den entscheidenden Konfliktbereichen, der in den betreffenden folgenden Kapiteln nachgegangen wird.

Die oft zitierten Schlagwörter, die den ideologischen Mantel der neuen Expansionsphase II bilden, sind Deregulierung, Entstaatlichung, Strukturwandel (dazu etwa das einschlägige *Nihon keizai nyûmon*; Nihon keizai shinbunsha 1992:14). Hinter diesen griffigen Formeln verbergen sich Handlungsanstöße und Veränderungen, die der TP II entstammen. Deregulierung hängt sehr stark mit der Internationalisierung zusammen, die ihre Impulse auch über die Schiene Exporte, Exporteinnahmen, Druck auf den regulierten Finanz- und Devisenmarkt erhielt, gleichzeitig aber auch mit der staatlichen Verschuldung, die sich in Form der Zulassung von Sekundärmärkten 1978 und der allgemeinen Liberalisierungstendenz auf dem japanischen Finanzmarkt seither auswirkte (Hoshi et al. 1990:108ff). Auch die Entstaatlichung bezog ihre Anstöße aus der Verschuldung. Und der Strukturwandel zu Dienstleistungen und *soften* Industrien resultiert aus den Erfahrungen von Rohstoffabhängigkeit und Umweltfrage.

Gehen wir zunächst einmal systematisch den relevanten strukturellen Veränderungen seit der EP I nach:

- Es geht nicht mehr um eine Aufholjagd, sondern um ein Überholen. Das heißt, daß das Modernisierungsprojekt, welches die hegemonialen Kräfte seit der Öffnung des Landes verfolgt haben, seinen Abschluß gefunden hat. Das Problem der Leistungsbilanz schlägt ins Gegenteil um - Japan beginnt nun seinerseits aus einer Position der Defensive in eine Offensive überzugehen. „Seit anderthalb Jahrzehnten produzieren die Japaner sehr viel mehr, als sie verbrauchen oder zu Hause investieren" (Helmut Schmidt, in *Die Zeit*, 9.6.95).

Die Nachfrageausfälle bzw. -grenzen auf dem Binnenmarkt, die auch der retardierenden Lohnentwicklung geschuldet oder gedankt sind, sind sowohl Antriebsmoment der Exportorientierung als auch Voraussetzung. Ein „hypertropher" industrieller Sektor, dessen Ausstoß die Nachfrage auf dem Binnenmarkt überstieg, gebot bei anhaltender Unterbewertung des En eine Umorientierung - und hier ist die erweiterte Zielsetzung eines Überholens bereits mitgedacht. Das Exportmodell setzt im Binnenraum der Gesellschaft nicht nur Stabilität, sondern vor allem Anpassungsfähigkeit an die internationalen Bedingungen, Ressourcen und Preise voraus. Die TP II war also eine (zunächst) schockhafte Modernisierung, wobei Teile der Betroffenen mit sozialer Infrastruktur und ideologischen Anrufungen gemäßigt oder neutral integriert wurden, die gesellschaftlichen „Reste" negativ. Die gesellschaftlichen Träger bleiben also bei ihrer *prinzipiellen* Orientierung am Projekt der *fukoku*.

Die japanische Wirtschaft durchläuft eine Internationalisierung, doch in sehr spezieller Form. Denn Internationalisierung bezeichnet über weite Strecken eine ökonomische Einbahnstraße. Es geht hier nicht um deren Hintergründe, sondern um den Fakt selbst: Handelsbilanzüberschüsse, eine negative Kapitalbilanz mit umfangreichen Direktinvestitionen und Finanztransaktionen zugunsten amerikanischer Anleihen und schließlich Gläubiger Nr. 1.

- Der Anteil Japans am Weltmarkt nimmt entsprechend zu, ebenso die Exportabhängigkeit insbesondere der Schlüsselindustrien. Auch vor dem Hintergrund der Exporterlöse zeigt sich die finanzielle Position der einzelnen Unternehmen verbessert. Allerdings beschreibt dies eine klare Tendenz, keinen radikalen Wandel: Die aggregierte Eigenkapitalausstattung im Verhältnis zum Gesamtkapital stieg im Verarbeitenden Gewerbe zwar zwischen 1980 und 1990 von 20,6% auf 32%, blieb damit aber weiterhin unter den Werten US-amerikanischer Firmen (49,5% zu 40,2%) (dazu Hodder/Tschloegl 1993:134). Laut Hoshi et al. geht damit eine tendenzielle Abkehr von der beschriebenen Kreditfinanzierung einher, zugunsten der Mittelbeschaffung über anonyme Kapitalmärkte, ein Weg, der indirekt durch die gebotenen Auflagen (insbesondere Besicherungsvorschriften) bis in die EP II versperrt war (dazu Hoshi et al. 1990: 108ff, insb. Tab. 4.1).

Die Verknüpfungsdichte der Unternehmensgruppen würde sich demnach gelockert haben, mit Folgen insbesondere für die Stellung der Hausbanken, was jedoch nicht mit einer Aufhebung dieser Strukturen gleichzusetzen ist. Wiederum Hoshi et al. zeigen beispielsweise, daß Unternehmen, die einer Gruppe angehören, nach wie vor Finanzierungsvorteile haben, indem sie in ihren Investitionsentscheidungen vergleichsweise unabhängiger von der Verfügbarkeit über Selbstfinanzierungsmöglichkeiten sind, und auch weiterhin signifikante Teile ihres Fremdkapitals aus der Unternehmensgruppe beziehen (1991:37ff). Das unternehmensgruppeninterne Finanzierungssystem fungiert somit, wie Frankel andeutet, als de facto-Selbstfinanzierung (1993:54f).

Große Teile der Verschuldung konnten nunmehr abgebaut werden: Laut Jensen weisen ca. 40% der Großunternehmen Ende der 80er Jahre mehr Zahlungsmittel als kurz- und langfristige Verbindlichkeiten aus (1989:73) - rechtzeitig zur das Ende der EP II begleitenden wie auch einläutenden *bubble economy.* Denn die Großkonzerne nutzten ihre Überschüsse in der *bubble economy* primär zur finanziellen Spekulation (in der Toyota-Bilanz von 1992 entstanden mehr als 50% des Erlöses außerhalb des operativen Bereichs; *Sankei shinbun* 5. Juni 1993; und dies ist keine Ausnahme wie Calder zeigt ;1993:212ff).

- Der „korporative Kapitalismus" - eine Bezeichnung Okumuras für die „Institutionalisierung" von Anteilseignern (zit. n. Seifert 1989:140f) - erfährt in der Tendenz einen weiteren Ausbau: Ende der 80er Jahre befanden sich nach Aktienzahl noch 22,6%, nach Aktienwert lediglich 20,5% der Papiere in privater Hand. Großanleger waren Finanzinstitute mit 43,5% und Unternehmen mit 29,5% Anteil (Hashimoto 1991:93). Prowse bestätigt dies: Japanische Unternehmen hielten Mitte der 80er Jahre 67,3% der Anteile japanischer Unternehmen (USA 37,7%) (1993:1123f). Auch die Anpassungskrise der 90er Jahre änderte nichts an diesem Trend: Der Anteil der individuellen Anteilseigner bewegt sich 1995 um 20%, wohingegen die Banken ihren Anteil erhöhten (FT 20.8.96).

Die Aufhebung des Holding-Verbots, die sich nunmehr, in der Transformationsphase III, ankündigt, wie auch die neuerlichen Fusionen im Bankensektor sprechen eine deutliche Sprache hinsichtlich der Rücknahme von Maßnahmen aus der TP I.

- Die Struktur des Geldflusses zeigt sich weitgehend verändert. Mit der staatlichen Verschuldungspolitik und der Bildung von umfangreicheren Kapitalpolstern und nachlassender Fremdfinanzierung der Unternehmen geht die Diversifizierung der Finanzmärkte einher (Hamada/Horiuchi 1987:246f). Quantitativ hatte der japanische Staat zwischen 1980 und '82 seine „beste" Zeit, gemessen am Verhältnis von Gesamtausgaben zu BSP oder auch, was die Zahl der Staatsbeschäftigten angeht (dazu Hayashi/Imai 1994:50ff; Muramatsu/Kume 1988:471). Der Anteil der Staatsschuld am Volkseinkommen hatte sich in den 70er Jahren allerdings versechsfacht: von 6,2% 1970 auf 36,1% 1980 (hierzu und zum folgenden Tabelle 21). Der überwiegende Teil davon floß aus der 1965 angebohrten und seit 1971 stark erweiterten Quelle der Staatsanleihenemission, also aus den Kapitalmärkten. Natürlich war die gewachsene Verschuldung auch ein Resultat der in der Krise gesunkenen Steuereinnahmen. War die Entwicklung des Anteils der staatlichen Schuldverschreibungen an der Finanzierung des Budgets der Zentralregierung zwischen 1965 und 1974 noch schwankend und wenig eindeutig gewesen, so bedeutete das Jahr 1975 mit dem Beginn der euphemistisch „Ausnahme-Bonds" (*tokurei kokusai*) genannten Emissionenwelle einen Quantensprung. Die Anteile verdoppelten sich innerhalb eines Jahres und waren bis Ende der 70er Jahre weitergeklettert, auf 34,7% (1979). Die Liberalisierung der Finanzmärkte nimmt mit dieser Welle einen Ausgangspunkt.

Die wachsende Staatsverschuldung war der direkte Anlaß für die Öffnung des Sekundärmarktes für Staatsanleihen 1978 aufgrund der Unzufriedenheit der Banken, welche die ausufernde staatliche Kreditaufnahme nicht mehr schultern wollten; weitere Deregulierungsmaßnahmen folgten (u.a. bezüglich des Marktes für Unternehmensanleihen, worin sich letztlich die zunehmende Bedeutung der Wertpapiermärkte für die Kapitalbeschaffung andeutet; dazu Calder 1993:214f). Die Unternehmen wurden unabhängiger, gegenüber den Banken und dem Staat. Dieses Verhältnis hat sich also stark verändert, nicht jedoch die Rolle der Sparer: Das im internationalen Vergleich weiterhin auffallende Sparverhalten ist ein Kontinuum, und dies trotz oder wegen der geschrumpften realen Einkommenszuwächse. Insofern relativieren sich auch die staatlichen Verschuldungsgefahren. (Tabelle 22)

TABELLE 21:

Fiskalpolitische Entwicklung
(jeweils in %)

| | Staatsquote* | Staatsverschuldung/ Volkseinkommen | Staatsanleihen-Abhängigkeit** |
|---|---|---|---|
| 1960 | 17,7 | 3,9 | |
| 1965 | 18,7 | 2,9 | 5,2 |
| 1970 | 19,0 | 6,2 | 4,2 |
| 1971 | 20,6 | 7,2 | 12,4 |
| 1972 | 21,7 | 8,6 | 16,3 |
| 1973 | 21,9 | 9,0 | 12,0 |
| 1974 | 23,8 | 9,4 | 11,3 |
| 1975 | 24,6 | 12,8 | 25,3 |
| 1976 | 25,2 | 16,4 | 29,4 |
| 1977 | 26,4 | 21,1 | 32,9 |
| 1978 | 28,0 | 26,4 | 31,3 |
| 1979 | 29,1 | 31,4 | 34,7 |
| 1980 | 29,4 | 36,1 | 32,6 |
| 1985 | 27,9 | 53,3 | 23,2 |
| 1990 | 25,8 | 50,1 | 10,6 |

* = Ausgaben der öffentlichen Hand (zentral wie regional) zu BIP
** = Neuemissionen zu Normalhaushalt
Quelle: Hayashi/Imai 1994:50,92,99

- Der Staat spielt also inzwischen die Rolle des großen Schuldners, d.h. die Sparer finanzieren nicht mehr primär die Investitionswellen der Unternehmen, sondern auch die gewachsene Verschuldung der öffentlichen Hand. Deren Bedeutung im Finanzierungskomplex verhält sich also konträr zur EP I, inklusive entsprechender *crowding out*-Effekte. (Vergl. Tab. 22) Allerdings führten diese Veränderung zu den großen wirtschaftspolitischen Umbauten der 80er Jahre. Die Staatsquote, deren vergleichsweise beschränktes Ausmaß Tradition war, stieg mit der Transformationsphase II steil an. In diesem Kontext stand die unter dem Suzuki-Kabinett eingeleitete Abkehr vom expansiven Teil des Keynesianismus zu einer Austeritätspolitik. Die wachsende Staatsverschuldung wurde nunmehr von Teilen des hegemonialen Blocks als wirkliche Belastung empfunden, als ein zu hoher Preis für die Nachfragekompensation und die sozialpolitischen Veränderungen dieser Phase. Unter dem neuen Leitmotiv, das politisch gewendet „weniger Regierung" (*chiisana seifu*, vergl. Shinohara H. zuvor) lautete, waren gerade die sozialpolitischen Tendenzen der Stein des Anstoßes. In der Tat führt von hier, also dem Fakt eines sich aufblähenden Staatsapparates als Folge der Umbau-Pläne, der Konjunktur-Steuerung und der Investitionen in die soziale Infrastruktur eine gerade Linie zur *rinchô* und zu Nakasones Privatisierungen von NTT und Staatsbahn. Konkret manifestierte sich diese Haltung bereits in staatlichen Versuchen zur Sparsamkeit unter seinem Vorgänger Suzuki. Bis 1987 wurde die Staatsquote konsequent reduziert, die Anleihenabhängigkeit zurückgefahren und Ende der 80er Jahre auch die Verschuldung gebremst. Damit einher gingen einschneidende sozialpolitische Reformen unter dem Motto des *weniger Regierung* hin zu einer „Japanischen Sozialsphäre", einem spezifisch japanischen Typus des Sozialstaates, der für Selbsthilfe, betriebliches Sozialwesen und familiäre Unterstützung etwa bei der Versorgung von alten Leuten stehen sollte (dazu Inaba:2; Teruoka 1991:199ff).

TABELLE 22:

Umfang der Fremdfinanzierung des Nicht-Finanzsektors zwischen Expansionsphase I und II (in Milliarden En)

| | Staat | Unternehmen | Privathaushalte |
|---|---|---|---|
| 1954-58 | 217 | 1.486 | 358 |
| 1959-63 | 447 | 5.397 | 1.074 |
| 1964-68 | 1.919 | 7.645 | 2.179 |
| 1969-73 | 4.188 | 22.328 | 6.461 |
| 1974-78 | 17.530 | 20.654 | 9.651 |
| 1979-83 | 24.700 | 27.163 | 12.070 |

Quelle: Hamada/Horiuchi 1987

Das *small government* ist also eine Reaktion auf die gewachsenen Anforderungen an den japanischen Staat aufgrund der Legitimationsdefizite, die wiederum mit der einseitigen Wohlstand-durch-Wachstum-Formel verursacht worden waren. Hier ging es zunächst um die gesellschaftliche Stabilisierung, dann um die Folgebeseitigung. Deren Ansatzpunkte sind in den 80er Jahren jene Ausgabeposten, die im Sinne des Mythos von der „Wohlfahrtsgesellschaft auf japanische Art" (*nihongata fukushi shakai*), der die reine Konzentration auf Wachstum der EP I ersetzen sollte, am einfachsten reduzierbar sind, denn im Kern zielt er auf Sparsamkeit, Eifer usw., indem er „traditionelle" Werte anzurufen scheint: Abbau sozialstaatlicher Leistungen, Privatisierungen als uneffizient empfundener öffentlicher Unternehmen, der Versuch, ein Ende der *mixed economy* herbeizuführen[11].

[11] Die quantitative Seite des *small government* zeigt sich allerdings durchaus reversibel: Nicht nur durch das FILP wird sich der Staat in der kommenden Transformationsphase wieder als der große Investor und Schuldner profilieren. Somit zeigt sich kein wirkliches Ende der Rolle der öffentlichen Haushalte als Nachfragestimulans.

- Das Leitmotiv der neuen Phase ist schwieriger auszumachen. Die erwähnten Begriffe (Wohlfahrtsgesellschaft auf japanische Art, wenig Regierung) taugen eigentlich nur für Teilbereiche und partielle Probleme wie das der Staatsrolle. Zudem beziehen sie sich eher auf die Folgen der TP II. Diese veränderten Charakteristika der EP II jedoch gehorchen einem weitgehend unveränderten Ziel: der gesamtgesellschaftlichen Konzentration auf den Erfolg der *Nation*.

Denn die modifizierten Formen der Regulationsweise dienen weiterhin einer fast ungebremst intensiven Kapitalakkumulation in der EP II - die Investitionsquote ist weiterhin hoch. Die Konsumquote stagniert in den 80er Jahren bzw. ist sogar leicht rückläufig.[12] Die Sparquote bezüglich der Privathaushalte hat sich wieder auf jenes Normalmaß der EP I eingependelt, erst mit der *bubble economy* geht sie leicht nach unten (vergl. Keizai kikakuchô 1993:49). Die Bruttosparquote hingegen bleibt mit durchgehend über 30% des BIP (außer 1983, 29,8%) im Vergleich hoch und der Tendenz nach weitgehend unverändert (vergl. OECD Economic Outlook: Anhänge). Relative Mäßigung auf dem Binnenmarkt und außenwirtschaftliche Expansion sind die Grundzüge dieser Phase. Die EP II ist so gesehen die Fortsetzung der Entwicklungsstrategie der ersten Regulationsweise im globalisierten Maßstab; die Formel des „Bereichert das Land“ ist die Konstante dieses gesellschaftlichen Prozesses, neu-geboren und modifiziert in der Krise. Der Wachstumsfetisch bedurfte dabei Korrekturen und Ergänzungen. Diese Umwelt- und Sozialmaßnahmen und auch der industrielle Strukturwandel sind nicht mehr prinzipiell zurückzunehmen. Doch war es unter veränderten Umständen schon bald nach dem Höhepunkt der Krise möglich, die für diese intensive, exportorientierte Akkumulationsstrategie störenden regulativen und redistributiven Belastungen in der Form des *weniger Staat* abzubauen oder zumindest dies zu versuchen.

Die Konstanz in den ökonomischen Grundparametern trotz der vielfältigen Veränderungen ist angesichts der Ausgangsposition 1973/74, also auf dem Höhepunkt der Krise ein erstaunliches Resultat. Die Konstanten wie auch die Veränderungen galt es konsensual-hegemonial abzusichern; dies ist, wie wir wissen, im Prinzip gelungen. Wir werden abschließend jenen Bedingungen nachzugehen haben, die dies im politischen Raum ermöglicht haben.

---

12 1975 lag sie (real) bei 62,3%, 1980 bei 60,5%, 1984 bei 59,7% und 1988 bei 58,4% (Nihon tôkei nenkan 1993/4: Tab. 4-1b).

## Der politische Raum zwischen Stabilität und Krise

### Die Entfaltung der politischen Hegemonie

Sinnbildlich für die Stabilisierung der japanischen Nachkriegsgesellschaft waren die schier unfaßbar stabilen Regierungsverhältnisse in den 60er Jahren, verglichen zu den Zeiten zuvor und danach: zwei Premierminister in 12 Jahren (Ikeda, Satô) und das zusammen mit der Hegemonial-Stellung der LDP im Parlament. Doch waren auch die mehrmaligen Wechsel an der Spitze der LDP und damit auf dem Sessel des Premiers in den fünf Jahren nach der Gründung der Partei nicht unbedingt Ausdruck einer Bedrohung der Vorherrschaft der Partei gewesen.

Diese ständigen Führungswechsel waren vielmehr noch Nachwehen der turbulenten Vorgeschichte bis zur Gründung. Eindeutig im Falle von Kishi und Hatoyama, ebenso aber auch von Ishibashi traten hier Politiker des politischen Gestern an - oder treffender gesagt - ab, „Gestern" verstanden als direkt belastet, mit demokratisch zweifelhafter Vergangenheit[13] wie auch als Vertreter von Revision und „Anti-Potsdam-Clique" (Masumi 1985:79). Alle drei waren durch die Zeit des autoritären Regimes bis 1945 belastet, alle drei waren irgendwann in der TP I ihrer Posten enthoben worden. Daß sie überhaupt noch einmal in diese Führungspositionen aufsteigen konnten, spricht jedenfalls wiederum eine deutliche Sprache, was Beharrungsvermögen, Kontinuisierungsversuche und Formwandel angeht. Die Wechsel zwischen ihnen hatten mehr mit der Konsolidierung der diversen liberalen und konservativen Parteien in einem Sammelbecken zu tun, als mit jener „externen" Instabilität, wie sie in der TP I oder später teils in der TP II herrschte. Hatoyama trat zudem vereinbarungsgemäß an; Kishi folgte auf Ishibashi aufgrund von dessen tödlicher Erkrankung - und so waren alle alten Konservativen noch einmal auf den gewünschten Posten gelangt - als ein Elitenaustausch im engeren Sinne!

Die chaotische Schlußphase der Herrschaft Kishis wird von den beiden Post-Finalkämpfen um die Nachkriegsordnung geprägt, dem *Miike*-Streik und der *Anpô*-Auseinandersetzung von 1959 und 1960.[14] Danach folgten vier ruhige

---

[13] Hatoyama, nur als Beispiel, war 1925 noch als entschiedener Gegner der Wahlrechtsreform aufgefallen (dazu seine Ausführungen in Shinobu 1952:1231f). Wegen seiner unrühmlichen Rolle in diesen Jahren - Unterstützung der Verschärfung des *chianijihô* u.ä. - wurde er 1946 von SCAP in den vorläufigen Ruhestand geschickt (dazu Kanda 1989:184).

[14] Ich wähle den Ausdruck *Post-Finalkämpfe* deshalb, weil sie buchstäblich die letzten Auseinandersetzungen dieser Art waren und weit deutlicher im Falle des Bergarbeiter-Streiks in den *Miike*-Gruben damit ein Kapitel Entwicklungsgeschichte endgültig geschlossen wurde. *Miike* demonstriert diesen Charakter insofern deutlicher, als es sich hier um eine untergehende Branche handelte. Auch die großen, gewaltsamen Demonstrationen um den

Jahre unter Premierminister Ikeda, unter dessen Ägide mit dem „Plan zur Verdopplung des Volkseinkommens" Öl auf die Wogen gegossen worden war; 1964 trat Satô als Premier an. Er blieb für unerwartete acht Jahre am Ruder. Diese weitgehende Unangefochtenheit verdankte Satô parteiintern zum einem dem Faktor Glück (bzw. Biologie), denn mit Ichirô Kôno und Banboku Ôno starben zwei eher Satô-kritische Machtsäulen der LDP (und mit ihnen die Spätausläufer der Hatoyama-Faktion) 1964 und 1966. Außerdem scheint Satô ein Meister darin gewesen zu sein, sich keine Feinde zu schaffen bzw. zwischen allen innerparteilichen Faktionen zu balancieren. Zudem erfreute sich Satô einer Hausmacht, wie kein anderer der LDP-Spitzen. Diese wuchs sogar noch beständig an, so daß 1969 die Satô-Faktion mehr als ein primus inter pares war. Interessanterweise war es der direkte Satô-Erbe Tanaka, der in den 80er Jahren mit ähnlichen Kräfteverhältnissen aufwarten konnte. (Vergl. Tabelle 23, Kapitelende) An beiden war damit schwer vorbeizumanövrieren, zieht man zusätzlich die Feindschaften einiger Faktionäre in Betracht (etwa Ôhira - Fukuda). Natürlich reflektierten die Satô-Jahre auch die ökonomische Aufstiegsperiode par excellence, so daß in diesem Bereich hauptsächlich Erfolge verwaltet werden mußten.

Nun sind auch diese Jahre nicht ohne jene LDP-üblichen Begleiterscheinungen geblieben: diverse Skandale um Erpressung und Bestechung samt Verhaftung eines LDP-Parlamentariers, Vorwürfe der Vermischung von Amts- und Privatinteresse an zwei Minister (dazu Masumi 1985:150) und eine Unterhausauflösung im Dezember 1966 samt vorgezogenen Neuwahlen im Januar 1967 wegen Totalboycotts der Oppositionsparteien. Auslöser war der „Schwarze Nebel" (*kuroi kiri*), in dem sich nicht etwa die zu dieser Zeit bereits stark diskutierte Umwelt-Problematik, sondern Finanzskandale um die Verbindungen von Politikern und Bürokraten mit der Geschäftswelt verbargen (vergl. Herzog

---

Sicherheitsvertrag schließen eher ein Kapitel politischer Entwicklungsgeschichte, denn hier steht die Abwehr von Politik im Vordergrund, nicht jedoch die Formulierung oder gar die Form der Politik. In beiden Fällen jedenfalls ging ein stabilisierter hegemonialer Block sowie eine sich zersetzende Opposition aus den Auseinandersetzungen hervor. Es stellt sich im Falle des Konfliktes um die Verlängerung des amerikanisch-japanischen Sicherheitsvertrages (*anpô)* zudem die Frage, ob hier primär politische Unzufriedenheit zum Ausbruch kam, oder lediglich Unmut wegen der nicht gewahrten Form seitens einer mehr als ungeschickten Regierung, die den Sicherheitsvertrag unbedingt durch die parlamentarischen Gremien peitschen wollte (Shibagaki 1989:326f). Zudem war es keinesfalls so, daß der Vertrag an sich ein amerikanischer Erfolg war. Gegenüber seinem Vorgänger erreichte die japanische Regierung durchaus Verbesserungen, etwa in der Frage des Rechts zum Eingreifen bei inneren Unruhen, welches fortan für die Amerikaner nicht mehr bestand (Packard 1966:180f). Der Unmut wurde wohl zudem verstärkt durch eine Überkompensation aufgrund der gesellschaftlichen Ohnmacht einerseits und der Festigung der politischen Herrschaft seitens des konservativen Machtblocks andererseits.

1993:155ff). Doch wird sich zeigen, daß diese Art von Machenschaften alleine die Vorherrschaft der LDP nie bedrohten - dazu bedurfte es weiterer Zutaten. Die LDP behauptet sich denn auch leidlich. Ihre Stimmenzahl bleibt fast unverändert und übertrifft ihre Erwartungen, auch wenn erstmals die 50%-Marke bei den Stimmenanteilen unterschritten wurde.

Vor allem eingedenk des Werdegangs der LDP in den 70er Jahren war es bezeichnend für die relative Homogenität und Stabilität des LDP-Blocks, daß Satô die sich daraufhin formierenden internen Widerstände unbeschadet überstand. Insgesamt erscheint mir deshalb die Bezeichnung Hegemonialstellung im Großen und Ganzen für die gesamte Dauer der EP I gerechtfertigt. Entscheidend an dieser Phase ist denn auch zweierlei, nämlich, wie der hegemoniale Block aus LDP und Big Business zum Ende der Hochwachstumsphase hin aus einer neuartigen Richtung unter Legitimationszwang gerät, während diese Pressionen nicht der „alten" politischen Opposition zu Gute kommen. Im Gegenteil: Ihr Zerfall, bzw. die Zersplitterung von politischer Opposition allgemein, ist das zweite Signet der Epoche. Diesen zwei Entwicklungen werde ich nun nachgehen.

## Opposition von unten

Die neuartige Richtung meint regionale Bürgerbewegungen, die sich den Folgen der Industrialisierung, des einseitig ausgelegten Wachstumsprozesses und der Herausbildung einer Massengesellschaft für die Gesellschaftsstruktur und die Umwelt annehmen, von den Verschmutzungsskandalen bis zur Verstädterung und industriellen Ansiedlungskonzentration an der Pazifikküste. „A polluters paradise emerged" (Taira 1993:171). „Umweltverschmutzung wurde zum Alltagsbegriff" (Miyamoto 1989:162). Gerade die Umweltfrage im weiteren Sinne von sozialer Umwelt allgemein ist wohl das gesellschaftliche Topos, in dem die widersprüchlichen Elemente der Expansionsphase I und die gesellschaftlichen Grenzen der vorherrschenden Regulationsweise am deutlichsten zum Vorschein kommen. In den späten 60er Jahren werden hieran der gesellschaftliche Konsens, die gesellschaftliche Kohäsion, einer Zerreißprobe unterzogen.

Die seit den 50er Jahren verstärkt auftretenden Umweltskandale, ob nun die notorischen Quecksilber-Vergiftungen, der *kusai sakana*, der stinkende Fisch in der Bucht von Ise und deren Ölraffinerien oder das Asthma von Yokkaichi - sie alle wurden auf der Ebene der großen Politik erst einmal ignoriert oder abgewiegelt[15]. Somit dienten die Regionen und Städte zunächst als Schockabsorber,

[15] Das Sozialministerium etwa löste einen eigens eingesetzten Untersuchungsausschuß zur Lebensmittelhygiene und Quecksilbervergiftung nach dessen Berichtsvorlage sogleich wieder auf (vergl. Masumi 1985:153).

zumal sie auch direkter involviert schienen. Der Erfolg des SPJ- und KPJ-Kandidaten Minobe bei den Gouverneurswahlen von Tôkyô 1967 steht in diesem Kontext als spektakulärer Fall für die Durchschlagskraft dieser Legitimationsprobleme der LDP auf regionaler Ebene. Minobe war mit dem Slogan „Tôkyô no aozora", „Blauer Himmel über Tôkyô" angetreten, womit allerdings auch die Korruption angesprochen wurde (dazu Masumi 1985:152).

Regierung und Big Business kommen erst von dem Moment an in Bewegung, und in diesem Kontext dürfte wohl auch Satôs ursprüngliches Vorhaben der Förderung von sozialer Infrastruktur um 1965 stehen, als der Widerstand von Bürgerbewegungen zur erfolgreichen Abwehr von Industrieansiedlungen führt und sich Fälle von Auflehnung gegen die einseitig auf Industrieansiedlung ausgerichtete regionale Entwicklungspolitik häufen (Miyamoto 1989:170). Der Fall einer Erdölraffinerie 1963/64 in Shizuoka war ein erster Warnschuß (Masumi 1985:154). Hier geht es nunmehr grundsätzlich um Standortfragen in einer weiterhin stark expansiven und prosperierenden Volkswirtschaft. Doch sind die Maßnahmen im Verlaufe der 60er Jahre eher deklamatorischer Art - die extreme Boom-Phase zum Ende der EP I sowie die sich national eben kaum verändernden politischen Gewichte signalisieren dem Machtblock (noch) keine deutlichen Warnzeichen.

Die gesetzliche Initiative jedenfalls war - wohl beabsichtigt - zunächst weitgehend folgenlos: das 1967 erlassene „Basisgesetz gegen die Umweltverschmutzung" (*kôgai taisaku kihonhô*), in welchem der Umweltschutz von vorneherein an die harmonische Entwicklung der Volkswirtschaft als Grundziel angehängt wurde (vergl. Miyamoto 1989:175). Als Konsensstifter reichten diese Maßnahmen jedoch ebenfalls nicht mehr aus. Folglich wuchsen die lokalen Widerstände an, ebenso die Probleme in der weiter wuchernden Wachstumsmaschinerie.

Bereits Ende 1970 wird das Umwelt-Basis-Gesetz revidiert, eine umfassende Umweltgesetzgebung vom Unterhaus diskutiert und beschlossen. Dem Unternehmerverband *Keidanren* gelingt allerdings noch einmal eine Verwässerung etwa in der Frage des Strafbestandes (dazu Masumi 1985:159). Immerhin wird der Passus der Verknüpfung von Umwelt und harmonischem Wirtschaftsleben gestrichen.

Doch - all jenen Vorschlägen, Diskussionen und Maßnahmen aus Politik und Wirtschaft haftet ein gemeinsamer Zug an, welcher sich wie ein roter Faden durch die Abwehr- und Umleitungsmaßnahmen des hegemonialen Blocks in der Schlußperiode der EP I zieht und der recht anschaulich in den zentralen Gedanken des Tanaka-Planes und seiner landesweiten regionalen „Umverteilung" zutage tritt: das zumindest latente Festhalten an der Vorstellung einer stetig wachsenden Massenproduktions-Gesellschaft als Grundlage der Entwicklung. Er fehlt in kaum einem *Keidanren*-Papier, bildet die Hauptstütze des Landesentwicklungsplanes (*Shinzenkoku sôgô kaihatsu keikaku*) von 1969 (dazu Masumi 1985:158) und ist auch ein Eckpfeiler des Tanaka-Planes. Warum ich diesen Punkt hier so hervorhebe, hängt mit dem sich dahinter verbergenden traditionell-konservativen Entwicklungsmodell zusammen, d.h., hier werden allenfalls die Folgen verteilt oder abgefedert, aber nicht das eingeschlagene Wachstumsmodell in Frage gestellt. Das jedoch hatte in den dicht besiedelten Ballungszentren extreme Folgen gezeitigt.

Überlegungen zu einem Wandel bzw. einem Umbau der industriellen Struktur hin zu mehr sozialer Infrastruktur setzten erst dann ein, als die widersprüchlichen Momente den wirtschaftlichen Verwertungserfordernissen zuwider zu laufen begannen und auch die Position und gesellschaftliche Kohäsionsleistung der Hegemonialpartei LDP ernsthaft bedroht schien. Erste Ansätze finden sich im erwähnten *Landesentwicklungsplan* von '69, Tanaka wird damit fortfahren, doch erst die Krise in ihrer ganzen Breite wird hier für ein gewisses Umdenken sorgen, ein Umdenken, das auch als öffentlichkeitswirksame Anrufung wieder funktioniert.

## Die parlamentarische Opposition

Das zweite wichtige Moment der politischen Entwicklungen der 60er Jahre betrifft die parlamentarische Opposition. Die Funktion als Transmissionsriemen gesellschaftlicher Interessen seitens der Opposition ist mit den 60er Jahren immer weniger auszumachen: all diese gesellschaftlichen und sozialen Verwerfungen schaden der LDP erst einmal kaum, der SPJ und den Gewerkschaften um Sôhyô kommen sie überhaupt nicht zu gute. Wer aus der relativ stabilen Anhängerschaft der ja inzwischen gespaltenen „Arbeiter"-Parteien (SPJ, DSP, KPJ) in den 60er Jahren auf ein Bewußtsein einheitlicher Natur, pro Arbeiterparteien und kontra LDP, schließt (etwa Tabata 1991:229), übersieht die wesentlichen Bewegungsmomente einer in dieser Form einfach nicht oder niemals existierenden, vereinfachten Zweiteilung der gesellschaftlichen Kräfte.

Statt dessen zerfasert die parlamentarische und vorparlamentarische Opposition. Eine Kräfteverschiebung findet zunächst eher innerhalb des Nicht-LDP-Blocks statt. Dieser spätestens mit dem *Anpô*-Konflikt einsetzende Prozeß des Strukturwandels der politischen bzw. gesellschaftlichen Oppositionsgruppen erscheint aus soziopolitischer Sicht fast schon wichtiger als die Machtkämpfe innerhalb der LDP. Auf parteipolitischer Ebene beginnt in den 60er Jahren eine pluralistische Zersplitterung der Nicht-LDP-Parteien-Landschaft. Diese verläuft teils entlang der Bruchlinien der Gewerkschaften wie im Falle der sozialistischen und sozialdemokratischen Parteien. 1960 trat der gemäßigte Flügel um Nishio aus der SPJ aus: die *Minshatô* (DSP) war geboren; sie lehnte sich an den Gewerkschaftsdachverband *Dômei* an. Nicht, daß die neugegründete Partei mit ihren bescheidenen Wahlerfolgen nunmehr eine Transformation des Nicht-

LDP-Lagers zu einer Godesberg-geläuterten Volkspartei und Alternative zur LDP bewirkt hätte - sie blieb klein, aber durch die Zerteilung der Opposition wie auch über ihre organisatorische Basis *Dômei* im gewerkschaftlichen Bereich einflußreich.

1964 folgte dann der sozusagen originär japanische Beitrag zur Parteiensoziologie: die *Kômeitô* (KMT). Sie war allein schon aufgrund ihrer über weite Strecken undurchsichtigen, undemokratischen Struktur die Verkörperung von Sektierertum schlechthin. Zudem schöpft sie ihre Wählerstimmen vielleicht noch stärker als die Sozialisten aus dem Reservoir der Verlierer des japanischen Aufstiegs (dazu Curtis 1988:24f). Jedenfalls sorgten diese beiden, zusammen mit einer langsam wiedererstarkenden KPJ dafür, daß die Vormachtstellung der SPJ als *der* Oppositionspartei nach und nach schwächer wurde. Ganz zu recht kommentierte LDP-Generalsekretär Fukuda nach der Unterhauswahl von 1967: „Das Resultat dieser Wahl kann ich nicht als Pluralisierung von Parteien sehen. Ist es nicht lediglich die Opposition, bei der sich eine solche Pluralisierung eingestellt hat?“ (zit. nach Masumi 1985:152).

Auf lange Sicht sollten beide neuen Oppositionsparteien, die DSP wie KMT, für die LDP noch eine nicht unwichtige Rolle spielen, als sie sich nämlich der um ihre dominante Stellung in der EP II fürchtenden LDP selbst in den skandalträchtigen späten 80er Jahren als Abstimmungspartner andienten.[16] Nicht von ungefähr gehören beide dem neuen zentristischen Parteienbündnis *Shinshintô* (Erneuerungspartei) in den 90er Jahren an - hier wurde der Traum von der soliden Mitte mit Gruppen, die der LDP entstammten, manifest.

Warum konnte die SPJ aus all den folgenden gesellschaftlichen Veränderungen kein Kapital schlagen? Der umweltpolitische oder auch sozialpolitische Protest - und dies ist die Kernaussage zu den Veränderungen in den *politics* - lief an der „alten“ Opposition vorbei, es sei denn, sie bot mit öffentlichkeitswirksamen Aussagen eine Alternative, wie der Gouverneurswahl in Tôkyô 1967 - auf regionaler Ebene also. Gerade bei den Umweltfragen und ganz besonders in puncto „Umwelt“ im engeren Sinne mag die Passivität der Linken allerdings auch mit der unheiligen Allianz „ihrer“ Gewerkschaften mit „deren“ Unternehmen zu tun haben, die sich in wichtigen politischen Fragen der 80er Jahre wiederholen sollte (dazu Muramatsu et al. 1986:167f; Itô 1988:66ff). Und, ganz nebenbei bemerkt, waren Gewerkschaften und sozialistische/ sozialdemokratische Parteien nicht nur in Japan keine unbedingten Vorreiter in Sachen Um-

[16] Ein Beispiel der Wendigkeit der DSP und der KMT ist die Geschichte der Mehrwertsteuereinführung in den Jahren 1987/88, als die DSP auf eine Zusammenarbeit mit der LDP setzte und auch die KMT schließlich umschwenkte.

weltpolitik, betrachtet man etwa die Herausbildung der *Grünen* eben in den Zeiten einer sozialdemokratisch-geführten Bundesregierung in der BRD.

Die Frage nach der Bedeutung von Opposition wird durch das für 1970 erneut anstehende Problem der Verlängerung des Sicherheitsvertrages noch einmal akut. Ende der 60er Jahre hatte auch Japan sein „1968" erlebt - teils mit äußerster Brutalität und als landesweite Welle von studentischer Auflehnung (Miyamoto 1989:233ff). Und nun stand ausgerechnet im Schatten dieser Welle die Verlängerung des Sicherheitsvertrages wieder auf der Tagesordnung, zudem noch in zeitlicher und inhaltlicher Verknüpfung mit der Rückgabe Okinawas an Japan. Den USA-kritischen Gruppen in Japan lag an einer Entmilitarisierung ganz Japans inklusive Okinawas. Und nun bot sich die Gelegenheit, sich zu beiden Punkten zu äußern (dazu Fujii/Ôe 1970:321). Die Satô-Administration und mit ihr die LDP hatten aus den Formfehlern der Jahre 1959/60 gelernt und wählten mit Bedacht eine Strategie der leisen Töne. Das war keinesfalls gleichbedeutend mit Nicht-Öffentlichkeit oder Geheim-Diplomatie. Die Notwendigkeit des Sicherheitsvertrages wurde öffentlich herausgestrichen, ob von einer eigens dafür geschaffenen Untersuchungskommission der LDP oder in Reden von Premier Satô. Allenfalls die Form der Verlängerung blieb unklar. (Dazu Masumi 1985:171f)

Allerdings konnte die LDP gestärkt in diese befürchteten Auseinandersetzungen gehen, denn inmitten der Hochphase des Hochwachstums, der studentischen Rebellion und trotz aller sich abzeichnenden „Grenzen des Wachstums" hatte sie bei den Unterhauswahlen von 1969 wieder einen „glänzenden" Sieg eingefahren. Der hing zwar zum Teil bereits von den „unsichtbaren Koalitionspartnern" im Wahlsystem ab, aber immerhin war die Stimmenzahl für die LDP gleich geblieben, bei geringerer Wahlbeteiligung. Dieses Mal waren die Sozialisten eindeutiger Verlierer, nicht so sehr wegen der minus 50 Sitze, sondern sie hatten auch absolut fast drei Millionen Wähler verloren und das bei einer Million Wählern mehr im Vergleich zur vorangegangenen Wahl. Der Zersplitterungsprozeß der Opposition fand also seine Fortsetzung - entsprechend hießen die anderen Gewinner KMT und KPJ.

Der Sicherheitspakt jedenfalls wurde sozusagen mit einem Verfahrenstrick, ohne formelle Beratungen, durch die Möglichkeit der automatischen Verlängerung bestätigt. Der öffentliche Widerstand schlug kaum ins Parlament durch, auch war er verglichen zu 1960 sehr gemäßigt. Dies läßt sich nicht mit der Uneinigkeit der Linken hinreichend erklären. Die Haltung der KPJ zum *Anpô* war auch 1960 sehr ambivalent gewesen, weil sie die Bewegung primär ihren parteipolitischen Zielen unterordnen wollte. Sie blieb letztlich 1960 weitgehend passiv, mit der abenteuerlichen Begründung, daß der Kampf antirevolutionär sei. Er treffe das japanische Monopolkapital, doch dies sei weiterhin vom amerikanischen Monopolkapital abhängig (dazu Pohl 1976:144). Trotzdem hatte sie die Massenbewegung nicht *verhindern* können (vergl. Scalapino1967:114). Die weitgehend unauffällige automatische Verlängerung von 1970 zeigt vielmehr, daß die Zersetzung und Zersplitterung der Opposition ihre Wirkung zeigte, und die ideologische Kohäsion des Wohlstand-für-alle-Blocks trotz gesellschaftlicher Widersprüche noch funktionierte.

Die Demonstrationen und Auseinandersetzungen im Zusammenhang mit der Rückgabe der Okinawa-Inselgruppe 1971 scheinen meinen Überlegungen zu widersprechen. Die parlamentarische wie außerparlamentarische Opposition ließ sich noch einmal mobilisieren, und zwar in der Frage der amerikanischen Stützpunkte und der Kernwaffen auf Okinawa bzw. dem japanischen Territorium (dazu Miyamoto 1985:311ff; Masumi 1985:177ff). Massenkundgebungen, Parlamentsboykott, ein getöteter Polizist im Hibiya-Park - das *Anpô*-Muster schien sich zu wiederholen, aber eben auch in Bezug auf die Vorgehensweise der Regierung. Die Satô-Administration war durch die schnelle Ratifizierung der Rückgabeverträge im amerikanischen Oberhaus in Zugzwang geraten und versuchte nun wie 1960 ein Durchpauken des Vertrages im japanischen Parlament. Die Opposition reagierte mit Parlamentsboykott und Mobilisierung der Öffentlichkeit, wobei freilich die linken gewerkschaftlichen Kräfte und die einflußreiche Presse eine gewichtige Rolle spielten. Die letzte Stufe der Eskalation mit Sturm auf das Parlament und ähnlichem wie 1960 wurde aber vermieden. Denn inzwischen konferierten die Generalsekretäre der Regierungs- und der Oppositionsparteien rechts der KPJ wenige Tage nach Boykott-Beginn; und am 24.11.1971 stimmte das Unterhaus dem Vertrag dann doch zu, nur eine Woche nach dem einseitigen Durchpeitschen seitens der LDP in den Parlamentsausschüssen. (Dazu Miyamoto 1989:315f)

In diesem Ablauf-Muster zeigt sich zweierlei. Wiederum sorgte das (in den Augen der Opposition) formal rücksichtslose Vorgehen der Regierung für die für eine Mobilisierung notwendige Stimmung; denn im Gegensatz zum *Anpô*-Vertrag 1970 setzte die politische Führung auf ihre parlamentarische Mehrheit und auf ein zeitlich kaum noch als Debatte zu bezeichnendes Durchsetzungs-Prozedere, vielleicht auch, weil es ein Zurück nicht mehr gab. Zum anderen aber weicht der Verlauf der Ereignisse von denen des Jahres 1960 ab. Gerade in der Lösung der Schwierigkeiten beweist sich nämlich anschaulich die veränderte parteipolitische Situation nach mehr als zehn Jahren Wohlstand-für-alle. Bei den Beratungen der Generalsekretäre bei LDP-Generalsekretär Hori knickte die neue Opposition recht schnell ein, wurde zum Mehrheitsbeschaffer und stimmte schließlich auch mit der LDP. (Masumi 1985:178f) Der neuen Opposition reichte das Gefühl, gefragt worden zu sein - die Form war gewahrt. SPJ und die nicht berücksichtigte KPJ blieben übrig, oder besser außen vor - und auch der Abstimmung im Unterhaus fern. Nur war das Anfang der 70er Jahre auf parlamentarischer Ebene nicht mehr so entscheidend. Das *Anpô*-Muster einer De facto-Blockade der LDP-Politik durch die Parteien der alten Opposition in Zusammenarbeit mit den Gewerkschaften und den progressiven Medien war im Grunde gesellschaftlich eben nicht mehr wiederholbar bzw. unmöglich geworden!

Die EP I führt also zu einer Zersplitterung und Schwächung der parteipolitischen Opposition sowie zu einer Stärkung des Regierungslagers - und diese Tendenzen begannen bereits mit den Post-Finalkämpfen *Miike* und *Anpô*. Die LDP jedenfalls verlor nur wenige Monate nach diesen Großkonflikten, die in linker Selbstein- und euphemistischer Überschätzung oftmals mystifiziert werden, ganze 0,2% der Stimmen[17]. Die Auseinandersetzungen spiegelten sich nicht in der großen Politik. Deshalb, um auf die Frage zurückzukommen, spricht auch einiges dafür, solche Großereignisse nicht als direkte Transformation von kritischer gesellschaftlicher Unzufriedenheit zu deuten.

Was der LDP-Vorherrschaft zuzusetzen begann, waren regionale Erfolge neuer und auf diesem Nährboden auch alter Opposition, während sie auf nationaler Ebene noch anhielt - oder die Bedrohung wurde durch das Wahlsystem verdeckt. So gesehen versagte der politische Markt der Wahlen in folgender Hinsicht. Zwar schienen die Wähler keine Veränderung zu wollen, doch deckte die eingebaute Wahlarithmetik die Funktion von Wahlen als Vorwarnsystem von Unzufriedenheit für die LDP teilweise zu.

Das änderte sich in den folgenden Krisenjahren. Die stillen Koalitionäre werden immer wichtiger (1972-79), und die Instabilität der LDP wird systemisch - was allerdings nicht mit einer Bedrohung seitens der Opposition gleichzusetzen ist.

## Die Krise der Hegemonie

Hier möchte ich nun integriert das Wechselspiel von Krisenerscheinungen und Reaktion der politischen Führung beschreiben und analysieren. Die einzelnen Etappen der politischen Krise habe ich den oftmals wechselnden Führungspersonen der Transformationsphase II zugeordnet. Wenn ich nun von Tanaka, Miki et al. spreche, so assoziiere ich damit jedoch keine isolierte Person, sondern Projekte der Hegemonieabsicherung im politischen Raum. Die Politiker stehen zudem als Symbole von Stufen einer Krise. Welchen Transformationsprozeß durchlief der politische Kernbereich?

Die These ist, daß die Krise des politischen Raumes zwar die Hegemonie bedroht, die Kohäsionsleistung jedoch letztlich erfolgt, weil die Vorherrschaft der

---

[17] Im zweiten Band der Japanischen Nachkriegsgeschichte von Fujii und Ôe nimmt alleine das Thema *Anpô* mit allen Ausläufern 130 von 380 inhaltlichen Seiten ein - ein Drittel der Darstellung der gesamten späten 50er und 60er Jahre! (Vergl. Fujii/Ôe 1970 Bd. 2)

LDP überraschend stabil blieb. Die LDP war die einzige politische Partei in einem demokratischen Industrieland, die diese Jahre unbeschadet überstand - wenn auch gewandelt. Es kam zu einer Veränderung der Form der Machtausübung und der Organisation von Hegemonie, die sich in der LDP-Struktur niederschlug. Dabei erfuhr der Binnenraum der Staatspartei eine Form von Pluralisierung, eine partielle Pluralisierung innerhalb der einen Staatspartei.

Anfang der 70er Jahre erfuhr die LDP weitere symbolträchtige regionale Niederlagen. Sowohl die Gouverneurswahl von Ôsaka als auch die Bürgermeisterwahl in Yokohama 1971 wurden von Sozialisten gewonnen. Noch schmerzlicher war die Wiederwahl Minobes in Tôkyô. Gegenkandidat Hatano wurde von der LDP in eine „Entscheidungsschlacht" geschickt, Unterstützung erhielt er von der Staatsregierung wie auch von Künstlern wie Nobelpreisträger Kawabata. Minobe erzielte fast doppelt so viele Stimmen wie Hatano. Dieser Trend setzte sich bei der Oberhauswahl im Juni 1971 fort, als die Linke (SPJ, KPJ) hinzugewann, KMT und DSP (erstmals) Einbußen hinnehmen mußten. (AN 1972:275ff)

Die Bedeutung solcher Niederlagen liegt darin, daß das traditionell extrem starke lokale Fundament der LDP ins Rutschen zu geraten schien. Diese progressiven, lokalen Verwaltungen wurden teils euphorisch als „Partizipation der Bürger" (*shimin sanka*), als Beispiele von „participatory democracy" von unten gedacht (Matsushita 1971; ähnlich und eher problematisch gesehen wegen der Fragen der Regierbarkeit im Sinne von Steuerbarkeit: Crozier et al. 1975:140f). Allerdings darf die Gefährdung der LDP-Basis nicht überbetont werden: Es drohte keinesfalls eine sozialistisch-kommunistische regionale Machtübernahme (etwa bei Kume 1988:667). Betrachten wir die von den Oppositionsparteien eingenommenen Sitzanteile in den regionalen Parlamenten etc., so waren es 1975, also auf dem Höhepunkt der wirtschaftlichen und politischen Krise, immer noch nur 31% in den Regionen (*ken*), 29% in den Städten und 8% in den Gemeinden (Miyamoto 1989:266). In den Jahren 1975 und 1979 verzeichnete die LDP in den Präfekturwahlen ihre schlechtesten Resultate: mit ca. 53% der Stimmen (Ramseyer/Rosenbluth 1993:47). Und: „Opposition" meint hier das gesamte Spektrum von der SPJ bis zur KPJ. Auch hier handelt es sich um Signale und im Fall der Großstädte sicherlich um gewichtige - mehr jedoch auch nicht.

1972 endet die Ära Satô. In der Frage der Nachfolge kommt es zu heftigen parteiinternen Auseinandersetzungen, die allerdings nur ein dünner Vorgeschmack zu den unglaublichen Vorgängen zwischen 1978 und 1980 sein sollten. Dies sind denn auch die zeitlichen Eckpunkte der Hegemoniekrise: Tanakas Amtsantritt 1972 und das erfolgreiche Mißtrauensvotum gegen Ôhira 1980. Tanaka wird auf einer Parteiversammlung im Juli 1972 durch Wahlen zum Vorsitzenden der LDP und damit nächsten Premierminister bestimmt. Damit ist die Phase der relativ stabilen Parteiführerschaft, nimmt man die fünf Jahre Nakasone einmal mit etwas gutem Willen aus, für immer vorbei. Fünf Premierminister in der Expansionsphase I, den ersten siebzehn Jahren LDP also, stehen in den folgenden knapp zwanzig Jahren zehn Nachfolger gegenüber.

Mit Tanaka beginnt sich auch an der politischen Spitze die drohende Erosion der Hegemonialstellung der LDP abzuzeichnen. Die relativ häufigen Kabinettsumbildungen der 50er und 60er Jahre erfassen ab den 70er Jahren auch die Kabinettsspitze. Durch die 12 stabilen Jahre hat sich ein enormer Führungsbedarf aufgestaut, welcher von den Umständen der Krisenjahre begünstigt zum Ausbruch kommen kann. In den folgenden Jahren der Transformation wechseln Partei- und damit Staatsführung im Zwei-Jahres-Takt, und dies in der Regel unter chaotischen Umständen.

## Tanaka: Die Krise im politischen Raum beginnt

Tanakas doppeltes Scheitern spricht Bände über die Grenzen der Leistungsfähigkeit der LDP inmitten der Krise. Einerseits scheitert er inhaltlich an der hohen, unzeitgemäßen Erwartung, andererseits formal an dem korrupten Beigeschmack, der seiner Person anhaftet.

### Der „Umbauplan" im politischen Prozeß

Der „Plan zum Umbau des Japanischen Archipels" entsprang keineswegs nur altruistischem Einsatz für die Nation, als interessenübergreifende Auseinandersetzung mit den anstehenden sozioökonomischen Problemen. Mindestens zwei Aspekte verdienen hier, zusätzlich erwähnt zu werden, zumal einer auch zum Scheitern des Plans beitrug. Das Buch zum Plan selbst erschien gut einen Monat vor der Pro-Tanaka-Abstimmung der LDP und seinem Amtsantritt als Parteiführer und Premier. Tanakas Wahlbemühungen wurden aus dem eigenen Vermögen, aber wohl auch vom Bau- und Immobiliengewerbe finanziert (dazu Masumi 1985:210). Das eigene Vermögen wiederum resultierte aus seiner gewerblichen Beschäftigung im Bau- und Immobiliengeschäft, womit Tanakas gedankliche Konzentration auf die regionale Umverteilung und Entwicklung verständlicher werden. Und zu guter Letzt bedeutete ein Umleiten der Finanzströme in die unterentwickelteren Regionen natürlich auch eine Subvention der wichtigen, ländlichen LDP-Wählerreservate.

Trotz der Vorschläge zum Umbau der industriellen Struktur, die anstelle des Musters der Wachstumsverfolgung Wachstumsverwertung setzen wollte (Masumi 1985:224), womit eine umweltbedingte Umstellung der Volkswirtschaft auf wissensintensive Industrien gemeint ist und Teile des neuen Leitmotivs der Expansionsphase II vorbereitet werden, trägt der Plan doch noch schwer an den einsozialisierten Denkmustern der Hochwachstumsphase. Beispiel dafür ist die Annahme eines durchschnittlich zehnprozentigen Wachstums für die gesamte

Umbauphase oder eine Ölimportmenge, die etwa die Hälfte der Welt-Erdölimporte verschlungen hätte (dazu Miyamoto 1989:370). Die Umsiedlung der Industrien steht letztlich im Mittelpunkt. Auch 1972 wurde das von der Öffentlichkeit teils so gesehen: Der Umbauplan schien als Verlängerung des *Landesentwicklungsplanes* von 1969 und wurde mit der plakativen Formel „Die Gesamt-Verschmutzung des japanischen Archipels" (*nihon rettô sô kôgaika*) belegt (dazu Masumi 1985:224;228). Darin zeigt sich, daß die gesellschaftliche Bindewirkung solcher LDP-Vorhaben angesichts der angehäuften Wachstums-Verwerfungen im Schwinden begriffen war, wenn alte Wachstumsdenkmuster an den sensiblen Stellen zu deutlich hervortraten. Die offenen Fragen lassen sich nicht mehr einfach mit „Wirtschaftswachstum" beantworten, das alte Leitmotiv hat seine Bindewirkung verloren.

Anhand der Frage der Um- bzw. Neuansiedlung von Industrien läßt sich außerdem anschaulich die Grenze solcher Großvorhaben im politischen Prozeß aufzeigen. Per Kabinettsbeschluß im Oktober '72 wurden jeweils die Überkonzentrations- als auch die Ansiedlungsgebiete ausgewiesen, womit auch die Betroffenen Klarheit erhielten (etwa bei den Umsiedlungssteuern, mit denen Unternehmen in Überkonzentrationsgebieten zur Finanzierung der Vorhaben belegt werden sollten; dazu Miyamoto 1989:370). Gegen die steuerlichen Anreize bzw. indirekten Zwänge durch diese Steuern und die resultierenden Belastungen regte sich heftiger Widerstand. Insbesondere der Unternehmerverband *Keidanren* oder auch die Gewerkschaften wie *Tekkô rôren* (Eisen- und Stahl), als Vertreter der betroffenen Branchen, argumentierten für flexiblere Finanzierungssysteme, je nach Branchenlage und Betroffenheit, oder gar für die Beibehaltung der Siedlungsstruktur und Anwendung von Umweltschutzmaßnahmen (dazu Masumi 1985:227). Innerhalb der LDP begann sich daraufhin ebenfalls Widerspruch zu formieren, nicht zuletzt, weil Ende 1972 Unterhauswahlen anstanden. Die Einführung der Umsiedlungssteuern wurde aufgeschoben, damit war der finanzielle Kern des ganzen Unterfangens angegriffen.

Die Angst der LDP-Parlamentarier vor den Neuwahlen war allerdings nur allzu berechtigt. Nicht zuletzt von Tanaka als plebiszitäre Unterstützung gedachte, vorgezogene Unterhauswahlen im Dezember 1972 brachten entgegen aller Erwartungen für die LDP Einbußen. Von den 491 Unterhaussitzen gingen 271 an die LDP, dazu kamen 13 Unabhängige, bei allerdings nur noch 46,9% der Stimmen - trotz hoher Wahlbeteiligung übrigens. Ein weiteres wichtiges Resultat der Wahl war die Erholung der Linken (KPJ von 14 auf 38, SPJ von 90 auf 118 Sitze), wohingegen der Aufstieg der neuen Opposition unterbrochen wurde. Bezüglich ihrer Stimmenanteile hatten sie ihr Reservoir augenscheinlich ausgeschöpft: zwischen fünf bis sieben Prozent bei der DSP und acht bis zehn Prozent bei der KMT. Die Zersplitterung der Nicht-LDP ist damit allerdings Struktur geworden.

Als Gründe für diesen Wahlausgang wurden die zu diesem Zeitpunkt bereits spürbaren Folgen der Bodenpreis-Explosion angesehen (Dazu Miyamoto 1989: 372). Die großen Handelsgesellschaften folgten mit dem Jahreswechsel 1973 mit spekulativen Aufkäufen von Textil-Rohstoffen, Nahrungsmitteln usw. „Der Thunfisch, der von den Fängern in die Bucht von Misaki gelangte, wurde von den großen Handelsgesellschaften schiffsweise (zum Preis von hundert Millionen En) aufgekauft, und wie man hörte waren sämtliche Lagerhallen zu dieser Zeit voller aufgekaufter Waren" (Nakamura 1986:298). Bestimmte Güter wurden auf diese Weise künstlich verknappt und verteuert.

Der Haushalt für 1973 war stark expansiv, denn im Zuge des Umbauplanes wurde eine 25%ige Ausgabensteigerung des gesamten Budgets der Zentralregierung vorgesehen, in erster Linie für Bauvorhaben und Soziales (dazu Masumi 1985:229). Dieser politisch zweite Pfeiler Tanakas griff jene Aspekte der Anti-GNP-Stimmung auf, die mit den Bürgerbewegungen für einen „Sozialstaat als Recht" auf die politische Tagesordnung geraten waren (dazu Yamaguchi 1989:193). Öffentlichkeitswirksam wurde 1973 zum „Wohlfahrtsjahr 1" (*fukushi gannen*) erklärt. Die konkreten Maßnahmen (Anbindung der öffentlichen Rente an die Verbraucherpreisentwicklung, kostenfreie medizinische Behandlung für alte Leute über 70 Jahre) waren teils aus den progressiv-geführten Regionen heraus entwickelt worden. Das Schicksal dieses Versuchs eines nachgeholten Wohlfahrtswunders habe ich bereits im vorangegangenen Kapitel erwähnt. Über die eigenwillige, vom herrschenden Block mit Vehemenz betriebene Rezeption der japanischen Erfolge bei der Krisenbewältigung unter dem erwähnten Schlagwort „Fäulnis der Industrieländer" vollzog sich ein sozialstaatlicher Umkehrversuch bis hin zum neokonservativen „weniger Staat" der Verwaltungsreform unter Nakasone, der auf Eigeninitiative und Familie abzielt, dies alles als die „Wohlfahrtsgesellschaft auf japanische Art". Unter dem neuen, krisengestärkten Selbstbewußtsein des hegemonialen Blocks wurde diese sozialstaatliche Schwäche schließlich also zu einer Stärke umgedeutet: Japan sollte nicht in die Sozialstaatsfalle der Krisenwirtschaften Europas tappen.

Die Tanaka-Administration blieb auch dann noch bei ihrer prozyklischen, „inflationsstützenden" Finanzpolitik, als die Ölkrise im Oktober 1973 hinzukam. Panikkäufe griffen Ende 1973 mit einer weiteren Güterverknappung (Salz, Toilettenartikel) um sich. Dann folgte der plötzliche Tod von Finanzminister Aichi, und ausgerechnet der Tanaka-Hauptkontrahent Fukuda sollte nunmehr Finanzminister werden. Tanaka war parteiintern nach der Wahlschlappe bereits geschwächt und kam nicht an diesem personifizierten Symbol seines eigenen Endes vorbei. Fukuda rang Tanaka gleich das Versprechen ab, eine wirtschafts- und finanzpolitische Wende einleiten zu können (dazu Masumi 1985:232). Hiermit war Tanakas *inhaltliches* Scheitern besiegelt.

Tanakas formales Scheitern: Korruption

Als Fallstudie mit Referenzrang für die politische Krise nach dem Ende der Hochwachstumsphase, für das drohende Ende der hegemonialen Stellung der LDP, eignen sich die Vorgänge um die Oberhauswahl im Juli 1974. Diese Wahl ist der einzige Gradmesser für die politische Stimmung auf nationaler Ebene in dieser Zeit, denn die nächsten Unterhauswahlen sollten erst 1976 stattfinden. Das Krisenszenario läßt sich nach verschiedenen Aspekten ordnen: Demokratieverständnis, Parteistruktur, Geld und Politik, Machtblock.

Angesichts der wirtschaftlichen und gesellschaftlichen Situation Japans waren die Sympathiewerte für das Kabinett Tanaka über den Winter 1973/74 ganz erheblich gefallen (dazu AN 1974:218f). Bei der Oberhauswahl schien eine Machtverschiebung zugunsten der Nicht-LDP-Parteien nicht unmöglich.

Nach den Negativ-Erfahrungen der vorangegangenen Unterhauswahl versuchten es Teile der LDP mit einer Wahlrechtsreform für beide Häuser des Parlaments gleichzeitig. Die Vorschläge zielten auf eine Verkleinerung der Wahlkreise, also auf eine Verschärfung des Mehrheitswahlrechts ab (dazu Masumi 1985:230) - angesichts der Kräfteverteilung ein Schritt zugunsten der LDP. Als das Tanaka-Kabinett die entsprechenden Vorschläge einer Wahlrechtsreform in Windeseile durch die Parteigremien schleuste und zum offiziellen Parteivorschlag beförderte, begann sich seitens der Oppositionsparteien Widerstand zu regen. Als auch innerhalb der LDP zur Vorsicht mahnende Stimmen laut wurden, beschloß das Kabinett, die Vorschläge nicht dem Parlament zuzuleiten.

Nachdem solche Verfahrenstricks also nicht gegriffen hatten, wurde die Wahl im Sommer 1974 zu einem Kristallisationspunkt, an dem sich die soziopolitische Krise ermessen läßt. In mancher Hinsicht mag man sich an die italienischen Parlamentswahlen von 1976 erinnert fühlen, als ebenfalls die Vormacht einer dominanten Staatspartei in Frage stand, dort allerdings gegen eine kommunistische Herausforderin. In Japan drohte die Infragestellung einer hegemonialen Staatspartei - die Opposition war jedoch keineswegs eindeutig, homogen oder gar die Alternative.

Der Wahlkampf wurde vom enormen finanziellen Aufwand insbesondere Tanakas geprägt - die Wahl sollte denn auch als „Plutokratenwahl“ in die Geschichte eingehen. Der Ausdruck stammte von den Parteifreunden Fukuda und Miki (dazu AN 1975:261). Zur Charakterisierung der gesellschaftlichen Formierungsversuche des Machtblocks gegenüber der Gefahr einer Erosion der Macht möchte ich einen Absatz aus einer einschlägigen Geschichte der politischen Entwicklung Japans anführen:

> „Zum Stimmensammeln wurden die Unternehmen mobilisiert. Die LDP wies den Unternehmensgruppen und einflußreichen Firmen 35 Kandidaten des Nationalen Wahlkreises zu (ausgenommen jene, die religiösen Gruppen nahestehen). Generalsekretär Hashimoto verschickte zweimal (...)

Briefe mit der Aufforderung zur Unterstützung. Die Unternehmensleitungen, die seit dem Sturm der Entrüstung, der das unternehmerische Geldscheffeln im Ölschock ausgelöst hatte, den Kopf eingezogen hatten, zogen selbigen nun wieder aus den Verstecken, um den Anrufungen der LDP, 'zur Verteidigung der freien Gesellschaft' zu folgen. Der stellvertretende Vorsitzende von *Keidanren* meinte: 'Wenn nicht mehr die LDP, was dann?', sein Kollege von der Tôkyôter Handelskammer ergänzte: 'Wenn man solch ein Großvorhaben wie eine Wahl unternehmensumfassend (*kigyôgurumi*) durchzieht, stärkt das auch die corporate identity'. (...) Im Falle der *Mitsubishi*-Gruppe hieß es, daß man 107 Personen aus der Gruppe der Unternehmensleiter von 27 Unternehmen der Gruppe den *kôenkai* [18] zur Verfügung stellt, 50 000 *kôenkai*-Zweigstellen schuf, und auf einen Zweigstellenleiter ca. 20 Leute kamen, also zusammen eine *kôenkai* von einer Million Leuten entstehen konnte. Die Zweigstellen-Leiter waren Management-Vertreter oberhalb der *kachô*-Ebene, doch kam es häufig vor, daß das Ganze nicht nur unterhalb der Ebene der Hauptabteilung, sondern auch bei den Subkontraktern (...) weitergeführt wurde. Und dennoch die Niederlage!" (Masumi 1985:235f)

Die Sequenz zeigt recht deutlich sowohl das Ausmaß der Krise, als auch, daß der herrschende Block aus Big Business und LDP sich der außerordentlich gefahrvollen Situation bewußt war. Gerade in der Strategie des unternehmensumfassenden Wahlkampfes wurden die Grenzen zur Wahlmanipulation durchlässig und die verfassungsmäßige Form der Wahlen in Frage gestellt.

„Niederlage" ist allerdings eine Übertreibung. Sie betrifft allenfalls die Hoffnungen der LDP: 62 neugewählte Abgeordnete waren mindestens zehn weniger als erwartet. Doch mit den drei „Unabhängigen", die wie üblich nach den Wahlen dann doch ihren Weg zur LDP fanden, hatte die LDP bei Sitzungsbeginn des neuen Oberhauses schließlich wieder eine Mehrheit von 127 von 252 Mandaten.

Wegen der Knappheit des Vorsprunges war damit das Zeitalter des parteipolitischen Patts (*hakuchû*) angebrochen, das mit dem Schrumpfen der Partei bei den Unterhauswahlen 1972 eingeleitet worden war. Der Begriff ist allerdings wiederum ein Euphemismus, unterstellt er dabei der Opposition eine Homogenität und Geschlossenheit, den sie, wie sich ja bereits in der Okinawa-Frage gezeigt hatte, de facto nicht oder selten besaß. Abgesehen von der erstarkten KPJ, die bei dieser Wahl etwas mehr als 10% der Mandate errungen hatte, legte außerdem die KMT zu, während die SPJ schlecht abgeschnitten hatte. Die Zerfaserung der Opposition war also keinesfalls geringer geworden, zumal eine stärker gewordene KPJ mit Sicherheit eher eine Schwächung des „Lagers" bedeu-

---

[18] Dies sind regionale Unterstützergruppen von LDP-Kandidaten.

tete. Für die DSP und KMT kam ein Verbund mit den Kommunisten nie in Betracht, was zu einem der entschiedensten Streitpunkte der 70er Jahre parteipolitisch wie gewerkschaftspolitisch werden sollte. KMT und die DSP forderten von der SPJ eine klare Abgrenzung von der KPJ. Im Prozeß der gewerkschaftlichen Vereinigung, der ja in der Krisenphase der TP II seinen Anfang nimmt, ist diese Thematik eine der beiden zentralen Fragen, deren Stellenwert bis zur *Rengô*-Gründung 1987/89 ungebrochen bleiben sollte. Ein solcher Riß in der Opposition dürfte auch der LDP kaum verborgen geblieben sein, weshalb die Krisengefühle eher die eigene *hegemoniale* Stellung betrafen.

Nun war es jedoch keineswegs etwa das fragwürdige *kigyôgurumi*, das der Tanaka-LDP wirklich zu schaffen machen sollte. Die wahren, handfesten Schwierigkeiten folgten erst nach der Wahl. Und der Anlaß war das finanzielle Gebaren des Parteivorsitzenden, das allerdings mit der Wahl virulent werden sollte. Damit sind wir beim förmlichen Scheitern Tanakas.

In den Monaten zwischen der Juli-Wahl und der Bestimmung Mikis zum Tanaka-Nachfolger im November 1974 zeigte sich erstmals das ganze Ausmaß der Unordnung in der LDP. Kurz nach der Wahl trat Miki aus der Regierung aus, indem er die Geldherrschaft in und über die LDP anprangerte. Ähnliche Klagen und Rücktrittsdrohungen, auch Appelle zur Reform der Partei kamen von anderen Parteispitzen wie Fukuda (AN 1975:264). Im Zusammenhang mit dessen Rücktrittsdrohungen als Finanzminister kam es seitens seines politischen Ziehvaters Kishi erstmals zu Forderungen nach der Spaltung und Gründung einer neuen Fukuda-Partei (dazu Masumi 1985:237). Daß mit Kishi eine der Gründungspersönlichkeiten des liberal-konservativen Konsensbeckens die LDP in Frage stellte, verweist auf die Ernsthaftigkeit solcher Erwägungen bzw. der Auseinandersetzungen. Diese erste Welle der parteiinternen Diskussion um die Verknüpfung von Geld und Politik blieb jedoch noch ohne direkte Folgen.

Dann folgte im Oktober 1974 der Artikel über die finanziellen Machenschaften des Tanaka-Clans in *Bungei shunjû*, ein 60-seitiger Artikel, betitelt „Tanaka Kakuei-Forschungen - Plutokratie und persönliche Seilschaften“[19]. Dies gab den Spaltungstendenzen neuen Auftrieb. Insbesondere Fukuda, als entschiedenster Tanaka-Gegner äußerte sich häufiger über „zwei konservative Parteien“ (zit. nach Masumi 1985:242). Solche Tendenzen führten in der gesellschaftlich-ökonomischen Transformationskrise der 90er Jahre zu einer völligen Umgestaltung der Parteienlandschaft.

Tanaka mag zwar recht bald nach der beschleunigten und immer stärker um seine Person kreisenden Krise in der Partei eingesehen haben, daß er als Premierminister würde zurücktreten müssen. Doch wollte er, nachdem er erst vor zwei Jahren mit so hohen Erwartungen gestartet war, nicht so schnell aus dem

---

[19] Original: *Tanaka Kakuei kenkyû - sono kinmyaku to jinmyaku.*

Kreis der entscheidenden Postenträger ausscheiden. Die Strategie dazu lautete: Trennung von Staats- und Parteiamt. Dieses Provisorium sollte solange wie möglich und nötig beibehalten werden - mit Tanaka als Parteivorsitzendem (dazu Masumi 1985:246). Dieser Gedanke einer Ämtertrennung fand mit Fukuda-Erzfeind Ôhira sogar einen weiteren Befürworter. Ôhira sollte dafür vier Jahre später mit einer Amtszeit als Premier belohnt werden. Die Miki- und Fukuda-Faktion standen dem entgegen. Die Partei schien handlungs- und entscheidungsunfähig - trotz aller Belastungen bedurfte es eines neuerlichen Anstoßes von Außen, um zumindest das Problem Tanaka zu lösen, wenn auch nicht für immer.

Tanaka war sowohl Ausdruck als auch Beschleuniger der politischen Krise. Als Projekt war er persönlich wie inhaltlich gescheitert. Eine gesellschaftliche Großreform stand also nicht an, bzw. war ohne Mehrheit. Tanaka brachte sicherlich nicht die Antwort auf die Hegemonie-Krise, die sich u.a. Dank der unklaren Verhältnisse auf Seiten der Opposition allerdings primär als LDP-internes Problem darstellte.

## Miki: Der Versuch der strategischen Säuberung

Im November 1974 wurden Mitglieder des Tanaka-Clans vom Finanzausschuß des Oberhauses zur Befragung ihrer finanziellen Machenschaften vorgeladen. Daraufhin wartete Tanaka noch den Staatsbesuch von US-Präsident Ford ab und verkündete dann Ende November seinen Rücktritt. Tanaka behielt allerdings weiterhin allein durch die Größe seiner Faktion bei allen „Wahlen" eines Parteivorsitzenden eine Schlüsselrolle. Fortan dirigierte er direkt oder über seine Gefolgsleute und Nachfolger Takeshita oder Nikaidô aus dem Hintergrund. Gerade seine Faktion sollte in den Folgejahren an Stärke zunehmen. Somit war der Rücktritt auch eher öffentlichkeitswirksam für den Erhalt der Macht der LDP ein „Opfer", mit dem sich die „Reinigung der Politik" in der kurzen Miki-Ära präsentieren sollte.

Die LDP sollte wieder von ihrem verdunkelten Image und von der Gefahr der Machtteilung befreit werden, um ihre massenintegrative Rolle fortsetzen zu können. Dazu bedurfte es einer Atempause, politischer Projekte und eines Trägers. Dazu diente das Intermezzo Miki, ähnlich wie Kaifu 1990. Beide waren regenerative Atempausen, ohne daß sich wesentliches änderte, d.h., ihre politischen Vorhaben waren konkret und inhaltlich nicht entscheidend, sondern die stabilisierende Öffentlichkeitswirksamkeit war wichtig. Deshalb bezeichne ich den Versuch eines Imagewechsels auch als strategisch. Die Art und Weise des Scheiterns ist dabei ein Indiz für die Richtigkeit dieser Überlegungen. Allerdings sollte auch das Projekt Miki die Krise für die LDP nicht wirklich beheben. Das Ausmaß der parteiinternen Blockaden war noch unklar. Dennoch konnte die Partei die Reinigung an alten Strukturen und Köpfen scheitern lassen, so daß ab 1976 mit Fukuda weitgehend die alten Mechanismen wieder einrasten konnten.

Der Ämterwechsel zu Miki bietet ein weiteres Beispiel für die starre, innerparteiliche Zerrissenheit und Patt-Situation zwischen den an der LDP beteiligten Faktionen, aber auch für die „Gepflogenheiten" der Staatspartei. Erneut kam es in der Nachfolgefrage zu Spaltungsgerüchten: Miki selbst etwa konferierte mit dem stellvertretenden Generalsekretär der DSP, Sasaki, um die Möglichkeiten einer konservativ-progressiven Koalition auszuloten, wobei auch Gedanken an einen Parteiaustritt mitgespielt haben sollen. Auch das unversöhnliche Gegeneinander von Fukuda und Ôhira hätte im Falle einer „Wahl" eines der beiden wohl die Spaltung bedeutet. Nakasone sammelte im Vorfeld der Entscheidung bereits potentielle parteiaustrittswillige Abgeordnete aus den Faktionen Fukuda und Miki, um daraus eine neue konservative Partei zu bilden. (Dazu Masumi 1985:252-256)

Miki wurde nach lebhafter Debatte hinter den Kulissen durch *einen* Parteiführer bestimmt und von den anderen akzeptiert. (AN 1975:264) Danach wurde er von den LDP-Abgeordneten beider Kammern des Parlaments zum Vorsitzenden, fünf Tage später, am 9.12.74 vom Parlament zum Premierminister „gewählt". Solcherart Entscheidungsfindung in der LDP läßt für demokratische Elemente keinen Raum, die Wahl hat rein akklamatorischen Charakter. In vielerlei Hinsicht fühlt man sich an osteuropäische kommunistische Parteien erinnert. Fukuda selbst bemerkte wörtlich dazu: „Das öffentliche Wahlverfahren soll ruhig nichts anderes als Karneval sein (nachdem die wirklichen Entscheidungen durch Gespräche hinter den Kulissen gefällt wurden)" (zit. nach Masumi 1985:278; Karneval: sehr freie Übersetzung von *matsuri*). Daß die Staatspartei damit bis in die jüngste Vergangenheit „durchgekommen" ist, sagt sehr viel aus über die Form des politischen Prozesses in Japan.

Mikis „Scheitern"

Mikis Scheitern und damit auch seine Funktion möchte ich an zwei Beispielfällen, die mit den beiden anderen Betrachtungsebenen in engem Zusammenhang stehen, und mit dem Ende seiner Amtszeit demonstrieren[20]:

- Der Versuch einer Verschärfung des Antimonopolgesetzes (*dokkinhô*) aufgrund der Erfahrungen mit Oligopolbildungen und dem unternehmerischen Verhalten in der späten ersten Expansionsphase und der TP II. Miki griff jene in

[20] Ein drittes Beispiel wären die „money politics" der Ära Tanaka. Diese sorgten zwar für eine Revision der Spendenvorschriften. Doch gab es auch fortan keine wirklichen Beschränkungen bei registrierten „politischen Gruppen" und deren Unterstützertätigkeit, so daß die einzelnen Politiker verstärkt auf solche Gruppen rekurrierten bzw. sich hier sogar die dezentrale Organisation verstärkte. (Dazu Kohno 1992:387f)

der Gesellschaft umstrittenen ökonomischen Entwicklungen der EP I auf und kündigte bereits in seiner allerersten Kabinettssitzung im Dezember 1974 eine umfassende Reform der Monopolgesetzgebung inklusive der Ermöglichung von Konzern-Aufsplitterungen an. (AN 1976:220) Dies war angesichts der weitverbreiteten Anti-Big Business-Sentiments in der Bevölkerung 1973/74 eine sicherlich massenwirksame Ankündigung.

Im März 1975 jedenfalls lag ein solcher Entwurf als Regierungsvorlage vor. Inzwischen regte sich innerhalb der LDP Widerstand. Die Begründungen dafür lauteten: 1. Eine solche Verschärfung zu Lasten der Unternehmen in der ersten echten Wirtschaftskrise schwäche international die Position der japanischen Industrie; 2. Die LDP war durch die jüngsten Oberhauswahlen mit ca. einer Milliarde En verschuldet, die Rückzahlung hing in erster Linie von Industriespenden ab, und diesen potentiellen Spendern schadete der Miki-Entwurf. (Dazu Masumi 1985:270)

Als dann im April 1975 schließlich der endgültige Kabinetts-Entwurf dem Parlament zugeleitet wurde, hatte dieser bereits eine inhaltlich entscheidende Mutation hinter sich, die eine Zerlegung von Oligopolen sehr erschwerte. Miki versuchte nun noch via Öffentlichkeit und direkten Kontakten mit den Oppositionsparteien einen Kompromiß zu finden, der auch zustande kam. Die LDP war nun gegenüber dieser breiten Mehrheit in Zugzwang geraten und stimmte dem Kompromißvorschlag zusammen mit der Opposition im Unterhaus zu. Die Rache folgte allerdings im Oberhaus: Dort stoppte die LDP-Mehrheit das eigene Gesetz. (AN 1976:220) Miki vollzog eine taktische Wende und verzichtete um des politischen Überlebens willen auf eine Neuvorlage. Eine wiederum noch weiter entschärfte Fassung gelangte schließlich unter Fukuda 1977 durch beide Häuser zu Gesetzeskraft.

- Mikis Haltung im „Streik für das Streikrecht“. Das Streikrecht für Beschäftigte der öffentlichen Unternehmen (damals u.a. Bahn, Post, Telekommunikation), als Spätfolge des versuchten Generalstreiks 1947 durch SCAP-Anweisung und gesetzlich seit 1949 entzogen, war bereits im *shuntô* 1974 zentrales Thema gewesen. Auf der Woge ihrer jüngsten Lohnerfolge und inmitten der politischen Krise versuchten die Gewerkschaften, diesen immerwährenden Streitpunkt nun offensiv anzugehen. Dabei bedarf der Begriff Gewerkschaften einer qualifizierenden Einschränkung: Die gemäßigten und die Gewerkschaften des Privatsektors verhielten sich in der Frage eines Streikrechts für öffentliche Unternehmen zurückhaltend bis kritisch (dazu Satô 1977:271ff). 1974 war es nach Teilnahme von Gewerkschaften der öffentlich Beschäftigten an einem Streik zu Verhandlungen mit dem Tanaka-Kabinett gekommen, wobei die Regierung in einer Übereinkunft ihr Versprechen gegeben hatte, bis zum folgenden Herbst eine umfassende Stellungnahme zu dem Problem vorzulegen (dazu

Higuchi 1990:296). Dies wurde als erster Schritt zu einer „Rückgabe" des Streikrechts gedeutet (dazu Masumi 1985:273; vorsichtiger: NRU 1987:251).

Auch die Miki-Administration war zunächst entschlossen, das Streikrecht einzuräumen, um diese alte Trennlinie von Staat und betroffenen Staatsbediensteten auszuradieren. Doch als der Herbst 1976 und damit eine Entscheidung näherrückten, regte sich seitens der Tanaka- (!) und der Ôhira-Faktion Widerstand gegen ein solch einschneidendes Zugeständnis. Der Verband der Beschäftigten der öffentlichen Unternehmen, *Kôrôkyô,* reagierte für eine Gewerkschaft des öffentlichen Sektors relativ verhalten: Es wurde zwar ein Streik angesetzt, doch räumte man bis zum Streikbeginn noch eine weitere Woche Frist für Verhandlungen ein (dazu NRU 1987:251). Innergewerkschaftlich war ein hohes Maß an Streikbereitschaft vorhanden, wie die Urabstimmungsergebnisse von mindestens über 80% Zustimmung zeigten.

Mit Streikbeginn war den Gegnern in der LDP allerdings eine große Argumentationshilfe gegeben worden, denn nun bewegten sich die Gewerkschaften wieder auf illegalen Pfaden. Und selbst wenn es innerhalb der Regierungspartei noch Kräfte gegeben haben mag, die der Streikrechtsfrage wohlwollend gegenüberstanden, so waren diese in die Defensive gedrängt. Für Premierminister Miki konnte eine solche Auseinandersetzung nach der Niederlage in der Debatte um das Anti-Monopolgesetz das politische Ende bedeuten. Und deshalb verzichtete die Miki-Faktion auf eine Auflösung des Unterhauses, was zuerst erwogen worden sein soll (dazu Masumi 1985:275). Miki schien mittlerweile die Kluft zwischen seiner Position und seiner Macht erkannt zu haben. Er schlug sich auf die Hardliner-Seite, und das Streikrecht blieb den Gewerkschaften des öffentlichen Sektors verwehrt. Darüber hinaus wurde den Gewerkschaften von den „Unternehmen", also dem Staat, eine Schadensersatzforderung von über 200 Millionen Mark unterbreitet (dazu NRU 1987:252).

Damit erfuhren die *Kôrôkyô*-Gewerkschaften eine entscheidende Niederlage und Schwächung in ihrer gesellschaftlichen Position wie auch innerhalb des gewerkschaftlichen Lagers und, weil sie eine Schlüsselstellung innerhalb *Sôhyô*s innehielten, damit auch *Sôhyô* selbst. Dies gab dem zentrifugalen Charakter der sich vollziehenden Umgestaltung der gesellschaftlichen Kräfte ein sehr wichtiges Moment: die weitere Aufspaltung der Gewerkschaften zwischen oppositionellen „Resten" und den Trägern des kleinen Kompromisses.

Miki sollte dieser Kurswechsel allerdings nichts nutzen. Denn im Frühjahr/ Sommer 1976 geriet er in eine für die instabil gewordene Situation der LDP typische Zwickmühle, aus der es kein Entrinnen gab. Instabil bezeichnet hier die offen zutage tretende Heterogenität der Staatspartei, manifestiert in den regelmäßigen Führungskämpfen in der Krise.

Auslöser war Tanaka, der nach einjähriger Abstinenz von der großen Bühne wieder zurückzukehren gedachte. Doch erreichte Tanaka der nächste, entscheidende Schlag, als seine Verwicklung in die Lockheed-Bestechungsaffären bekannt wurde (dazu Herzog 1993:158ff). Miki sah diese Affäre als taktische Chance zur Umkehr in der politischen Nachkriegskultur - sein Gedanke einer „Gesamtabrechnung" mit der japanischen politischen Kultur wurde zehn Jahre später von Nakasone erneut aufgegriffen, allerdings unter umgekehrten Vorzeichen, nämlich im Sinne einer Nationalisierung des politischen Lebens (Miyamoto 1989:433ff). Miki dagegen sah sich noch als „Bewahrer der parlamentarischen Demokratie" (Masumi 1985:288).

Mikis demokratische Gesamtabrechnung war für das LDP-Establishment eine Provokation. Als dann auch noch Tanaka im Juli 1976 verhaftet wurde, fühlte sich die Tanaka-Faktion direkt herausgefordert, denn ihr Mentor war aufgrund amerikanischer Unterlagen verhaftet worden, und die waren nicht zuletzt dank Miki nach Japan gelangt. Miki wurde von seinen Gegnern zum Rücktritt aufgefordert. Im Oktober folgte eine Annäherung zwischen den Erzfeinden Ôhira und Fukuda, wobei diese ihre Machtinteressen genauestens absteckten. (AN 1977:263)

All das geschah im unmittelbaren Vorfeld der Unterhauswahlen vom Dezember 1976, die also im Schatten der wirtschaftlichen Krise, der Lockheed-Affäre, der mehr oder minder gescheiterten Reformvorhaben (die ja auch die strittige Struktur der LDP betrafen), der Abspaltung einiger Abgeordneter als Neoliberaler Club (NLC) sowie der parteiinternen Machenschaften stattfanden.

Die LDP verfehlte bei dieser Wahl die absolute Majorität an Sitzen, die wiederum erst durch die (Wieder-) Eingliederung von „Unabhängigen" erreicht wurde. Ihr Stimmenanteil sank auf ein historisches Tief von 41,8%, welches lediglich nach der Spaltung 1993 unterboten werden sollte. Die SPJ zog leicht an (plus fünf Sitze), die KMT verdoppelte ihre Mandate (bei lediglich 2,5% Stimmen mehr) und die DSP legte leicht zu - die KPJ dagegen wurde fast halbiert, trotz eines leichten Plus an Stimmen. Damit schien der Aufstieg der KPJ zu Ende, zur Erleichterung des Big Business und der LDP. Denn die KPJ „war die eine Gruppe in Japan, mit der sie kein wie auch immer geartetes Übereinkommen erreichen konnten" (Calder 1988:110).

Miki, dessen Sturz sowieso beschlossen war, mußte die Verantwortung für diese Niederlage übernehmen, für die er natürlich nur bedingt verantwortlich war. Er hatte jedoch für das hegemoniale Projekt eine Minimalfunktion erfüllt - die Vorherrschaft der LDP war noch gegeben. Die Bezeichnung „Niederlage" bedarf allerdings einer genaueren Qualifizierung: Wenn wir uns vor Augen führen, in welcher Lage sich die Liberaldemokraten 1976 befanden, so mußte eine Leistungsbilanz ihrer letzten vier, fünf Jahre extrem negativ ausfallen, zumal im Vergleich zu den Jahren davor. Ein weites Spektrum von sozialen Problemen hatte sie erst verspätet aufgegriffen, die politische Steuerung in der Währungskrise oder der ersten Phase der TP II hatte teils deren Negativwirkung verstärkt. Skandale von einem Ausmaß wie Lockheed gereichten zur nationalen Schande, und intern herrschte seit dem Abtreten Satôs ein unübersichtliches Gestrüpp von Intrigen. Und trotz alledem wurde die LDP 1976 bestätigt, wenn auch nur knapp.

Selbst der Anteil der Wählerstimmen war nur um 5% zurückgegangen. Und wenn wir bedenken, daß zu den „Unabhängigen" z.B. Tanaka und Hashimoto als freiwillig gegangene „Sünder" gehörten, bei denen von vorneherein feststand, daß sie zur LDP zurückkehren würden, schwächt sich der Eindruck einer Niederlage weiter ab. Niederlage kann dieses Ergebnis nur genannt werden, wenn die LDP-Herrschaft als selbstverständlich oder naturgegeben angesehen wird. Genau dies drängt sich angesichts der Resultate der 70er Jahre indes auf.

Die LDP als Teil eines projekttragenden Blocks war in ihrer Stellung gefährdet, weshalb die parteiinternen Widersprüche in instabilen Ausbrüchen resultierten. Es galt diesen Block zu festigen oder umzubauen. Aber die Frage nach den Alternativen schien sich selbst 1976 nicht oder nur bedingt zu stellen.

Und dann gab es ja inzwischen auch noch den Neoliberalen Club.

### Exkurs: Der NLC

Reformerischer Ernst im (neo-)liberal-konservativen Lager sollte die Mitte 1976 rechtzeitig zur Unterhauswahl im Kontext der Tanaka-Skandale und der Manövrierunfähigkeit in der LDP erfolgte Abspaltung des *Shinjiyû kurabu* (NLC) um den späteren LDP-Vorsitzenden und LDP-Außenminister Kôno demonstrieren. „Die LDP hat ihre epochale Rolle (als Vertreter des Liberalismus und einer stabilen Führung des Staates) ausgespielt" - hieß es in der Gründungserklärung (zit. nach AN 1977:337).

Doch um seinen Charakter als liberal-konservative Filiale der LDP darf kein Zweifel bestehen, mochten Kônos Aussagen auch zeitweilig auf ein Rollenverständnis einer gemäßigten Oppositionspartei deuten. Die andere Führungshälfte um Generalsekretär Nishioka sah sich von vorneherein stets als reformerischer Anstoß für die LDP und nicht mehr (dazu Curtis 1988:33). Und Kôno und der NLC handelten letztlich genauso:

- 1979 mit dem Angebot an Ôhira zur Koalition mit der in Not geratenen LDP,
- 1983 mit der Koalition und einem Ministerposten mit der Nakasone-LDP,
- 1986 mit der ehrlichen Lösung: Wiedereingliederung in die LDP. Dabei ist noch zu beachten, daß mit Ôhira und Nakasone explizit Tanaka-gestützte Regierungen angetreten waren, was den zweifelhaften Charakter des NLC als Reformbewegung noch unterstreicht.

Der NLC spielte somit eine Rolle als zusätzlicher Mehrheitsbeschaffer für all jene, denen die LDP vorübergehend nun wirklich nicht mehr akzeptabel war. Der NLC erfüllte eine Funktion der Integration der neuen konservativen Schicht dadurch, daß er die kritische Haltung zum Lockheed-Skandal klar zum Ausdruck brachte (dazu Satô/Matsuzaki 1986:26). Er verkörperte solche Sentiments durch seine Führungsriege: „energetic, irrepressibly optimistic, and seemed to typify for many people the new, modern, 'post-ideology' generation“ (Curtis 1988:31).

Um das an dieser Stelle noch einmal zu betonen: es geht hier nicht darum, öffentliche Bekundungen solcher Spitzenrepräsentanten der politischen Sphäre wie etwa Kôno im einzelnen in Frage zu stellen, sondern darum, ex post ihre ideologische, integrative Funktion aufzuzeigen. Selbst wenn das Ausscheren der Gruppe aus der LDP nur machtpolitisch motiviert gewesen sein sollte - funktional erfüllte der NLC mittelfristig die Rolle eines potentiellen, liberal-konservativen Mehrheitsbeschaffers. Außerdem wäre der inhaltliche Kurs des NLC keineswegs fremd für die LDP gewesen.

## Fukuda und Ôhira: Der Höhepunkt der Desintegration

Die nächste und sicherlich dem Umfange nach größte Belastungsprobe der inneren Kohäsion verursachte die LDP selbst. Für die Entscheidung über den nächsten Parteivorsitzenden 1978 war angeregt durch Miki und ausgeführt unter Fukuda ein Vorwahlsystem eingeführt worden (AN 1979:269). Jedes Parlamentsmitglied mit mehr als 20 Unterstützern aus dem Parlament konnte als Kandidat am Vorwahlkampf um den Posten des Parteivorsitzenden teilnehmen. Dabei sollten alle Parteimitglieder aus diesen Kandidaten die zwei stärksten aussieben. Diese mußten sich auf der zweiten Stufe des Wahlvorganges den LDP-Parlamentariern zur Auswahl stellen. (Dazu Curtis 1988:101f) In Zeiten einer geschrumpften Mehrheit und skandalumwitterter Machenschaften an der Spitze sollte somit eine Transparenz im Entscheidungsprozeß an die Stelle der Hinterzimmer-Verschwörungen treten. Die LDP sollte ein offenes, demokratisches Image bekommen.

Im Ergebnis mißriet diese Entscheidung von 1978 zur größten Belastungsprobe für die LDP-Struktur der 70er Jahre, wenn nicht überhaupt. Hier wurde noch einmal schonungslos durch all jene Intrigen und Manöver die heterogene Struktur der Partei durch die Krise offengelegt.

Die noch relativ frische Ôhira-Fukuda-Koalition zerfiel, weil beide Premier werden wollten. Zur Vorwahl im November 1978 traten neben den beiden noch Nakasone und Kômoto an. Die Tanaka-Faktion probierte ihre neue Rolle hier zum ersten Mal. Ohne eigenen Kandidaten, denn Tanaka gehörte ja gar nicht mehr der Partei an, fungierte sie bis 1987 als Königsmacher, als mit Takeshita wieder ein eigener Kandidat Premierminister wurde.

Bis zu dieser Vorwahl hatte die LDP eine ebenso enorme wie erstaunliche Mitgliedsvermehrung erfahren: von 455.000 Ende 1977 auf 1,4 Millionen Ende 1978[21]. Ein Teil dieser „Mitgliedschaft“ wurde - so Curtis (1988:102) - von den Kandidaten selbst bezahlt, ihre Stimmzettel ausgefüllt oder es wurden gleich „tote Seelen“ Mitglieder. Der Verlauf der Wahlen führte also die gutgemeinten Ziele völlig ad absurdum - die demokratische Transparenz geriet zur ultimativen Farce![22]

Die Dialektik des Ignorierens?

Ôhira siegte zwar bei den Vorwahlen, doch die Gegner, die sich um Fukuda scharten, bewirkten schließlich, daß auch Ôhira nur für eine kurze Weile im Amt blieb. Sein Sturz war jedoch noch einmal spektakulärer - gleichzeitig bildete er jedoch auch den politischen Abschluß der instabilen 70er Jahre. Die Instabilität schien total, ebenso machten sich die geschrumpften Margen bei den Wahlen nochmals bemerkbar. Doch gleichzeitig war die sozioökonomische Krise überwunden. 1979 hatte Ôhira deshalb das Unterhaus vorzeitig aufgelöst. Die Zeichen standen eigentlich günstig für ihn und die LDP. Mit der ökonomischen und gesellschaftlichen Stabilisierung gewann die LDP auch auf lokaler Ebene wieder verlorenes Terrain zurück, teils übrigens in Koalition mit der neuen Opposition[23]. Dies zeigt, wie fragwürdig die Zuordnung der DSP oder KMT zum Lager der Opposition ist.

Die Wahl jedoch endete mit einer Enttäuschung - erneut waren es die „Unabhängigen“, die der LDP zur Mehrheit verhalfen (44,6% der Stimmen, 248 Mandate). Damit hatte die LDP ihren Abwärtstrend umgebogen, war allerdings nach Mandaten nicht besser gestellt als zuvor, was an der ungeschickten Aufstellung und Verteilung der Kandidaten lag. Die innerparteilichen Gegner aus den Faktionen Miki, Nakasone und Fukuda versuchten, die Verantwortung für diese Wahlniederlage Ôhira zuzuschreiben. Im Dezember 1979 kam es im Unterhaus daraufhin zu einer außergewöhnlichen Situation: Zwei LDP-Kandidaten traten gegeneinander an. Ôhira siegte mit 135 zu 125 LDP-Stimmen im ersten und mit

---

[21] Die Entwicklung der LDP-Mitgliedschaft:
1973: 433.040; 1974: 311.964; 1975: 345.575 (jeweils zahlende Mitglieder); 1976: 437.862; 1977: 455.000; 1978: 1.405.995; 1979: 3.210.000 (Quelle: AN div. Jge.).

[22] Das Verfahren wurde 1981 geändert und in der neuen Form 1982 nochmals angewandt. Nach dem Scheitern von internen „Gesprächen“ im Oktober 1982 kehrte man zum Vorwahlverfahren zurück: Stimmberechtigt waren nun alle diejenigen, die zwei Jahre lang Mitgliedsbeiträge bezahlt hatten. Im November ’82 wurde Nakasone gewählt (AN 1983: 236; Satô/Matsuzaki 1986:70).

[23] Diese Regionalwahlen haben wiederum eine symbolische Bedeutung, die gar nicht hoch genug eingeschätzt werden kann. Die LDP eroberte im Bündnis mit KMT und DSP bei den Gouverneurswahlen u.a. Tôkyô zurück, ähnlich verlief es in Ôsaka. (AN 1980:267f)

138 zu 121 bei 251 ungültigen Stimmen im zweiten Wahlgang - die 251 ungültigen Stimmen entstammten der Opposition. (AN 1980:236) Damit war der bisherige innerparteiliche Streitrahmen gesprengt und ins Parlament getragen worden. Doch hatte die parteiinterne Desintegration damit noch immer nicht ihren Höhepunkt erreicht.

Als nämlich die SPJ im Mai 1980 einen Mißtrauensantrag im Unterhaus gegen Ôhira einbrachte, regte sich seitens der Mitglieder der drei Gegnerfaktionen Miki, Fukuda und Nakasone Stimmen, die eine Unterstützung des Antrages befürworteten. Die Faktionsführungen versuchten zwar, „ihre" Abgeordneten zu mäßigen, doch bei der Abstimmung im Unterhaus „fehlten" diese Abgeordneten - der Antrag der Opposition war erfolgreich, Ôhira wurde de facto durch die eigene Partei gestürzt. (AN 1981:206)

Dieser Sturz durch parteiinterne Gegner bildete zugleich Höhepunkt als auch Abschluß dieser chaotischen Periode der LDP-Herrschaft. Zwar war solch ein erfolgreiches Mißtrauensvotum eine katastrophale Niederlage für die LDP - die innere Heterogenität hatte damit wirklich und endlich zum Zerspringen der eigenen Regierungsmehrheit geführt. Doch war damit das Spiel um die Macht überdehnt worden, auch in den Augen der meisten LDP-Vertreter, wie an den mäßigenden Bemühungen von Fukuda und Miki zu sehen. Außerdem drohten die Gegner nicht wieder mit einer Parteispaltung.

Von den Oppositionsparteien rechts der KPJ wurden in dieser Situation der Gleichgewichtung von LDP und Nicht-LDP-Parteien 1979/80 konkrete Schritte zur regierungsbildenden Zusammenarbeit unternommen. Das geschah insofern überraschend und war auch nur eine vorübergehende Lagerbildung, als noch bei den Haushaltsberatungen 1979 KMT und DSP mit der LDP zusammengearbeitet hatten (dazu Masumi 1985:314). Die treibenden Kräfte der Zusammenarbeit waren die Parteien der „Mitte", KMT und DSP, dann schloß sich die SPJ an. Allerdings mußte die SPJ dafür auf das Ziel der Einheit aller Oppositionsparteien, also inklusive der KPJ, verzichten. Diese Abgrenzung nach Links, wie sie von den beiden kleineren Oppositionsparteien gefordert worden war, zeigt die Schwäche der einstig großen Oppositionspartei SPJ, die durch ihre langfristige Stagnation immer mehr in die Defensive geriet. Ihre Fortsetzung findet diese Defensive der Linken im gewerkschaftlichen Lager, worauf noch einzugehen sein wird. Die Zusammenarbeit der drei (insgesamt vier) Oppositionsgruppierungen sollte in dieser Form nicht nur kurzfristig, sondern auch oberflächlich sein. Zwar konnte man sich zunächst für die regelmäßig stattfindende Oberhauswahl auf gemeinsame Kandidaturen einigen. Als es jedoch durch das Mißtrauensvotum schließlich zur Doppelwahl von Ober- und Unterhaus kam, brachen die inhaltlichen Gegensätze im Wahlkampf wieder auf (ebd.:318).

Die Wahl schien der politische Showdown nach den Jahren der Krise zu werden: hier die zerfaserte LDP, deren gestürzter Premierminister auch noch vor der Wahl starb, dort die vereinigte Opposition. Doch die LDP erholte sich von den beiden letzten Wahlergebnissen - die Verluste der Opposition gingen zu Lasten der KMT und der DSP. In beiden Häusern des Parlaments besaß die LDP damit 1980 wieder eine Mehrheit, im Unterhaus eine sehr komfortable noch dazu. Letzteres vervollständigt sich noch, zählen wir die zwölf Mandate des NLC dazu. Die Gefahr oder Chance zum Machtwechsel blieb damit für die nächsten knapp zehn Jahre gebannt. Bis zur Wahl 1989 gilt das auch für das Oberhaus.

## Krise und politischer Raum

Die relativ ausführliche Behandlung der TP II im politischen Raum scheint mir dadurch gerechtfertigt, daß nur so der besondere Charakter der LDP sowie ihre Funktion auf dieser Ebene klar hervortreten. Um zunächst den Stellenwert des vorangegangenen Kapitels nochmals zu betonen: Relative Autonomie bedeutet, daß es keineswegs darum geht, daß die ökonomische etc. Krise den politischen Raum „erreicht", sondern die politische Krise ist ein relativ selbständiger Teil der gesellschaftlichen Gesamtkrise und zwar insbesondere hinsichtlich der globalen Funktion, der Organisation von Konsens und Kohäsion der Gesellschaftsformation. Deshalb konnte die politische Krise auch einen anderen Verlauf nehmen als die wirtschaftliche Krise. Dies wird unterstrichen durch die eigengesetzlichen Elemente als Bestandteilen der politischen Form des Staates.

Diese politische Krise war zwar profunde, wodurch die neuen politischen Zielvorgaben (etwa des *small government*) auch erst verspätet formuliert und etabliert werden konnten. Aber - diese Krise betraf in erster Linie die *internen* Grenzen der kohäsiven Leistungs- und Organisationsfähigkeit der Staatspartei. Es stellte sich im staatlichen Bereich für die politische Globalrolle von Staat und zwar vermittelt über die Zusammensetzung der repräsentativen Staatsapparate bzw. ihrer Führung in Form der Regierung nicht wirklich die Frage nach einer Alternative. Die konstante politische Hegemonie der LDP, ausgedrückt in ihrer Einparteien-Vorherrschaft, ging seit der Transformationskrise der 70er Jahre einher mit einer suksessiven Verlagerung diverser Funktionen des Parteiensystems insbesondere der Interessenaggregation in die LDP. Diese Prozesse einer Pluralisierung der Staatspartei wurden ergänzt durch die (potentielle) Erweiterung der politischen Träger des hegemonialen Projektes um die neue Opposition in Form einer Angleichung mit der LDP in der Rolle der Dominanten. Hierin - in der Internalisierung eines pluralistischen Kräftespiels in die LDP sowie der Möglichkeit einer Erweiterung des politischen Machtblocks - bestehen u.a. die institutionellen Schockabsorber, die es gestatteten, das Schiff in der Krise auf Kurs zu halten.

Die hegemoniale Krise im politischen Raum war mit dem Übergang zu den 80er Jahren beendet. Die Legitimationskrise der LDP und damit der Besetzung des politischen Kernbereichs war für die kommenden Jahre gebannt. Das bedeutet, daß im Unterschied zu beinahe allen anderen Industrieländern und selbst zu vergleichbaren Langzeitregimen wie etwa Italien, Israel oder Schweden[24] die Krise der 70er Jahre, die Bewältigung der Kosten der EP I und der Abschluß des Goldenen Zeitalters keinen politischen Wechsel evozierten, sondern eine Destabilisierung, die jedoch die Hegemonie der Staatspartei nicht beendete. In der Tat scheint damit Huntingtons Urteil zutreffend, daß in Ostasien „democracy without turnover" herrsche: Der Wettbewerb um die Macht beschränkt sich auf die „mainstream"-Partei (1991:27). Der vollzogene Wandel in und mit der LDP bei konstanter politisch-gesellschaftlicher Hegemonie, den ich im folgenden zusammenfassend charakterisieren möchte, ist angesichts der Probleme, die sich in den 70er Jahren artikulierten, eine relativ einzigartige Leistung.

Die politische Krise im umfassenderen Sinne läßt sich auf mehrere zu vermittelnde Momente zurückführen:

- das Ende der ökonomischen Stabilität,
- die gesellschaftlichen Widerstände gegen das Wachstumsmodell,
- die politisch regionalen wie gesellschaftlichen Herausforderungen.

Diese Momente fielen zeitlich zusammen, und dieses Zusammentreffen legte die heterogene Struktur der Partei schonungslos offen, so daß sich diese offene Zergliederung der LDP noch als weiteres Moment hinzugesellte. In dieser Krise ist die systematische Instabilität der LDP nicht mehr zu verdecken. Doch reichte nicht einmal diese unglaubliche Zusammenballung von Krisenmomenten in der TP II aus, um die LDP-Herrschaft zu brechen. Nur bei der Wahl 1976 war die politische Hegemonie wirklich in Gefahr, waren die Mehrheitsverhältnisse wirklich prekär. Doch war zu diesem Zeitpunkt bereits die funktional strategische Erweiterung des Machtblocks durch die Bildung der Filiale NLC erfolgt.

Somit ist das eigentlich Interessante und Verblüffende die relative Stabilität der LDP-Position über diese mindestens zehn Jahre, trotz aller Belastungen. Wie geht das zusammen? Hier müssen wir uns zum einen der Rolle der parlamentarischen Opposition zuwenden, zum anderen der LDP selbst.

---

[24] Der Fall Schweden ähnelt strukturell allerdings Japan insofern, als der Regierungswechsel 1976 von der SAP zu den bürgerlichen Parteien keineswegs mit einer Ablösung des hegemonialen Modells des „Volksheims" einherging, sondern dessen Formen durchaus erhalten blieben (dazu Hinrichs 1988:577f). Auch die Schwäche der parlamentarischen Opposition weist Analogien auf.

Die parlamentarische Opposition war in dieser Phase nie eine echte Herausforderung, „because they were too fractured by party divisions and too riven by ideological differences“ (Allinson 1993:35). Dies war ein Resultat der ersten Wachstumsphase, daß sich in der TP II verfestigte. Die Sitzanteile der SPJ im Parlament waren von kleineren Schwankungen abgesehen im Langzeittrend rückläufig, darüber dürfen die leichten Gewinne von 1972 und 1976 nicht hinwegtäuschen. Die Resultate der 60er Jahre wurden selbst dann nicht mehr erreicht. Auch weiterhin kam der alten Opposition der gesellschaftliche Umbruch nicht zugute. Die Sitze, die der LDP in den 70er Jahren abhanden kamen, wurden von Wahl zu Wahl und ohne eindeutigen politischen Trend innerhalb des Nicht-LDP-Spektrums hin und hergeschoben. Das vielzitierte Patt führte im Parlament dazu, daß die LDP nicht mehr sämtliche Schlüsselausschüsse kontrollieren konnte. Der positive Output ist jedoch fragwürdig: „It is doubtful whether the fragmented opposition parties even during the *hakuchû* period (...) were ever able to make much of a *positive* impact on policy“ (Stockwin 1989:106; Hervorhebung im Original). Die Stimmengewinne der „Linken“ waren stets flüchtig und hatten eher den Charakter von Warnschüssen für *die* Partei, wie von Steinhoff unter etwas anderem Blickwinkel beobachtet: „Much protest in Japan is an expression of dissatisfaction with a government that is entrenched and arrogantly bureaucratic, even if it is basically commited to the rule of law“ (Steinhoff 1989:194).

Die neuen Oppositionsparteien fungierten wie der NLC eher als potentielle Erweiterung der einen Massenintegrationspartei. Dichotomische Zuordnungen - hier die Regierungspartei, dort die Opposition - sind nicht zutreffend. Auch die Zentralität der Konfliktlinie von SPJ und LDP (etwa Foljanty-Jost 1991b: 131) tritt damit immer weiter zurück. Deshalb bringen Verweise auf die schrumpfenden LDP-Anteile in dieser verkürzten Form recht wenig, als sie den Wandel in der Nicht-LDP unterschlagen und eine Lagerzuordnung vornehmen, die so einfach nicht gegeben war.[25]

---

[25] Diese angesprochene (potentielle) Erweiterung des LDP-Blocks scheint in der Dynamik der politischen Krise der TP III zur Konsolidierung zweier großer, inhaltlich angeglichener Blöcke zu führen. Allerdings wurden vor dem Hintergrund der pluralisierten Balance der Kräfte innerhalb der Partei mit der folgenden gesellschaftlichen Krise im politischen Bereich zunächst enorme Zentrifugalkräfte freigesetzt. Die politische Leistungsfähigkeit der LDP litt zunehmend, auch unter unpopulären Maßnahmen wie der Mehrwertsteuereinführung, wiederum traten Skandale in absonderlichen Quantitäten und Qualitäten auf (der Recruit-Skandal etwa), die Reformunwilligkeit bezüglich des Wahlsystems unter Miyazawa und die sozioökonomischen Schwierigkeiten und Verwerfungen aufgrund der spekulativen Boomphase, die den Abschluß unter die EP II bildete, bewirkten im politischen Raum in der TP III eine tiefe Krise. Nur stellt sich angesichts der Alternativen, die sich Mitte der 90er Jahre den Wählern bietet, die Frage, ob damit auch eine Krise der Hegemonie gegeben

Die ursprüngliche gesellschaftliche Opposition existiert mit der Vollendung der EP II nur noch am gesellschaftlichen Rand - die Veränderungen der jüngsten Transformationsphase der 90er Jahre sind diesbezüglich zwar noch undeutlich, in ihren Konturen jedoch erkennbar. An die Stelle der alten Opposition sind mit dem Greifen der Wohlstand-durch-Wachstum-Formel die neuen Nicht-LDP-Parteien getreten. Allerdings wird deren inhaltliche Trennlinie zur LDP immer unschärfer. Die alte Opposition stagniert auf dem Maße, daß ihr die strukturelle Zersplitterung übrigläßt.

Insofern konnte sich die LDP die Ignoranz gegenüber den Alternativen durchaus leisten, ihre Sorge galt primär der Organisation der eigenen, alleinigen Vorherrschaft. So konnte in der Krise dialektisch die neue Stärke der LDP geboren werden. Denn es darf keineswegs vergessen werden, daß „die herrschende Koalition (aus Big Business, LDP und Verwaltung) in einem überraschenden Ausmaß politischen Pragmatismus und Elastizität demonstrierte" (Taira 1993:167). Hinzu trat jene „machtpolitisch effiziente Form der Konfliktregulierung durch die Regierungspartei" (Foljanty-Jost 1991b:129), die ein weiteres Element des Schockabsorbers darstellt. Sie zeigte sich anschaulich an den parteiinternen Umbauten, die mit der Krise zwingend notwendig wurden.

Wenden wir uns den institutionellen Veränderungen innerhalb der LDP zu, die einen Teil jener Pluralisierung ausmachen! Die stabilen Jahre der Expansion unter Ikeda und Satô schienen für die nach Macht drängenden Gruppen innerhalb der Partei kein Überdruckventil geboten zu haben. Dieser angestaute Druck bereitete sich nun in der Transformationsphase einen Weg, der in Form des beschleunigten Elitenaustausches zur Destabilisierung der Partei führte. Dies legt den Gedanken nahe, daß für eine so heterogene Struktur wie die LDP Phasen stabiler Macht und stabiler gesellschaftlicher Position wie in der EP I eher zu einem Aufstauen von Druck im Inneren führen, solange sich den einzelnen Gruppen oder Faktionen keine Aussichten auf Machtpositionen bieten. Unter solchen Umständen ist der Zusammenhalt leicht in Frage gestellt. Allerdings bedurfte es zu einer Parteikrise noch des Zusammenspiels mit der legitimatorischen Krise in den 70er Jahren. So gesehen verschleierte die gesellschaftliche Stabilität der EP I den instabilen Charakter der LDP, während er in der Krise freigelegt wurde.

Die Krise der Anpassung eröffnete jedoch nicht nur den Blick auf diese immanente Schwäche, sondern veränderte auch die Struktur der Partei. Als erstes hat sich der Faktionismus der LDP mit der TP II enorm konsolidiert. Aus den

---

war, oder aber, ob sich nicht vielmehr der Prozeß der gesellschaftlichen Erweiterung der LDP fortsetzte. Jedenfalls spricht der Ausgang der Unterhauswahlen von 1993 (und 1996) nicht eben für eine Krise der Hegemonie, sondern für die endgültige Erweiterung der konservativ-liberalen Kräfte um die neue Opposition - dem Untergang geweiht scheint hingegen die alte Opposition.

Vor-LDP-Gruppierungen war nach der Gründung bis Ende 1957 eine Konsolidierung zu acht Faktionen erfolgt. Seit der TP II gab es fünf, davon vier große Faktionen, diese zudem mit einer vergleichsweise straffen Organisation, gegenüber einer Anzahl von leidlich großen Gruppen zuvor, die jeweils anteilsmäßig weniger Abgeordnete umfaßten. (Vergl. Tabelle 23)

TABELLE 23:

Die Stärke der LDP-Faktionen im Unterhaus

| | Unterhauswahlen | | | | | | | | | | |
|---|---|---|---|---|---|---|---|---|---|---|---|
| Faktionsführer | 1960 | 1963 | 1967 | 1969 | 1972 | 1976 | 1979 | 1980 | 1983 | 1986 | 1990 |
| Kishi/Fukuda/ Abe | 49 | 20 | 27 | 33 | 52 | 51 | 48 | 47 | 42 | 58 | 66 |
| Fujiyama[1*] | 34 | 20 | 16 | 6 | | | | | | | |
| Satô/Tanaka/ Takeshita | 49 | 42 | 49 | 58 | 48 | 45 | 48 | 60 | 62 | 86 | 70 |
| Kôno/Nakasone/ Watanabe | 33 | 46 | 23 | 35 | 38 | 37 | 39 | 43 | 49 | 62 | 48 |
| Miki/Kômoto | 30 | 34 | 34 | 37 | 36 | 32 | 30 | 31 | 28 | 27 | 25 |
| Ikeda/Ôhira/ Suzuki/Miyazawa | 53 | 47 | 40 | 42 | 45 | 37 | 45 | 47 | 49 | 61 | 62 |
| Ôno/Murakami/ Mizuta[*] | 28 | 29 | 10 | 10 | 13 | 11 | 5 | 3 | | | |
| Funada[2*] | | | 14 | 14 | 9 | 8 | | | | | |
| Ishii[*] | 18 | 14 | 16 | 13 | 9 | 4 | | | | | |
| Kawashima/Shiina | | 19 | 16 | 17 | 18 | 11 | 12 | | | | |

Legende: 1* = Abspaltung der alten Kishi-Faktion; 2* = Teilung der Ôno-Faktion; unberücksichtigt bleiben kurzfristige Abspaltungen;
Quelle: Masumi 1985:348; AN: diverse Jge.; alle Angaben mit *: Satô/Matsuzaki 1986:239ff

Bis zu Satô waren in der Regel die Ministerposten zum Großteil auf die Faktionen aufgeteilt worden, die den momentanen Mainstream bildeten, d.h. diese Regierung in erster Linie trugen. Es gab also für die Faktionen keine Korrelation zwischen Sitzanteilen im Parlament und „ihren“ Kabinettsposten. (Dazu Kohno 1992:380) Auch die wichtigsten Führungsposten in der Parteispitze erfuhren eine ähnliche Häufung auf den Mainstream, wobei in der Regel die Faktion des Premiers (=Parteivorsitz) den Generalsekretär stellte (Satô/Matsuzaki 1984:86f). Das bedeutet, daß eine Machtzentrierung vorherrschte mit einer „Personalpolitik, die sich auf den Eliten der Mainstream-Faktionen stützte“ (ebd.:83).

Seit Miki gab es dies nicht mehr. Mit ihm und somit auf dem Höhepunkt der Krise endete die Häufung von zwei der vier zentralen Parteiposten bei der dominierenden Faktion: Fortan verteilen sich die Posten unter den großen Faktionen ohne Dominanz (dazu Curtis 1988:86f). Die sog. *tôsanyaku*, die drei entscheidenden Exekutivposten der Partei, sowie der Parteivorsitz wurden seither meist auf die konsolidierten vier Faktionen verteilt - mit einer großen Ausnahme: Die schiere Größe der Tanaka-Faktion führte in den 80er Jahren dazu, daß der Vize-Parteipräsident zusätzlich der Tanaka-Faktion zufiel. Satô/Matsuzaki sprechen für die EP II von einer „Fünf Faktionen - fünf Posten"-Struktur (*gohagoyaku*; 1986:73) Die Kabinettsposten wurden nun auf die unterschiedlichen Gruppen in der Regel nach Proporz verteilt, zudem hatte sich die Verteilung der Ministerposten bereits seit Satô einem Gleichstand zwischen Mainstream und Antimainstream angenähert. Auch die Begrenzung der Amtszeiten ist ein Kind der 70er Jahre, der der populäre Nakasone schließlich nach nur fünf Jahren zum Opfer fiel. (Vergl. Kohno 1992:380; Satô/Matsuzaki 1986: insb. Kap. 3)

Die veränderten und diversifizierten Anforderungen an die Kohäsionsleistung im politischen Raum resultierten ebenfalls in institutionellen Umbauten der Schnittstellen zur Bürokratie sowie zum vorgelagerten Bereich der Interessenartikulation. Damit einher ging eine Verschiebung des Kräfteverhältnisses zwischen Verwaltung und Partei. Die Staatsausgaben stiegen in der TP II in jenen Bereichen, in denen Interessengruppen aktiv wurden. Regierung und Staatspartei waren gezwungen, dort wo der Konsens aufgezehrt oder bedroht war, gegenzusteuern.[26] Die vorübergehend gewachsene Macht der Nicht-LDP-Parteien in den Ausschüssen des Parlamentes resultierte in einem Bedeutungszuwachs des Parlaments, indem Maßnahmen stärker legitimiert werden mußten (Muramatsu/Krauss 1984:142). Entsprechend wuchs die Bedeutung der Politikformulierungskanäle in der LDP, die bislang eher Machtverwaltungsagenturen gewesen waren.

Das Auftreten der *zokugiin* ist als Ausdruck der Professionalisierung und Reifung der Staatspartei in einer Phase, als eine sehr prekäre Balance zwischen den gefestigten innerparteilichen Gruppen herzustellen war, zu werten. In der Krise war die LDP gezwungen „somewhat the amount of particularistic favours that were firmly linked to special interest groups" zu reduzieren und ihre Ausrichtung hin zu öffentlichen Gütern zu diversifizieren (Ramseyer/Rosenbluth 1993:17) - dies allerdings bereits bald wieder in reduzierter Form. Angesichts der Herausforderungen kam es parteiintern zu einer Ausdifferenzierung nach Funktionen bzw. Interessen - die sog. *zoku* als faktionsübergreifende Gruppen entstanden. Diese neuen Substrukturen sind allerdings keinesfalls als egalitäre

---

[26] Die bei weitem intensivste Phase der Entstehung von Interessengruppen war zwar die TP I, doch war die Schlußperiode der Hochwachstumsphase von zahlreichen (nachholenden) Gründungen insbesondere im Wohlfahrtsbereich gekennzeichnet (vergl. Muramatsu et al. 1986:43f).

Basisbewegung o.ä. zu interpretieren (vergl. Farnsworth 1989:171): Auf den Betätigungsfeldern agieren Spitzenkräfte, deren Namen (Hata, Watanabe, Kaifu, Takeshita) stark an die Faktionen erinnern.

Die *seimu chôsakai* („Beratungsausschuß für politische Fragen" in der LDP) wie auch die *zoku* „became established vehicles for politicizing the budget" (Muramatsu 1993:57). Muramatsu bezeichnet dies denn auch als die Geburtsstunde seines „patterned pluralism" - der LDP falle nun die Rolle des Vermittlers und Entscheidungsträgers in letzter Instanz zu (ebd.:60). Politiker werden mit der EP II immer stärker in der Politikformulierung aktiv, die „easy time" für die Bürokraten ist vorbei - so Inoguchi (1991:186f). Ort dieser Interaktion ist die *seimu chôsakai*: Ihre Abteilungen sind als Schnittstellen zu den Ministerien bzw. den ständigen Ausschüssen des Parlamentes gebildet (Nakamura 1990: 227). Diese Abteilungen wiederum sind die Betätigungsfelder der *zoku*: Verstärkung der Partei-Expertise, Professionalisierung, Strukturwandel der Partei und Notwendigkeiten der hegemonialen Absicherung treffen sich hier. George zeigt anschaulich wie die Verknüpfung der Verbände der Landwirte, der landwirtschaftlichen Abteilung der LDP und der Parlamentarier der zuständigen *zoku* zu überaus vorteilhaften Resultaten für die Landwirtschaft führt, trotz deren quantitativ geschrumpften Gewichtes für die Volkswirtschaft (1991).

Betont wird also eine gewachsene Bedeutung und Eigenständigkeit der LDP im politischen Prozeß im Vergleich zur Bürokratie und damit auch bei der Bildung und Organisation gesellschaftlicher Kohäsion in der EP II (u.a. Muramatsu/Krauss 1984: insbesondere 142ff; Satô/Matsuzaki 1986). Professionalisierung und Dezentralisierung der Partei stehen hierbei Deregulierung und Liberalisierung des Verwaltungsapparates gegenüber. Ein Ausdruck für die Verlagerung der Kräfte zwischen Partei und Verwaltung sind die vielfältigen Beratungsausschüsse bis hin zur *rinchô* als wesentliche Institutionen der Feinabstimmung, die als zweiter Interessenaggregationskanal zunehmende Bedeutung finden (dazu Schwartz 1993:218; sowie Harari, Seifert, Tsujinaka). Das politische Entscheidungszentrum befindet sich in einem Binnenraum aus Exekutive und Partei, die Binnenstruktur ist allerdings Verschiebungen ausgesetzt. Auch ist keineswegs von einem völligen Auschluß der „Opposition" auszugehen, sondern - entsprechend der Mehrheitsverhältnisse - existieren „Integrations- und Verhandlungsstrategien" (Foljanty-Jost 1991b:140), die primär die neue Opposition zum Ziele haben. Dies alles kann als Ausdruck geänderter Aspekte, Aspektverlagerungen in den gesellschaftlichen Widersprüchen aufgrund der gewandelten Anforderungen an den 4K-Prozeß gelten.

Angesichts dieser beiden Bewegungsmomente der pragmatischen Flexibilität auf Seite der LDP und der Schwäche auf Seite der Opposition überrascht es weniger, daß, wie gesehen, die LDP eigentlich über die ganze Phase primär mit sich selbst beschäftigt war, und ihre politischen Projekte eines nach dem anderen scheitern lassen konnte. Die Funktion dieser Projekte war in erster Linie massenintegrativ. Insbesondere Miki und Tanaka zeigten dies - nicht viel änderte sich, doch alles sollte anders aussehen. Daß also all diesen „gescheiterten" Projekten, der fragwürdigen und in der Regel bis ins undemokratische reichenden Manöver und Strukturen zum Trotz die LDP nicht ihrer Stellung verlustig ging, hat zwei Konsequenzen:

- Eine globale Veränderung der Zusammensetzung der repräsentativen Apparate des politischen Raumes und damit des zu organisierenden hegemonialen Projektes war nicht gewünscht;
- Die Verwerfungen in der Gesellschaft riefen Veränderungen in der LDP-Binnenstruktur sowie ihrer Form der Organisation des politischen Prozesses hervor, doch in letzter Instanz blieb die Politik als Vermittler von Konsens und Kohäsion intakt.

Wahlen spielen somit nur (mehr) eine spezifisch begrenzte Rolle im demokratisierten Prozeß Japans. Dies meint keinen Einparteienstaat, sondern die teilweise Funktionsverlagerung von Politikaustragung in die LDP und die angrenzenden Kräfte. Dabei darf der „ideologische" Charakter dieses Pluralismus nicht vergessen werden, denn die politischen Auswahlmöglichkeiten beschränken sich auf das (liberal-konservative) Spektrum der LDP. Diese mutierte zu einer flexiblen, wandelbaren Struktur mit pluralisierten Substrukturen, wobei die TP II als eine große Fallstudie dafür erscheint, daher die Länge ihrer Betrachtung.

## Struktureller Wandel in den Beziehungen von Kapital und Arbeit - der *shuntô* und die gewerkschaftliche Vereinigung

Wir hatten in Kapitel 4 gesehen, wie der gesellschaftlich-oppositionelle Aufbruch nach 1945 in einer konzertierten Aktion von konservativ-liberal geführtem Staat und Kapital zum Teil wieder in die für das nationale Aufholprojekt weitgehend adäquate Form gegossen wurde. Die Verhältnisse in den wirtschaftlich entscheidenden Zukunfts- oder Gegenwartsbranchen wurden produktivitätsorientiert gestaltet, die Zustimmung dazu in einem durchaus rationalen Tausch vom Kern der Beschäftigten „erstanden". Die Industriellen Beziehungen wurden nach der spektakulären Transformationsphase I versachlicht und materiell umorientiert - oder: entpolitisiert.

Um Mißverständnisse zu vermeiden, möchte ich hier noch einmal hinzufügen, daß Japan in dieser Phase keineswegs am Rande eines Bürgerkrieges stand - das hieße die Konflikte zu überhöhen. Wohl aber handelte es sich um ernsthafte, an die Substanz der Produktionsverhältnisse gehende Auseinandersetzungen, die als Erfahrung bzw. in ihrer subjektiven Verarbeitung insbesondere für die herausgeforderte Seite sowie in ihrer Bedeutung für das schließlich formulierte hegemoniale Projekt nicht zu unterschätzen sein dürften. Dies gilt um so mehr, als diese Phase im Rahmen der neueren gesellschaftlichen Geschichte hinsichtlich der Heftigkeit der Konflikte einzigartig war und blieb. Sie signalisierte die Notwendigkeit einer veränderten Haltung unter demokratischen Vorzeichen, um das Projekt einer nationalen Aufholjagd erfolgreich durchführen oder wenn man so will, weiterführen zu können.

Wir werden im folgenden der Frage nachgehen, wie die Anordnung der Kräfte sich mit der Entfaltung der Expansionsphase weiterentwickelte. Zwei Themen werden dabei im Vordergrund stehen: zum einen der sog. *shuntô* (die Frühjahrslohnrunde der Gewerkschaften), zum anderen die Vereinigung der Gewerkschaften auf Ebene der Dachverbände zum Einheitsdachverband (*Shin-*) *Rengô* - womit wir das zentrale Beispiel der japanischen Neokorporatismus-Debatte aufgreifen. Bildete sich hier jeweils eine erneute Gegenmacht gegen eine zum Teil ja erfolgte und erfolgreiche kohäsive Formierung in den Industriellen Beziehungen?

## Der *shuntô* als Versuch der gewerkschaftlichen Zentralisierung

Die neue organisatorische Einheit der Gewerkschaften des öffentlichen Sektors nach dem de facto-Scheitern von SBKG an seinen inneren (politischen) Widersprüchen hieß ab den frühen 50er Jahren *Sôhyô*. Auf die organisatorische Bedeutung *Sôhyôs* werde ich noch eingehen. Aufgrund verschiedener Umstände wurde dieser Dachverband relativ stark von den Mitgliedsverbänden aus dem öffentlichen Sektor dominiert, die eher politisiert und tendenziell progressiv ausgerichtet waren. Zudem sorgte alleine schon die Blockbildung mit der SPJ für eine politikträchtige Haltung *Sôhyôs*. Die Form der Zusammenarbeit mit dem Privatsektor, der zu einem wirtschaftlich orientierten *trade unionism* neigte, hieß *shuntô* (Frühjahrsoffensive). Diese Lohnrunde überwand die ideologischen Gräben hin zu einer „Institution der Lohnfindung im ganzen Land" während der EP I und sollte somit in einem bestimmten Zeitraum die Schwächen des Unternehmenszentrismus kompensieren (Hiwatari 1991:113).

Bis diese Zusammenarbeit funktionierte, erfuhr *Sôhyô* allerdings noch einen ersten Entpolitisierungsschub, der das Ende der Transformationsphase einleitete - symbolisiert im Führungs- und Programmwechsel von Takano zu Ôta als Generalsekretären. Takanos „umfassender Kampf" (*gurumitôsô*) war politisch wie wirtschaftlich orientiert. Aktivitäten galten der Überwindung der Schwäche der

Opposition allgemein unter Einbeziehung der Regionen und Familien, auf der Basis des Unternehmens, jedoch unter Betonung des Industrieprinzips (dazu NRU 1987:16). Nach den erwähnten Konflikten um die Kräfteverhältnisse zwischen Arbeit und Kapital in der Zeit der Rationalisierungen gewann mit der Wahl Ôtas zum Generalsekretär von *Sôhyô* die Überzeugung von der Wichtigkeit eines primär wirtschaftlich orientierten gewerkschaftlichen Vorgehens die Oberhand - und das Vehikel dazu hieß *shuntô*.

Die Logik der Frühjahrsrunde war einfach, aber anspruchsvoll: die Aufsplitterung der Solidarität der Beschäftigten auf die Unternehmen sollte durch die Bündelung der Gewerkschaften einer Branche in einer gemeinsamen Lohnrunde überwunden werden, mit dem Ziel, von dort ausgehend auch die Unorganisierten und andere Branchen mitzuziehen (dazu Shirai et al. 1986:179ff).

Nun gibt es auch in der Geschichte des *shuntô* eine kleine, aber nicht folgenlose Wendemarke, weshalb sich eine Einteilung in zwei Perioden für die Zeit bis in die Transformationsphase II hinein anbietet. Diese Wendemarke bilden die Gespräche zwischen Premierminister Ikeda und Ôta im Jahre 1964 (dazu ebd.:188). Als Resultat dieser Gespräche sollten fortan die Gehälter der Beschäftigten der öffentlichen Unternehmen an die *shuntô*-Ergebnisse gekoppelt werden.

Dieses anscheinend lapidare Ergebnis ist in folgender Hinsicht signifikant: Erstens paßt es in die Stimmung der auf ungestörtes Wirtschaftswunder abzielenden Ikeda-Jahre, wobei angesichts der Vorgeschichte alleine schon die Tatsache einer solchen einkommenspolitischen zweiseitigen Übereinkunft bemerkenswert ist. Zweitens integrierte eine solche Absichtserklärung die Gewerkschaften des öffentlichen Sektors in die kooperativen Industriellen Beziehungen und gab damit dem *shuntô* einen weiteren Entpolitisierungsschub. Dem wurde in den sechziger Jahren auch dadurch Vorschub geleistet, daß die Nicht-*Sôhyô*-Gewerkschaften immer mehr an Bedeutung zunahmen. Somit wurde auch die führende Rolle von *Sôhyô* in der Frühjahrsrunde zunehmend in Zweifel gezogen (Hiwatari 1991:122f).

Im Zuge des Hochwachstums wurde die Frühjahrsrunde zu einem distributiven und in der Krise redistributiven Mechanismus über den Unternehmensrahmen hinaus. Gewerkschaftlicherseits setzte sich nicht zuletzt mit der Ökonomisierung der Gesellschaft in Folge des *Planes zur Verdoppelung des Volkseinkommens* und der realen Wachstumserfolge eine Einsicht in die Vorteile des Verteilens der Wachstumserträge durch.

Die Träger des Auseinanderdriftens der Lohn- und Produktivitätsentwicklung zugunsten der Beschäftigten gegen Ende der EP I waren eher in den „rank and file“ zu suchen, wohingegen die vom kleinen Kompromiß sozialisierte Klasse des untersten Führungspersonals und der erfahrenen Beschäftigten relativ unzweideutig auch die Träger einer gemäßigten Lohnpolitik repräsentierten

(Tabata 1991:242). Hier wird die bei Nomura/Jürgens angesprochene Sorge der Unternehmen um die Sozialisierung der Wellen neuer Arbeitskräfte in die Unternehmenskulturen in der Phase der rapiden Produktionsausweitung verständlich (1995:95).

Die Erfolge des *shuntô* (und damit die um das Konzept kreisenden Mythen) freilich sind eher ambivalent zu sehen: Zum einen sind die Effekte des *shuntô* gerade in jener Zeit, als der Arbeitskräftemangel virulent wurde, auch auf die ökonomisch günstigen Umstände zurückzuführen. Dies zeigte sich eben nicht zuletzt mit der Entwicklung seit 1975, als unter den engeren Verteilungsspielräumen die Lohnrunden in der Regel in „Niederlagen" endeten. Somit kommt diese redistributive Phase im Übergang von EP I zur TP II doch eher einem Intermezzo unter extrem günstigen ökonomischen Bedingungen gleich.

Auch führten die unternehmensbezogenen Verhandlungs- und Klärungsprozeduren dazu, daß der *shuntô* nur unter sehr günstigen Umständen Branchen- oder gar Industriecharakter annahm. Die ausgefeilten Vorklärungsprozesse zum Informationsaustausch dienten zur Anpassung der konkreten Forderungen bzw. Abschlüsse an die Erfordernisse der Einzelunternehmen (so die Schilderungen Verantwortlicher bei Tabata 1991:240f). Zum anderen trieben die Reallohnerhöhungen wie erwähnt die permanenten Produktivitätsverbesserungen mit voran, was dem sog. „Kampf" einen seltsamen Charakter verleiht.

Durch die Frühjahrsrunde ist es also in einer bestimmten Phase für die Gewerkschaften möglich gewesen, in Form eines zentralisierten, einheitlichen Agierens, ihre organisatorischen Defizite nach der TP I zu kompensieren.[27] In einer kurzen Phase vermochten sie damit sogar über die Preis- und Produktivitätsentwicklung hinaus eine gewisse Umverteilung zu erzielen. Zudem wirkte der *shuntô* Ende der EP I nivellierend in puncto Dualer Struktur. Die erzielten Reallohnzuwächse mögen zwar auch mit der Situation auf dem Arbeitsmarkt zusammenhängen, doch war der *shuntô* jene Form, in der sich das Lohnverhältnis und zwar als sichtbarer (Interessen-)Widerspruch ausdrückte. Streik im Kontext von Industriellen Beziehungen, deren Inhalt die Verfolgung widersprüchlicher Interessen ist, war eine Normalität (geworden).

Der Wandel des Kompensationsmechanismus *shuntô* zu einer entpolitisierten, zeitweilig erfolgreichen Lohnrunde im Laufe der EP I schien allerdings

---

27 Diese gewerkschaftliche Kooperationsleistung wurde auf zentraler Ebene, d.h., von den Branchenföderationen und Dachverbänden, vollbracht. Ihre Aktionen erschöpften sich also keineswegs in Auseinandersetzungen auf politischer Ebene bei Demonstrationen und dies als Entschädigung bzw. zur Selbstlegitimation (etwa Levine 1984). Die Frage einer Daseinsberechtigung der Spitzenverbände sollte sich viel stärker für die Zeit der EP II stellen.

auch die einzige Chance zu gemeinsamer Aktion. Denn die Post-Finalkämpfe[28] von 1959/60 hatten die weitere Verschärfung des Bruches auch der Gewerkschaften bewirkt: So wie sich die SPJ mit dem *anpô*-Konflikt gespalten hatte, so verfestigte sich auch die Abspaltung der gemäßigten Gewerkschaften von *Sôhyô* durch die Gründung des Dachverbandes *Dômei* 1964, der die DSP unterstützte.

## Die Vereinigung der Dachverbände zu einer Einheitsgewerkschaft

Das Jahr 1964 ist neben der Wende im *shuntô* noch aus einem anderen Grunde bemerkenswert: Die Gewerkschaften der Groß- und Exportindustrien Stahl, Elektro, Werften, Auto und Maschinen, die das Wachstum der EP I und die Exporterfolge danach verkörperten, bildeten den *IMF-JC* [29] als eine Organisation jenseits der Gräben der Dachverbände. Der *IMF-JC* sollte „weniger konfrontative Beziehungen zum Management" herstellen als von *Sôhyô* befürwortet (Gordon 1993:377). Spätestens zu diesem Zeitpunkt begann denn auch in Keimform das folgende, zweite Thema virulent zu werden, die Frage der Vereinigung der politisch, ideologisch und organisatorisch gespaltenen gewerkschaftlichen Dachverbände.

Ich habe in Schaubild 11 eine graphische Darstellung des Vereinigungsprozesses vorgenommen. Vorausschicken möchte ich einige Bemerkungen zur organisatorischen Situation dieser Dachverbände. Seit der Gründung von *Dômei* 1964 befinden wir uns im sog. „Zeitalter der vier Dachverbände". Dies ist - ähnlich der Charakterisierung des „55er Systems" als Zwei-Parteien-System -

---

[28] Ich möchte an dieser Stelle noch einmal auf die Auseinandersetzungen von 1959/60 eingehen, die ich im vorangegangenen Kapitel als *Post*-Finalkämpfe charakterisiert hatte. Dabei war auf ihre eindeutig defensiven Züge abgestellt worden, was insbesondere im Falle des Bergarbeiterstreiks um die Miike-Kohlegruben deutlich werden dürfte. Wegen des Ausmaßes beider Großkonflikte scheint diese Einordnung - und erst recht ihre Verbannung in zwei Fußnoten - zunächst etwas kurios. Es geht mir hier jedoch lediglich um ihren Stellenwert für die Verschiebung der Kräfteverhältnisse zwischen den beteiligten Akteuren sowie deren Materialisierung in konkreten Regulationsformen. Und diesbezüglich ist der Stellenwert des Bergarbeiterstreiks beschränkt, weil er defensiv und ökonomisch periphär war. Daß sich in diesen Auseinandersetzungen jedoch sehr wohl Ökonomie und Politik - ganz zu schweigen von der Sozialgeschichte - dieser Phase sehr pointiert widerspiegeln, läßt sich kaum bestreiten: Die Befürchtungen der betroffenen Belegschaften, daß sich die angestrebten Rationalisierungen negativ auf die Arbeitsinhalte auswirken würden, bestätigten sich auf tragische Art und Weise. Auf der Kostenseite der *Rationalisierungen* ist nämlich auch folgendes zu verbuchen: 1959 führten Arbeitsunfälle zu 3674 Verletzten und einem Toten, 1961 gab es 4230 Verletzte und 16 Tote, 1962 3855 Verletzte und 15 Tote, und 1963 starben beim schlimmsten Grubenunglück der Nachkriegszeit 458 Beschäftigte in Miike (Gordon 1993:393f; ähnlich NRU 1987:159f).

[29] Der *IMF-JC* ist der japanische Zweig des Internationalen Metallarbeiterverbandes.

nicht mehr als ein weiterer Euphemismus, betrachten wir die Zahlen zum Zentralisationsgrad dieser Dachverbände. (Vergl. Tab. 24)

TABELLE 24:

Der organisatorische Anteil der Dachverbände vor der Neuformierung 1987

| Dachverband | Anteil an den gewerkschaftlich Organisierten in %* |
|---|---|
| Sôhyô | 33,2 |
| Dômei | 17,1 |
| Chûritsurôren | 13,4 |
| Shinsanbetsu | 0,5 |
| keinem Dachverband angeschlossen | 40,7 |

* Wegen überlappender Mitgliedschaften einzelner Mitglieder ergeben sich mehr als 100% - an der Tendenz ändert sich dadurch allerdings nichts.
Quelle: Rôdôundô hakusho 1990:555

Nach der *Sôhyô*-Gründung 1950 waren einige Mitgliederorganisationen bereits 1952 als *Shinsanbetsu* ausgetreten. Wenig später spalteten sich weitere Organisationen ab, die der *Sôhyô*-Linie kritisch gegenüberstanden - die alten Gräben waren wie in der Politik nicht verschwunden. Von dort führt eine ziemlich direkte Linie zu *Dômei*. Ein Teil der neutralen Branchenföderationen[30], die also keinem der anderen Dachverbände angehörten, hatte schon 1956 *Chûritsurôren* gegründet.

[30] *Branchenföderationen* (jap. *tansan*) bezeichnen den organisatorischen Mittelbau zwischen den Unternehmensgewerkschaften und den Dachverbänden; sie sind Zusammenschlüsse von Unternehmensgewerkschaften einer Branche.

SCHAUBILD 13:

Die organisatorische Veränderung der Dachverbände

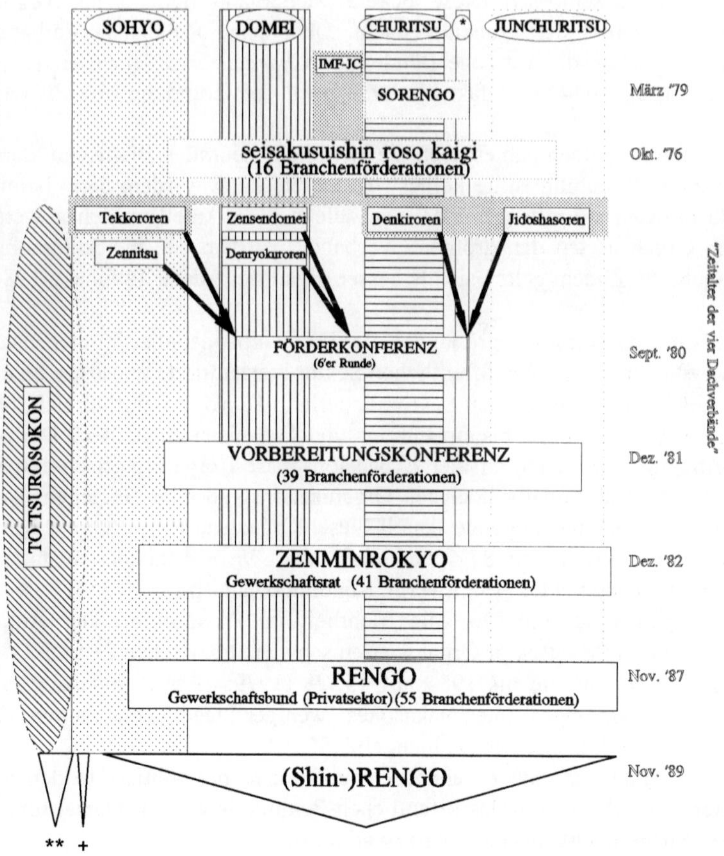


* = Shinsanbetsu

** = Zenroren

\+ = Zenrokyo

Es existierten zwar somit in der Tat vier Dachverbände. Doch *Shinsanbetsu* spielte allein schon quantitativ kaum eine Rolle. *Chûritsurôren* wiederum hatte rückwirkend gesehen eigentlich primär die Funktion, zusammen mit *Shinsanbetsu* ein „Scharnier" zur Förderung der Vereinigung zu bilden. Dies zeigt sich auch auf organisatorischer Ebene, indem sich die beiden Verbände 1979 zu *Sôrengô* zusammenschlossen. Diese lockere Dachorganisation war als Wegbereiter und Vermittler der Einheit gedacht. Über seine Rolle als „Verband" spricht alleine schon die Tatsache Bände, daß *Chûritsurôren* seinen ersten (!) Gewerkschaftstag 1974, also fast 20 Jahre nach der Gründung abhielt. (AN 1975:570)

Darüber hinaus jedoch gab es noch die „wirklich" neutralen Branchenföderationen. Deren Bedeutung sollte keineswegs unterschätzt werden, denn bereits seit 1975 bildeten sie mit über 37% und zuletzt 40% Anteil an den gewerkschaftlich Organisierten den größten „Verband", zu dem u.a. die Automobilbranche gehörte. Zudem gelten sie als besser organisiert (dazu Tsujinaka 1986: 238f).

*Sôhyô* war zwar somit der größte der vier Dachverbände, aber im Gegensatz zu *Dômei* zunehmend auf den öffentlichen Sektor konzentriert. Wieso waren die Gewerkschaften des öffentlichen Sektors innerhalb *Sôhyôs* so einflußreich, obwohl sie nur ca. ein Viertel bis ein Fünftel aller Organisierten stellten? Der öffentliche Sektor war gerade mit der Expansionsphase I organisatorisch extrem erstarkt: Er hatte den relativ höchsten Organisationsgrad aller Branchen. Und zudem gehörte der überwiegende Anteil dieser Organisierten zu *Sôhyô*: Mitte der 80er Jahre waren dies ca. 87%, und 60,6% der *Sôhyô*-Mitglieder entstammten dem öffentlichen Sektor (1985; vergl. Rôdôundô hakusho 1990:554f).

*Dômei* organisierte seit 1967 die Mehrheit im Privatsektor. Der Anteil *Dômeis* an den im Privatsektor Organisierten schwankte zwischen 21 und 23%; *Sôhyôs* Anteil schrumpfte bis 1984 auf 15,7% (1979: 19,5%) und stieg erst durch die Privatisierungen unter Nakasones „weniger Staat" (Telekommunikation, Bahn) wieder künstlich an (Zahlen: ebd.:555).

*Sôhyô* war in der Tat immer mehr zu einem Verband der politisch tendenziell radikaleren Gewerkschaften des öffentlichen Sektors geworden, *Dômei* umgekehrt die gemäßigte Organisation der Privatindustrie.

Eine Gesamtbetrachtung der gewerkschaftlichen Entwicklungsgeschichte seit 1945 zeigt, daß es letztlich einen säkularen Trend zur Konsolidierung zu einem einheitlichen Dachverband gegeben hat. Die hier im Mittelpunkt stehende zweite Vereinigungswelle verlief in drei Phasen, denen der erste, erfolglose Versuch (bis 1973) vorgelagert ist. Diese Phasen haben unterschiedliche Bedeutung und Gewichtung:

- Phase I bezeichnet den Prozeß bis zur Bildung von *Zenminrôkyô* als lokkerem „Rat der Gewerkschaften“ 1982, als die Entscheidungen über Form und Inhalt der Vereinigung fielen oder präjudiziert wurden;
- Phase II reicht bis zur Umwandlung von *Zenminrôkyô* zum Gewerkschaftsbund des Privatsektors, *Rengô*, 1987. Damit endete das Zeitalter der vier Dachverbände; hier fanden die Umgruppierungen in der Gewerkschaftsbewegung ihren Ausdruck;
- Phase III dauert bis zum Anschluß eines Großteils der Gewerkschaften des öffentlichen Sektors als der Verwirklichung der „umfassenden Einheit“ 1989 (*Shin-Rengô*).

*Rengô* bildete sich also nach langen Jahren der Auseinandersetzung, „des Sinkens der Organisationsrate, von 13 Niederlagen bei den Lohnrunden in Folge, inmitten der langwierigen Stagnation der Arbeiterbewegung also“ (Tsurusaki 1988a:77), zunächst 1987 als Einheitsgewerkschaft des Privatsektors, mit dem Ziel, den öffentlichen Sektor nachzuziehen. Dies erfolgte 1989 mit der Umwandlung in *Shin-Rengô*.

Politiker - vom Arbeitsminister bis zu den Vorsitzenden der Oppositionsparteien - wie auch internationale Gäste wohnten der Gründung bei. „Im Zentrum der Bühne das (überraschende) hell-blaue '*Rengô*'-Symbol“ - „Ich assoziierte mit dieser, alles in allem ungewöhnlichen Veranstaltung eine 'Reproduktion' von Maeterlincks dramatischen Märchen 'L'Oiseau bleu'“ (Tsurusaki 1988a: 76ff). Dieses eigenartige Zitat bezieht sich auf das für einen japanischen Gewerkschaftstag wohl ungewohnte, fröhlich-heitere Ambiente. Im Rahmen des sog. „image up“, der „union identity-Bewegung“ sollte von nun an hell-blau die Farbe dieser - im Selbstverständnis - „leuchtenden, soften Gewerkschaft“ sein (dazu Tsurusaki 1988a:77; Inagami 1988)

Alles in allem stimmten Struktur und Programm von *Rengô* in Grundzügen mit den gemäßigten Positionen, die sich eher um *Dômei* zentrierten, überein. Die alte *Sôhyô*-Linie hingegen läßt sich bei *Rengô* nur noch schwerlich ausmachen. Als grundsätzlichen Aktionsparameter versteht *Rengô* nicht Konflikt, sondern die unzweifelhafte Betonung liegt auf „Partizipation und Kooperation“. (Dazu Nihon Rôdônenkan[31] 1988:216ff; Rôdôundô hakusho 1990:287ff)

Um zu demonstrieren, wie es zu dieser charakteristischen Verschiebung kommen konnte, möchte ich nun an zwei neuralgischen Punkten ansetzen, um damit den Charakter der „Vereinigten Gewerkschaftsfront“ zu klären: der „Förderkonferenz“, die die organisatorischen und programmatischen Grundlagen für den weiteren Verlauf determinierte, sowie dem Anschluß der Gewerkschaften des öffentlichen Sektors.[32] Dabei soll eine Einordnung in den Kontext der

---

[31] Fortan zitiert als NRNK.

[32] Zu einer ausführlichen Darstellung der ersten Phasen der Vereinigung: Seifert 1985.

Frage nach Opposition (oder Gegenmacht) und gesellschaftlicher Kohäsion im Mittelpunkt stehen. Somit möchte ich einerseits der Frage nachgehen, was aus dem Vereinigungsgedanken wurde, und andererseits und unablösbar damit verknüpft der Problematik, warum sich die gewerkschaftlichen Aktivitäten seit Mitte der 70er Jahre, also auf dem Scheitelpunkt der TP II, extrem veränderten.

Die These lautet: Die Veränderungen der Struktur der Gewerkschaften in der TP II gingen von den Trägern des kleinen Kompromisses und ihres spezifischen Verständnisses eines „unternehmenszentrierten *trade unionism*" (Tabata 1991: 245) aus, geschahen also aus der Struktur heraus und wurden im Moment der gesellschaftlichen Krise als der große Kompromiß ausgeführt. *Rengô* wurde somit ein im Sinne des hegemonialen Projektes integrationswilliger Einheitsdachverband. Die Bildung einer Einheitsgewerkschaft ist also zurückzuführen auf die Ausweitung der Macht der Gewerkschaften des Privatsektors allgemein bzw. der Macht der großen Gewerkschaften der exportorientierten Branchen und Großunternehmen der TP II und EP II mit dem Schwerpunkt auf den Mitgliederorganisationen des *IMF-JC* im besonderen.[33] Die Vereinigung geht Hand in Hand mit einer Verschiebung des Gravitationszentrums hin zu diesen betreffenden Gewerkschaften, die nach und nach die Initiative und Führung an sich rissen. Überlagert wurde damit die Dominanz der Dachverbände *Sôhyô* und *Dômei* auf Makro-Ebene ebenso, wie die starke Rolle der Verbände der Öffentlich Beschäftigten mit ihrem verbleibenden politisierten Selbstverständnis (zuletzt etwa dokumentiert im „Streik für das Streikrecht" 1975). In diesem Sinne ist die Vereinigung eine Neuformation, bei der die Organisationen auf zentraler Ebene neugeordnet und positiv wie negativ integriert wurden.

## Die großen Fragen an eine Einheitsgewerkschaft

Wie einleitend zu diesem Kapitel erwähnt, begann die Idee zur einer Wiedervereinigung der gewerkschaftlichen Spitzenverbände mit der IMF-JC-Gründung zu reifen. Dieser erste Vereinigungsversuch scheiterte bezeichnenderweise 1973 - inmitten der hegemonialen Krise, weshalb es gerechtfertigt scheint, darauf in einigen Sätzen einzugehen. Noch aus einem anderen Grunde ist eine Beschäftigung mit der ersten „Einheitsfront" angebracht: Ich möchte als Einführung die sich widersprechenden Positionen der beiden Hauptkontrahenten *Sôhyô* und *Dômei* anführen. Wie sich noch zeigen wird, hat sich bis zur Formierung *Rengô*s eine der beiden Positionen de facto durchgesetzt, die andere ist in sektiererischen Restorganisationen gelandet.

[33] Von den hier relevanten Branchenförderationen gehören *Tekkôrôren* (Eisen+Stahl), *Jidôshasôren* (Auto) und *Denkirôren* (Elektro) zum *IMF-JC*.

*Sôhyô* hatte im Mai 1970 die „Vier Prinzipien“ beschlossen, die die Basis der linken Position zur Einheitsgewerkschaft wiedergeben[34]: 1. Zusammenschluß *aller* Gewerkschaften und Arbeiter ohne Vorbehalte, also nicht etwa nur der Gewerkschaften des Privatsektors; 2. Kampfkraft gegenüber dem Kapital sowie kein „Nein“ zu politischen Aktionen; 3. Massenorganisation ohne feste Bande zu einer bestimmten Partei und 4. suksessive Auflösung der bestehenden Dachverbände im Falle einer Realisierung. (Dazu NRNK 1982:50)

*Dômeis* damalige Forderungen bilden entsprechend die „rechte“ Gegenposition: 1. zuerst Vereinigung des Privatsektors; 2. kooperativer, realistischer *trade unionism* und eine klare Absage an ein Primat des Kampfes sowie eines Marxismus-Leninismus; 3. kein Druck auf die parlamentarische Demokratie durch die Macht der Gewerkschaften in Form von Streiks; 4. Gesetz und Ordnung sind selbstverständlich zu befolgen, weshalb 5. politisch motivierte Streiks abzulehnen sind. (Dazu NRNK 1982:57)

*Dômei* legte die Latte rechtzeitig zur zweiten Vereinigungsphase 1978 sogar noch einmal höher (dazu NRNK 1982:62): Die Frage der Priorisierung wurde mit der Notwendigkeit einer innergewerkschaftlichen Demokratisierung der Verbände der Öffentlich Beschäftigten verbunden, und die schroffe Ablehnung „linker“ Gewerkschaften durch die Forderung nach einer Mitgliedschaft im Internationalen Bund Freier Gewerkschaften (IBFG) unterstrichen.

Wir finden hier die Streitpunkte der Folgezeit in Reinkultur, die in der Zukunft noch konkretisiert werden sollten:

- Welcher Beschäftigungssektor genießt bei der Vereinigung Priorität? Umfassende Parallel-Vereinigung versus Priorität des Privatsektors;
- Welche ideologische Richtung wird dabei eingeschlagen? Gemäßigter *trade unionism* und allgemein kooperative Haltung außer zur „Linken“ versus offene, kapitalismuskritische, konfliktorische Gegenmacht[35].

Die erste Vereinigungswelle fiel mit der Krise der Transformationsphase II zusammen. Aus einer Neueinschätzung ihrer Stärke vor dem Hintergrund der lohnpolitischen Erfolge und der hegemonialen Krise des Machtblocks allgemein und der LDP im besonderen setzten die Verbände um *Sôhyô* auf eher politisch motivierte Streiks wie in der Frage des Streikrechts im öffentlichen Sektor oder in der Rentenpolitik 1973. *Sôhyô* versuchte mit seiner „Volks-Frühjahrsoffensive“ (*kokumin shuntô*) in Anlehnung an die Takano-Zeit den verwirtschaftlichten Lohnrunden neuen, politischen Atem einzuhauchen und einen „demo-

---

[34] Sie waren übrigens intern keineswegs unumstritten: die einflußreiche Branchenföderation *Tekkôrôren*, einer der Träger der *Rengô*-Bildung, lehnte sie ab.

[35] Zu den Begriffen „kooperativ“ und „konfliktorisch“ in diesem Kontext siehe Bergmann et al. 1976:32ff.

kratischen Umbau“ der gesamten Gesellschaft herbeizuführen (dazu AN 1975: 570).

Die Reaktion der Gemäßigten folgte prompt: *Dômei* kritisierte *Sôhyô* als Vertreter des Klassenkampfes, weil es politische Streiks befürwortete. *Sôhyô* kritisierte *Dômei* als revisionistischen Vertreter einer Harmonisierung von Kapital und Arbeit. „Dieses Scheitern hatte seine Ursache in den Richtungsstreits von *Dômei* und *Sôhyô*“ (Tsurusaki 1988b:83). Ein solcher Konflikt sollte im folgenden vermieden werden, indem die beiden Dachverbände nach Möglichkeit und auf charakteristische Weise umgangen wurden - eine Lehre, die die Verfechter der Einheit aus dieser Erfahrung zogen. Zum damaligen Zeitpunkt jedoch reichten die Gegensätze und die Kräfteverhältnisse noch aus, um ein Vereinigungsvorhaben zu Fall zu bringen.

Bis in die TP II hinein existierten somit zwei divergierende Ansätze von Gewerkschaft in Japan: ein konfliktorischer Ansatz von *Sôhyô*, der umfassend sowohl auf eine Reform des politischen Systems abzielte als auch auf eine möglichst umfangreiche Erhöhung der Entgelte, sowie ein kooperativer Ansatz von *Dômei* und dem *IMF-JC* mit dem Schwerpunkt auf Lohnerhöhungen und politische Mitbestimmung. (Vergl. Kume 1988:668)

## Zwischen Sozialpakt und Förderkonferenz

Die Antwort auf die „Volks-Frühjahrsoffensive“, aber auch auf die wirtschaftlich-gesellschaftliche Krise seitens *Dômeis* und den IMF-JC-Verbänden war der sog. „Sozialpakt“ (*shakaikeiyaku*). Er beinhaltete das Versprechen zur Mäßigung an der Lohnfront aus der Einsicht, daß die Lohnpolitik der Hochwachstumsphase am Ende sei - so formuliert von den Vorsitzenden der Textil- und der Eisen- und Stahl-Gewerkschaften (dazu Kume 1988:671). Dafür erwarteten die Verbände eine eindeutige Reduzierung der Preissteigerung und Beschäftigungssicherheit durch Unternehmen und Staat sowie eventuell sozialpolitische Maßnahmen. (Vergl. Taira/Levine 1985:250)

Allerdings kam dieses Angebot auch aus einem Gefühl der Schwäche heraus, denn die Lohnrunde 1975 brachte zunächst keinesfalls eine auffallende Reduzierung der Forderungen. Diese lagen zwischen 25 und 30% Lohnaufschlag (Kume 1988:672; AN 1976:532). Doch trat an dieser Stelle der geballte Überredungsdruck von Staat und Kapital auf den Plan, wobei die tripartistisch-informelle Runde der *sanrôkon* in der Tat eine wichtige Kommunikationsrolle spielte. Hinzu kam allerdings der entschiedene Druck auf die einzelnen Unternehmer seitens der Regierung und ihrer Verbandsspitzen, keine Abschlüsse über 15% zu tätigen (Kume 1988:673). Dieses gemeinsame Einwirken brachte das gewünschte Resultat und wurde gewerkschaftlicherseits als eindeutige Niederlage aufgefaßt (etwa AN 1977:581; Higuchi 1990:298). Erst danach, mit der Lohnrunde 1976, setzte sich die Einsicht in eine Mäßigung bzw. in neue Aktionsparameter seitens ihrer Verfechter durch, an deren Ende *Rengô* stehen sollte (AN 1977:578; 1978:500). Die Einsicht in den Sozialpakt hing also entscheidend damit zusammen, daß der gewohnte *shuntô* nach den Exzessen seine Durchschlagskraft verloren hatte. Eine automatische Verteilung würde sich unter den veränderten Profitbedingungen nicht mehr einstellen, die Arbeitsmarktsituation veränderte sich wieder zuungunsten der Anbieter, so daß die strukturelle Schwäche der Gewerkschaften wieder zum Tragen kam. Somit bedeutete der *shuntô* 1975 einen weiteren Einschnitt. Die Träger des großen Kompromisses führten hierzu den *keizaiseigôsei*-Ansatz ein[36], dessen Grundsatz nicht mehr ein „Vorjahresergebnis plus alpha" war, sondern die Ausrichtung der Forderungen an der wirtschaftlichen Leistungsfähigkeit entsprechend der diversen volkswirtschaftlichen Indikatoren (dazu Tabata 1991:254).

Die Zurückhaltung der Unternehmensgewerkschaften überstieg dabei die der Dachverbände und ihrer Forderungen, und zwar selbst der gemäßigten Dachverbände. D.h., daß „ (...) die Aktivitäten der Unternehmensgewerkschaften nicht wirklich zu kontrollieren waren" (ebd.:258). In den Industriellen Beziehungen verlagerte sich der Schwerpunkt der Beziehungen auf die Unternehmen, bzw. die Dachverbände wurden zu abgeleiteten Formen der unternehmensbezogenen Organisationen und Beziehungsmuster. Allerdings hatte sich diese Verlagerung des Schwerpunktes in den gewerkschaftlichen Kräften bereits zuvor angedeutet, und in der Krise setzte sie sich endgültig durch.

Von der also aus der Niederlage geborenen, lohnpolitischen Selbstbeschränkung der Gewerkschaften führte der Weg direkt zu den Gesprächen mit Staatsvertretern zur Steuer- und Beschäftigungspolitik, jenen Anfängen der „Korporatisierung". Die Mäßigung fand ihren Ausdruck im Übergang der Führerschaft bei den Lohnrunden an die Verbände um den IMF-JC, die diesen Sozialpaktideen nahestanden. Der Sozialpakt führte dazu, daß *Nikkeiren* 1978 darauf verzichten konnte, einheitliche Empfehlungen für die Lohnrunde zu geben, weil dies nicht mehr notwendig schien (Japan Labor Bulletin 2/1979:4)

In der nun folgenden Periode bis zur Bildung der *Förderkonferenz* im Herbst 1980 schienen die Dachverbände zwar weiterhin den Ton der Auseinandersetzungen zu dominieren, doch die Initiative kam von einer Gruppe von Gewerkschaften, die den Kern des IMF-JC und der „Konferenz zur Förderung politischer Maßnahmen" (*Seisaku suishin rôsokaigi*, kurz: Seisui *kaigi*) ausmachten. Die *Seisui kaigi* hatte mit ihrem Zustandekommen 1976 den Einschnitt im gewerkschaftlichen Aktionsmuster organisatorisch markiert (NRNK 1978:208): An die Stelle der inzwischen eingeschliffenen, ritualisierten Lohnrunden der Verfechter des *shuntô* und erst recht gegenüber einer revitalisierten Erweiterung der Konfliktinhalte vollzog sich hier die entscheidende inhaltliche Gewichts-

---

36 Jap.: Anpassung an die Wirtschafts(kraft).

verlagerung, und organisatorisch wurde sie vorbereitet. Die *Seisui kaigi* war die Manifestation des Sozialpaktes.

Ende 1979 äußerte sich die Verlagerung der Initiative im sog. „Durchziehen um jeden Preis", unter dem sich sechs Branchenföderationen, die Einheitsbefürworter, sammelten, um eine Einheitsgewerkschaft auf die Bahn zu bringen. Die Zustimmung von *Dômei* und *Sôhyô* vom September 1980 bedeutete zu diesem Zeitpunkt nur mehr eine Vergewisserung, daß die sechs Branchenföderationen auch zukünftig mit deren Rückendeckung agieren konnten. Die Pläne konkretisierten sich jedoch erst nach der Doppelwahl vom Juni 1980, als die Mitte-Links-Parteien der wieder gefestigten LDP unterlagen, und so nahm die „Förderkonferenz" im Herbst 1980 ihre Arbeit auf. Ihr will ich eine gewisse Ausführlichkeit in der Betrachtung zukommen lassen, weil sie in jeder Hinsicht für die Herausbildung der Einheitsgewerkschaft *Rengô* prägend war.

Bereits seit Februar 1980 hatten die Vorsitzenden jener sechs Verbände regelmäßig getagt, die im September auch die Förderkonferenz bilden sollten. Beteiligt waren seitens *Sôhyôs Tekkôrôren* (Eisen+Stahl) und *Zennitsû* (Transport), von *Dômei Zensendômei* (Textil) und *Denryokurôren* (Stromerzeugung) sowie von *Chûritsurôren Denkirôren* (Elektro) und als neutraler Verband *Jidôshasôren* (Auto). Alle sechs gehörten übrigens dem Direktorat des JPZ an. Diese Gruppe war in allen Organisationen und auf allen Ebenen einflußreich; außerdem waren die wichtigsten Wachstumsbranchen der EP II abgedeckt. *Sôhyô* hatte zwar noch die Beteiligung des progressiveren Eisenbahnerverbandes *Shitetsusôren* gefordert, war jedoch damit nicht durchgedrungen. (NRNK 1982:68)

Diese exklusive Runde legte nun in dem einen Jahr bis zur „Vorbereitungskonferenz" mit der sog. „Grundkonzeption" die programmatische Basis aller weiteren organisatorischen Stufen, die gleichzeitig auch zum kanonisierten Glaubensbekenntnis der Einheitsgewerkschaft werden sollten. Wer ihr nicht zustimmte, durfte nicht teilnehmen.

Im gewissen Sinne verstieß der Beratungsprozeß dieser Förderkonferenz in der Folgezeit gegen die Übereinkunft vom September, in der die Dachverbände der Runde ihren Segen gegeben hatten. Darin waren allgemeine Konsultationen zwischen den Dachverbänden über den Beratungsprozeß anvisiert worden. Solcherlei Beratungen fanden hingegen bezeichnenderweise erst auf Grundlage dessen statt, was von der Förderkonferenz erarbeitet worden war. (Dazu Ôkawa 1986:6f)

Der Eindruck einer bewußten Auslese bzw. von Ausschließlichkeit verstärkte sich noch durch die Vorgehensweise. Über Details des Diskussionsprozesses wurde nichts veröffentlicht, von einem Mitglied der Sechser-Runde kurioserweise damit gerechtfertigt, daß die Sechs keine Delegierten bestimmter Organisationen seien, sondern lediglich für eine Organisation stünden und deshalb frei diskutieren könnten. Einmischungen seien unerwünscht. (NRNK 1982:69) In der Logik bzw. Strategie der Beteiligten war die Berücksichtigung unterschiedlicher Vorstellungen dadurch gesichert, daß alle drei großen Dachverbände vertreten waren.

Diese Argumentation sollte große Konsequenzen haben, denn die Kritiker der „Grundkonzeption" wurden in der Folge mit dem wiederum kuriosen Hinweis abgewiesen, daß Kritik unangebracht sei, weil *Sôhyô* doch mit zwei Verbänden vertreten gewesen sei. Daß diese Vertreter kaum repräsentativ für *Sôhyô* waren, sondern schon zuvor als kritisch ggü. dem eigenen Verband aufgefallen waren, spielte dabei keine Rolle. (Dazu Tsurusaki 1988b:89) Außerdem sagt die Argumentation zum exklusiven Stil der Förderkonferenz natürlich einiges darüber aus, wie sich inzwischen die Kräfte im gewerkschaftlichen Lager verschoben hatten.

Jedenfalls war man sich schon im November 1980 über ein grobes Muster zum weiteren Kurs einig: 1. die der Gesamtheit vorausgehende Vereinigung der Gewerkschaften des Privatsektors sollte mittels eines lockeren Rates der Gewerkschaften (*Zenminrôkyô*) organisiert werden, der nach einem bestimmten Zeitraum in einen Gewerkschaftsbund umgewandelt werden soll. 2. Diese Einheitsgewerkschaft soll sich primär auf politischer Ebene engagieren, während Tarifpolitik auf Branchenebene behandelt werden soll. (AN 1982:465)

Ab Anfang 1981 nahm die Diskussion um die programmatischen Grundzüge des angestrebten Zusammenschlusses ihren Anfang. Die Debatten führten in überraschend kurzer Zeit nach nur zwölf Treffen zu einem greifbaren und - wie sich zeigen wird - folgenschweren Ergebnis: der „Grundkonzeption einer Vereinigung der Gewerkschaftsfront durch die Priorität der Gewerkschaften des Privatsektors", kurz „Grundkonzeption". (Dazu NRNK 1982:69f; AN 1982: 465f)

Die Branchenföderationen wurden hierin aufgefordert, nach der Diskussion der „Grundkonzeption" an den geplanten weiteren organisatorischen Schritten teilzunehmen. Da die Gewerkschaftstage der Branchenverbände als Diskussionsforen allgemein im Sommer und Herbst stattfinden, übte alleine schon der gesteckte zeitliche Rahmen einen ungeheueren Druck auf die Betroffenen aus.

In bezug auf die Streitpunkte bedeutet die „Grundkonzeption" folgendes: Die Unterstützung der Parteien wird den diversen Mitgliedsorganisationen überlassen, geplant ist die Zusammenarbeit mit Parteien und Gruppierungen, deren Ziele mit dem neuen Dachverband übereinstimmen. Bezüglich der internationalen Mitgliedschaft enthält die erste Fassung zunächst Leerstellen, die jedoch auf der nächsten, 13. Sitzung gefüllt werden: „Die Stärkung der Zusammenarbeit mit dem IBFG (ursprünglich hier eine Leerstelle, d.V.) ist eine Notwendigkeit" (NRNK 1982:69).

Unbeirrt bleibt die ablehnende Haltung gegenüber der Mitgliedschaft von Gewerkschaften, die der Vereinigung „dogmatisch oder verleumderisch" gegenüberstehen. Die 13. Sitzung legte auch diesbezüglich noch einmal nach, indem in einem Zusatzpunkt der linke Verband *Tôitsurôsokon*[37] nunmehr namentlich ausgeschlossen wurde. (Dazu NRNK 1982:70; AN 1982:466) Damit war letztlich eine Art Blankovollmacht gegen alle Linken und damit die Einheit *Sôhyôs* gegeben.

Die inhaltliche Ausrichtung der „Grundkonzeption" zu bestimmen fällt nicht schwer. „In der 'Grundkonzeption' flossen zusammen mit der 'Idee einer freiheitlich, demokratischen Arbeiterbewegung' von *Dômei* die Gedanken aus *Sôrengô*s Einheitsplan ein" (Tsurusaki 1988a:83). D.h., der gemäßigte Gewerkschaftsflügel hatte dem Ganzen seinen Stempel aufgedrückt, wie aufgrund der Zusammensetzung der Förderkonferenz nicht anders zu erwarten.

Schon auf dieser Zwischenstufe sehen wir gewichtige positionelle Verschiebungen:

Die Priorisierung des Privatsektors hatte sich vollständig durchgesetzt - zur umfassenden Einheit fehlten konkrete Hinweise.

Die deutliche Abgrenzung nach Links zielte auf eine Vorauslese der künftigen Mitgliedsverbände, wobei die Festlegung auf eine anzustrebende IBFG-Mitgliedschaft diese Grenzziehung verfestigte. Hier ging es um hohe Hürden für (linke) Bewerber, die der (späteren) Einheitsgewerkschaft beitreten wollten.

### Die Debatten innerhalb *Sôhyô*s

Die folgende Zeit bis Mitte der 80ger Jahre wurde von den *Sôhyô*-internen Debatten thematisch bestimmt. Die zentrale Streitfrage dabei lautete, ob Revisionen der „Grundkonzeption" zulässig seien. Für deren Schöpfer als dem organisatorischen Kern der Vereinigung stellte sich diese Frage nicht, und damit setzten sie sich auch Stufe für Stufe durch. Denn die „Grundkonzeption" schlug sich in allen weiteren programmatisch-organisatorischen Schritten bis hin zu *Rengô* nieder. Im Vorfeld der Bildung des Gewerkschaftsrates (*Zenminrôkyô*) einigte man sich diesbezüglich auf eine kryptische Art und Weise: Der Rat „basiert auf dem Diskussionsprozeß innerhalb der Vorbereitungskonferenz" (zit. nach NRNK 1983:207).

Für die Kritiker dieser Form der Vereinigung stellte sich die Frage einer Revision allerdings sehr wohl. *Sôhyô* war in der Vereinigungsfrage in mindestens drei Positionen gespalten. An diesem zunehmend sich verschärfenden Dissens

---

[37] *Tôitsurôsokon* („Gewerkschaftliche Beratungskonferenz zur Förderung der Einheitsfront") wurde 1974 auf Betreiben der KPJ von KPJ-nahen Gewerkschaften gebildet, ursprünglich als primär politischer Zusammenschluß. Ihr gehörten auch *Sôhyô*-Verbände an. Mehr und mehr geriet sie in die Rolle eines linken Antipoden der hier beschriebenen Vereinigung.

mußten alle Versuche der Führung, als Verband zumindest einheitlich zu agieren, scheitern. Die Gewerkschaftstage 1981 endeten ohne einheitliche Entschließungen. Auf dem 64. außerordentlichen Gewerkschaftstag im November '81 konnte aufgrund der verschärften Gegensätze schließlich nicht einmal mehr über die weitere Vorgehensweise und Haltung abgestimmt werden - und das einen Monat vor Bildung der „Vorbereitungskonferenz". *Sôhyôs* Vorstand war nicht mehr durchsetzungsfähig oder besser: *Sôhyô* war nicht mehr handlungsfähig. (AN 1982:466)

Folge waren zeitliche Verzögerungen der Teilnahme von *Sôhyô*-Verbänden an den weiteren Organisationsstufen verbunden mit zum Teil erheblichen Querelen, als es um die Aufnahmeprozeduren ging. Dies war insbesondere bei „linken" Verbänden der Fall und gerade dabei bewies sich, daß *Sôhyô* als Aktionseinheit längst nicht mehr existierte. Jeweils mußte ausdrücklich eine Anerkennung der „Grundkonzeption" durch die Antragssteller geleistet werden. (Dazu NRNK 1983:205;1984:198f)

*Sôhyôs* letzte große inhaltliche Anstrengung zu einer Kurskorrektur sollten die „Fünf Ergänzungspunkte" von Juni 1981 sein. Dieser Vorstandsvorschlag spiegelte noch einmal anschaulich das *Sôhyô*-Konzept einer gewerkschaftlichen Gegenmacht wieder. Die Einheitsgewerkschaft sollte sich demnach auf die Fortsetzung des *shuntô* festlegen, eindeutig Stellung gegen die LDP beziehen, der Unternehmenszentrismus der Gewerkschaften sollte überwunden werden, ebenso die Vernachlässigung der Klein- und Mittelbetriebe, und auch dem Ausleseprinzip des bisherigen Vereinigungsprozesses sollte abgeschworen werden. (Dazu AN 1982:466)

Diese Positionen hatten allerdings noch nicht einmal mehr innerhalb *Sôhyôs* nur Befürworter. Die Träger des Vereinigungsgedankens um die Eisen- und Stahlföderation agierten in der Folgezeit de facto losgelöst davon. Das Schicksal dieses Vorschlages ist deshalb auch vielsagend: De facto verzichtete *Sôhyô* nach und nach auf seine Berücksichtigung. Erst erklärte *Sôhyô* bereits kurze Zeit nach Vorschlag der Ergänzungspunkte, daß man „den bisherigen Verlauf der Förderkonferenz respektiere" (dazu NRNK 1983:201). 1984 zeigte dann das sog. *Yamada-Tabuchi-Memo* den weiteren Kurs der *Sôhyô*-Führung. Die Diskussion um die Ergänzungspunkte sollte nun schon auf die Zeit der Umwandlung in einen Gewerkschaftsbund verschoben werden (dazu Ikeda 1984:56).

In den Jahren bis zur *Rengô*-Gründung reduzierte *Sôhyô* die eigenen Forderungen immer weiter: 1985 hieß es in einer Entschließung über die „Fünf Ergänzungspunkte", die Einheitsgewerkschaft soll „mit jenen Parteien zusammenarbeiten, mit denen es Übereinstimmungen in den politischen Forderungen gibt" (NRNK 1986:173). Damit konnte erstens auch die LDP gemeint sein, und zweitens war von einer Einheit der Oppositionsparteien auch nicht mehr die Rede. Die geforderte Offenheit der Organisation ohne Auslesepraktiken wurde schließlich als gewährleistet angesehen, dies mit dem Verweis auf eine vage Übereinkunft aus dem Jahre 1981 (NRNK 1988:50). Die *Sôhyô*-Linke bemerkte dazu, daß solche Haltungen einem Verzicht auf die Ergänzungspunkte und damit auf eine eigene Position gleichkäme. Zudem hatte *Sôhyô* sich auch mit der IBFG-Mitgliedschaft angefreundet - so im Aktionsplan 1985 (NRNK 1986: 175).

1987 erfolgte denn also mit der Gründung von *Rengô* als Einheitsgewerkschaft des Privatsektors ein großer organisatorischer und programmatischer Einschnitt. Bis auf *Sôhyô* lösten sich alle anderen Dachverbände auf.

## *Shin-Rengô*: Der Anschluß der Gewerkschaften des öffentlichen Sektors

Der sich über den Zeitraum von 1987 bis 1989 erstreckende Vereinigungsprozeß beider Gewerkschaftssektoren reproduzierte die Streitfragen der vorangegangenen Zeit - nur unter ganz anderen Kräfteverhältnissen. Deshalb wähle ich auch den Begriff „Anschluß".

Die Gespräche über die umfassende Vereinigung wurde vom gemäßigten Lager, aber damit inzwischen eben auch von *Rengô* selbst mit den bekannten Bedingungen verknüpft: Anerkennung der „Grundkonzeption", Abgrenzung nach Links. Die zuvor in *Dômei* zusammengeschlossenen Gewerkschaften des öffentlichen Sektors präzisierten dies in ihrem 1988er Aktionsplan noch einmal: Sie verlangten den Ausschluß linker Aktivisten aus den betreffenden *Sôhyô*-Verbänden und machten den Eintritt in konkrete Gespräche von einer dezidiert gemäßigten Haltung abhängig. (Dazu NRNK 1988:65)

Gleich bei der ersten Runde bilateraler Gespräche übermittelte *Rengô* den *Sôhyô*-Vertretern die sog. „Drei wichtigen Punkte" als Qualifikationsbedingungen für weitere Vereinigungsschritte. Darin wurde die Anerkennung des *Rengô*-Programmes, die Akzeptanz der IBFG-Mitgliedschaft sowie die eindeutige Abgrenzung nach Links gefordert. Echte Verhandlungen sollten erst nach Anerkennung dieser Punkte stattfinden. (Tsurusaki 1989a:103)

Die *Sôhyô*-Führung war inzwischen - auch aus Sorge um die Zukunft der eigenen Verbände bzw. um eine zu lange Alleinherrschaft der Gemäßigten innerhalb *Rengôs* zu vermeiden - nachgiebig geworden. Bald signalisierte man die Erfüllung der „Drei Punkte", danach auch detaillierter die Akzeptanz der einzelnen Bedingungen inklusive einer Abgrenzung „gegenüber Vorgehensweisen wie Verrat, Verleumdung und Schadenszufügung an der großen Sache der vereinigten Gewerkschaftsfront" (zit. nach Rôdôundô hakusho 1990:228), wovon ja teils die eigenen Mitglieder betroffen waren. Bei den Aufnahmeprozeduren kam es denn auch zu Spaltungen und teils chaotischen Konflikten innerhalb einiger *Sôhyô*-Verbände (etwa bei *Jichirô* (Öffentlich Beschäftigte), *Zenkoku kinzoku* (Metall) oder der Lehrergewerkschaft *Nikkyôso*).

Während der abschließenden programmatischen Diskussionen setzte sich *Rengô* insofern durch, als das neue „gemeinsame“ Programm weitestgehend mit dem alten übereinstimmte, auch im Aufbau. In jenen Teilen, in denen *Sôhyô* ursprünglich sein progressives Erbe einzubringen versucht hatte, erwies sich das neue Programm als höchst abstrakt und ungenau (dazu Tsurusaki 1989a: 104ff).

## *Sôhyô* und die Einheitsgewerkschaft

Für die Frage nach dem organisatorischen Verbleib gesellschaftlicher Opposition ist der Wandel *Sôhyôs* von großer Wichtigkeit.

*Sôhyô* hatte sich innerhalb relativ kurzer Zeit in drei zentralen Fragen auf das gemäßigte Lager zu bewegt: Es hatte bereits zur „Grundkonzeption“ die Priorisierung des Privatsektors akzeptiert, ohne daß das Schicksal der eigenen Verbände der Öffentlich Beschäftigten klar war; es war eine Annäherung an den IBFG eingeleitet und auch eine neuartige politische Flexibilität bewiesen worden [38]. *Sôhyôs* letztlich kreisförmige Bewegung von einem ursprünglich gemäßigten, gegen die SBKG-Linke organisierten Dachverband, über jene Organisation, deren „Fahnen stets dort zu finden sind, wo gekämpft wird“, bis zum Schwenk zu einem erneut gemäßigten Verband in der Vereinigungsphase wurde begleitet von den Niederlagen im „Streik für das Streikrecht“, den Mißerfolgen im *shuntô* nach 1975 und beim Volks-*shuntô*. In den 80er Jahren traten die Verwaltungsreform und in ihrer Folge die Privatisierungen hinzu, wovon primär die Verbände von *Sôhyô* betroffen waren. Der Vereinigungsprozeß geriet für *Sôhyô* somit zu einem „Hürden-Marathon“ (Tsurusaki 1989a:102).

Im Rückblick stellt sich *Sôhyô*s Lage so dar: *Sôhyôs* Verantwortliche mögen zwar daran gedacht haben, die neue Organisation zu unterwandern, um dort die Führung zu übernehmen, doch „befand sich *Sôhyô* (...) in einer konsequent passiven Lage, d.h. es wurde, nachdem eine Veränderung eingetreten war, dahin gedrängt, diese anzuerkennen“ (Narumi 1988:30). Deshalb ist es auch höchst unwahrscheinlich, daß innerhalb *Rengôs* ein Revisionsprozeß möglich ist. Die linken Verbände sind in der Defensive oder gar nicht erst Mitglied geworden. Und die Mehrheit in *Rengô* wird sich keineswegs mehr von einer progressiven Minderheit dirigieren lassen. Zu diesem Zweck ist *Rengô* gegründet worden.

*Sôhyô* erwies sich u.a. wegen der internen Zerstrittenheit als passiv, denn mit der fortschreitenden Vereinigung im Privatsektor wandten sich deren Träger natürlich auch *Sôhyô*-intern von einer gemeinsamen Linie ab, d.h., eine Aktionseinheit war ab einem gewissen Zeitpunkt einfach nicht mehr gegeben. Der *Sôhyô*-Vorsitzende Kurokawa machte dazu während des Gewerkschaftstages

---

[38] Als kleiner, aber sehr symbolträchtiger Akt wurde erstmals nach 25 Jahren zum Gewerkschaftstag 1980 kein Vertreter der KPJ eingeladen (NRNK 1982: 66).

1987 eine bezeichnende Aussage: „Die Haltung *Sôhyôs* zur 'vereinigten Gewerkschaftsfront' war passiv, das kann ich nicht leugnen... Und das liegt daran, daß sich in *Sôhyô* die überwiegende Mehrzahl der Gewerkschaften des öffentlichen Sektors zusammengeschlossen haben" (zit. nach NRNK 1988:49).

## Zum Wandel in der Regulation von Arbeit

Was folgte auf den kleinen Kompromiß? Die Frühjahrsrunde wurde in der EP I als Versuch einer Gegenwehr gegen die Folgen des Kompromisses etabliert. Bis in die TP II hinein geschah dies mit wachsendem Erfolg, wie an der Reallohnentwicklung zu sehen. In der Krise erfuhr der inzwischen verwirtschaftlichte *shuntô* einen Repolitisierungsversuch von den linken Kräften. Diesem wurde von den gemäßigten Gewerkschaften mit dem Sozialpakt ein erfolgreicheres Projekt entgegengestellt. Die Vereinigung der Dachverbände ist ein Ausläufer diese Projektes, das an die Stelle des „stereotypen" gewerkschaftlichen Agierens (Japan Labor Bulletin 9/1978:3) flexible, kooperative, konfliktarme Beziehungsmuster setzte. Die eigentlichen Impulse dazu kamen, wie am Beispiel der Förderkonferenz zu sehen, aus einem Kern von sechs Branchenföderationen, in erster Linie der Großindustrie. Parallel dazu vollzog *Sôhyô* seinen Kurswechsel, der einem Bedeutungsverlust dieses Verbandes gleichkam. Damit verblaßte auch der Rest an gesellschaftlicher Opposition im gewerkschaftlichen Hauptlager.

Die Vereinigung führte zu einer Segmentierung der Gewerkschaften in einen großen, gemäßigten Verband der Sozialpakt-Träger und Mitläufer, *Rengô*, sowie den herausdifferenzierten Gegnern des Sozialpaktes, die sich in den kleineren Dachverbänden *Zenrôren* und *Zenrôkyô* organisierten (Vergl. Schaubild 11). „Groß" bedeutet allerdings nicht etwa eine zentralistische Einheitsgewerkschaft, und der Organisationsgrad ist ebenfalls gering (vergl. Schaubild 8).

Die Trennlinie zwischen beiden Segmenten, wie im Prozeß des Anschlusses der Verbände des öffentlichen Sektors demonstriert, besteht darin, wie die Fragen an eine Einheitsgewerkschaft beantwortet wurden. Da läßt *Rengô* an Klarheit nichts zu wünschen übrig. Der Verband erfüllt ausnahmslos - auch durch den Prozeß des Zustandekommens - die Forderungen der gewerkschaftlichen „Rechten": Priorität des Privatsektors; kooperativer, entpolitisierter Pragmatismus, mit dem die eindeutige politische Zuordnung zu einem Teil des Parteienspektrums „überwunden" wurde - Shinoda bezeichnet *Rengô* deshalb als *en-*

*compassing organization* (1991:57)[39]; Mitgliedschaft im IBFG; Auslese bei der Aufnahme der Gewerkschaften der Öffentlich Beschäftigten.

Das Zusammenspiel einer Aufgabe des in der EP I etablierten *shuntô* und der Durchsetzung einer kooperativen Einheitsgewerkschaft ist die organisatorische Reproduktion des kleinen Kompromisses auf nationaler Ebene: der große Kompromiß. Er ist die organisatorische Verfestigung sowie der Ausdruck jener Form der Ausprägung der Fragmentierung des Widerspruches Kapital - Arbeit. Die Gewerkschaften haben sich in der Krise gehäutet: Ein Konzept als Gegenmacht ist in dieser Säule der Demokratisierung verschwunden. Seine Reste fanden sich seit der TP II in den Verbänden des öffentlichen Sektors, der für den Hauptteil der seltenen Arbeitsstreitigkeiten verantwortlich war (vergl. Hanami 1989:291).

Die mit Beginn der EP I durchgesetzte weitgehende Kooperationsorientierung in den Industriellen Beziehungen wurde mit der Krise und dem Sozialpakt unter den Vorzeichen des Privatsektors damit auch organisatorisch auf nationaler Ebene nachvollzogen. Damit erschließen sich die hochgradigen Flexibilitätspotentiale für die Weiterverfolgung der nationalen ökonomischen Ziele, wobei der relativ reibungslose Verlauf der Zweiten Ölkrise oder der Privatisierungen gute Beispiele bieten. Dies geschah wiederum in einem dialektischen Prozeß, denn die Keime zu diesem Strukturwandel waren seit dem kleinen Kompromiß entwickelt, reiften heran und in der Krise waren sie bereits vorhanden, um eine neue Ausprägung der Form der Regulierung der Arbeit etablieren zu können.

Um welche Keime es sich handelt, liegt aufgrund der Natur des kleinen Kompromisses auf der Hand. Dennoch lohnt es sich, die Träger der Vereinigung zu charakterisieren. Seit der TP II sprechen japanische Politikwissenschaftler davon, daß sich vor dem Hintergrund gemeinsamer Interessen in den Großbetrieben der Privatwirtschaft eine Interessenkoalition von Kapital und Arbeit herausgebildet hat, die nun gemeinsam als Interessenkartell auftritt. Dies kam trotz gewisser Divergenzen etwa in der Frage von Leistungsabbau in der Sozialpolitik „insbesondere bei der Verwaltungsreform" (also der *rinchô*) zum Tragen (Itô 1988:66). Die überbetrieblichen Betätigungsfelder dieser Allianz sind insbesondere Steuer-, Energie- und Industriepolitik. Die *Seisui kaigi* war seit 1976 für die Unternehmerverbände ein „Scharnier zu den Gewerkschaften", und die weiteren Organisationen übernahmen diese Funktion (Muramatsu et al. 1986:131). Insofern trifft die Charakterisierung, daß *Rengô* ein „Dachverband

---

[39] Dies dürfte zwar nicht unbedingt mit Olsons Verständnis einer *encompassing organization* in Einklang zu bringen sein (dazu 1982:47ff). Dennoch trifft der Hinweis in die richtige Richtung, nämlich hinsichtlich der Funktion und der Zusammensetzung von *Rengô* als Zusammenschluß von Gewerkschaften, die aufgrund ihrer *relativen* Reichweite und Bedeutung sehr wohl „encompassing" sind: die Gewerkschaften der Großindustrie.

ist, der auf Branchenföderationen basiert, die sich den Unternehmen untergeordnet haben" (Nishitani 1988:65), weitgehend zu.

Erleichtert werden die Kontakte durch inzwischen angeglichene Rekrutierungsmuster in den Verbandsspitzen. Die jetzigen Gewerkschafts-Führungskader etwa im Automobil- oder Eisen- und Stahlbereich entstammen wie ihre Partner zu relativ hohem Anteil den Eliteuniversitäten Tôkyô, Keiô und Waseda (Tsurusaki 1989b:107f).

Die bereits gestreifte *union identity*-Bewegung ist der letzte Schrei dieser wandelbaren „Gewerkschaftsbewegung". Hierbei geht es explizit um die Abstreifung der äußerlichen Form dessen, was Gewerkschaft (auch) bedeutete, eine „Reform der Symbole" (Inagami 1988:40): *Rote* Fahnen, Demonstrationen, Stirnbänder mit Schlagwörtern. An ihre Stelle tritt blau oder grün - wie auf dem *Rengô*-Gründungsfest; die tradierten Bezeichnungen werden abgeschafft: Die „Gewerkschaft" heißt fortan *union.* Ziel dieser Bewegung ist die *union* als Lebensbegleiter, eine private non-profit-Organisation mit quasi-öffentlichen Versorgungsaufgaben (Shinoda 1991:58).

# 6. ZUM PROZESS DER REGULATION IN JAPAN: GESELLSCHAFTLICHE FLEXIBILITÄT UND KRÄFTEKONSTELLATION

Wir waren vom Problem der Erklärung der hochgradigen wirtschaftlichen und gesellschaftlichen Problemlösungskapazität aus der harmonischen Natur der Beziehungen von Kapital, Arbeit und Staat ausgegangen. Meine Ausgangsthese war die einer spezifischen Form positiver Integration von gesellschaftlichen Kräften in einen Konsensblock, und zwar in Form einer strategischen Formierung und Segmentierung der Nachkriegsgesellschaft, unter dem Leitmotiv eines ökonomisch-orientierten, nationalen Aufhol- und schließlich Überholprojektes.

Dies möchte ich nun abschließend thesenförmig rekapitulieren und konkret ausführen. Um den Charakter der Beziehungen zwischen den drei Akteuren zu beleuchten, habe ich zunächst die Neokorporatismus-Theorie diskutiert, die an eben jener Frage der gesellschaftlichen Problemlösungskapazität ansetzt.

- Die klassische Neokorporatismus-Theorie bezieht sich von der Erklärungsreichweite her in erster Linie auf kleinere, exportabhängige Ökonomien mit hochgradiger Kooperation der funktionalen Interessengruppen, die durch deren Selbstsicht einer internationalen Abhängigkeit erklärbar ist.

Auf Japan treffen die wenigsten Prämissen der Debatte zu. Mit der Ersten Ölkrise kam es dort allerdings zu einem Wandel in den Industriellen Beziehungen: Zwischen Staat, Großunternehmen und Gewerkschaften erfolgte eine informelle und instabile Verzahnung in Gremien, die sich primär mit Fragen der Arbeitswelt beschäftigten, während die Gewerkschaftsvertreter innerhalb der für die nationale Politik entscheidenden Strukturen der Politikformulierung weiterhin eher Randpositionen einnahmen wie etwa bei der Verwaltungsreform.

- Die strukturelle Asymmetrie und Informalität der Integration zu Lasten der Organisationen der Arbeit spiegelt sich in den „attributlastigen“, konzeptionellen Bemühungen der Neokorporatismus-Debatte im Falle Japans.

Keiner der Autoren vermag eine überzeugende neokorporatistische Deutung der japanischen Verhältnisse zu liefern. In keinem der Ansätze existiert ein Tauschgedanke als Äquivalententausch, wie ihn die klassische Neokorporatismus-Theorie entwickelt hatte. An seine Stelle tritt ein weites Spektrum „funktionaler Äquivalente“. Ist das also Neokorporatismus?

- Wenn wir jenen Begriff von *Neo*korporatismus meinen, wie er beispielsweise von Schmitter oder Lehmbruch ursprünglich konzipiert worden ist, und auf den sich die Japan-Debatte auch bezogen hat, und zwar mit der Ratio einer Austauschlogik zwischen relevanten Kräften mit ausgeglichener Machtposition, so vermag dieser allenfalls sehr bedingt die japanischen Verhältnisse zu beschreiben, geschweige denn zu erklären.

Der staatliche Integrationspull betraf keine relevante, gut organisierte und homogene gesellschaftliche Macht, mit der Interessen um den Preis konkreter Zugeständnisse verhandelt werden mußten. Doch ist ein Arrangement ohne diesen Äquivalententausch nicht neokorporatistisch. Die Integration gehorcht anderen Gesetzen, die in der Asymmetrie und der Informalität zum Ausdruck kommen. Der eigentlich interessante Aspekt der japanischen Debatte liegt daher auch vielmehr in der analysierten Form der Integration, zumal diese im demokratischen Umfeld nicht als Korporatismus autoritären Zuschnitts erklärbar ist.

- Im Vordergrund scheint der Prozeß einer gesellschaftlichen Formierung zu stehen, die primär im Interesse der japanischen Staatsapparate, der Regierungspartei und des *Big Business* liegt (vergl. Tsujinaka).

Nicht zuletzt die Verweise auf den veränderten politischen Prozeß im Rahmen des neokonservativen Projektes des *small government* der 80er Jahre warfen die Frage nach den Konstellationen zwischen den Akteuren bei dieser Integration, und somit nach den allgemeinen Entstehungszusammenhängen, auf. Dem Charakter dieser Formierung wurde im folgenden durch eine politische Ökonomie der Verteilungsfrage nachgegangen.

Der analytische Bezugsrahmen ist die Regulationstheorie, modifiziert durch die Kategorien Staat, Hegemonie und positive wie negative Integration.

- Gesellschaftliche Entwicklung vollzieht sich in einer Abfolge von stabilen Expansionsphasen und instabilen Transformationsphasen.
- Expansionsphasen reproduzieren erfolgreich gesellschaftliche Entwicklungsmodelle, die von hegemonialen Kräften formuliert werden und entsprechend der Ausprägung der Klassenstrukturierung auf Klasseninteressen zurückführbar sind.
- Transformationsphasen ereignen sich aufgrund aufgestauter Widersprüche zwischen Klassenfraktionen, deren Interessenkonflikte eine ungestörte Akkumulation nicht mehr gewährleisten. Sie sind also Folge von Klassenpraxis. Die Formen der Regulation stehen zur Disposition - bis sich neue hegemoniale Projekte bzw. ihre prägenden Kräfte durchsetzen können. In diesem Prozeß der Formulierung eines Projektes sind der hegemoniale Block als eigentlicher Nutznießer und der Konsensblock als erweiterter Träger zu unterscheiden.

Im Hauptteil habe ich zur Konkretisierung dieser regulationstheoretischen Thesen die japanischen hegemonialen Entwicklungsprojekte auf den drei Betrachtungsebenen der Regulation von Ökonomie, Regulation von Politik sowie Regulation von Arbeit bzw. dem Verhältnis Kapital - Arbeit analysiert.

Der Prozeß der Regulation vollzog sich im hier relevanten Zeitraum in zwei (von insgesamt drei) Transformationsphasen und zwei jeweils außerordentlich dynamischen Expansionsphasen mit hochgradig investiven, weitgehend intensiven Akkumulationsregimen.

- TP I läßt sich als Prozeß der Herausbildung eines konsensualen und kohäsiven Projektes nach dem Aufbrechen der rigiden gesellschaftlichen Ordnung unter der Diktatur des „Ultranationalismus“ (Maruyama) vor 1945 deuten.

Es formierten sich enorme Widerstandskräfte gegen den alten, gesellschaftlich hegemonialen Block von Staatsapparaten, Großindustrie, -finanz und -landwirtschaft. Demokratisierung innerhalb der Gesellschaft bedeutete in erster Linie Demokratisierung von unten, deren Gestalt jedoch im Gegenzug von oben auf eigene Art, ausgedrückt schließlich in Form der Regulationsweise der EP I, legitimiert wurde. Konflikte dominierten die Beziehungen von Kapital und Arbeit und damit auch die ökonomische Entwicklung und den Verlauf der Transformation ihrer Formen. Im politischen Kernbereich kam es zu einer Übergangsphase mit sozialistischer Kabinettsbeteiligung.

- Die TP I war eine profunde gesellschaftliche Krise, die einen im Rahmen der demokratisierten Gesellschaft kreativen Formenwandel gegenüber der autoritären Gesellschaft vollzog.

Am Ende der TP I standen mit der wirtschaftlichen Konsolidierung (*Dodge line*, Korea-Boom, Rationalisierungen) weitreichend gewandelte ökonomische Formen (ohne daß sich an ihren Grundstrukturen, wie etwa im Falle der *Unternehmensgruppen*, übermäßig viel geändert hatte), die Hegemonie des Blocks aus *Big Business*, Teilen der Landwirtschaft, konservativ-liberaler Partei und Staatsapparaten im politischen Raum sowie der kleine Kompromiß bei der Regulation von Arbeit.

- Das in dieser Phase formulierte hegemoniale Projekt ist die demokratisch legitimierte, also gebrochene Fortsetzung des nationalen Aufstiegsgedankens der Meiji-Zeit, des *fukoku*, mit einer Regulationsweise, die eine hochgradige Bündelung aller Kräfte für einen zeitweilig beispiellos dynamisch die Verteilungsrelationen umschichtenden Wachstumsprozeß vermittelte.

Dem hegemonialen Block war eine weitgehend kreative Überwindung der oppositionellen Gegenformation gelungen. Kompromiß hieß allerdings, daß dafür an eine Fraktion der Beschäftigten ein gewisser Preis der Privilegierung gezahlt werden mußte, und auch, daß die gesellschaftliche Integration damit auf dieser Ebene *partiell* erfolgreich gewesen war - eben auf Unternehmensebene ähnlich der Zeit vor 1945. Die Art der Organisation als Unternehmensgewerkschaft war insofern bereits ein Formwandel, in welchem sich die Veränderung oder „Japanisierung“ des Begriffs Gewerkschaft andeutete.

- Die Neutralisierung des Widerspruches Kapital - Arbeit in Form der Integration der gewerkschaftlich Organisierten auf Ebene der Großbetriebe und der negativen Integration der Opposition und nicht-organisierter Reste führte zu dieser Balance von Akkumulation und Legitimation - mit allerdings noch tendenziell prekären gesellschaftlichen Bedingungen aufgrund der zuvor gezogenen Frontlinien.

Der kleine Kompromiß beinhaltete nicht nur die Entpolitisierung und Stabilisierung der Arbeitsbeziehungen in den volkswirtschaftlich entscheidenden Unternehmen der Großindustrie, sondern auch die Einleitung einer Kooperation zwischen den beteiligten gemäßigten Kräften in neu errichteten Gremien (etwa dem JPZ). Hier wurde die Integration auf nationaler Ebene vorbereitet.

- Negativ integriert blieben die progressiven Kräfte auf beiden Ebenen: SPJ und (vor allem) die *Sôhyô*-Gewerkschaften im öffentlichen Sektor - und natürlich diejenigen, die nicht vom kleinen Kompromiß erfaßt oder betroffen waren.

Die EP I war somit ein „4 K“-Projekt, gesellschaftlich konsensual und kohäsiv. Die verbleibende gewerkschaftliche und parteipolitische Opposition mußte im Hochwachstum eine neue Rolle finden und definieren.

Mit der Verstetigung des Expansionsprozesses konnte die Verfestigung der im engeren Sinne politischen, ökonomischen sowie internationalen Widersprüche nicht mehr länger innerhalb des Akkumulations- und Reproduktionsprozesses „abgeschmolzen“ werden. Das intensive Akkumulationsregime war nicht länger mit den gesellschaftlichen Reproduktionsbedingungen vermittelbar; die Form der Regulation der Arbeit, Teile der ökonomischen Formen sowie schließlich die Regulation der Politik standen zur Disposition. Bis zum Höhepunkt der allgemeinen Preiskrise schien Japan auf eine große, gesellschaftlich umfassende Krise der Transformation zuzusteuern.

- Diese Krise war in erster Linie eine Krise der Form der Regulation der Arbeit.

Das ist darauf zurückzuführen, daß das entscheidende Krisenmoment für das hegemoniale Projekt und insbesondere für die neu formulierte Ausrichtung des Produktionssektors auf Export und Weltmärkte im Kontext der internationalen Instabilität und der Risiken der Währungsbewegungen im Lohnverhältnis, in der Art der Lohnfindung des *shuntô*, lag.

Hinsichtlich der weiteren gesellschaftlichen Störfaktoren (Politik, Soziales, Umwelt) zeigte sich, daß sie den politischen Kernbereich nur eingeschränkt berührten und schließlich auch integrierbar waren. Prinzipiell drohte hier dem hegemonialen Block und den politisch herrschenden Kräften in Regierung und Verwaltung von vornherein weniger Gefahr, weil die relativ vereinte politische Opposition der TP I einer Pluralisierung gewichen war: den Nicht-LDP-Parteien mit ihrer heterogenen Interessenlage. Diese waren nur unter extremen Umständen, und selbst dann nur bedingt, zu einer Kooperation bereit (Beispiel hierfür ist die Wahl von 1980).

- Die parteipolitische Opposition war zu einer stumpfen Waffe geworden. Zudem erreichten die Bürgerbewegungen lediglich als Warnsignale in Form regionaler Wahlerfolge den politischen Kernbereich.

Dabei darf das kreative Aufnehmen der sozialen Proteste (etwa in der Umweltgesetzgebung oder den Sozialprogrammen) durch die LDP nicht unberücksichtigt bleiben. Ihr bereits zitierter Pragmatismus bewies sich hier sehr anschaulich. Doch sollte keinesfalls übersehen werden, daß es sich um einen Pragmatismus handelt, der um einen dogmatischen Kern herum angeordnet ist, das hegemoniale Projekt. Die Umorientierung stand im Zeichen der Aufrechterhaltung der politischen Macht, d.h. auch der politisch-integrativen, globalen Absicherung der Entwicklungsziele.

- Der politische Raum blieb relativ stabil. Der Wachstumsprozeß ging deshalb mit der ständig gleichen Form politischer Regulation einher.

Die politischen Verhältnisse in Japan ähneln mit der TP II einem Fall der „perfekten Harmonie" zwischen den politischen Super- und Substrukturen, womit einerseits die Regierungszusammensetzung, andererseits die parteipolitischen Kräfteverhältnisse und die Konstellation in den Industriellen Beziehungen gemeint sind (vergl. Schmidt 1983:4f).

Die Transformationskrise der 70er Jahre wurde aufgrund der konkret beteiligten Kräfte- und Widerspruchskonstellationen keine große Krise, auch wenn das Ausgangspotential darauf hingedeutet hatte.

- Die aufgestauten Widersprüche fanden in der Krise nämlich keine nationalen Träger (mehr).

Auf dem Höhepunkt der Krise sorgten die bereits vorgeformten Kompromißstrukturen als institutionalisierte Verschiebung der Bündnisgrenzen im Bereich der Regulation von Arbeit für einen Bruch der tradierten Form der Lohnrunden der EP I.

- Der große Kompromiß in der Regulation von Arbeit ist die Ausdehnung der Kooperation von der Unternehmensebene auf die nationale Ebene in Form einer erweiterten Formierung, wobei die integrationswillige Einheitsgewerkschaft der organisatorische Ausdruck dafür ist.

Die Krise der Transformation verlief fortan de facto als mutierte kleine Krise der zügigen, sukzessiven und flexiblen Anpassung der Formen. Da die hegemoniale Struktur somit weitgehend intakt geblieben war (und die Gegnerfreiheit im politischen Prozeß mit ihr), konnte der Akkumulationsprozeß mit gewissen, teils einschneidenden Veränderungen fortgesetzt werden. Doch vollzogen sich diese Transformationsprozesse relativ laut- und friktionslos, als Beispiele einer „Verkörperung von Regulation".

- Das nunmehr eindeutig international gewendete hegemoniale Projekt fand seine Träger im erweiterten Konsensblock - mit den alten Kräften vor allem der Großindustrie und Finanzwelt sowie der Staatspartei als hegemonialem

Block und den „neuen" Gewerkschaften bis hin zur Bildung *Rengôs* als transformierter Ergänzung.

Entsprechend dynamisch und flexibel verlief unter gewandelten Bedingungen der Reproduktionsprozeß der EP II als Ausdruck einer geänderten Wachstumssicht mit Umbauten verschiedener Formen der Regulation, konkret und besonders deutlich auf dem Gebiet der Geld- und Kreditbeziehungen, doch auch der Beziehungen zur internationalen Wirtschaft sowie der Form des Verhältnisses von Staat und Großindustrie und -finanz. Das Akkumulationsregime blieb hinsichtlich der grundsätzlichen Parameter gleich (Verteilungsrelationen), ließ sich nun jedoch als eindeutig intensiv beschreiben.

- Der Charakter der fortschreitenden gesellschaftlichen Formierung im Sinne einer erweiterten positiven und negativen Integration gesellschaftlicher Kräfte erlaubte die weitgehend friktionslose Fortführung der nationalen wirtschaftlichen Expansion unter internationalen Vorzeichen (Exportorientierung).

Die Zweite Ölkrise ist insofern de facto nicht mehr zur Transformationsphase zu rechnen, da sich die relevanten gesellschaftlichen Formen bereits weitgehend stabilisiert und transformiert zeigen. Ausnahme ist allenfalls in beschränktem Umfange die politische Form. Dennoch konnten schon bald Teile der in der TP II eingeleiteten sozialpolitischen Maßnahmen im Rahmen des Abbaus staatlicher Zuständigkeiten zurückgenommen werden.

Die Logik der politischen Formierung entsprang in erster Linie den gewandelten wirtschaftlichen Prämissen und Erfordernissen und somit den Kehrseiten der internationalen (Inter-) Dependenz. Für die Weiterführung des „Bereichert das Land!" war die Einbeziehung der Gewerkschaften in zweifacher Hinsicht funktional: kurzfristig aufgrund der Legitimationsdefizite in der Krise (lohnpolitisch), strategisch und langfristig für die anstehenden Umstrukturierungen, die eine hochgradige Anpassungsflexibilität der Beschäftigten verlangten. Hier formierte sich eine Allianz, dominiert von den Exportbranchen (vergl. Kume 1988:665).

- Eine Äquivalenz zu den *open economies* oder den *small markets* Camerons oder Katzensteins würde somit in der strategischen Formierung für die Internationalisierung bestehen.

Nicht von ungefähr fallen die diversen Strukturveränderungen zusammen: der Beginn der fundamentalen Ausweitung der Exporte in den zentralen Branchen, die US-Dollar-Krise und der Beginn der Aufwertung des En, die Kräfteverschiebungen im gewerkschaftlichen Lager bis zur Einleitung des organisatorischen Umbaus unter der Führung der Gewerkschaften der Exportbranchen, die Integration dieser Kräfte und der Sozialpakt - und als Antipode der Ausschluß der störenden Kräfte. Die Pseudo-Korporatisierung ist demzufolge der Versuch einer politisch formierten Gesellschaft. Die Umorientierung unter Nakasone ist somit als politische Reaktion auf die „Standortfrage" in diesem Kontext der Internationalisierung zu sehen.

Die Selbstsicht als verletzlicher Markt im internationalen Wettbewerb ist ein gewichtiger, wenn nicht *der* Faktor für die Formierung nicht nur seit den 70er Jahren (vergl. Katzenstein 1988:298f; ähnlich Calder 1993:13).

- Diese Selbstsicht ist zum einen aus den realen Expansionsbedingungen der TP II zu erklären. Zum anderen trägt sie jedoch „ideologische" Züge, nämlich die einer Instrumentalisierung zum kohäsiven Zusammenfügen des Binnenraumes.

Die konsequente Fortschreibung dieser Formierung im ideologischen Bereich ist die starke Betonung einer konfliktfreien Mittelklasse-Gesellschaft (dazu Taira 1993:169), die im sog. „Japan-Diskurs" seit den 70er Jahren auch international Beachtung fand (vergl. Mouer/Sugimoto 1990: Kap. 1ff).

- In dieser Ausprägung des Konsensblockes schließlich bestand ein großer Flexibilitätspuffer und gesellschaftlicher Schockabsorber, der die letztlich sanfte Transformation der Formen der Regulation unter den konkreten Bedingungen ermöglichte bzw. bewirkte.

Japan zeigte sich in und seit der TP II als Beispiel eines umfassenden Restrukturierungsprozesses, der nicht in eine große gesellschaftliche Krise umschlug. Das Ausmaß an „sozialen Rigiditäten" (Olson) in Japan wurde im Untersuchungszeitraum aufgrund dieser Konstellationen, somit aufgrund der Ausprägung des Hauptwiderspruches, immer geringer. Die amorphe oder flexible Form des hegemonialen Blocks sorgte mit ihren Problemlösungskapazitäten für die im Vergleich so „superior ways of organizing for international competition" (Katzenstein 1985:205). Das bedeutet allerdings nicht, daß der „search for consensus is a national passion" (ebd.:10). Dieser Konsens gehorcht den Zielen, die der hegemoniale Block prägt.

Das konsensuale Moment in der Politikformulierung entspringt mehr und mehr den institutionellen Charakteristika von Politik in Japan. Diesbezüglich ist Lehner zuzustimmen, der die Muster der Interessenvermittlung in Japan zwar als hochgradig integriert, aber auch weitgehend exklusiv beschreibt (1987:68). Denn trotz der Integration neuer Kräfte bleibt die Politikformulierung bis zur TP III weitgehend frei von bestimmten Interessen etwa zugunsten eines anders gearteten Akkumulationsregimes.

Die negative Integration konnte nun noch enger und organisatorisch formalisierter erfolgen: *Rengô* ist die Verkörperung dieser Entwicklung. (Das Schicksal der SPJ deutet auf parteipolitischer Ebene in eine ähnliche Richtung.)

- Die negativ integrierten Kräfte sind in aller Regel schwach organisiert und ohne realistische (systemrelevante) Verweigerungspotentiale.

Damit wird nicht die These einer gesellschaftlichen Homogenität im Sinne der holistischen Interpretation unterstützt. Nur sind die „anderen" Kräfte im

Umfeld der Regulationsweise der EP II, also in der „damals“ bestehenden Konjunktion der konkreten gesellschaftlichen Kräfteverhältnisse, ohne relevante organisatorische Träger der Interessenartikulation. Fragen der gesellschaftlichen Kostenverteilung oder der Krisenvermeidung (allgemein) sind damit keineswegs dauerhaft geklärt.

Was bedeutet diese Widerspruchskonstellation für die Reproduktionsbedingungen? Sie ermöglicht die Durchsetzung und Ausführung eines bestimmten Sets von Lösungen, die im primären Interesse des hegemonialen Blocks, und sehr eingeschränkt auch der erweiterten Träger, sind. Die Frage nach den negativ integrierten Kräften wird auf diese Weise „flexibel“ umgangen. Ob solche Lösungen adäquat für die gesellschaftliche Reproduktion sind, ist eine andere Frage, die erst im Prozeß der Regulation beantwortet wird. Es sollte sich - als ein Beispiel - in der EP II zeigen, daß diese Form von kooperativ-harmonischen Industriellen Beziehungen störend sein können, wenn etwa neue, international bedingte Konflikte auftauchen. Eine Belebung des Binnenmarktes oder der Abbau arbeitspolitischer Standortvorteile (Arbeitszeit), wie sie im Dialog mit den USA unter dem Stichwort Handelsreibereien diskutiert wurden, ließen sich in dieser Form der Regulation von Arbeit nicht vollziehen bzw. mußten staatlich angepaßt werden.

Was bedeutet das bisher Gesagte für die Struktur der Kräfteverhältnisse, der Beziehungen von Arbeit, Kapital und Staat?

Die Akkumulationsregime gingen mit einer flexiblen Transformation der gesellschaftlichen Formen, einer zunehmend kooperativen Form der Regulation von Arbeit zwischen Staat, Großkapital und den Gewerkschaften der Großindustrie sowie der Segmentierung der gesellschaftlichen Kräfte zu einem Bündel von Nebenwidersprüchen einher.

Das Topos „Klasse“ hat in den Ausführungen keine weitere Rolle gespielt, darauf werde ich abschließend noch eingehen. In diesem *Prozeß* der gesellschaftlichen Reproduktion und Regulation - als der das Folgende zu verstehen ist - scheinen intransparente Klassenverhältnisse sozusagen das Hintergrundrauschen zu sein. Die zunehmend unbestimmte oder schwankende Klassenlage nämlich führte zu einer fragmentierten, heterogenen Interessenlage auf Seiten der Arbeit.

Bereits in der TP I waren die Streiks am Dualismus innerhalb der abhängig Beschäftigten gescheitert: ideologisch zwischen Gemäßigten und Linken, nach Status zwischen Angestellten und Arbeitern und strukturell nach Größe zwischen den unterschiedlichen Unternehmen. Die Kluft zwischen Privatwirtschaft und öffentlich Beschäftigten trat schließlich noch hinzu. Bis zur TP II war dieser Dualismus zu einer latenten bis festen Struktur geronnen, die durch die (re-)

distributiven Erfolge des *shuntô* allerdings zeitweilig verdeckt wurde. Er spiegelte sich auch in den organisatorischen Veränderungen wider.

Dies bedeutet, daß die Organisationen der Arbeit zwar eine nachlassende gesellschaftliche Rolle ausfüllten, jedoch eine gleichbleibende Funktion für den Reproduktionsprozeß besaßen, nämlich für den Konsensblock. Damit einher geht ihr Formwandel von einer „Säule der Demokratisierung" zu einem - im extremen Fall - Bestandteil des Personalmanagements.

Die „allgemeine Beleuchtung" war somit außer in der TP I und im Übergang zur TP II diffus. Da der Widerspruch Kapital - Arbeit blockiert oder aufgehoben war, fehlte die „Haupt"konfliktlinie. Nur in den angesprochenen Phasen kam es zu Verschmelzungen von Widersprüchen, geprägt von den Verfestigungen des Widerspruches zwischen Fraktionen von Kapital und Arbeit.

Das strukturelle Merkmal der gesellschaftlichen Kräftekonstellation ist also ein Bündel von Nebenwidersprüchen - mit zwei weitreichenden Folgen. Eine solche Struktur vereinfachte die positive wie negative Integration für den hegemonialen Block außerordentlich, da sich die Nebenwidersprüche in der Regel in den Formen bewegen konnten oder aufhebbar waren. Die hegemonialen Kräfte vermochten die gesellschaftlichen Projekte daher vergleichsweise einfach zu prägen.

Außerdem führte diese Struktur der prägenden und tragenden Kräfte (d.h. bis zur TP II waren konsensualer und hegemonialer Block de facto deckungsgleich, dann folgte die Erweiterung) zu einer weitgehenden Entlastung der globalen zugunsten der direkten oder modalen Rollen des Staates. Daraus ließe sich die oft beschriebene „Schwäche" des japanischen Staates und insbesondere der Exekutive erklären (vergl. zuvor), die als Organisator von Kohäsion zumal im repressiven Sinne folglich weniger *in Erscheinung treten* mußten. Das ist jedoch keine Frage von Schwäche.

Was bedeutet das abschließend für die Beschaffenheit der Kräfteverhältnisse als auf Klassen *zurückführbar*? „Klasse" hat bei den konkreten Erörterungen auch in diesem Schlußteil nur einen geringen Stellenwert gespielt.

Nun habe ich auch nicht behauptet, daß Japan eine Klassengesellschaft ist. Eine Klassengesellschaft beweist sich nicht einfach im Vorhandensein von Klassen, sondern darin, daß die Klassenverhältnisse prägend für die gesellschaftlichen Prozesse sind. Dies wiederum ist abhängig von der spezifischen Klassenposition in der konkreten Konjunktion der Kräfte. (So Giddens und Poulantzas) Prämisse für Klassenhandeln ist die „Sichtbarkeit" von Klasse in den genannten Formen. Eine zunehmende Intransparenz der Klassenverhältnisse seit der EP I resultierte trotz objektiv unterschiedlicher Lebenschancen in entsprechenden Mustern des Klassenbewußtseins und jener gering ausgeprägten bzw. heterogenen Klassenstrukturierung bzw. einer Fragmentierung. Nach Vollendung der Regulationsweise der EP I waren Klassenkonflikte somit nur noch in jener prekären Phase des Überganges in die Krise der TP II auszumachen.

Die Klassenstrukturierung *scheint* also in der Tat in zunehmendem Maße und insbesondere in der EP II schwach ausgebildet; hier ließe sich wohl eher von Klassenbewußtheit sprechen. Allerdings mußte diesbezüglich aufgrund des Themas der Untersuchung vieles unausgeführt bleiben, etwa Fragen nach der präzisen Natur und der Genese dieser Verhältnisse. Daher bleiben diese Verweise auch notwendigerweise vage.

Unabhängig davon ist festzuhalten, daß diese Klassenverhältnisse allerdings insofern prägend waren, als sie eine allgemeine Blockierung von gesellschaftlichen Widersprüchen erleichterten, wenn nicht bewirkten. Und dieser Befund ist wie gezeigt keineswegs identisch mit einer Absage an die Existenz von Klassen oder Konflikten.

# 7. BIBLIOGRAPHIE


Joel D. ABERBACH, Ellis S. Krauss, Michio Muramatsu und Bert A. Rockman 1990, Comparing Japanese and American Administrative Elites, *British Journal of Political Science* Vol. 20, S. 461-488

Gardner ACKLEY und Hiromitsu Ishi 1976, Fiscal, Monetary, and Related Policies, in: Patrick/Rosovsky (Hrsg.), S. 153-247

Michel AGLIETTA 1979, A Theory of Capitalist Regulation, London: New Left Books

Michel AGLIETTA 1982, World Capitalism in the Eighties, *NLR* 136 (Nov./Dec.), S. 5-41

Ulrich von ALEMANN und Rolf G. Heinze (Hrsg.) 1979a, Verbände und Staat: Vom Pluralismus zum Korporatismus, Opladen: Westdeutscher Verlag

Ulrich von ALEMANN und Rolf G. Heinze 1979b, Neo-Korporatismus. Zur neuen Diskussion eines alten Begriffs, *Zeitschrift für Parlamentsfragen* 10. Jg. Nr. 4, S. 469-487

Gary D. ALLINSON 1993, Citizenship, Fragmentation, and the Negotiated Polity, in: Allinson und Sone (Hrsg.), S. 17-49

Gary D. ALLINSON und Yasunori Sone (Hrsg.) 1993, Political Dynamics in Contemporary Japan, Ithaca/London: Cornell University Press

Gabriel A. ALMOND 1958, A Comparative Study of Interest Groups and the Political Process, *American Political Science Review* Vol. 52 Nr. 1, S. 270-282

Gabriel A. ALMOND 1988, The Return to the State, *American Political Science Review* Vol. 82 Nr. 3, S. 853-874

Louis ALTHUSSER 1974, Für Marx, Frankfurt: Edition Suhrkamp

Louis ALTHUSSER 1976, Ideologie und ideologische Staatsapparate. Skizzen für eine Untersuchung, in: Urs Jaeggi, Sozialstruktur und politische Systeme, Köln: Kiepenheuer und Witsch, S. 286-307

Louis ALTHUSSER und Etienne Balibar 1972, Das Kapital lesen, Hamburg: Rowohlt

Louis ALTHUSSER und Étienne Balibar 1975, Reading Capital, London: NLB

Elmar ALTVATER 1983, Der Kapitalismus in einer Formkrise, *Argument Sonderband* AS 100 (Aktualisierung Marx'), Berlin: Argument, S. 80-100

Elmar ALTVATER 1988, Die Enttäuschung der Nachzügler oder: Der Bankrott „fordistischer“ Industrialisierung, in: Mahnkopf (Hrsg.), S. 144-181

Elmar ALTVATER 1991, „Soziale Marktwirtschaft“ zwischen 1949 und 1989. Zum Primat von Ökonomie oder Politik in der Vorgeschichte der neuen Bundesrepublik, in: Bernhard Blanke und Hellmut Wollmann (Hrsg.), Die alte Bundesrepublik. Kontinuität und Wandel, *Leviathan*-Sonderheft 12, Opladen: Westdeutscher Verlag, S. 81-105

Elmar ALTVATER 1992[2], Die Zukunft des Marktes. Ein Essay über die Regulation von Geld und Natur nach dem Scheitern des „real existierenden Sozialismus“, Münster: Verlag Westfälisches Dampfboot

Elmar ALTVATER und Kurt Hübner 1988, Das Geld einer mittleren Hegemonialmacht - Ein kleiner Streifzug durch die ökonomische Geschichte der BRD, *Prokla* Nr. 73, S. 6-36

Wanda ANASZ, Hirofumi Ueda und Kiyoshi Yamamoto 1986, Industrial Structures in Japan: Pyramidal Organization in the Automobile and Electrical/Electronic Industries, *Annals of the Institute of Social Science* Nr. 28, University of Tôkyô: The Institute of Social Science, S. 31-64

Masahiko AOKI 1988, The Japanese Bureaucracy in Economic Administration: A Rational Regulator or Pluralist Agent?, in: John B. Shoven (Hrsg.), Government Policy Towards Industry in the United States and Japan, Cambridge (Mass.): Cambridge University Press, S. 265-300

Philip ARMSTRONG, Andrew Glyn und John Harrison 1991, Capitalism since 1945, Oxford: Blackwell

ASAHI NENKAN (Jahrbücher der Tageszeitung Asahi), hrsg. von der Asahi shinbunsha, diverse Jahrgänge, Tôkyô

Iwao F. AYUSAWA 1966, A History of Labor in Modern Japan, Westport: Greenwood Press

Hans A. BAERWALD 1959, The Purge of Japanese Leaders under the Occupation, Berkeley/Los Angeles: University of California Press

Satoshi BANDÔ 1975, Sengo rôdôkumiai undôshi (Gewerkschaftsgeschichte der Nachkriegszeit), Tôkyô: Tabatake shoten

Uwe BECKER 1989, Akkumulation, Regulation und Hegemonie. Logische Korrespondenz oder historische Konstellation?, *PVS* 30. Jg. Heft 2, S. 230-253

Eyal BEN-ARI 1990, Ritual, Strikes, Ceremonial Slow Downs: Some Thoughts on the Management of Conflict in Large Japanese Enterprises, in: S.N. Eisenstadt und ders. (Hrsg.), Japanese Models of Conflict Resolution, London/New York: Kegan Paul, S. 94-124

Joachim BERGMANN, Otto Jacoby und Walther Müller-Jentsch 1976, Gewerkschaften in der Bundesrepublik, Band 1: Gewerkschaftliche Lohnpolitik zwischen Mitgliederinteressen und ökonomischen Systemzwängen, Frankfurt: Campus

Klaus von BEYME 1984, Der Neokorporatismus - Neuer Wein in alte Schläuche?, *Geschichte und Gesellschaft* 10 Heft 2, S. 211-233

Klaus von BEYME 1991, Theorien der Politik im 20. Jahrhundert, Frankfurt: Suhrkamp

T.A. BISSON 1949, Prospects for Democracy in Japan, New York: MacMillan

Manfred H. BOBKE und Wolfgang Lecher 1990, Arbeitsstaat Japan, Köln: Bund-Verlag

Ernst-Wolfgang BÖCKENFÖRDE 1976, Die politische Funktion wirtschaftlich-sozialer Verbände und Interessenträger in der sozialstaatlichen Demokratie, *Der Staat* Band 15, S. 457-483

Carl BOGGS 1984, The Two Revolutions: Gramsci and the Dilemmas of Western Marxism, Boston: South End Press

Robert BOYER 1988, Technical Change and the Theory of 'Régulation', in: Giovanni Dosi et al., Technical Change and Economic Theory, London, S. 67-94

Robert BOYER 1991, The Transformations of Modern Capitalism, Revidiertes „Paper“ zur Comparative Governance of Economic Sectors Conference, Bellagio 1989, Nr. 9134

Robert BRENNER und Mark Glick 1991, The Regulation Approach: Theory and History, *NLR* Nr. 188, S. 45-120

Kent E. CALDER 1988, Crisis and Compensation. Public Policy and Political Stability in Japan, 1949-1986, Princeton University Press

Kent E. CALDER 1993, Strategic Capitalism. Private Business and Public Purpose in Japanese Industrial Finance, Princeton University Press

David R. CAMERON 1978, The Expansion of the Public Economy: A Comparative Analysis, *American Political Science Review* Vol. 72 Nr. 4, S. 1243-1261

David R. CAMERON 1984, Social Democracy, Corporatism, Labour Quiescence and the Representation of Economic Interest in Advanced Capitalist Society, in: Goldthorpe (Hrsg.), S. 143-178

Richard E. CAVES und Masu Uekusa 1976, Industrial Organization, in: Patrick/Rosovsky (Hrsg.), S. 459-524

Alan CAWSON 1978, Pluralism, Corporatism and the Role of the State, *Government and Opposition* Vol. 13 Nr. 2, S. 178-198

James H. CHAN-LEE und Helen Sutch 1985, Profits and Rates of Return, *OECD Economic Studies* Nr. 5 (Autumn), S. 127-167

Simon CLARKE 1977, Marxism, Sociology and Poulantzas' Theory of the State, *Capital& Class* Nr. 2, S. 1-31

Simon CLARKE 1988, Overaccumulation, Class Struggle and the Regulation Approach, *Capital&Class* Nr. 34, S. 58-92

Allan B. COLE, George O. Totten und Cecil H. Uyehara 1966, Socialist Parties in Postwar Japan, New Haven/London: Yale University Press

Robert E. COLE 1979, Work, Mobility and Participation, Berkeley/L.A./London: University of California Press

Andrew COX 1988, Neo-Corporatism versus the Corporate State, in: ders. und Noel O'Sullivan, The Corporate State. Corporatism and the State Tradition in Western Europe, Aldershot: Elgar, S. 27-47

Michel CROZIER, Samuel P. Huntington und Joji Watanuki 1975, The Crisis of Democracy, New York University Press

Gerald L. CURTIS 1988, The Japanese Way of Politics, New York: Columbia University Press

Michael A. CUSUMANO 1985, The Japanese Automobile Industry, Cambridge/London: Harvard University Press

Roland CZADA 1987, The Impact of Interest Politics on Flexible Adjustment Policies, in: Hans Keman, Heikki Paloheimo und Paul F. Whiteley (Hrsg.), Coping with the Economic Crisis, London: Sage, S. 20-53

Roland CZADA und Manfred G. Schmidt (Hrsg.) 1993, Verhandlungsdemokratie, Interessenvermittlung, Regierbarkeit, Opladen: Westdeutscher Verlag

Michael DAUDERSTÄDT 1988, Schwacher Staat und schwacher Markt: Portugals Wirtschaftspolitik zwischen Abhängigkeit und Modernisierung, *PVS* 29 Jg. Heft 3, Westdeutscher Verlag, S. 433-453

James W. DEAN 1984, Der Zerfall des Keynesianischen Konsenses, in: Daniel Bell und Irving Kristel (Hrsg.), Die Krise in der Wirtschaftstheorie, Berlin etc.: Springer, S. 20-42

Robert DELORME 1992, Staat und ökonomische Entwicklung, in: Demirovic, Krebs und Sablowski (Hrsg.), S. 158-181

Helmut DEMES 1989, Beförderung und Entlohnung in einem japanischen Automobilunternehmen - Eine Fallstudie, *WZB Discussion Papers* FS II 89-201

Alex DEMIROVIC, Hans-Peter Krebs und Thomas Sablowski (Hrsg.) 1992, Hegemonie und Staat. Kapitalistische Regulation als Projekt und Prozeß, Münster: Westfälisches Dampfboot

Ronald DORE 1973, British Factory - Japanese Factory: The Origins of National Diversity in Industrial Relations, Berkeley und Los Angeles: University of California Press

Bernard ECCLESTON 1989, State and Society in Post-War Japan, Cambridge: Polity Press

James ELLIOTT 1992, Reform in Japan from the 1980s into the 1990s: Change and Continuity, *Australian Journal of Public Administration* Vol. 51 Nr. 3, S. 374-384

Kôichi EMI und Yuichi Shionoya (Hrsg.) 1966, Chôki keizai tôkei (Langzeitstatistik-Reihen zur Wirtschaft) Band 7, Tôkyô: Tôyô keizai shinpôsha

Kôichi EMI, Masakichi Itô und Hidekazu Eguchi (Hrsg.) 1988, Chôki keizai tôkei (Langzeitstatistik-Reihen zur Wirtschaft) Band 5, Tôkyô: Tôyô keizai shinpôsha

Koshi ENDO 1994, *Satei* (Personal Assessment) and Interworker Competition in Japanese Firms, *Industrial Relations* Vol. 33 Nr. 1, S. 70-82

Friedrich ENGELS 1962, Der Ursprung der Familie, des Privateigentums und des Staats, in: Karl Marx und Friedrich Engels, Werke (MEW) Band 21, Berlin (O): Dietz, S. 25-173

Friedrich ENGELS 1967, Engels an Joseph Bloch (Brief vom 21.9.1890), in: Karl Marx und Friedrich Engels, Werke (MEW) Band 37, Berlin (O): Dietz, S. 462-465

Ludwig ERHARD 1957, Wohlstand für alle, Düsseldorf: Econ

EUROMONEY 1981 (Oktober), The World's Best Economies, S. 13ff.

Lee W. FARNSWORTH 1989, 'Clan Politics' and Japan's Changing Policy-making Structure, *The World Economy* Vol. 12 Nr. 2, S. 163-174

Gesine FOLJANTY-JOST 1991a, Korporatismus, Pluralismus und die Herrschaft der Bürokratie, *Nachrichten der Gesellschaft für Natur- und Völkerkunde Ostasiens* Nr. 149-150, S. 165-186

Gesine FOLJANTY-JOST 1991b, Konfliktregulierung durch Integration: Ein Weg zu politischer Stabilität, in: Japanstudien. Jahrbuch des Deutschen Instituts für Japanstudien Band 3, S. 129-151

Ernst FORSTHOFF 1971, Der Staat der Industriegesellschaft, München: C.H. Beck

Ernst FRAENKEL 1991, Deutschland und die westlichen Demokratien, Frankfurt: Suhrkamp

Jeffrey A. FRANKEL 1993, The Japanese Financial System and the Cost of Capital, in: Shinji Takagi (Hrsg.), Japanese Capital Markets, Oxford/Cambridge (Mass.): Blackwell, S. 21-78

David FRIEDMAN 1988, The Misunderstood Miracle. Industrial Development and Political Change in Japan, Cornell University Press

Shôichi FUJII und Shinobu Ôe 1970, Sengo nihon no rekishi (Geschichte Japans seit dem Kriege) Band 1 und 2, Tôkyô: Aoki Shoten

François FURET 1995, Das Ende der Illusion. Der Kommunismus im 20. Jahrhundert, München/Zürich: Piper

Sheldon GARON und Mike Mochizuki 1993, Negotiating Social Contracts, in: Andrew Gordon (Hrsg.), Postwar Japan as History, Berkeley/L.A.: University of California Press, S. 145-166

Aurelia GEORGE 1991, The Politics of Interest Representation in the Japanese Diet: The Case of Agriculture, *Pacific Affairs* Vol. 64 Nr. 4, S. 506-528

Michael L. GERLACH 1989, *Keiretsu* Organization in the Japanese Economy. Analysis and Trade Implications, in: Chalmers Johnson, Laura D'Andrea Tyson und John Zysman (Hrsg.), Politics and Productivity. The Real Story of Why Japan Works, Berkeley, S. 141-174

Michael L. GERLACH 1992, Alliance Capitalism. The Social Organization of Japanese Business, Berkeley: University of California Press

Anthony GIDDENS 1979, Die Klassenstruktur fortgeschrittener Gesellschaften, Frankfurt: Suhrkamp

John H. GOLDTHORPE (Hrsg.) 1984a, Order and Conflict in Contemporary Capitalism, Oxford: Clarendon

John H. GOLDTHORPE 1984b, The End of Convergence: Corporatist and Dualist Tendencies in Modern Western Societies, in: ders. (Hrsg.), S. 315-343

Andrew GORDON 1985, The Evolution of Labor Relations in Japan, Cambridge (Mass.)/ London: Harvard University Press

Andrew GORDON 1993, Contests for the Workplace, in: ders. (Hrsg.), Postwar Japan as History, Berkeley: University of California Press, S. 373-394

Wyn GRANT 1985, The Political Economy of Corporatism, Basingstoke/London: Macmillan

Mary GREINER, Christopher Kask und Christopher Sparks 1995, Comparative Manufacturing Productivity and Unit Labor Costs, *Monthly Labor Review* Vol. 118 Nr. 2, S. 26-38

John Whitney HALL 1968, Das Japanische Kaiserreich (Fischer Weltgeschichte Band 20), Frankfurt: Fischer

Koichi HAMADA und Akiyoshi Horiuchi 1987, The Political Economy of the Financial Market, in: Kozo Yamamura und Yasukichi Yasuba (Hrsg.), The Political Economy of Japan Vol. 1: The Domestic Transformation, Stanford University Press, S. 223-262

Tadashi HANAMI 1989, Industrial Democracy, in: Takeshi Ishida und Ellis S. Krauss (Hrsg.), Democracy in Japan, Pittsburgh: University of Pittsburgh Press, S. 281-298

Ehud HARARI 1986, Policy Concertation in Japan, *Berliner Beiträge zur sozial- und wirtschaftswissenschaftlichen Japan-Forschung - Occasional Papers* No. 58/59, Berlin

Ehud HARARI 1990, Resolving and Managing Policy Conflict: Advisory Bodies, in: S.N. Eisenstadt und Eyal Ben-Ari (Hrsg.), Japanese Models of Conflict Resolution, London/New York: Kegan Paul, S. 138-161

Heinz-Dieter HARDES, Fritz Rahmeyer und Alfons Schmid 1990[17], Volkswirtschaftslehre, Tübingen: J.C.B. Mohr

Jeffrey A. HART 1992, The Effects of State-Societal Arrangements on International Competitiveness: Steel, Motor Vehicles and Semiconductors in the United States, Japan and Western Europe, *British Journal of Political Science* Vol. 22 Nr. 3, S. 255-300

Hiroshi HASEGAWA 1984, Senryôki no rôdôundô: sanbetsukaigi saigo no taiketsu (Die Arbeiterbewegung der Besatzungszeit: Die letzte Konfrontation von *Sanbetsukaigi*), Tôkyô: Akishobô

Toshio(?) HASHIMOTO 1991, Daikigyôtaisei no keizaikôzô (Die Wirtschaftsstruktur des Großunternehmenssystems), in: Gendai nihonshakai: 5 kôzô (Japans Gesellschaft der Gegenwart, Band 5, Strukturen), hrsg. vom Tôkyôdaigaku shakaikagaku kenkyûjo, Tôkyô: Tôkyôdaigaku shuppankai, S. 81-124

Takehisa HAYASHI und Katsuhito Imai (Hrsg.) 1994, Nihon zaisei yôran (Japans Finanzpolitik im Überblick), Tôkyô: Tôkyôdaigaku shuppankai

Laura E. HEIN 1993, Growth Versus Success, in: Andrew Gordon (Hrsg.), Postwar Japan as History, Berkeley/L.A.: University of California Press, S. 99-122

Laura E. HEIN 1994, In Search of Peace and Democracy: Japanese Economic Debate in Political Context, *The Journal of Asian Studies* Vol. 53 Nr. 3, S. 752-778

Wilhelm HENNIS, Peter Graf Kielmansegg und Ulrich Matz (Hrsg.) 1977, Regierbarkeit: Studien zu ihrer Problematisierung, Band 1, Stuttgart: Klett-Cotta

Wilhelm HENNIS, Peter Graf Kielmansegg et al. 1979, Regierbarkeit: Studien zu ihrer Problematisierung, Band 2, Stuttgart: Klett-Cotta

Peter J. HERZOG 1993, Japan's Pseudo-Democracy, Sandgate/Folkestone: Japan Library

Tokuzô HIGUCHI 1990, Nihon rôdô undô: rekishi to kyôkun (Die japanische Arbeiterbewegung: Geschichte und Lehren), Tôkyô: Daisanshokan

Karl HINRICHS 1988, Vollbeschäftigung in Schweden. Zu den kulturellen Grundlagen und den Grenzen erfolgreicher Arbeitsmarkt- und Beschäftigungspolitik, *PVS* 29. Jg. Heft 4, S. 569-590

Kyoko HIRANO 1992, Mr. Smith goes to Tokyo. Japanese Cinema under the American Occupation, 1945-52, Washington/London: Smithsonian Institution Press

Joachim HIRSCH 1972, Zur politischen Ökonomie des politischen Systems, in: Gisela Kress und Dieter Senghaas (Hrsg.), Politikwissenschaft. Eine Einführung in ihre Probleme, Frankfurt: Fischer, S. 165-181

Joachim HIRSCH 1985, Fordismus und Postfordismus, *PVS* 26. Jg. Heft 2, S. 160-182

Joachim HIRSCH 1992, Regulation, Staat und Hegemonie, in: Demirovic, Krebs und Sablowski (Hrsg.), S. 203-231

Albert O. HIRSCHMAN 1994, Wieviel Gemeinsinn braucht die liberale Demokratie?, *Leviathan* 22. Jg. Nr. 2, S. 293-302

Nobuhiro HIWATARI 1991, Sengo nihon no shijo to seiji (Markt und Politik im Nachkriegsjapan), Tôkyô: Tôkyôdaigaku shuppankai

Eric J. HOBSBAWM 1989, Das imperiale Zeitalter. 1875 - 1914, Frankfurt/New York: Campus

Eric HOBSBAWM 1995, Das Zeitalter der Extreme. Weltgeschichte des 20. Jahrhunderts, München/Wien: Hanser

James E. HODDER und Adrian E. Tschloegl 1993, Corporate Finance in Japan, in: Shinji Takagi (Hrsg.), Japanese Capital Markets, Oxford/Cambridge (Mass.): Blackwell, S. 133-163

Takeo HOSHI, Anil Kashyap und David Scharfstein 1990, Bank Monitoring and Investment: Evidence from the Changing Structure of Japanese Corporate Banking Relationships, in: R.G. Hubbard (Hrsg.), Asymetric Information, Corporate Finance, and Investment, Chikago: University of Chikago Press, S. 105-126

Takeo HOSHI, Anil Kashyap und David Scharfstein 1991, Corporate Structure, Liquidity, and Investment: Evidence from Japanese Industrial Groups, *The Quarterly Journal of Economics* Vol. 106 (Febr.), S. 33-60

Kurt HÜBNER 1988, Die Krisentheorien der Regulationisten, in: Mahnkopf (Hrsg.), S. 29-73

Kurt HÜBNER und Birgit Mahnkopf 1988, Einleitung, in: Mahnkopf (Hrsg.), S. 7-28

Samuel P. HUNTINGTON 1991, Democracy's Third Wave, *Journal of Democracy* Vol. 2 Nr. 2, S. 12-34

Samuel P. HUNTINGTON 1993, Why International Primacy Matters, *International Security* Vol. 17 Nr. 4, S. 68-83

Thomas HURTIENNE 1988, Entwicklungen und Verwicklungen - Methodische und entwicklungstheoretische Probleme des Regulationsansatzes, in: Mahnkopf (Hrsg.), S. 182-224

Tsutomu HYÔDÔ 1977, Rôdôkumiaiundô no hatten (Die Entwicklung der Gewerkschaftsbewegung), in: Iwanami kôza - Nihon rekishi 23 gendai 2, S. 95-135

Etsutarô IKEDA 1984, Rôdôsensen saihen no genjô to kongo no nittei (Die gegenwärtige Situation bei der Umstrukturierung der Gewerkschaftsfront und die nun anstehenden Punkte), *Shakaishugi* Heft 11, S. 55-60

ILO (Hrsg.), Year Book of Labour Statistics, diverse Jge., Genf

Masaaki IMAI 1992[4], Kaizen, München: Langen Müller Herbig

Shinichirô INABA o.A., Nihon no koyô to fukushi (Beschäftigung und Wohlfahrt in Japan), unveröffentlichtes Manuskript

Takeshi INAGAMI 1979, Kokomade kita rôso no seisakusanka (Bis hierhin reicht die politische Partizipation der Gewerkschaften), *Chûôkôron* Nr. 10, S. 170-181

Takeshi INAGAMI 1985, Kô sureba rôdôkumiai wa ikinokoreru (So werden die Gewerkschaften erhalten bleiben können), *Chûôkôron* Nr. 10, S. 236-244

Takeshi INAGAMI 1988, Rôdôkumiaiundô no shinjigen. Yunion aident(e)it(e)i o motomete (Die neue Dimension der Gewerkschaftsbewegung. Union Identity fordern), *Nihon rôdôkyôkaizasshi* Heft 1, S. 40-49

Takeshi INAGAMI 1989, Tenkanki no rôdôsekai (Arbeitswelt am Wendepunkt), Tôkyô: Yushindô

Takashi INOGUCHI 1991, The Nature and Functioning of Japanese Politics, *Government and Opposition* Vol. 26 Nr. 2, S. 185-198

Mitsutoshi ITÔ 1988, Daikigyô rôshirengô no keisei (Die Bildung der Allianz von Arbeitgebern und -nehmern in den Großunternehmen), *Revaiasan* Nr. 2, S. 53-70

Makoto ITOH 1990, The World Economic Crisis and Japanese Capitalism, Basingstoke/London: Macmillan

Noriaki IWAMOTO 1985, Nihon keizai no kaikaku to fukkô (Reform und Wiederbelebung der japanischen Wirtschaft), in: Kôza nihonrekishi 11 gendai 1, Tôkyô: Tôkyôdaigaku shuppankai, S. 77-106

JAMA (Japan Automobile Manufacturers Association, Inc.) 1995, Motor Vehicle Statistics of Japan, Tôkyô

Michael C. JENSEN 1989, Eclipse of the Public Corporation, *Harvard Business Review* Vol. 67 Nr. 5 (Sept./Oct.), S. 61-74

Bob JESSOP 1990, Regulation Theories in Retrospect and Prospect, *Economy and Society* Vol. 19 Nr. 2, S. 153-216

Chalmers JOHNSON 1982, MITI and the Japanese Miracle, Stanford University Press

Ulrich JÜRGENS 1989, Entwicklungslinien der staatstheoretischen Diskussion seit den 70er Jahren, Manuskriptfassung, erschienen in: *Aus Politik und Zeitgeschichte* (1989)

Ulrich JÜRGENS 1992, Ein schlankes Produktionssystem beseitigt jeden Spielraum - darum ist es schlank, *Die Mitbestimmung* Nr. 4, S.48f

Ulrich JÜRGENS und Hans-Peter Strömel 1986, The Communication Structure between Management and Shop Floor - A Comparison of a Japanese and a German Plant, *WZB Discussion Papers* IIVG/dp 86-204

Hisao KANAMORI und Yutaka Kôsai 1994, Nihon keizai tokuhon (Ein Lesebuch zur japanischen Wirtschaft), Tôkyô: Tôyô keizai shinpôsha

Fuhito KANDA 1989, Shôwa no rekishi 8: senryô to minshushugi (Geschichte der Shôwa-Zeit 8: Besatzung und Demokratie), Tôkyô: Shôgakkan

Tetsuro KATO 1984, A Preliminary Note on the State in Contemporary Japan, *Hitotsubashi Journal of Social Studies* Vol. 16 Nr. 1, S. 19-30

Toshihiko KATO 1974, Kaikakuki no nihonkeizai (Die japanische Wirtschaft der Reformzeit), in: Sengo kaikaku 7 (Nachkriegsreformen Band 7), hrsg. vom Tôkyôdaigaku shakaigaku kenkyûjo, Tôkyô: Tôkyôdaigaku shuppankai, S. 3-32

Peter J. KATZENSTEIN 1985, Small States in World Markets, Ithaca/London: Cornell University Press

Peter J. KATZENSTEIN 1988, Japan, Switzerland of the Far East?, in: Takashi Inoguchi und Daniel I. Okimoto, The Political Economy of Japan, Vol. 2: The Changing International Context, Stanford University Press, S. 275-304

Hirosuke KAWANISHI (Hrsg.) 1989, Japan im Umbruch, Köln: Bund-Verlag

Hirosuke KAWANISHI 1992, Enterprise Unionism in Japan, London/New York: Kegan Paul

KEIZAI KIKAKUCHÔ (Wirtschaftsplanungsamt) (Hrsg.) 1993, Keizai hakusho (Wirtschaftsweißbuch) heisei 5nen, Tôkyô

Hans KEMAN und Tibert van Dijk 1987, Political Strategies to Overcome the Crisis: Policy Formation and Economic Performance in Seventeen Capitalist Democracies, in: Hans Keman, Heikki Paloheimo und Paul F. Whiteley (Hrsg.), Coping with the Economic Crisis, London: Sage, S. 127-162

Peter Graf KIELMANNSEGG 1979, Organisierte Interessen als 'Gegenregierungen', in: Hennis et al. (Hrsg.) Band 2, S. 139-176

Shinichirô KIMOTO 1986, Rômukanri to rôshikankei (Personalmanagement und Industrielle Beziehungen), Tôkyô: Aoyama shoten

Janet KMITCH, Pedro Laboy und Sarah Van Damme 1995, International Comparisons of Manufacturing Compensation, *Monthly Labor Review* Vol. 118 Nr. 10, S. 3-9

Masaru KOHNO 1992, Rational Foundations for the Organization of the Liberal Democratic Party in Japan, *World Politics* Vol. 44, S. 369-397

Masaru KOHNO 1994, The Politics of Coalition Building in Japan: The Case of the Katayama Government Formation in 1947, *British Journal of Political Science* Vol. 24 Nr. 1, S. 148-158

Ryutaro KOMIYA 1990, The Japanese Economy: Trade, Industry and Government, Tôkyô: University of Tokyo Press

Yutaka KÔSAI 1986, The Era of High-Speed Growth, Tôkyô: University of Tôkyô Press

Yutaka KÔSAI 1988, The Reconstruction Period, in: Ryutaro Komiya, Masahiro Okuno und Kotaro Suzumura (Hrsg.), Industrial Policy of Japan, Tôkyô: Academic Press, S. 25-48

Ikuo KUME 1988, Changing Relations among the Government, Labor, and Business in Japan after the Oil Crisis, *International Organization* Vol. 42 Nr. 4, S. 659-687

Ikuo KUME 1993, A Tale of Twin Industries: Labor Accommodation in the Private Sector, in: Allinson und Sone (Hrsg.), S. 158-180

Junichi KYÔGOKU 1983, Nihon no seiji (Politik in Japan), Tôkyô: Tôkyôdaigaku shuppankai

Ernesto LACLAU 1975, The Specificity of the Political: the Poulantzas-Miliband Debate, *Economy and Society* Vol. 4 Nr. 1, S. 87-110

Harold D. LASSWELL und Abraham Kaplan 1950, Power and Society. A Framework for Political Inquiry, New Haven/London: Yale University Press

Gerhard LEHMBRUCH 1979a (1977), Liberal Corporatism and Party Government, in: Schmitter/Lehmbruch (Hrsg.), S. 147-184

Gerhard LEHMBRUCH 1979b, Concluding Remarks, in: Schmitter/Lehmbruch (Hrsg.), S. 299-311

Gerhard LEHMBRUCH 1979c, Wandlungen der Interessenpolitik im liberalen Korporatismus, in: von Alemann/Heinze (Hrsg.), S. 50-71

Gerhard LEHMBRUCH 1982, Introduction: Neo-Corporatism in Comparative Perspective, in: ders. und Philippe C. Schmitter (Hrsg.), Patterns of Corporatist Policy-making, London/Beverly Hills: Sage, S. 1-28

Gerhard LEHMBRUCH 1983, Neokorporatismus in Westeuropa: Hauptprobleme im internationalen Vergleich, *Journal für Sozialforschung* Band 23 Nr. 4, S. 407-420

Franz LEHNER 1987, Interest Intermediation, Institutional Structures, and Public Policy, in: Hans Keman, Heikki Paloheimo und Paul F. Whiteley (Hrsg.), Coping with the Economic Crisis, London: Sage, S. 54-82

Franz LEHNER 1989, Institutionelle Determinanten der Wirtschaftspolitik in westlichen Demokratien, in: Hans-Hermann Hartwich (Hrsg.), Macht und Ohnmacht politischer Institutionen, Opladen: Westdeutscher Verlag, S. 236-251

Franz LEHNER und Jürgen Nordhause-Janz 1988, Die politische Ökonomie gesellschaftlicher Verteilungskonflikte: Möglichkeiten, Grenzen und Defizite staatlicher Wirtschaftspolitik, in: Manfred G. Schmidt (Hrsg.), Staatstätigkeit, *PVS-Sonderheft* 19, S. 38-60

Gerhard LENSKI 1977, Macht und Privileg. Eine Theorie der sozialen Schichtung, Frankfurt: Suhrkamp

Solomon B. LEVINE 1984, Employers Associations in Japan, in: John P. Windmuller und Alan Gladstone (Hrsg.), Employers Associations and Industrial Relations: A Comparative Study, Oxford: Clarendon, S. 318-356

Charles E. LINDBLOM 1959, The Science of „Muddling Through“, *Public Administration Review* Vol. 19 Nr. 2 (Spring), S. 79-88

Alain LIPIETZ 1985, Akkumulation, Krisen und Auswege aus der Krise: Einige methodische Überlegungen zum Begriff „Regulation“, *Prokla* 58, S. 109-137

Alain LIPIETZ 1987, Rebel Sons: The Regulation School (Interview mit A.L. von Jane Jenson), *French Politics and Society* Vol. 5 Nr. 4, S. 17-26

Alain LIPIETZ 1991, Die Beziehungen zwischen Kapital und Arbeit am Vorabend des 21. Jahrhunderts, *Leviathan* 19. Jg. Nr.1, S. 78-101

Alain LIPIETZ 1992a, Vom Althusserismus zur „Theorie der Regulation“, in: Demirovic, Krebs und Sablowski (Hrsg.), S. 9-54

Alain LIPIETZ 1992b, Allgemeine und konjunkturelle Merkmale der ökonomischen Staatsintervention, in: Demirovic, Krebs und Sablowski (Hrsg.), S. 182-202

Jon LIVINGSTON, Joe Moore und Felicia Oldfather (Hrsg.) 1973, Postwar Japan. 1945 to the Present, New York: Pantheon

Theodore J. LOWI 1964, American Business, Public Policy, Case Studies, and Political Theory, *World Politics* Vol. 16 Nr. 4, S. 677-715

Birgit MAHNKOPF (Hrsg.) 1988, Der gewendete Kapitalismus, Münster: Westfälisches Dampfboot

Charles S. MAIER 1977, The Politics of Productivity: Foundations of American International Economic Policy after World War II, *International Organization* Vol. 31 Nr. 4, S. 607-633

Fumio MARIYA 1971, Sengo nihon shihonshugi (Der japanische Kapitalismus seit dem Kriege), Tôkyô: Aoki shoten

Robert M. MARSH 1992, The Difference between Participation and Power in Japanese Factories, *Industrial and Labor Relations Review* Vol. 45 Nr. 2, S. 250-257

Karl MARX 1974, Grundrisse der Kritik der politischen Ökonomie, Berlin (O): Dietz

Karl MARX 1984, Das Kapital. Kritik der politischen Ökonomie, Erster Band, in: ders. und Friedrich Engels, Werke (MEW) Band 23[15], Berlin (O): Dietz

Karl MARX 1985, Einleitung zur Kritik der politischen Ökonomie, in: ders. und Friedrich Engels, Werke (MEW) Band 13[10], Berlin (O): Dietz, S. 615-642

Karl MARX 1986, Das Kapital. Kritik der politischen Ökonomie, Dritter Band, in: ders. und Friedrich Engels, Werke (MEW) Band 25[13], Berlin (O): Dietz

Junnosuke MASUMI 1983, Sengo seiji 1945-55 (Eine politische Nachkriegsgeschichte 1945-55) 2 Bände, Tôkyô: Tôkyôdaigaku shuppankai

Junnosuke MASUMI 1985, Gendai seiji 1955nen igo (Eine politische Geschichte seit 1955) 2 Bände, Tôkyô: Tôkyôdaigaku shuppankai

Junnosuke MASUMI 1988, The 1955 System in Japan and its Subsequent Development, *Asian Survey* Vol. 28 Nr. 3, S. 286-306

Mikihiro MATSUOKA und Brian Rose (Hrsg.) 1994, The DIR Guide to Japanese Economic Statistics, Oxford University Press

Keiichi MATSUSHITA (Hrsg.) 1971, Shiminsanka (Bürger-Partizipation), Tôkyô: Tôyô keizai shinpôsha

Margaret A. McKEAN 1993, State Strength and the Public Interest, in: Allinson und Sone (Hrsg.), S. 72-104

Ralph MILIBAND 1973, Poulantzas and the Capitalist State, *NLR* 82 (Nov./Dec.), S. 83-93

Kenichi MIYAMOTO 1989, Shôwa no rekishi 10: keizaitaikoku (Geschichte der Shôwa-Zeit 10: Die Wirtschaftsgroßmacht), Tôkyô: Shôgakkan

Mike MOCHIZUKI 1993, Public Sector Labor and the Privatization Challenge: The Railway and Telecommunications Unions, in: Allinson und Sone (Hrsg.), S. 181-199

Yasuhiro MONDEN 1993, Toyota Production System. An Integrated Approach to Just-In-Time, Atlanta: Industrial Engineering and Management Press

Joe MOORE 1983, Japanese Workers and the Struggle for Power 1945-1947, Madison: University of Wisconsin Press

Joe MOORE 1990, Nikkeiren and Restauration of the Right to Manage in Postwar Japan, *Labour & Industry* Vol. 3 Nr. 2&3, S. 281-301

Motohiro MORISHIMA 1992, Use of Joint Consultant Committees by Large Japanese Firms, *British Journal of Industrial Relations* Vol. 30 Nr. 3, S. 405-423

Ross E. MOUER und Yoshio Sugimoto 1990 (1986), Images of Japanese Society, London/ New York: Kegan Paul

Tomasz MROCZKOWSKI und Masao Hanaoka 1989, Continuity and Change in Japanese Management, *California Management Review* Vol. 31 Nr. 2, S. 39-53

Rudolf Wolfgang MÜLLER 1981[2], Geld und Geist. Zur Entstehungsgeschichte von Identitätsbewußtsein und Rationalität seit der Antike, Frankfurt/New York: Campus

Walther MÜLLER-JENTSCH 1983[2], Kollektive Interessenvertretung: Das System der „industriellen Beziehungen", in: W. Littek, W. Rammert und G. Wachtler (Hrsg.), Einführung in die Arbeits- und Industriesoziologie, Frankfurt/New York: Campus, S. 362-393

Walther MÜLLER-JENTSCH 1986, Soziologie der industriellen Beziehungen, Frankfurt: Campus

Michio MURAMATSU 1985, Atsuryokudantai no eikyôryoku (Der Einfluß von *pressure groups*), *Hôgaku ronsô* Vol. 116 Nr. 1-6, S. 324-370

Michio MURAMATSU 1990, Seisakukatei (Der politische Prozeß), in: Ichirô Miyake, Yasushi Yamaguchi et al., Nihonseiji no sahyô (Koordinaten japanischer Politik), Tôkyô: Yûhikaku, S. 171-251

Michio MURAMATSU 1993, Patterned Pluralism under Challenge: The Policies of the 1980s, in: Allinson und Sone (Hrsg.), S. 50-71

Michio MURAMATSU, Mitsutoshi Itô und Yutaka Tsujinaka 1986, Sengônihon no atsuryokudantai (*Pressure groups* im Nachkriegsjapan), Tôkyô: Tôyô keizai shinpôsha

Michio MURAMATSU und Ellis S. Krauss 1984, Bureaucrats and Politicians in Policymaking: The Case of Japan, *American Political Science Review* Vol. 78 Nr. 1, S. 126-146

Michio MURAMATSU und Ikuo Kume 1988, Country Report: Recent Administrative Developments in Japan, *Governance: An International Journal of Policy and Administration* Vol. 1 Nr. 4, S. 469-478

Ichiyo MUTO 1982, Class Struggle in Postwar Japan. It's Past, Present, and Future No. 2, *Anpô* Vol. 14 Nr. 2, S. 16-35

MVMA (Motor Vehicle Manufacturers Association of the United States, Inc) (Hrsg.) 1994, World Motor Vehicle Data, Detroit

Akira NAKAMURA 1990, The Transformation of the Japanese Policy-Making Process: The LDP Governance at the Crossroads, *Governance: An International Journal of Policy and Administration* Vol. 3 Nr. 2, S. 219-233

Keisuke NAKAMURA 1991, Seisanbungyôkôzô to rôdôshijô no kaisôsei (Der Klassencharakter der Struktur der arbeitsteiligen Produktion und des Arbeitsmarktes), *Musashi daigaku ronshû* Vol. 38 Nr. 5/6, S. 55-70 und Vol. 39 Nr. 1, S. 21-48

Takafusa NAKAMURA 1981, The Postwar Japanese Economy. Its Development and Structure, Tôkyô: University of Tôkyô Press

Takafusa NAKAMURA 1986, Shôwa keizaishi (Eine Wirtschaftsgeschichte der Shôwa-Zeit), Tôkyô: Iwanami

Chie NAKANE 1989, Die japanische Sozialstruktur. Theorie der unilateralen Gesellschaft, in: Ulrich Menzel (Hrsg.), Im Schatten des Siegers: Japan, Band 1, Frankfurt: Suhrkamp, S. 171-207

Kôichirô NARUMI 1988, Zenminrôren - rengô no hassoku (Zum Start von Rengô/Zenminrôren), *Shakaishugi* Heft 1, S. 26-33

NIHON KEIZAI SHINBUNSHA (Hrsg.) 1992[7], Zeminaaru: nihon keizai nyûmon (Seminar: Einführung in die japanische Wirtschaft), Tôkyô: Nihon keizai shinbunsha

NIHON RÔDÔ NENKAN, DAI 52 SHÛ 1982 (Arbeitsjahrbuch Japan), Tokushû: rôdôsensen tôitsumondai (Feature: Die Problematik der vereinigten Gewerkschaftsfront), hrsg. vom Ôhara shakaimondai kenkyûjo, Tôkyô, S. 44-75

NIHON RÔDÔ NENKAN, DAI 49 und 53 SHÛ bis DAI 56 SHÛ 1978 und 1982 bis 1988 (Arbeitsjahrbuch Japan), hrsg. vom Ôhara shakaimondai kenkyûjo, Tôkyô

NIHON RÔDÔ NENKAN, DAI 58 SHÛ 1988 (Arbeitsjahrbuch Japan), Tokushû: 'Rengô' no kessei to rôdôsensen (Feature: Die Bildung 'Rengôs' und die Gewerkschaftsfront), hrsg. vom Ôhara shakaimondai kenkyûjo, Tôkyô; S. 30-71

NIHON TÔKEI NENKAN (Statistisches Jahrbuch Japans) diverse Jge., hrsg. vom Statistischen Amt des *Sômuchô*

Kazuo NIMURA 1989, Historische Charakteristika der industriellen Beziehungen in Japan, *Kagami* Nr. 2/3 (1986), S. 15-39

Satoshi NISHITANI 1988, Rôshikankeimoderu to kokka no yakuwari (Die Rolle des Staates und das Modell der Industriellen Beziehungen), *Nihon rôdôkyôkaizasshi* Heft 6, S. 65-71

Yukio NOGUCHI 1995, The Role of the Fiscal Investment and Loan Programm in Postwar Japanese Economic Growth, in: Hyung-Ki Kim et al. (Hrsg.), The Japanese Civil Service and Economic Development, Oxford: Clarendon Press, S. 261-287

Masami NOMURA 1993, Toyot(e)izumu (Toyotismus), Tôkyô: Minerva

Masami NOMURA 1996, Organisation und Programmatik der Automobilgewerkschaften in Japan, in: U. Jürgens (Hrsg.), Stützpfeiler des japanischen Erfolgsmodells: Gewerkschaften, Frauenarbeit, Personalmanagement im schlanken Produktionssystem, Düsseldorf: Hans-Böckler-Stiftung, S. 123-145

Masami NOMURA und Ulrich Jürgens 1995, Binnenstrukturen des japanischen Produktivitätserfolges, Berlin: Ed. Sigma

NRU (Jiten: nihon rôdôkumiai undôshi) (Geschichte der Gewerkschaftsbewegung Japans - ein Wörterbuch) 1987; hrsg. von einem Autorenkollektiv, Tôkyô: Ôtsuki shoten

OECD (Hrsg.), Economic Outlook, diverse Jge., Paris

OECD (Hrsg.), Economic Outlook, Historical Statistics 1960-1990, Paris

OECD (Hrsg.), Economic Surveys: Japan, diverse Jge., Paris

OECD (Hrsg.), National Accounts: Main Aggregates (1960-1993) & Detailed Tables (1981-1993), Paris

Claus OFFE 1972, Politische Herrschaft und Klassenstrukturen. Zur Analyse spätkapitalistischer Gesellschaftssysteme, in: Gisela Kress und Dieter Senghaas (Hrsg.), Politikwissenschaft. Eine Einführung in ihre Probleme, Frankfurt: Fischer, S. 135-164

Claus OFFE 1987, Die Staatstheorie auf der Suche nach ihrem Gegenstand. Beobachtungen zur aktuellen Diskussion, in: Thomas Ellwein, Joachim Jens Hesse, Renate Mayntz und Fritz W. Scharpf (Hrsg.), Jahrbuch zur Staats- und Verwaltungswissenschaft, Band 1, Baden-Baden: Nomos, S. 309-320

Kazushi OHKAWA und Henry Rosovsky 1973, Japanese Economic Growth. Trend Acceleration in the Twentieth Century, Stanford University Press

Hideaki OKAMOTO 1988, Rôshikankeimoderu no saikentô. 'Nihonkei' no shinkyokumen (Das Modell der Industriellen Beziehungen auf dem Prüfstand. Ein neues Stadium der 'japanischen Form'), *Nihon rôdôkyôkaizasshi* Heft 6, S. 49-56

Kazushi ÔKAWA, Nobukiyo Takamatsu und Yûzô Yamamoto (Hrsg.) 1974, Chôki keizai tôkei (Langzeitstatistik-Reihen zur Wirtschaft) Band 1, Tôkyô: Tôyô keizai shinpôsha

Tetsuji OKAWA 1986, Sôhyô no kaitai o yuruseru no ka (Können wir die Auflösung Sôhyôs zulassen?), *Shakaishugi* Heft 8, S. 5-14

Saburô OKAZAKI 1971, Nihon no sangyôbetsu kumiai (Industriegewerkschaften in Japan), Tôkyô: Sôgô rôdô kenkyûjo

Daniel I. OKIMOTO 1989, Between MITI and the Market, Stanford University Press

Kazuo ÔKÔCHI und Hiroshi Matsuo 1969, Nihon rôdôkumiai monogatari: sengo I (Eine Geschichte der japanischen Gewerkschaften: Nachkriegszeit I), Tôkyô: Chikuma shobô

Hiroshi OKUMURA 1992, Kaishahonishugi wa kuzureruka (Bricht der Unternehmenszentrismus zusammen?), Tôkyô: Iwanami

Mancur OLSON 1982, The Rise and Decline of Nations. Economic Growth, Stagflation and Social Rigidities, New Haven/London: Yale University Press

Naoto ÔMI 1988, Rôdôkumiai imeeji no kakushin (Die Erneuerung des Gewerkschafts-Image), *Nihon rôdôkyôkaizasshi* Heft 9, S. 15-25

Naoto ÔMI 1989, 'Rengô'-jidai no rôshikankei no tenbô. Neo-Kôporat(e)izumu no kanôsei? (Ausblick auf die Industriellen Beziehungen des 'Rengô'-Zeitalters. Eine Möglichkeit von Neokorporatismus?), *Nihon rôdôkyôkaizasshi* Heft 12, S. 12-23

Hideo ÔTAKE 1987, The *Zaikai* under the Occupation: The Formation and Transformation of Managerial Councils, in: Robert E. Ward und Yoshikazu Sakamoto (Hrsg.), Democratizing Japan: The Allied Occupation, Honolulu: University of Hawaii Press, S. 366-391

George R. PACKARD 1966, Protest in Tokyo, Princeton: Princeton University Press

Leo PANITCH 1981, Trade Unions and the Capitalist State, *NLR* Nr.125, S. 21-43

Leo PANITCH 1986a (1976), The Development of Corporatism in Liberal Democracies, in: ders., Working Class Politics in Crisis: Essays on Labour and the State, London: Verso, S. 132-159

Leo PANITCH 1986b (1978/79), Theories of Corporatism: Reflections on a Growth Industry, in: ders., Working Class Politics in Crisis: Essays on Labour and the State, London: Verso, S. 160-186

Hugh PATRICK und Henry Rosovsky (Hrsg.) 1976, Asia's New Giant. How the Japanese Economy Works, Washington: Brookings Institution

Joseph A. PECHMAN und Keimei Kaizuka 1976, Taxation, in: Patrick/Rosovsky (Hrsg.), S. 317-382

T.J. PEMPEL 1982, Policy and Politics in Japan: Creative Conservatism, Philadelphia: Temple University Press

T.J. PEMPEL und Keiichi Tsunekawa 1979, Corporatism Without Labor? The Japanese Anomaly, in: Schmitter/Lehmbruch (Hrsg.), S. 231-270

Michael J. PIORE und Charles F. Sabel 1989, Das Ende der Massenproduktion, Frankfurt: Fischer

Manfred POHL 1976, Die kommunistische Partei Japans, Hamburg: Institut für Asienkunde

Manfred POHL 1989, Hintergründe einer 'Einparteien-Demokratie': Die Anatomie der japanischen Regierungspartei, in: Ulrich Menzel (Hrsg.), Im Schatten des Siegers: Japan, Band 2: Staat und Gesellschaft, Frankfurt/Main: Suhrkamp, S. 275-303

Nicos POULANTZAS 1969, The Problem of the Capitalist State, *NLR* 58 (Nov./Dec.), S. 67-78

Nicos POULANTZAS 1973, On Social Classes, *NLR* 78 (March/April), S. 27-55

Nicos POULANTZAS 1975[2], Politische Macht und gesellschaftliche Klassen, Frankfurt: Athenäum Fischer

Nicos POULANTZAS 1976, The Capitalist State: A Reply to Miliband and Laclau, *NLR* 95 (Jan./Feb.), S. 63-83

Nicos POULANTZAS 1978, Staatstheorie. Politischer Überbau, Ideologie, Sozialistische Demokratie, Hamburg: VSA

Nicos POULANTZAS 1979, Interview with Nicos Poulantzas (von Stuart Hall und Alan Hunt), *Marxism Today* July, S. 194-201

Stephen D. PROWSE 1992, The Structure of Corporate Ownership in Japan, *The Journal of Finance* Vol. 47 Nr. 3, S. 1121-1140

J. Mark RAMSEYER und Frances McCall Rosenbluth 1993, Japan's Political Marketplace, Cambridge (Mass.): Harvard University Press

Stephen RESNICK und Richard Wolff 1993, Althusser's Liberation of Marxian Theory, in: E. Ann Kaplan und Michael Sprinker (Hrsg.), The Althusserian Legacy, London/New York: Verso, S. 59-72

RÔDÔ JÔHÔ 1992, Nissan rôshikankei no henkan to seisansei kôjôundô (Der Wandel der Arbeitsbeziehungen bei Nissan und die Bewegung zur Produktivitätsverbesserung), Heft 361, S. 15ff

RÔDÔ TÔKEI YÔRAN (Statistiken zur Arbeitswelt) 1994, hrsg. vom Rôdôdaijin kanbô seisakuchôsabu (Statistisch-Politische Abt. des Sekretariats des Arbeitsministers), Tôkyô

RÔDÔUNDÔ HAKUSHO 1986, 1990 (shôwa 61 nenpan, heisei 2 nenpan) (Weißbuch der Arbeiterbewegung 1986 und 1990), hrsg. von Nihon rôdôkenkyû kikô, Tôkyô

Jochen RÖPKE 1989, Vom Nachzügler zum Pionier. Industriepolitische Anmerkungen zum Erwerb innovativer Fähigkeiten im Prozeß der nachholenden Entwicklung, in: Ulrich Menzel (Hrsg.) Im Schatten des Siegers: Japan, Band 3: Ökonomie und Politik, Frankfurt: Suhrkamp, S. 29-62

Wolfgang RUDZIO 1983, Das politische System der Bundesrepublik Deutschland, Opladen: Leske + Budrich

Eisuke SAKAKIBARA und Robert A. Feldman 1983, The Japanese Financial System in Comparative Perspective, *Journal of Comparative Economics* Vol. 7 Nr. 1, S. 1-24

Kôichi SATÔ 1976, Sengo nihon rôdôundôshi 1945/54 (Nachkriegsgeschichte der Arbeiterbewegung), Tôkyô: Shakaihyôronsha

Kôichi SATÔ 1977, Sengo nihon rôdôundôshi 1955/77 (Nachkriegsgeschichte der Arbeiterbewegung), Tôkyô: Shakaihyôronsha

Seizaburô SATÔ und Tetsuhisa Matsuzaki 1984, Jimintô chôchôki seiken no kaibô (Eine Anatomie der Langzeitherrschaft der LDP), *Chûô kôron* Nr. 11, S. 66-100

Seizaburô SATÔ und Tetsuhisa Matsuzaki 1986, Jimintô seiken (Die LDP-Herrschaft), Tôkyô: Chûô kôronsha

Robert A. SCALAPINO 1967, The Japanese Communist Movement, 1920-1966, Berkeley/ L.A.: University of California Press

Ulrike SCHAEDE 1989, Geldpolitik in Japan 1950-1985, Marburg: MJR

Fritz W. SCHARPF 1993, Versuch über Demokratie im verhandelnden Staat, in: Czada/ Schmidt (Hrsg.), S. 25-50

E.E. SCHATTSCHNEIDER 1960, The Semisovereign People. A Realist's View of Democracy in America, Hinsdale: Dryden Press

Manfred G. SCHMIDT 1982, Does Corporatism Matter? Economic Crisis, Politics and Rates of Unemployment in Capitalist Democracies in the 1970's, in: Gerhard Lehmbruch und Philippe C. Schmitter (Hrsg.), Patterns of Corporatist Policy-making, London/Beverly Hills: Sage, S. 237-258

Manfred G. SCHMIDT 1983, The Welfare State and the Economy in Periods of Economic Crisis: A Comparative Study of Twenty-three OECD Nations, *European Journal of Political Research* Vol. 11, S. 1-26

Michèle SCHMIEGELOW 1985, Cutting across Doctrines: Positive Adjustment in Japan, *International Organization* Vol. 39 Nr. 2, S. 261-296

Philippe SCHMITTER 1979a, Still the Century of Corporatism?, in: Schmitter/Lehmbruch (Hrsg.), S. 7-52

Philippe C. SCHMITTER 1979b, Interessenvermittlung und Regierbarkeit, in: von Alemann/ Heinze (Hrsg.), S. 92-114

Philippe C. SCHMITTER 1981a, Neokorporatismus: Überlegungen zur bisherigen Theorie und zur weiteren Praxis, in: Ulrich von Alemann (Hrsg.), Neokorporatismus, Frankfurt/New York: Campus, S. 62-79

Philippe C. SCHMITTER 1981b, Interest Intermediation and Regime Governability in Contemporary Western Europe and Northern America, in: Suzanne Berger (Hrsg.), Organizing Interests in Western Europe, Cambridge/New York: Cambridge University Press, S. 285-327

Philippe C. SCHMITTER 1984, Neo-Corporatism and the State, EUI Working Paper No. 106, Florenz

Philippe C. SCHMITTER und Gerhard Lehmbruch (Hrsg.) 1979, Trends Toward Corporatist Intermediation, Beverly Hills/London: Sage

Dean M. SCHROEDER und Alan G. Robinson 1991, America's Most Successful Export to Japan: Continous Improvement Programs, *Sloan Management Review* Vol. 32 Nr. 3, S. 67-82

Frank SCHWARTZ 1993, Of Fairy Cloaks and Familiar Tasks: The Politics of Consultation, in: Allinson/Sone (Hrsg.), S. 217-241

Wolfgang SEIFERT 1985, Die Auseinandersetzungen um eine „vereinte Gewerkschaftsfront" - eine Skizze des Prozesses von 1967-1981, *Berliner Beiträge zur Sozial- und wirtschaftswissenschaftlichen Japan-Forschung*, Occasional Papers Nr. 19

Wolfgang SEIFERT 1989, Wirtschaftsorganisationen und politische Macht: Formen, Institutionen, Gewichte, in: Ulrich Menzel (Hrsg.), Im Schatten des Siegers: Japan, Band 3: Ökonomie und Politik, Frankfurt: Suhrkamp, S. 134-170

Michael SHALEV 1990, Class Conflict, Corporatism and Comparison: A Japanese Enigma, in: S. N. Eisenstadt und Eyal Ben-Ari (Hrsg.), Japanese Models of Conflict Resolution, London/New York: Kegan Paul, S. 60-93

Kyoko SHERIDAN 1994, Governing the Japanese Economy, Cambridge: Polity Press

Kazuo SHIBAGAKI 1974, Zaibatsukaitai to shûchûhaijo (Auflösung der *zaibatsu* und die Beseitigung exzessiver Konzentration), in: Sengo kaikaku 7 (Nachkriegsreformen Band 7), hrsg. vom Tôkyôdaigaku shakaigaku kenkyûjo, Tôkyô: Tôkyôdaigaku shuppankai, S. 33-108

Kazuo SHIBAGAKI 1989, Shôwa no rekishi 9: kôwa kara kôdôseichô e (Geschichte der Shôwa-Zeit 9: Vom Friedensvertrag zum Hochwachstum), Tôkyô: Shogakkan

Haruo SHIMADA 1983, Wage Determination and Information Sharing: An Alternative Approach to Incomes Policy?, *The Journal of Industrial Relations* Vol. 25 Nr. 2, S. 177-200

Kaichi SHIMURA 1974, Shôkenseidô kaikaku (Reformen des Wertpapiersystems), in: Sengo kaikaku 7 (Nachkriegsreformen Band 7), hrsg. vom Tôkyôdaigaku shakaigaku kenkyûjo, Tôkyô: Tôkyôdaigaku shuppankai, S. 351-395

Kaichi SHIMURA 1975, Shihonchikuseki to shôkenshijo (Kapitalakkumulation und Aktienmarkt), in: Sengo kaikaku 8 (Nachkriegsreformen Band 8), hrsg. vom Tôkyôdaigaku shakaigaku kenkyûjo, Tôkyô: Tôkyôdaigaku shuppankai, S. 139-166

Seizaburô SHINOBU 1952, Taishô seijishi (Politische Geschichte der Taishô-Zeit) Bd. 4, Tôkyô: Kawade shobô

Tôru SHINODA 1991, 'Rengô'jidai niokeru 'seisakusanka' no genjô to tenbô (Lage und Perspektiven 'politischer Partizipation' im *rengô*-Zeitalter), *Nihon rôdôkenkyûzasshi* Nr. 379 (Juni), S. 48-60

Hajime SHINOHARA 1982, 'Chiisana seifu' ron no tokushoku (Die Strömungen der Politik nach der *rinchô), Sekai* Nr. 435 Februar, S. 23-33

Hajime SHINOHARA 1986, Posutorinchô no seiji no nagare (Die Strömungen der Post-*rinchô*-Politik), in: Hirofumi Uzawa und ders. (Hrsg.), Seikimatsu no sentaku (Alternativen am Jahrhundertende), Tôkyô, S. 16-36

Miyohei SHINOHARA 1986, Nihon keizai kôgi (Vorlesung zur japanischen Wirtschaft), Tôkyô: Tôyô keizai shinpôsha

Taishirô SHIRAI, Tadashi Hanami und Kazuyoshi Kôshiro 1986, Rôdôkumiai tokuhon (Gewerkschaften - ein Lesebuch), Tôkyô: Tôyô keizai shinpôsha

Yasunori SONE 1989, Interest Groups and the Process of Political Decision-making in Japan, in: Yoshio Sugimoto und Ross E. Mouer (Hrsg.), Constructs for Understanding Japan, London/New York: Kegal Paul, S. 259-295

STATISTISCHES BUNDESAMT (Hrsg.) diverse Jahrgänge, Statistisches Jahrbuch für die Bundesrepublik Deutschland, Wiesbaden

Patricia G. STEINHOFF 1989, Protest and Democracy, in: Takeshi Ishida und Ellis S. Krauss (Hrsg.), Democracy in Japan, Pittsburgh: University of Pittsburgh Press, S. 171-200

Rod STEVEN 1988, The High Yen Crisis, *Capital&Class* Nr. 34, S. 76-118

J.A.A. STOCKWIN 1982, Japan: Divided Politics in a Growth Economy, London: Weidenfeld & Nicolson

J.A.A. STOCKWIN 1989, Political Parties and Political Opposition, in: Takeshi Ishida und Ellis S. Krauss (Hrsg.), Democracy in Japan, University of Pittsburgh Press, S. 89-112

Wolfgang STREECK und Philippe C. Schmitter 1985 (Hrsg.), Private Interest Government: Beyond Market and State, London/Beverly Hills/New Dehli: Sage

Wolfgang STREECK und Philippe C. Schmitter 1991, From Corporatism to Transnational Pluralism: Organized Interests in the Single European Market, *Politics & Society* Vol. 19 Nr. 2, S. 133-164

Hirokuni TABATA 1988, Changes in Plant-Level Trade Union Organizations: A Case Study of the Automobile Industry, *Annals of The Institute of Social Science* Nr. 30, University of Tôkyô: The Institute of Social Science, S. 57-88

Hirokuni TABATA 1991, Gendainihonshakai to rôshikankei (Japans Gesellschaft der Gegenwart und die Industriellen Beziehungen), in: Gendainihonshakai: 5 kôzô (Japans Gesellschaft der Gegenwart, Band 5, Strukturen), hrsg. vom Tôkyôdaigaku shakaikagaku kenkyûjo, Tôkyô: Tôkyôdaigaku shuppankai, S. 217-270

Kôji TAIRA 1979, 'Dantaishugikokka' no tôrai to rôshikankei (Das Aufkommen des Interessengruppenstaates und die Industriellen Beziehungen), *Nihon rôdôkyôkaizasshi* Heft 3, S. 2-9

Kôji TAIRA 1983, Japan's Unemployment: Economic Miracle or Statistical Artifact?, *Monthly Labor Review* Vol. 106 Nr. 7, S. 3-10

Kôji TAIRA 1993, Dialetics of Economic Growth, National Power, and Distributive Struggles, in: Andrew Gordon (Hrsg.), Postwar Japan as History, Berkeley/L.A.: University of California Press, S. 167-186

Kôji TAIRA und Solomon B. Levine 1985, Japan's Industrial Relations: A Social Compact Emerges, in: Hervey Juris, Mark Thompson und Wilbur Daniels (Hrsg.), Industrial Relations in an Decade of Economic Change, Madison: IRRA, S. 247-300

Ezio TARANTELLI 1986, The Regulation of Inflation and Unemployment, *Industrial Relations* Vol. 25 Nr.1, S. 1-15

Itsuko TERUOKA 1991, Armes Japan. Die Schattenseiten des Wirtschaftsgiganten, Hamburg: Rasch&Röhring

Edward P. THOMPSON 1987, Die Entstehung der englischen Arbeiterklasse, Frankfurt: Suhrkamp

Jerzy TOEPLITZ 1992, Geschichte des Films Band 5, Berlin: Henschel

Shigeyoshi TOKUNAGA 1986, Die japanischen Arbeitsbeziehungen. Eine erneute kritische Prüfung, *WSI-Mitteilungen* Nr. 4, S. 329-336

Hideo TOTSUKA, Tsutomu Hyôdô et al. 1991, Rôshi kankei no tenkan to sentaku (Wandel und Entscheidungen in den Industriellen Beziehungen), Tôkyô: Nihon hyôronsha

Philip H. TREZISE und Yukio Suzuki 1976, Politics, Government, and Economic Growth in Japan, in: Patrick/Rosovsky (Hrsg.), S. 753-812

David B. TRUMAN 1971[2], The Governmental Process. Political Interests and Public Opinion, New York: Alfred A. Knopf

Yutaka TSUJINAKA 1986, Gendai nihonseiji no kôporat(e)izumuka (Die Korporatisierung der japanischen Politik der Gegenwart), in: Kôza, seijigaku daisanken 'seijikattei', Tôkyô, S. 223-262

Yutaka TSUJINAKA 1987, Rôdôkai no saihen to hachijûrokunen taisei no imi ( Die Neuformation der Arbeitswelt und die Bedeutung des 86er Systems), Revaiasan Nr. 1, S. 47-72

Yutaka TSUJINAKA 1988, Riekishûdan (Interessengruppen), Tôkyô: Tôkyô daigaku shuppankai

Yutaka TSUJINAKA 1993, Rengô and its Osmopotic Networks, in: Allinson und Sone (Hrsg.), S. 200-213

Shigeto TSURU 1993, Japan's Capitalism: Creative Defeat and Beyond, Cambridge University Press

Yuuki TSURUSAKI 1988a und b, 'Rengô'jidai no kaimaku to sono sokuseki 1-6 (Artikelserie; Der Beginn des 'Rengô'-Zeitalters und seine Spuren), *Keizai hyôron* Heft 1, S. 76-85, Heft 2, S. 78-87,

Yuuki TSURUSAKI 1989a, Yonjûnen no tobari o shôjita sôhyô (Sôhyô, daß den Vorhang über 40 Jahre fallen gelassen hat), *Keizai hyôron* Heft 11, S. 98-109

Yuuki TSURUSAKI 1989b, Shin-rengô no mirai o uranau (Die Zukunft von *Shin-rengô* befragen), *Keizai hyôron* Heft 12, S. 104-114

Toshimasa TSURUTA 1988, The Rapid Growth Era, in: Ryutaro Komiya, Masahiro Okuno und Kotaro Suzumura (Hrsg.), Industrial Policy of Japan, Tôkyô: Academic Press, S. 49-87

Henry C. WALLICH und Mable I. Wallich 1976, Banking and Finance, in: Patrick/Rosovsky (Hrsg.), S. 249-315

M. Stephen WEATHERFORD und Haruhiro Fukui 1989, Domestic Adjustment to international shocks in Japan and the United States, *International Organization* Vol. 43 Nr. 4, S. 585-623

Jack T. WINKLER 1976, Corporatism, *Archives européennes de Sociologie* Vol. 17 Nr. 1, S. 100-136

Jack T. WINKLER 1977a, The Corporatist Economy: Theory and Administration, in: Richard Scase (Hrsg.), Industrial Society. Class, Cleavage and Control, London: Allen&Unwin, S. 43-58

Jack T. WINKLER 1977b, The Coming Corporatism, in: Robert Skidelsky (Hrsg.), The End of the Keynesian Era, London: MacMillan, S. 78-87

Karel van WOLFEREN 1989, The Enigma of Japanese Power: People and Politics in a Stateless Nation, London: MacMillan

James P. WOMACK, Daniel T. Jones und Daniel Roos 1991, Die zweite Revolution in der Automobilindustrie, Frankfurt/New York: Campus

Yasushi YAMAGUCHI 1982, Neo-kôporat(e)izumuron ni okeru 'kôporat(e)izumu' no gainen (Der Korporatismus-Begriff in der Neokorporatismus-Debatte), *Shisô* Nr. 2, S. 113-133

Yasushi YAMAGUCHI 1986, 'Sengôshi' kenkyû no kakuritsu to kakushinha shigaku no kasseika no tame no mondaiteiki (Zur Grundlegung von Studien über die 'Nachkriegsgeschichte' - Eine Problematisierung zur Anregung einer progressiven Geschichtswissenschaft), *Rekishigaku* Nr. 10 (zô kangô), S. 173-181

Yasushi YAMAGUCHI 1989, Seiji taisei (Das politische System), Tôkyô: Tôkyôdaigaku shuppankai

Kiyoshi YAMAMOTO 1974, Seisansaiken to shoseijishutai (Industrieller Wiederaufbau und die diversen politischen Subjekte), in: Sengo kaikaku 5 (Nachkriegsreformen Band 5), hrsg. vom Tôkyôdaigaku shakaigaku kenkyûjo, Tôkyô: Tôkyôdaigaku shuppankai, S. 181-244

Kiyoshi YAMAMOTO 1977, Sengo kiki ni okeru rôdôundô - sengo rôdôundôshiron daiikkan (Die Arbeiterbewegung in der Nachkriegskrise - Band 1 der Debatte um die Geschichte der Nachkriegsarbeiterbewegung), Tôkyô: Ochanomizu shobô

Kiyoshi YAMAMOTO 1991, Daikigyô no rôshikankei (Die Beziehungen von Kapital und Arbeit in den Großbetrieben), in: Gendainihonshakai: 5 kôzô (Japans Gesellschaft der Gegenwart, Band 5, Strukturen), hrsg. vom Tôkyôdaigaku shakaikagaku kenkyûjo, Tôkyô: Tôkyôdaigaku shuppankai, S. 169-216

Kiyoshi YAMAMOTO 1992, Labor Relations in Big Japanese Corporations: The Formal Framework and the Informal In-House Organizations, Occasional Papers Nr. 11 des Institute of Social Science der Universität Tôkyô

Anton ZISCHKA 1936, Japan und die Welt, Leipzig: Goldmann